정의로운 사회를 향하여

— 기독교의 사회적 책임

정의로운 사회를 향하여
― 기독교의 사회적 책임

2020년 3월 10일 초판 1쇄 인쇄
2020년 3월 17일 초판 1쇄 발행

지은이 ┃ 이삼열
펴낸이 ┃ 김영호
펴낸곳 ┃ 도서출판 동연
등 록 ┃ 제1-1383호(1992. 6. 12)
주 소 ┃ 서울시 마포구 월드컵로 163-3
전 화 ┃ (02)335-2630
전 송 ┃ (02)335-2640
이메일 ┃ h-4321@daum.net
블로그 ┃ https://blog.naver.com/dong-yeon-press

ISBN 978-89-6447-555-3 03300

Toward the Just Society: Christian Social Responsibility

정의로운 사회를 향하여

- 기독교의 사회적 책임

이삼열 지음

동연

  '너희는 세상의 빛이 되고 소금이 되며 누룩이 되어야 한다'고 하신 예수님의 말씀은 교회와 그리스도인들의 사회적 책임이 세상을 변화시키는 데 있다는 것을 가르쳐주신 교훈이었다. 어두운 세상을 밝게 하든가, 맛이 없는 싱거운 사회를 맛있고 썩지 않게 만들든가 잘못된 사회를 고치고 올바른 사회, 쓸만한 사회를 만드는 일이 교회의 사명이며 존재하는 이유라는 것이다.

  그런데 이 말씀을 따르며 지키려고 할 때 하게 되는 불가피한 질문은 어떤 사회가 올바르고 쓸 만한 사회며, 어떤 방법과 과정으로 이런 사회를 만들어갈 수 있느냐는 것이다. 물론 예수님의 대답은 주기도문에서와 같이 하나님의 나라가 오도록 힘쓰며 하늘나라의 뜻이 땅에서도 이루어지게 하라는 것이었다.

  그렇다면 도대체 내가 사는 땅에서도 이루어져야 할 하나님의 뜻 (Will of God)은 무엇일까? 진정한 크리스천이라면 이러한 질문을 하지 않을 수 없겠고, 역사 속의 기독교 교회들은 어떤 해답을 찾아 왔는가에 관심을 갖고 알아보지 않을 수 없다.

  1948년 2차 대전 직후 암스테르담에서 열린 세계교회협의회(WCC) 의 창립총회에서는 '전쟁은 하나님의 뜻이 아니기에 교회의 사명은 전쟁이 일어나지 않도록 책임사회(responsible society)를 만드는 일' 이라고 했다.

  1954년 에반스톤에서 모인 2차 총회는 자유주의와 공산주의의 이

넘적 대결을 막고 평화공존을 모색하는 것이 세계교회의 책임이라고 선언했다.

1961년 뉴델리 3차 총회는 식민지에서 벗어난 신생독립국 교회들이 많이 가입하여 식민지 해방과 국가 건설(nation building)에 기여하는 일이 교회의 사회적 책임이라고 강조했다.

1968년 웁살라 4차 총회는 가난하고 종속된 제삼세계를 지배와 수탈에서 해방시켜 사회발전과 평화(sodepax)를 이루는 것을 세계교회의 우선과제로 설정했다.

1975년 나이로비 5차 총회는 사회발전의 방향을 좀더 구체화하여 정의롭고 참여적이며 지속가능한 사회(just participatory sustainable society, JPSS)를 만드는 일이라고 규정했다.

1983년 밴쿠버 6차 총회는 생태계의 파괴와 생명의 위기를 막는 일이 사회발전에 못지않은 급선무라고 강조해서 교회의 궁극적 사명을 정의·평화·창조의 보전(Justice, Peace, Integrity of Creation)에 있다고 했다.

1991년 캔버라 7차 총회에선 다문화 세계 속에서의 생명의 문화가 강조되었고, 1998년 하라레 8차 총회에선 폭력의 극복과 평화가 다시 교회의 주요 책임과 과제로 인식되었다. 2022년 칼스루에서 열릴 11차 총회의 주제는 "그리스도의 사랑으로 화해와 단합(Unity)"이다.

이처럼 하늘의 뜻을 땅 위에 이루고 하나님의 나라를 오게 해야 할 교회의 사명과 사회적 책임은 세계교회의 차원에서도 시대와 역사적 환경에 따라 중점과제들이 달라진 것을 볼 수 있다. 시대와 상황에 따라 달라지는 모습은 우리 한국의 교회사에서도 볼 수 있다.

조선조 말기에 서양의 선교사들에 의해 세워진 한국교회는 봉건 잔재 속에 짓밟힌 인권을 계몽하고 가난한 자들의 구제와 병든 자들의 치료, 무식한 자의 교육을 사회적 책임으로 여겼고, 일제식민지 시대에는 민족의 자주독립과 나라를 이끌 인재양성을 우선적 과제로 삼았다.

해방 후 분단과 전쟁으로 파괴와 살상 폐허가 극에 달했을 때 교회는 고아와 과부, 노인과 장애인을 돌보는 사회봉사의 손길을 펴는 것을 교회의 사회적 책임으로, 우선적 과제로 알고 실천했다.

군부독재와 억압, 민생고가 극에 달했던 70-80년대의 한국 기독교는 국민의 자유와 인권을 지키는 민주화운동과 노동자 농민 빈민들의 삶과 권리를 보호하는 산업선교를 실천함으로 사회적 책임을 이행하였다.

이제 산업화와 민주화가 이루어졌으나 분단의 고통과 민생의 아픔이 가시지 않은 오늘의 한국에서 기독교가 짊어진 사회적 책임은 분단체제의 모순을 극복하고 평화 체제를 실현하는 일과 빈부격차를 극복하고 정의로운 사회를 발전시키는 양대 과제에 있다고 생각한다. 작년 초에 출판된 『평화체제를 향하여』에 이어서 이 책 『정의로운 사회를 향하여』를 출간하는 동기가 여기에 있다.

2

나는 1941년 평북 철산에서 사무엘(삼열)이라는 성경의 이름을 받고 목사의 가정에서 태어났다. 일제 말기 만주 봉천(심양) 동북신학교를 졸업하고 무순 근처 이석재 교회를 개척해 목회하시던 부친을 따라 네 살 때 중국으로 갔으며 중국과 북한이 공산화되는 48년에 남한으로 피란 오게 되었다. 철이 들기 시작한 열 살 때 6.25 전쟁이 터져 다시금 피란살이 고생을 겪게 된 나의 어린 시절엔 공산당을 물리치고 통일해 북한 땅에도 교회를 세우는 것이 하나님의 뜻이라 믿었고 장래 목사가 되는 것이 나의 꿈이었다. 한경직 목사의 은혜로운 설교와 박형룡 박사의 칼빈주의 신학이 배우고 따르고 싶은 모델이었다.

그런데 1956년, 서울 사대부고 2학년 때 나는 한국기독학생 대표로 선발되어 미국 장로교회가 주최한 에큐메니칼 카러반에 참가하기 위해 석 달간 미국을 방문하게 되었다. 인도·일본·레바논·콜럼비아·한국 대표 5명이 미국 고교생 대표 5명과 함께 미국 여러 주의 여름대회와 행사를 참관하고 워싱턴 백악관, 원자력 연구소 방문과 뉴욕 유엔 본부에서 엘리노어 루즈벨트 여사와 토론하는 프로그램 등, 미국 사회와 교회를 견문하며 기독교의 에큐메니칼 과제들을 배우며 토론하는 멋지며 놀라운 훈련과정이었다.

토론의 주제는 주로 당시 흑백 인종차별을 교회가 어떻게 극복하느냐와 세계대전을 막기 위해 공산주의 국가들과 어떻게 화해와 공존을 이루느냐였다. 공산당의 침략전쟁과 기독교 탄압을 체험한 나에겐 큰 충격이었다. 미국 학생 하나는 옷을 열 벌 가진 사람이 한 벌도 없는 사람에게 나누어 주지 않을 때, 뺏어서라도 나눠주자는 공산주의는 기독교 정신의 실천이라고 변호까지 했다. 더욱 충격은 미국 목사들이 술·담배를 자유롭게 했고 주일 오후에 교회당에서 댄스파티까지 여는 모습이었다.

보수적이었던 나의 신앙에 회의가 들기 시작했다. 교회의 참 모습은 어디에 있는가? 하나님의 뜻을 실현하는 길은 공산당과 싸우는 길인가 아니면 화해와 공존하는 길인가? 목사가 된다면 어떻게 설교할 것인가? 이런 고민과 문제가 우선 대학에서 철학을 선택하게 했고 사회사상 문제를 전공하게 만들었다. 장신대에도 입학은 했지만 철학적 해답을 먼저 얻어야겠다고 미루다가 다니지 못했다.

이 무렵 나에게 새로운 자극과 희망을 보여준 곳이 대화를 통해 교회갱신과 사회개혁의 길을 모색하겠다고 1965년에 창립된 크리스찬 아카데미 운동이었다. 원장 강원용 목사님의 지도 아래 연구 간사로 2년간 일하면서 훌륭한 신학자와 사회과학자들을 많이 만났고 에큐메니칼 운동과 기독교 사회참여에 관해 많은 것을 배울 수 있었다. 부정부패 문제, 교육 정상화 문제, 교회갱신 문제 등 세 가지 연구위원회의 운영을 맡아 전문 교수들의 논쟁을 듣고 배우며, 나는 교회가 사회개혁을 외칠 때 사회과학적인 이해와 철학적 가치관을 가지고 해야겠다는 확신을 얻었다.

68년에 독일 유학을 떠나 괴팅겐대학에서 철학과 정치학을 결합한 정치철학 연구에 들어갔고 76년에 사회과학 박사학위를 받았다. 그러나 유신체제가 등장한 72년부터 유학생, 노동자들을 조직한 반독재운동 기구인 민주사회건설 협의회를 주도했으므로 귀국할 수가 없었다. 한국교회의 인권운동과 산업선교를 돕던 독일교회 선교부 동아시아위원회의 상임고문을 맡았던 덕에 독일에 와서 일하는 한인 노동자, 간호원, 광부들의 권익과 사회문제를 돕는 상담소를 보쿰시 사회선교부(Innere Mission) 안에 설치할 수 있었고 초대 소장을 맡아 77년부터 3년간 사회선교 활동을 하게 되었다.

그런 가운데 외국인 노동자 사회문제가 유럽교회들의 큰 관심사

가 되면서 세계교회협의회 도시농촌선교부(WCC-URM)가 유럽산업
선교회(ECG)를 조직했고 1980년에 나를 WCC-URM의 협동간사 겸
ECG의 실무총무로 임명했다. 나는 이제 독일·영국·프랑스·스웨덴
등 유럽 14개국의 산업선교 조직들과 협력하여 연대활동을 강화시
키는 일을 하게 되었다. 이러한 경험들은 나에게 교회의 사회적 책
임이나 산업선교가 유럽과 세계교회에서 어떻게 실천되고 있는지를
이해하는 데 커다란 도움을 주었다.

3

나는 학위 공부와 민주화운동, 산업선교와 에큐메니칼 운동에 매
달린 14년간의 독일생활을 마치고 1982년 4월, 마흔한 살에 숭실대
철학과 교수로 임명받고 그립던 고국 땅으로 귀국했다. 유신체제가
종료되어 귀국이 허락되었지만 5공화국이란 새로운 군부독재가 들
어서서 탄압과 공포정치를 계속하던 때였다.

5.18 광주학살, 삼청교육대, 무자비한 고문, 민주교수 언론인의 해
직, 데모학생의 제적, 더욱 엄혹한 겨울 공화국이었다.

정보부의 조사와 감시를 받으며 기독교 대학의 강단에 어렵게 서
게 된 내가 모국의 교회와 사회를 위해 할 수 있는 일은 연구와 교육
을 통해 민주사회 발전과 평화통일에 기여하는 기독교의 역량강화
와 인재양성에 있다고 생각했다.

진리와 봉사를 교훈으로 삼은 숭실대에 사회봉사를 교육하고 훈
련하는 건물을 짓고 연구소를 만들어 목회자와 평신도의 사회교육
을 실시하는 프로젝트를 만들어 학교 당국의 허락을 받아 독일교회

개발협력처(EZE)의 재정지원을 교섭했다. 백여만 불의 지원이 허락되어 캠퍼스에 천오백 평의 사회봉사관을 짓고 기독교사회연구소를 창립하여 사회발전 교육연구 프로그램을 실시하게 되었다.

백여 명이 합숙하며 훈련을 받을 수 있는 숙소와 회의실, 강당, 식당, 연구소, 교환교수 아파트까지 들어간 종합건물 사회봉사관이 91년에 준공되었고 예장 사회부와 함께 목회자, 신학생의 사회봉사 교육을 실시했고, 기독교 사회운동가들(노동, 농민, 여성, 환경, 지역)의 역량강화를 위한 세미나와 훈련프로그램을 10여 년 신행했다.

여러 전문 강사들이 초빙되었지만 연구소장인 나도 기독교 사회선교와 봉사, 사회발전의 이념과 이론에 관한 강의를 했고 교재와 논문을 써야 했다. 반공 군부독재가 험난했던 80년대 운동권 학생들은 지하에서 좌경화했고 이데올로기 논쟁이 기독교 운동권에까지 퍼지게 되었다. 맑스주의와 기독교의 관계, 이데올로기 문제의 정확한 이해가 사회선교나 민중교회 운동가들에게도 필요하게 되어 나는 WCC와 에큐메니칼 운동에서 논의되는 신앙과 이데올로기에 대한 논쟁과 이론들을 소개하며 논문을 쓰고 강의를 했다.

80년 광주학살 사태 이후 민주화운동은 남북통일문제를 도외시하거나 후순위로 미룰 수가 없었고 평화통일 문제가 기독교 운동권에서도 열띤 논쟁을 일으켰다. 한국 기독교 사회문제 연구원의 요청으로 독일교회의 반나치 고백교회운동과 통일문제에 대한 논쟁을 연구논문으로 쓰게 되었다. 유럽의 반핵평화운동과 동서독의 평화공존 정책, 평화운동의 역사와 이론에 대한 논문을 쓰게 된 것도 NCC 중심의 기독교 평화통일 운동의 요구에 의한 것이었다.

군부독재 시절 WCC는 용공이고, 도시산업선교가 오면 기업이 도산한다고 매도하던 분위기는 87년 민주화와 함께 기독교 내부에서도 바뀌게 되어 참여를 보류했던 보수교단 예장에서도 WCC 총회에 참석하게 되었다. WCC와 에큐메니칼 운동에 대한 오해를 불식시키고 바른 이해를 돕기 위해 글을 쓰고 강의도 한 덕에, 나는 91년 WCC 캔버라 7차 총회에 예장 교단의 평신도 대표로 참가해 생명의 신학 위원이 되었고, 98년 하라레 8차 총회에서는 중앙위원 겸 실행위원으로 선출되었다. 생명의 신학, 평화의 신학에 대한 논문은 WCC 활동에서 얻은 경험과 지식에서 나온 글이다.

이처럼 이 책에 실린 글들은 민주화와 평화 운동, 기독교 사회선교와 에큐메니칼 운동의 현장에서 논의되는 문제를 고민하며 기독교 사회선교와 운동의 발전을 위한 이론과 정책을 모색하며 쓴 글들이다.

한국기독교는 그동안 크게 성장했고 세계적인 대형교회들도 많이 생겼지만 정의롭고 평화로운 사회발전이 교회의 사회적 책임이며 본질적 사명이라는 인식은 매우 부족한 것 같다. 교회의 사회봉사는 형식에 그쳐 체계화되지 못하고 있고, 목회자를 양성하는 신학교에서도 사회선교 강의는 찾아보기 어렵다.

이 책의 출판이 한국교회의 사회적 책임과 사회선교의 사명감을 새롭게 인식하고 실천하는 데 참고와 도움이 되기를 바라며, 도서출판 동연 김영호 대표님과 김구 목사님, 직원 여러분께 감사의 뜻을 전하고자 한다.

2019년 12월
이삼열

차례

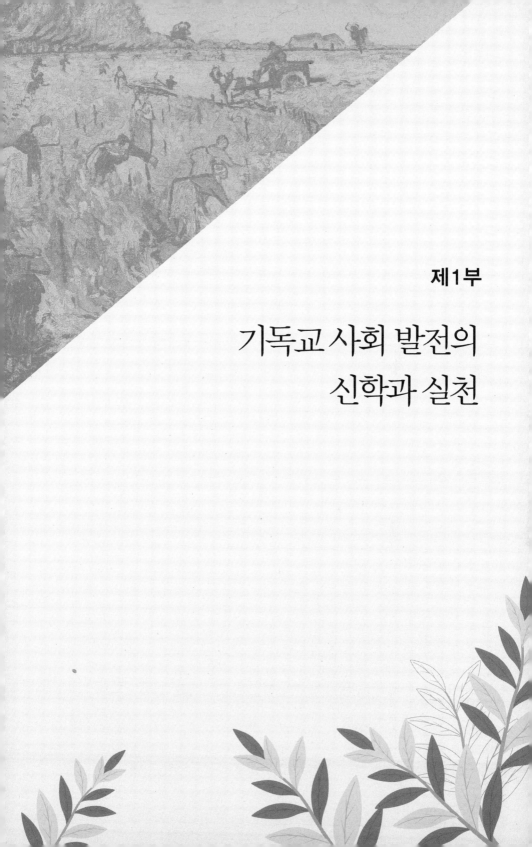

제1부

기독교 사회 발전의 신학과 실천

1장
정의로운 사회 발전과 교회의 책임

생명을 살리기 위한 교회의 선교적 노력은, 무엇보다 생명을 억압하고 질식시키는 사회구조를 개혁하고 생명을 풍성케 하는 사회제도와 정치행태를 만들어내는 일과 연결되어야 한다. 왜냐하면 생명을 억압하고 질식시키는 빈곤이나 착취, 탄압, 차별, 폭력은 곧 잘못된 사회구조와 체제 속에서 나오며, 이를 개혁하지 않고서는 가난한 자, 억눌린 자, 소외된 자, 고통당하는 자의 생명과 온전한 삶을 회복시킬 길이 없기 때문이다.

교회나 그리스도인들이 이런 문제에 관심을 갖고 노력하다 보면 자연히 정치 사회의 민주화나 인권의 옹호, 경제정의의 실현 같은 사회 정치적인 과제에 직면하게 된다. 그래서 때로는 교회가 잘못된 사회구조나 정치제도에 대하여 예언자적인 비판이나 발언을 해야 할 경우가 생긴다. 이렇게 하다 보면, 교회가 첨예한 정치적 이슈나 이데올로기 문제에까지 휩싸이게 되어, 과연 교회적인 선교와 정치적 행위나 운동을 어떻게 구별해야 하는가라는 물음을 묻게 된다.

교회는 사회 속에서 하나님의 나라를 증거하고 선포하는 일에만 그쳐야 하는가, 아니면 하나님의 나라를 이 땅 위에서 실현하기 위해 정치 사회적인 행동까지 해야 하는가는 매우 어려운 문제며 딜레마이다. 보수적인 복음주의자들은 교회는 천국 복음을 전파하고 회개시켜 영혼을 구원하는 데 주력해야 하며, 정치 사회 문제에 관여하는 것은 옳지 않다고 보고 있다. 반면, 진보적인 사회 선교론자들은 하나님의 나라를 실현하는 하나님의 선교(missio Dei)를 하다 보면 불가피하게 사회 정치 현실을 비판하게 되고, 이를 개혁하려는 노력을 하다 보면 사회운동이나 정치적 행위를 할 수밖에 없다고 주장한다.

그것이 정치적 행위든 아니든, 교회의 선교행위는 사회문제를 건드릴 수밖에 없고, 사회적 변혁운동에 연관되지 않을 수 없다. 단지 그것이 올바른 해결방식이며, 정당한 변혁운동인가라는 것은 항상 성서적이며, 신학적인 반성과 사회과학적인 분석 평가에 의해 검증되어야 할 것이다. 교회는 인권과 사회정의가 보장되는 민주사회의 건설에 선교적 관심과 노력을 기울여야 하지만, 어떤 정책과 행위가 과연 이를 실현하는 길인가 하는 것을 바르게 인식하기 위해서는 그리스도의 복음과 하나님의 나라 사상이 어떤 가치관과 비전을 가졌는가라는 것을 분명히 깨달을 필요가 있다. 아울러서 예수님의 사회관과 사회적 실천이념이 무엇이었나를 살펴보는 일도 중요하다고 본다.

1. 교회와 사회의 본질적 관계

교회가 사회문제를 다룰 때 중요한 것은 교회와 사회의 본질적 관계가 무엇인가를 파악하는 일이다. 이를 위해서는 예수님의 사회에 대한 태도가 무엇이었나를 알아내는 것이 필요한데, 여기에 대해서는 성서 신학적으로도 많은 논란이 있다. 예수님의 행적과 말씀 속에서 여러 가지 모습을 볼 수 있기 때문이다.

성서 속에서 교회와 사회에 관한 직접적인 언급을 찾아보기는 매우 어렵다. 교회(Ekklesia)란 말은 예수님께서 돌아가신 이후에 제자들의 예수운동을 통해서 생겨났고, 우리가 오늘날 쓰고 있는 사회(Societe, Society, gesellschaft)란 말은 봉건제도가 타파되고 근세시민사회가 성장하면서 생겨난 말이기 때문이다.

그래서 성서가 쓰이던 당시의 언어사용 면에서 보면, 오늘의 사회에 해당하는 단어가 세상(world, Welt, mundus)이었음을 알 수 있다. 원래 희랍어의 kosmos나 라틴어의 mundus는 세계라는 자연적 지리적 개념이었지만, 차츰 역사적 문화적 개념으로 살고 있는 사람들 전체를 의미하는 개념으로, 즉 세속적인 세계(säkular mundus)의 뜻을 가지면서, 우리말로는 세상(世上)으로 번역되었다. 따라서 성서 속에 나타난 세상의 개념을 우리는 오늘날 사회로 바꾸어 읽어도 좋다고 생각한다. "너희는 세상의 빛이니라"는 사회를 밝게 하는 빛이 되어야 한다는 뜻으로 읽어보자. "세상을 본받지 말라"도 사회풍습을 비판 없이 따르지 말라는 교훈으로 읽을 수 있다.

성서 가운데 가장 핵심이 되는 요한복음 3장 16절은 "하나님이 세상을 이처럼 사랑하사"인데, 이는 세상 사람들, 곧 죄악과 부정부패와 비리가 가득한 이 사회를 사랑하시어 독생자 예수를 보내주셨다는 말씀으로 읽어야 한다. 이렇게 보면 교회는 사회를 우선 사랑해야 한다. 이 사회를 구원하고 생명을 살리려면 우선 이 타락된 사회에 관심을 갖고, 이 세상 사람들을 사랑해야 한다. 그러나 오늘의 교회는 교회당 문밖에 있는 사회를 얼마만큼 관심을 갖고 보고 있으며 사랑할 태세를 갖추고 있는가? 오히려 세상을 미워하며 멀리하고 도피하라고 가르치는 것은 아닌가? "저 죄악의 도성을 떠나서 하나님의 집인 교회 안에 들어와 천국 잔치를 베풀라"고 하며, 저 세상 구석에서 무슨 일이 일어나는지, 무슨 범죄가 일어나는지, 어떤 구조악이 생명을 죽여가고 있는지 무감각하게 만들고 있지는 않는지 반성해야 한다.

성서는 교회의 사명이 세상과 사회를 사랑하는 데 있다고 가르칠 뿐 아니라, 교회 자체보다는 사회가 더 중요하다는 말씀까지 한다. 마가복음 2장 27절에 "안식일이 사람을 위해서 있는 것이요 사람이 안식일을 위해서 있는 것이 아니다"는 말씀 가운데 분명히 나타나 있다. 안식일을 규례대로 지키는 것은 교회를 상징하며, 배가 고프면 남의 밀밭에서라도 이삭을 잘라먹는 것은 바로 구체적인 인간들이 사는 사회를 의미한다. 이 말씀을 의역해 보면, 교회는 사회를 위해서 존재하는 것이지 사회가 교회를 위해서 있는 것이 아니라는 뜻이 된다. 교회 자체보다 사회를 더, 사회 속의 구체적 인간들을 보다 더 우선적인 관심의 대상으로 삼으셨다는 말이다. 사회를 생각하지 않는 교회는 존재 이유가 없다는 것이다. 그래서 『세속도시』(*Secular City*)라는 책을 써서 유명한 하버드 대학의 신학자 하비 콕스(Harvey Cox)는 이 세상이, 바로 세속적인 사회가 곧 하나님이 역사하는 곳이며 사랑하는 대상이기 때문에 교회의 목회는 교회당 속에서만 이루어질 것이 아니라 사회 속으로 세속적이고 타락한 사회 구석구석으로 들어가서 실천되어야 한다고 주장했다.

과연 오늘날 우리 교회들이 사회 속에 존재하고 사회를 위해서 보냄을 받고 쓰이고 있다고 자부할 수 있는가? 수만 개의 교회당과 부속건물과 마당, 시설들이 참으로 사회를 위해서 존재하고 사회를 구원하기 위해 올바로 쓰이고 있다고 할 수 있는가? 교회의 수억 원 혹은 수십억, 수백억 예산 중에서 몇 %가 교회 자체의 유지가 아니라 사회를 위해서 쓰이고 있다고 할 수 있는가? 지역사회의 어린이들을 위해, 아기를 보며 일하는 어머니들을 위해, 노인과 실업자들을 위해, 청소년과 불량배들을 위해, 부정부패나 빈곤타파를 위해, 사회정의 실현을 위해 교회는 얼마만큼 관심을 가지고 예산을 들이며 노력했는가를 반성해야 한다.

2. 사회의 변화와 하나님의 나라

교회가 교회 자체를 위해서가 아니라 사회를 위해서 존재한다고 할 때에, 사회의 어떤 문제와 과제를 해결하기 위해서 있다고 할 수 있겠는가? 사회를 위해서 해야 할 일은 수도 없이 많다. 학교도 세워야 하고, 병원도 지어야 하고, 우물도 파야 하고, 도로나 교량도 만들어야 한다. 정치도 경제도 교육이나 문화 복지도 모두 사회가 해결해야 할 문제들이다.

그러나 예수님께서는 사회를 위해서 해야 할 교회의 일들이 이 모든 것이라고 가르치시지 않았다. 오히려 상징적으로 표현하시며 몇 가지 중요한 일에 교회의 목표를 두라는 말씀을 하셨다. "너희는 세상의 빛이니라." "어둠을 밝히는 등불이니라." "세상 속에서 소금이 되어야 한다." 교회는 사회를 향해 빛이 되어 환하게 비추어야 한다. 또한 세상에다 짠맛을 들여 사회를 맛있게 만들고 무엇보다 부패하지 않게 하는 역할을 감당해야 한다는 것이다.

또한 교회와 사회의 관계를 누룩과 밀가루 반죽과 같은 것으로 설명하시기도 했다. 교회가 누룩이 되어 밀가루 반죽 속에 들어가 확산작용을 하면 사회가 반죽이 부풀어나듯이 팽창되고 늘어나서 먹음직스러운 빵의 재료가 된다는 것이다.

한마디로 요약한다면 세상을 변화시키며 좀 달라지게 만들라는 것이다. 빛이 되어 사회를 밝게 하든가, 소금이 되어 세상을 좀 맛있게 만들든가, 누룩이 되어 부풀어나게 만들든가, 어쨌든 세상이나 사회를 변화시키는 역할을 하는 것이 교회가 사회를 위해 해야 할 사명이요 역할이다.

세상 속에 편안하게 안주하면서 아무런 변화를 주지 못하는 교회는 죽은 교회다. 세상이 썩고 부패하니, 그 안에서 함께 썩고 부패하는 교회, 소금이 되어 썩지 않게 하는 역할을 하지 못하고 정치, 경제, 교육, 문화의 비리와 부정부패에 대해 아무 말도 못하고, 사회정의를 외치지도 못하고 예언자적 음성도 들려주지 못하는 교회는 있으나 마나 한 교회며 때로는 사회를 더 부패하고 썩게 만드는 교회다. "소금이 짜지 못하면 무엇에 쓰냐, 밖에 갖다 버리게 된다"는 말씀은 곧 교회가 제 구실을 못하면 역사 속에서 심판을 받고 짓밟히게 된다는 말씀이다. 프랑스혁명 당시 부패한 루이 왕조와 함께 타락하고 호화 사치 권력에 탐했던 가톨릭교회가 민중들의 돌을 맞으며 무참히 짓밟히는 것을 우리는 보았다. 처녀들의 초야권까지 빼앗던 러시아정교의 사제들과 교회당이 1917년 러시아혁명 때 무참하게 살해되고 파괴되는 모습을 역사는 기록하고 있다.

교회가 사회의 변화를 위해 일하고 노력해야 한다면, 어떤 방향으로 어떻게 변화시켜야 하는가? 세상을 밝게 하고 짜게 만들고 부풀게 하라는 것은 변화의 작업 속에 어떤 목적이 있다는 것을 의미한다. 어디를 향해서 세상을 변화시키라는 말인가? 이 대답은 예수님께서 가르쳐주신 주기도문 속에서 찾을 수 있다. "당신의 나라가 임하옵시며 뜻이 하늘에서처럼 땅에서도 이루어지이다." 즉, 하나님의 나라가 이 땅에 임하도록 이 사회를 변화시키라는 뜻이다.

예수님의 가르침과 사상의 가장 핵심적인 부분은 "하나님의 나라"였다. 하나님의 나라(Kingdom of God)는 예수의 비전(vision)이었고, 유토피아며 오늘날의 말로 한다면 이데올로기였다. 예수님의 많은 가르침과 비유 속에는 "하나님의 나라"에 관한 언급이 반드시 있기 때문이다.

"하나님의 나라"라는 말은 예수님이 처음 만들어낸 말은 아니다. 독일 튀빙겐의 유명한 성서신학자 케제만(Ernst Käsemann)이 밝혀낸 바에 의하면, 예수는 유대민족, 민중들이 익히 알고 귀에 익은 개념이 된 "하나님의 나라"를 가지고 그의 선교와 가르침의 핵심을 삼았다고 했다. 마태복음 11장 13절에 "모든 예언자와 율법이 요한의 때까지 그 나라에 대한 예언을 했다"고 쓰여 있다. "너희가 그 예언을 기꺼이 받아들인다면 오게 되어 있는 엘리야가 바로 그 요한이다"라고도 했다. 매우 구체적으로 역사적 상황에서 하나님의 나라의 실현을 이야기하신 것이다.

　이것은 이스라엘 백성들이 여러 나라의 침략을 받으며 종살이를 하고 압제에 시달리면서도 고대하고 기다리던 "하나님의 나라" 사상에다 연결해서 예수님은 이 "나라"의 뜻을 보다 더 구체화하고 분명하게 밝히셨다. 당시에도 하나님의 나라를 내세적이며 종말론적인 것으로만 여겼던 신도들이 많이 있었던 것 같다. 죽어서야 가서 볼 수 있는 천당으로 생각했던 것 같다. 그러나 예수께서는 하나님의 나라를 매우 구체적인 현실에다 연결시키며 역사 속에서 이루어지고 있는 과정으로 설명하시고 있다.

　하나님의 나라가 멀리 내세에만 있는 것이 아니라는 것을 가르치시기 위해 "하나님의 나라가 가까이 왔다"(마가 1:15)는 말씀을 여러 번 하셨다. "하나님의 나라는 너희 가운데 있다"(누가 17:20-21)고도 했다. "내가 하나님의 손을 힘입어 귀신들을 쫓아낸다고 하면 하나님의 나라는 이미 너희에게 임한 것이다"(누가 11:20)고도 하셨다. 이것은 하나님의 나라가 내세에만 있는 것이 아니요, 종말론적으로 끝에 가서 단 한 번에 오는 것도 아니요, 바로 이 땅 위에 너희들 가운데 현실적으로 오고 있는 과정이라는 말씀이다. 그런데 조건이 있다는 것이다. 하나님의 나라가 우리의 삶 속에 임하려면 우리들 속에 있는 귀신을 쫓아내야 한다는 것이다. 독재와 억압의 귀신, 폭력과 착취의 귀신, 부정부패의 귀신, 전쟁의 귀신, 사치와 허영의 귀신들, 인간과 자연의 생명을 죽이는 모든 구조악을 쫓아내야 하나님의 나라가 그만큼 오게 되어 있다는 것이다.

　예수님의 많은 비유들 가운데 하나님의 나라에 대한 설명은 매우 구체적이며 현실적인 것이었다. "천국은 마치 포도원 주인이 노동자들에게 일을 시키고 먼저 온 사람이나 늦게 온 사람이나 모두 똑같이 한 데나리온씩 주는 그런 포도원과 같다"(마태 20:12)고 설명하셨다. 또한 "잔치상을 벌였는데 청한 사람은 오지 않고 길거리에 있던 맹인, 절뚝발이, 불구자들, 가난한 사람들이 와서 잔치상에 앉아 즐기는 것과 같다"(누가 14:21)고도 하셨다. 이것은 우리가 이 땅에 실현하도록 노력해야 할 사회의 모델을 보여주신 것이다. "하나님의 나라"는 이런 성격과 모습의 것이니까 너희들은 이런 것을 닮은 사회를 만들도록 노력하라는 교훈이다.

이렇게 볼 때 "하나님의 나라"는 예수님에게 있어서 선교의 비전이면서 동시에 역사의식이요 사회 개혁사상, 즉 긍정적 의미의 이데올로기였다고 할 수 있다. 예수님은 단순히 비전과 목표를 제시하신 것 뿐 아니라, 실천행동으로 하나님의 나라를 실현하도록 노력했다. 가난한 자와 억눌린 자에게 기쁜 소식과 해방을 주시려는 노력, 병 고침과 위로와 구제의 행위들이 곧 하나님의 나라를 이 땅에 오게 하려는 노력이요 실천이었다.

그뿐만 아니라 예수님은 "하나님의 나라"를 구체적으로 실현해 볼 계획과 전략마저 세우셨던 것 같다. 마가복음 4장 11절엔 이런 구절이 있다 "무리와 대중들에게는 '하나님의 나라'에 관해 알기 쉽게 설명해 주시고 제자들과 가까운 사람들에게는 하나님 나라의 비밀까지 알게 해 주었다." 하나님의 나라를 실현하는 데는 무슨 구체적인 계획과 전략이 있었던 것 같다. 이것은 아무에게나가 아니라, 핵심그룹들만 알아야 할 비밀에 해당하는 전략이었던 것 같다. 예수님은 하나님의 나라 건설을 위해 구체적인 작전계획까지 구상했던 분이 아니었나 생각된다.

"하나님의 나라는 가난한 자들의 것이다"(누가 6:20-21)는 말씀이나 "부자는 들어가기 어려운 곳이다. 부자가 천국에 들어가는 것은 약대가 바늘구멍으로 들어가는 것보다 어렵다"고 하신 풍자를 볼 때, 예수님은 이 땅에 가난을 구제하고 사람이 사람답게 사는 세상을 만들어야 하나님의 나라에 가까운 사회가 된다는 교훈을 주신 것이라 볼 수 있다.

3. 인권이 보장되는 민주사회

교회의 존재이유가 복음의 전파와 실천, 곧 하나님의 나라를 증거하고, 그 나라가 이 땅에 임할 수 있도록 인간과 사회를 개조하고 변혁시키는 데 있다면, 특히 사회개혁을 어떤 방향으로 해나가야 하는가?

교회와 사회참여 문제는 초대교회 때부터 오늘에 이르기까지 교회운영의 핵심적 문제였을 뿐 아니라, 가장 논쟁과 대립이 많았던 문제였다. 고대 왕권사회나 중세 봉건사회, 근세 절대주의시대까지만 해도 교회가 사회개혁을 위해 할 수 있는 공간이나 능력은 별로 없었다. 영혼구원에 매달리거나 가난한 자, 병든 자들을 돌보며 구제사업을 하는 정도였다. 그러나 프랑스혁명 이후 시민사회가 성장하고 인권선언과 민주화운동이 일어나고부터는 교회도 인권을 신장하고 평등과 자유를 제도화하는 민주화의 과정에 무관할 수 없었으며, 그리스도인 개인으로서나 교회공동체의 집단으로서나 인권을 지키고 민주주의를 발전시키는 일에 참여하며, 때로는 운동을 주도하기도 하였다. 그것은 인권운동이나 민주화운동만이 아니고 예수 그리스도가 전파하신 복음의 내용, 곧 하나님의 나라를 증거하며 실현하는 과정과 밀접히 연관되어 있기 때문이다. 즉 하나님의 나라를 향한 사회의 개조를 교회의 사명으로 본다면 인권을 보호하고, 신장하는 민주사회의 건설은 곧 그리스도인과 교회가 빛과 소금의 역할을 하기 위해서 하지 않으면 안 되는 실천 과제가 되기 때문이다.

그러면 왜 인권을 옹호하며 신장시키는 일이 예수님의 복음과 하나님의 나라 건설에 밀접히 연관되는 일인가?

현대사회의 인권운동과 인권사상은 마치 프랑스혁명이나 서구의 시민사회 발전에서 배태된 것 같지만, 그러한 사상의 뿌리는 이미 여러 종교, 철학사상 속에 있었고, 특히 신구약 성서와 기독교사상에 깊이 박혀 있었음은 부정할 길 없다. 인간이 만물의 영장이며 존귀하기 때문에 사람의 목숨과 생명을 무엇보다 중요하게 생각해야 한다는 사상은 고대로부터 다양하게 있었지만, 인간이 하나님의 형상(imago Dei)으로 지음을 받았기 때문에 가장 귀중한 존재일 뿐 아니라, 모든 사람을 하나님이 똑같이 사랑하시며 구원하신다는 성서의 교리보다 더 인권을 높이는 사상은 없다.

예수님은 사람이 존귀한 존재니까 존중히 여겨야 한다고 막연히 추상적으로 가르치지 않고, 사람다운 권리와 존중함을 누리지 못하는 사람들을 높이고, 그들의 생명을 살리는 노력을 통해서 인권을 보호하고 신장시키신 분이다. 최후의 심판 날에 하나님께서는 인간들에게 묻겠다고 했다. "너희가 세상에서 배고파 굶주린 자들을 돌보았느냐? 옥에 갇힌 자를 찾아 위로하였느냐? 병들고 아픈 자를 도와주었느냐?" 이런 것들이 하늘나라에서 심판받을 내용이라고 하면서 예수님은 인간존중의 가치관을 가르치셨다.

포도원에서 한 시간 일한 노동자에게도 하루 먹고 살 임금 한 데 나리온을 주는 것이 하나님의 나라의 모습이라고 가르치신 예수님은 노동자 농민의 인권을 옹호하신 분이다. 어린아이들이 내게 오는 것을 막지 말라고 어린이의 인권을 옹호하신 예수님의 모습, 부엌에서 음식을 만들지 않고 예수님과 토론을 하고 앉아 있는 마리아를 변호하시며 여성들도 진리를 배우고 토론할 권리가 있다고 여성의 인권을 옹호하신 예수님의 태도, 이런 장면들을 볼 때 예수님의 선교야말로 인권선교였고, 특히 가난하고 소외되고 불쌍한 사람들의 인권, 사람대접을 제대로 받지 못하는 사람들의 인권을 옹호하며 회복시키려는 선교였다. 오늘의 교회가 예수님의 복음과 선교행위를 따르려면 인권선교를 게을리해선 안 된다.

지극히 적은 소자에게 물 한 그릇을 떠주는 것이 하늘나라에서까지 기억된다고 하신 것을 보면 예수님은 인간의 생명과 삶의 권리를 찾게 해주는 일이 곧 그리스도인과 교회의 핵심적 사명임을 가르쳐 주셨다고 할 수 있다.

그러면 오늘의 교회는 예수님의 이러한 인권선교의 정신을 현대 사회 속에서 어떻게 구현할 수 있는가? 가난하고 굶주리며 병들고 억압받는 자들이 하나둘이 아니고 수백만, 수천만인 경우에 이들의 생존과 인간적 권리를 지켜주는 일은 개인들의 구제활동만으로는 부족하며, 사회제도의 개혁을 통해 사회 전체가 이들의 인권을 보호해 주도록 만들어야 한다.

인권을 최대한 보장하고 신장시키는 사회는 어떤 사회인가를 물었을 때 우리는 쉽게 대답하기 어렵지만, 역사적으로 존재했던 제도

가운데서는 아직까지 민주주의 사회가 가장 인권을 지켜준 사회라는 데 동의할 수 있다. 물론 민주주의도 완전한 제도는 아니며 많은 단점을 갖고 있지만 적어도 자유와 평등과 박애와 같은 인권의 핵심적 내용을 실현하는 것을 최대의 목표로 삼고 있는 사회제도이기 때문이다. 사람의 타고난 권리, 즉 신체의 자유, 신앙의 자유, 언론의 자유, 평등의 권리, 생존의 권리, 교육과 직업의 권리, 정치권력을 선출하고 수행하는 데 참여할 권리를 최대한 보장하려는 제도가 민주사회이기 때문이다.

민주주의는 정치제도일 뿐만 아니라 의식구조며 행동양식이다. 왕이나 황제, 귀족, 봉건제후 같은 특정 권력자나 계급에 의해 지배되는 사회가 아니라 국민 전체가 주인이 되고 모든 사람들의 권익과 행복을 추구하는 정치제도며 가치관이다. 따라서 민주주의는 정치권력만 민주적 방식으로 선출되고 행사된다고 해서 다 실현된 것이 아니고 국민 모두의 삶을 규정하는 경제, 교육, 문화, 사회 전반에 걸쳐 차별과 억압이 없고 자유와 평등이 보장되는 질서가 확립될 때 민주화가 이루어졌다고 할 수 있다. 정치 질서의 민주화뿐 아니라 사회 경제 문화의 민주화가 필요하다.

따라서 교회의 사회개혁 목표는 인권을 최대한 보장하는 민주사회의 건설에 두어야 한다. 교회가 이러한 데까지 책임 있게 나아가려면 사회 정치 문제에 대한 깊은 연구와 세밀한 분석과 해석의 작업이 필요하고 정책적 대안을 제시하는 데까지 가야 한다. 애굽의 노예생활에서 이스라엘 백성들을 해방시킨 출애굽 운동은 가나안 복지로의 귀환이라는 대안적 목표가 달성될 때 의미를 가진다. 홍해 바다에서 몰살했거나 광야에서 모두 굶어 죽었다면 의미가 없을 것이다. 마찬가지로 그리스도인들과 교회가 식민지 지배나 독재정치에서의 해방과 자유를 위해 투쟁했다면, 해방이 되고 나서 인권과 자유 평등이 최대한 보장되는 민주사회를 건설하는 일에 관심과 노력을 기울여야 할 것이다. 정치권력의 획득이 목적이 아니라 인권을 보장하며 인간의 생명을 살리는 사회제도와 구조를 만드는 것이 목표였기 때문이다.

4. 정의롭고 평화로운 지속가능 사회(JPC)

교회가 지향해야 할 사회개혁과 참여의 목표를 우선 인권이 보장되는 민주사회로 설정해 보았지만, 그것이 전부일까, 더 해야 할 과제가 없을까라는 질문이 생긴다. 하나님의 나라에 가까운 사회의 이상(ideal)이 인권과 민주사회뿐 이겠는가? 인권이 보장되는 민주사회도 봉건독재사회가 보편적 지배형태일 때 여기서 해방되기 위한 시대적 과제였지, 오늘날처럼 민주화가 대부분 이루어진 사회에서도 계속 우선적 목표가 될 수는 없다. 그리고 민주주의 사회 속에서도 수많은 차별과 억압, 착취와 비리, 폭력과 지배를 보면서 민주주의 제도가 되었다고 인권이 다 보장되는 것이 아님을 알 수 있다. 그렇다고 민주주의를 비판하는 사회주의나 공산주의, 전체주의가 인권과 정의를 보장하는 것도 아니다.

한때 기독교는 어떤 사회이념(이데올로기)을 긍정해야 하느냐로 논란이 많았지만, 결국 어떤 특정한 제도나 이념과 교회의 선교는 동일시 될 수 없다는 것이 결론이었다. 민주주의에도 사회주의에도 민족주의에도 기독교가 긍정해야 할 부분이 있지만, 결국엔 역사적 정치적 한계가 드러나고 결점이 보이면서 교회의 하나님 나라 운동과 일치될 수 없는 면이 드러나고 만다. 여기에 교회의 사회선교가 당하는 어려움과 딜레마가 있다. 한편으로 사회 정치 개혁을 해야 하지만, 그때는 어떤 이념과 제도를 실천하도록 노력해야지만, 곧 그 한계가 드러나며 교회나 그리스도인들은 그 이념 운동과 정치 운동에서 떨어져 나와야 하기 때문이다.

이것이 아마도 예수님께서 "하나님의 나라는 세상의 나라와는 다른 것이다"고 말씀하신 뜻일 것 같다. 하나님의 선교, 하나님 나라 운동이 일반 정치운동이나 사회운동과 다른 점이 여기에 있을 것이다. 교회는 인권신장과 사회정의를 위해 때로는 정치적 행동과 사회 개혁 운동을 해야 하지만 그것이 일반적인 정치 운동이나 사회 운동과 구별되는 것은 목표가 하나님의 나라가 올 수 있게 하려는 데 있다는 점이다. 사회주의나 공산주의가 가난한 자를 구제하는데 계급 차별과 지배를 타파하는 데 크게 기여한 것이 사실이지만, 일부의 교인과 성직자들이 초기 공산주의 운동을 초대교회의 공동체처럼 미화한 것도 사실이지만, 결국 독재와 투쟁혁명의 과정에서 기독교의 복음정신과는 거리가 먼 이데올로기가 있었기 때문에 기독교는 공산주의를 비판하게 되었다.

그러면 교회나 그리스도인들이 지향해 갈 사회, 하나님의 나라의 모습을 닮은 사회는 어떤 사회인가라는 질문이 계속 나오게 된다. 2차 대전 후 교회와 선교의 일치를 주장하며 에큐메니칼 운동을 전개했던 세계교회협의회(World Council of Churches)는 특히 현대사회 속에서 교회가 할 역할과 사명을 어디에 두어야 할 것인가를 고민하며 많은 이론과 실천을 내놓았다. 시대에 따라 과제와 목표가 좀 달라졌지만, 세계 개신교 교회와 동방정교회를 대표하는 WCC가 설정한 사회선교의 목표와 이념은 세계 모든 나라 교회들의 의견과 태도를 반영한 것으로 주목할 만하다.

1948년 암스테르담에서 창립된 세계교회협의회(WCC)는 "무조건 전쟁은 하나님의 뜻이 아니기 때문에 반대한다"는 선언을 했고, 교회의 "책임사회"(responsible society)론을 주장했다. 전쟁과 독재와 인권과 자유의 탄압이 더 이상 일어나지 않도록 책임있게 사회를 만들어가야 한다는 것이다. 1954년 미국의 에반스톤(Evanston)에서 열린 WCC 총회에선 민주사회(democratic society)가 강조되었다. 1968년 스웨덴의 웁살라(Uppsala) 총회에서는 "사회 발전과 평화" (SODEPAX, WCC와 로마가톨릭교회가 공동으로 만든 프로그램)가 강조되어 60년대의 많은 신생독립국의 교회들이 요구한 경제발전과 사회평화를 반영했다. 그 후 70년대에 와서는 남미의 종속이론과 해방신학이 득세하며 제국주의나 신식민주의 등 억압과 지배 수탈의 정치경제구조에서 해방되지 못하면 인권과 사회정의가 실현될 수 없다는 입장을 내세우게 된다. 민족의 자주독립과 민주주의 정권의 수립 그리고 경제적 지배와 수탈에서 벗어나는 정의로운 사회구조가 교회가 지향해야 할 선교적 과제로 설정된다. 이것이 1975년 케냐의 나이로비(Nairobi)에서 열린 WCC 5차 총회에서 채택된 "정의롭고 참여적이며 지속가능한 사회"(Just, Participatory, Sustainable Society, JPSS)라는 교회의 사회선교 목표였다. 여기에는 당시에 세계교회의 핵심적 과제였던 흑백 인종차별의 철폐와 참여적 민주주의, 경제예속과 억압과 착취에서 해방된 정의로운 사회구조 그리고 자연자원과 환경을 지속가능하도록 보존하고 절약해야 한다는 생태계 보존의 윤리를 담아낸 선교적 목표였다고 할 수 있다.

그 뒤로 1980년대에 와서 전 세계적으로 반핵 평화운동이 일어나면서 교회는 평화의 사명에 다시 눈을 뜨고 예수님의 산상수훈의 정신으로 돌아가 전쟁과 폭력을 폐지하고 평화를 만드는 선교에 열을 올리게 된다. 그리고 지속가능한 자연환경, 자원의 문제는 생명신학 운동과 함께, 하나님의 창조질서를 온전하게 보존하고 유지해야 한다는 "창조의 통전성"(Integrity of Creation) 운동으로 전개된다. 1983년 캐나다의 밴쿠버에서 모인 6차 총회에서 세계교회의 에큐메니칼 사회선교의 목표와 과제는 다시금 "정의, 평화, 창조의 보전"(Justice, Peace, Integrity of Creation)으로 재조정된다. 1990년 서울에서 모인 JPIC 특별세계대회(WCC Convocation)도 정의, 평화, 창조의 보전을 통전적으로 결합시키면서 구체적인 실천 강령을 만들어낸 대회였다. 1991년 호주의 캔버라에서 모인 7차 총회는 정의와 평화, 창조의 보존이 모두 하나님께서 창조하신 인간의 생명, 자연의 생명을 지키며 풍성하게 하려는 노력이라고 주장하면서 생명의 문화, 생명의 신학을 강조했다. 우리 교회의 생명 살리기 운동도 세계교회의 이러한 흐름에 부응하면서 일어난 운동이라고 생각된다.

하나님의 나라를 이 땅에 세우도록 증거하고 실천해야 할 교회의 선교는 정의롭고 평화로우며 지속가능한 세계와 사회를 건설하는 데 있다고 잠정적 결론을 내렸다고 볼 수 있다. 그러나 이러한 가치와 이념을 실현하기 위해서 교회가 해야 할 과제는 엄청나다. 여러 가지 정치적 사회적 변화와 개혁을 이루지 않고는 실현될 수 없는 목표다. 그래서 때로는 교회가 독재타도와 민주화운동, 제국주의 타도와 민족해방운동, 계급 인종차별 철폐와 경제정의 실천 운동 같은 사회 정치 운동에도 참여해야 한다.

아울러서 교회는 이러한 사회선교를 실천할 수 있는 일꾼들을 교육하며 훈련시키는 일, 빛과 소금의 사명을 깨닫게 만드는 예배와 가난하고 소외된 자들을 돌보는 사회봉사, 피곤하고 지친 심령들을 위로하고 희망을 심어주는 상담 등, 목회적 과업들을 감당해 갈 수 있도록 조직과 인물, 구조를 갖추어야 한다. 교회는 곧 그리스도인들이 세상 속에서 하나님의 나라 운동에 깊은 신앙을 가지고 참여할 수 있도록 준비시키는 전진기지이기 때문이다.

2장
사회봉사의 신학과 실천 과제

　한국교회는 이제 사회봉사에 관심과 노력을 기울일 때가 되었다. 선교 1세기 동안 민족의 수난과 고통 속에서도 크게 성장하여 1천만 여의 신도와 5만에 가까운 교회로 자란 한국의 기독교는 이제 이러한 저력과 자원을 가지고 사회와 민족을 위한 봉사에로 매진하여야 한다.

　전통적으로 한국교회는 교회의 본질적 사명을 전도, 교육, 봉사로서 이해하여 왔지만, 이 가운데서도 전도를 가장 중요한 교회의 사명으로 오랫동안 생각해 왔고 여기에 온 힘을 기울여 온 것이 사실이다. 전통종교의 저항을 받으며 복음을 전파한 우리나라에서 기독교가 뿌리를 내리기 위해서는 무엇보다 전도에 힘을 써 기독교인의 숫자를 늘려야 했기 때문에 전도가 가장 우선적인 교회의 과제가 되었던 것은 충분히 이해할 수 있다.

　그러나 이렇게 성장한 한국교회가 오늘날 교회의 유지나 확장을 넘어서 사회를 위한 봉사에 얼마만큼 성의와 노력을 바쳤는가를 살펴보면 매우 부끄러운 모습을 보게 된다. 여러 가지 조사에 의하면 한국교회의 예산에서 사회봉사비가 차지하는 비율은 7% 내외이며, 4.5% 미만이라는 통계도 있다. 대부분의 교회들이 사회봉사비라는 명목으로 약간의 구제비와 장학금 등을 계상하고 있지만 형식을 차리는 데 그치는 경우가 많다. 무엇보다도 봉사활동을 위한 사업의 개념이나 부서의 조직이 분명치 않으며, 이를 교회의 주요 과제로 생각하고 추진하는 교회는 아주 극소수에 불과한 형편이다. 봉사는 한국교회의 중심과제가 되어 있지 못하며, 주변적인 일 가운데 하나로, 연례행사의 일환으로 지나쳐 버리는 경우가 많다.

한국교회의 봉사활동은 왜 이처럼 왜소한 것이 되었을까? 몇 가지 원인을 생각해 볼 수 있다. 무엇보다도 한국교회의 신앙고백과 신학사상에서 신앙의 실천이나 봉사의 면이 강조되지 않고 있음이 한 원인이 된다. 그리고 선교 초기부터 개교회들은 전도와 심방, 교인들의 결속과 조직에 열심이었으나 봉사활동이나 사업에는 별 관심을 두지 않았던 것 같다. 병원이나 양노원 고아원, 학교나 육영사업 등은 외국에서 온 선교사들이 주로 세워서 경영했고 개교회나 총회, 노회의 활동이나 사업으로는 간주되지 않았었다. 자연히 교회나 교인들의 관심이나 책임감으로부터 멀어지게 된 것 같다.

그리고 또 한 가지 이유라면 한국교회의 개교회 중심적인 구조일 것이다. 시찰회, 노회, 총회는 있어도 목회활동 이외에 선교나 봉사, 교육사업을 위한 연합활동은 거의 찾아보기 어렵다. 상회비를 거두어 지역적으로, 노회적으로 봉사기관을 설치한다든가, 특수한 사업을 벌이는 것은 아직 상상할 수조차 없다. 자연히 커다란 대형교회가 아니면 하나의 독립된 사회봉사기관을 설치하기가 어려운 게 사실이다. 봉사활동은 교회가 직접 설치해서 한다기보다는 교회에서 말씀에 감동을 받은 교인이 개인적으로 세상에 나가서 하는 행위라고 생각되었다. 봉사(diakonia)를 개인적인 봉사활동이라고 생각하는 사고방식에도 한국교회가 사회봉사 면에서 뒤떨어지게 된 원인이 있는 것 같다.

우리는 오늘 한국교회가 사회봉사에 등한히 해온 것을 반성하면서, 어떻게 해야 참으로 봉사하는 교회를 만들 수 있는가를 함께 논의해보기 위해서 모였다. 바른 목회를 실천하는 것은 곧 봉사하는 교회를 만드는 데 있기 때문이다. 이를 위해서는 봉사에 관한 바른 신학적 이해와 실천 능력을 갖는 것이 중요하다고 본다.

1. 봉사의 개념과 성서적 근거

우리가 봉사(diakonia)라는 말을 쓸 때는 그리스도의 말씀과 정신에 따라서 이웃과 사회를 위해 하는 봉사를 말한다. 그래서 경찰관이 국가의 명령을 받고 하는 대민 봉사 같은 것과는 다르다. 그 내용이 설사 같은 것이라 하더라도 우리는 그리스도의 가르침에 근거해서 신앙적 동기가 부여된 것만을 봉사(diakonia)라고 부른다. 그래서 이것이 봉사의 신학적 근거와 토대를 이루는 것이기에, 봉사의 이론이나 실천방법은 항상 그리스도의 봉사에 대한 가르침이나 실행을 성서적으로 신학적으로 연구하는 데서 탐구되고 획득되어야 한다.

그리스도인들이 봉사를 의무로 생각해야 하는 이유는 무엇보다 예수 그리스도가 봉사하는 자로서 살았으며, 봉사의 교훈을 주었기 때문이다. 이웃 사람에 대한 사랑을 계명과 복음의 핵심으로 가르치고 실천하신 예수 그리스도는 사랑의 행위로 나타나는 모든 실천을 봉사(diakonia)라는 말로 일반화시켜 표현했다.[1]

"인자가 온 것은 섬김을 받으려 함이 아니라 도리어 섬기려 하고, 자기 목숨을 많은 사람의 대속물로 주려 함이니라"(마가 10:45). 봉사라는 말은 이 섬긴다(serve, dienen)는 말에서 온 단어이다. 이 당시에 섬긴다는 것은 낮은 사람이 높은 사람을 섬긴다는 뜻으로 썼다. 섬김을 받는 자가 아니라 섬기는 자라는 말에서 봉사는 스스로 낮은 자, 아랫사람이 된다는 것을 의미했다.

예수는 왜 낮은 데 거하고 아랫사람이 되려고 했을까? 높은 사람이 되기 위한 전략으로 낮은 자가 되려고 했을까? 그것은 당시의 상황으로 보아 낮은 사람이 높은 사람을 섬기고 있었기 때문에, 모든 사람을 사랑하고 섬기기 위해서는 가장 낮은 자가 되어야 한다고 생각했기 때문이었던 것 같다. 예수는 분명히 낮은 자와 섬기는 역할의 관계를 심각히 생각했었다. 누가복음 22장 27절에, "앉아서 먹는 자가 크냐, 섬기는 자가 크냐, 앉아 먹는 자가 아니냐? 그러나 나는 섬기는 자로 너희 중에 있노라"고 했다.

불쌍한 사람들을 도와주고, 병을 고쳐주고, 절망에 빠진 자들을 살리고 희망을 주는 모든 일들이, 즉 사랑의 전 행위가 낮은 자로서 섬기는 일, 봉사(diakonia)였다.

섬기는 일 이외에 예수가 하신 일은 말씀을 전파하고 가르치는 일이었다. 기쁜 소식(복음)을 전하는 말씀의 전파(Wortverkündigung)와

---

1) Reinhard Turre, *Diakonia* (Neukirchener, 1991), 1.

이 말씀의 내용인 사랑과 구원을 실천하는 봉사(Diakonie)는 예수의 전 생애를 통해 잠시도 쉬지 않고 수행했던 양대 과업이었다. 그는 가르치면서 행동했고, 설교하면서 구원의 활동을 했다. 그는 이론과 실천을 겸비한 자였다. 이런 점에서 봉사는 말씀의 실천이요, 복음의 구체적 실현이었다. 복음의 전파와 복음의 실천으로서의 봉사는 사실상 하나로 연결된 행위이지 서로 분리될 수 없는 것이다. 따라서 전도(Evangelium)와 봉사(diakonia)는 동전의 양면과 같은 것이라고 할 수 있다.[2] 사랑과 정의와 구원의 복음을 전파했으면, 반드시 그것이 실천되는 행위가 뒤따라야 한다. 복음의 전파는 그것 자체로서 의미를 가진 것이 아니라 그 복음이 실천됨으로써 의미를 갖는 것이기 때문이다.

봉사는 그리스도께서 가르치고 실천한 섬김의 내용에서 규정해 본다면 이 세상과 인간을 사랑해서 하신 모든 구원의 활동을 통틀어서 의미한다고 할 수 있다. 우리는 흔히 봉사를 교회가 하는 구호활동이나 자선사업 정도로 좁게 생각하기가 쉽다. 고아원이나 양노원 사업정도를 봉사사업으로 동일시하기가 쉽다. 그러나 봉사의 신학자 파울 필립피(Paul Philippi)에 의하면 봉사는 그리스도 사건(Christus Geschehen)에 근거되어 있기 때문에 그리스도 중심의 봉사(Christozentrische Diakonie)가 되어야 한다고 하며,[3] 그리스도 중심의 봉사는 그리스도가 증거한 하나님의 나라가 오도록 사랑과 정의와 평화를 실천하는 모든 행위들을 포괄한다고 한다. 이렇게 보면 봉사활동은 사회적인 활동이고 노력이되 이 세상에서 하나님의 사랑을 실현

---

[2] Karl-Fritz Daiber, *Diakonie und kirchlich Identität* (Hannover, 1988), 15.

[3] Paul Philippi, *Christozentrische Diakonie* (1975), 232.

하기 위한 여러 가지 행위들을 다 의미한다고 볼 수 있다.

그리스도의 봉사가 이처럼 하나님의 사랑을 이 땅에서 실현하고 인간을 전체적으로 구원하는 행위를 말하는 포괄적인 것이라면 이것은 곧 선교의 내용과 일치한다는 것을 알 수 있다. 사실 예수그리스도의 봉사활동은 이 세상을 사랑해서 그의 독생자를 보내신 하나님의 보냄(Sendung)과 선교(missio Dei)의 목적을 다하기 위해서였다. 인간과 사회를 구원하기 위해 보냄을 받은 예수가 이 세상에서 한 모든 봉사활동은 곧 선교의 내용이었다. 이 점에서 본다면 봉사는 선교의 한 국면이라고 할 수 있다.

그래서 간단히 공식화하자면, 선교=전도+봉사라고 할 수 있을 것이다. 요즘 선교의 사회적 실천의 면을 강조하는 사회선교의 개념은 이 점에서 사회봉사와 거의 일치한다고 보아도 좋을 것 같다.

2. 사회구호적 봉사와 사회구조적 봉사

봉사(diakonia)라는 것이 이처럼 선교적이며 포괄적인 의미와 개념을 가지고 있음에도 불구하고, 우리가 교회에서 일반적으로 이해하는 봉사는 가난한 자들과 병든 자, 슬픈 자, 어렵게 된 자들을 찾아 위로하며 그들에게 약간의 물질적 구호를 제공하는 자선적인 봉사(Caritative Dienst, charity service)라고 생각되는 경우가 많다. 이것은 오랜 기독교 역사 속에서 교회들이 봉사라는 이름 아래 추진했던 활동이나 사업들이 대체로 구제사업이나, 빈민, 고아, 노인, 환자들에 대한 구호사업이었다는 데서 연유한다. 또 교회의 봉사가 주로 가난하고 결핍된 사람들에게 도움과 구호의 손길을 베푸는 것으로 행해진 것은, 예수 그리스도의 봉사의 정신과 교훈에 따른 것이었다.

예수님의 봉사에 관한 교훈으로 표준이 되는 것은 선한 사마리아 사람의 이야기(누가 10:25-37)이다. 이웃을 사랑하라고 했을 때 어떤 이웃에다 어떤 사랑을 베풀 것이냐는 문제가 생기는데, 선한 사마리아 사람의 이야기는 가장 가까이에서 긴급한 도움을 필요로 하는 사람에게 구호를 베푸는 것이 이웃사랑의 방법임을 말해 주고 있다. 강도를 만나 빼앗기고 매 맞고 피 흘리며 쓰러져 있는 사람을 상처를 싸매주고 여관에 데려다 눕히고 쉬고 먹게 함으로써 구호를 해준 사마리아 사람의 선행이야말로 봉사의 한 모델이 되는 것이다. 굶주린 자에게 먹을 것을 나눠주고, 환자를 돌보아 주고, 헐벗은 자에게 옷을 주며, 옥에 갇힌 자에게 방문해서 위로해 주는 것이 사랑의 실천이요 봉사의 방법이었다(마태 25:35). 사회 속에서 가장 많은 고통을 당하며, 결핍을 당한 자들을 도와주며 돌보는 일이 기독교적인 봉사의 전형(Paradigma)이 된 것이다.

교회사적으로 볼 때도 초대교회에 최초로 나타난 봉사활동이 구제사업이었고 이를 전담키 위해서 집사(Diakone)제가 생기게 되었다. 사도들이 말씀 전파하는 일이 바빠서 봉사하는 일까지 제대로 돌볼 수 없게 되자 과부들에게 식량을 배급하는 봉사활동을 원활히 하기 위해서 일곱 집사들을 뽑게 된 것이다(사도행전 6:3). 집사의 어원이 봉사자(Diakone)인 것은 우연이 아니었다. 이 전통은 사도시대를 지나 로마제국에서의 지하교회나 콘스탄틴 대제 이후의 가톨릭교회, 동방교회에서도 계속 이어져왔다. 감독(Bischof)의 위촉을 받아 남녀 집사들이 가난한 자들, 병든 자들, 버림받은 자들을 구제하고 돌보는 일을 교회의 중요한 과제로 삼고 실천했다.

집사들에 의한 개인 구제만으로서는 도움을 필요로 하는 수많은 사람들을 일일이 다 돌볼 수가 없었다. 그래서 이미 4세기, 5세기의 로마제국 교회들이 가난한 이들을 한 곳에 모아다 수용시설을 갖추고 돌보는 수용소(Hospital) 제도를 도입했다. 처음엔 집 없는 외부인들을 자고 먹게 하는 수용시설로 출발했지만, 차츰 여행객들의 수용시설 밖에도 고아들의 수용소, 환자들의 수용소, 노인들의 수용소들이 생겼으며 이것이 고아원, 병원, 양노원이 생기게 된 유래였다.

교회의 봉사 사업은 이러한 전통 위에서 늘 가난하고 고통당하며 어려운 처지에 있는 사람들을 돌보고 구호해 주는 사업들로 발전했다. 병원, 고아원, 양노원 사업은 전형적인 봉사사업이었지만, 그 밖에 난민 구제사업, 피난민 구호사업, 유치원, 청소년 센터, 장애자 복지시설, 감옥에 갇힌 자들을 돕는 기관, 미혼모나 독신 여성들, 윤락녀를 돕는 사업 등으로 발전해간다. 그 대상과 구호의 방법은 다양하게 발전하지만 고통당하며 결핍된 자들을 구호한다는 사회구호적인 봉사활동이었다는 점에서는 고대나 중세 현대교회의 봉사가 마찬가지였다.

그러나 봉사의 개념이나 활동내용은 교회사적 전통 속에서도 항상 사회구호적인 차원에만 머물러 있었던 것은 아니었다. 우선은 가난하고 병든 개인들을 돕고 돌보는 일이 급선무였지만, 차츰 가난과 질병과 고통의 사회적 원인을 발견하게 되었으며, 이러한 원인을 제거하기 위해서는 사회구조를 개선하고, 변혁시켜야 한다는 생각과 주장들이 나타나게 되었다. 물론 이러한 진보적인 생각은 서구에서도 19세기에 와서야 나타나게 되며 이러한 생각이 교회의 봉사 프로그램에 영향을 주고, 사회구조를 개혁하는 봉사나 선교의 활동이 나타나는 것은 20세기에 들어와서라고 할 수 있다. 사회복음(Social Gospel) 운동이나, 종교사회주의(Religious Socialism) 운동, 혹은 에큐메니칼 운동에서 나오는 책임사회(Responsible Society) 운동이 교회의 봉사활동을 사회구조를 개선하는 선교적 봉사로 발전시키는 데 큰 기여를 했다고 볼 수 있다.

대체로 교회의 봉사가 사회구호적인 차원에서 사회구조적 차원의 노력으로 발전해야 한다는 인식이 생기게 된 것은 산업사회의 문제가 본격적으로 나타나는 19세기 중엽 이후였다고 할 수 있다. 산업화 이전의 봉건적인 농업사회에서는 가난과 결핍의 원인을 운명이나 자연적 원인, 개인의 능력 등에서 보았으며 사회구조의 잘못에서 찾아내지를 못했다. 그러나 산업화와 초기자본주의 시대에 이르러 저임금과 착취, 실업, 산업재해 등으로 많은 산업노동자들이 대량으로 가난한 계층이 되어가고, 많은 사회 문제들이 생기게 되자 사회구조나 개별적인 구제활동만으로는 가난과 질병 결핍과 고통의 문제를 해결할 수 없다는 인식이 싹트게 되었다.

그렇지만 이러한 인식은 교회 안에서 몇몇 개인들에게 국한되었고 교회 전체나 지도자들은 구조의 개혁보다는 사랑과 구제활동을 확대함으로써 사회적 병리를 치료하는(therpeutisch) 봉사활동에 자족하고 있었다.[4] 가령 독일교회사를 예로 든다 하더라도, 봉사를 교회의 프로그램으로 조직하고 확대하는 데 크게 공헌을 한 비헤른(Johan Wichern, 1808-1881)은 칼 맑스가 공산당 선언을 집필한 1848년

---

[4] Johannes Degan, *Diakonie und Restauration* (Luchterland Verlag, 1975), 91

에, 교회는 대대적으로 가난한 자들을 위해 사회선교(Innere Mission) 활동을 전개해야 한다고 교회대회(Kirchentag)에서 호소했지만 그것은 사회구조의 변혁을 위한 활동이 아니라, 교회를 개혁해서 대규모적으로 조직적으로 구호활동을 전개하자는 것이었다.[5] 사회봉사는 당시의 혁명적이며 정치적인 사회개혁운동에 비해 보수적이며, 체제 긍정적인 개량주의로 머물 수밖에 없었다.[6]

19세기 후반에 와서 많은 노동자들이 사회주의적 노동운동에 휩쓸리고 노동조합운동을 전개하면서, 이를 비성서적이라고 비난한 교회를 떠나게 되었을 때, 공식 교회의 밖에서 노동자들의 세계 속에 들어가 이들에게 선교하면서 노동문제에도 관심을 가지고 노동운동에 참여하는 산업선교(Industrial Mission)가 나타나게 되었다. 이들은 교회의 봉사를 사회구조적인 차원에서 보게 하는 중요한 계기를 만들었다. 개별적으로는 기독교적인 정당을 만들어 사회를 개혁해 보려고 노력한 목사들도 있었으나, 이들은 극소수의 개인에 불과했다.

독일 교회가 결정적으로 이웃사랑을 위해서는 구조의 개혁이 필요하다고 깨닫게 된 것은 1930년대의 나치 독재국가를 경험하고 나서이다. 구호의 대상이 되어야 했던 정신박약자나 환자들을 집단적으로 살해하는 나치즘을 겪고나서, 개인적 구호나 치료만으로는 참된 봉사를 할 수 없으며, 정치사회적인 권력구조를 변혁해야 사랑과 봉사도 가능하다는 인식이 보편화하게 되었다. 여기서 봉사는 사회

---

[5] Günther Brakelmann, "Denkschrift und Manifest," in: ders., *Kirche in Konflicten ihrer Zeit* (München, 1981), 32..

[6] Reinhand Turre, *Diakonik*, 110.

의 병적증상(Symptome)을 치료하는 데 그칠 것이 아니라, 그 원인 (Ursache)을 고치는 데로 나아가야 하며, 이것은 사회구조의 개혁을 통해서만 달성될 수 있다는 기독교 윤리적 반성이 일어나게 되었다.

오늘날 세계교회의 에큐메니칼 운동과 제삼세계의 교회들이 민족해방과 사회혁명과정을 통해 얻게 된 해방신학적, 정치신학적 경험들을 통해서 봉사(diakonia)의 문제는 구조개혁적인 사랑과 정의의 문제로 점점 더 부각되게 되었다. 봉사는 개인에 대한 자선행위 (barmherzigen Verhalten)에서 뿐 아니라 사회구조적인 사랑(love in structures)으로 실천되어야 한다.[7] 사회구조적인 사랑으로 나타나는 봉사활동(Diakonie)은 정의를 위한 행동(Aktion für Gerechtigkeit)으로 나타나야 한다는 것이다. 예를 든다면 인종차별 철폐운동(Anti-Rassismus-Programm)이나 인권운동, 노동운동 같은 사회적 행동 (Social Action)이 기독교적인 봉사가 될 수 있다는 것인데, 이것은 곧 사회구조 안에서 사랑을 실천하는 행위이기 때문이며,[8] 하나님의 나라를 지평으로 하는 새로운 사회 공동체 운동이기 때문이다.

이처럼 인간에 대한 참된 사랑을 위해서 사회구조의 개선에 참여하며, 사회에 대한 책임을 지려고 하는 봉사를 오늘날 사회적 봉사 (gesellschaftliche Diakonie)라고 부른다.[9] 이것은 이제까지 봉사(Dia-konie)가 개인에 대한 자선행위나 구호활동으로 이해되었기 때문에,

---

7) Johannes Althousen(Hg.), *Die Kirche im Gespräch der Kirchen* (Berlin, 1975).

8) Jürgen Moltmann, "Zum theologischen verstandnis des diakonischen Auftrags-heute," *Diakonie* 2 (1976), 140.

9) H-D. Wendland, "Das Recht des Begriffs. 'Gesellschaftliche Diakonie,'" *ZEE* 10 (1966), 171; O. Meyer, *Politische und Gesellschaftliche Diakonie* (Gottingen: Vanden-hoeck & Ruprecht, 1974), 200.

사회제도의 개선이나, 사회정책적 프로그램을 가지고 봉사를 실천하려는 사회적 노력이나 운동들을 구별해서 지칭하기 위해서라고 할 수 있다. 따라서 사회적 봉사, 간단히 사회봉사는 사회사업적인 봉사에서부터 사회구조개혁을 위한 사회운동, 혹은 사회정치적 혁명에 이르기까지 다양한 색깔의 참여활동을 지칭한다고 하겠다. 물론 여기서는 정치적 행동이나 폭력적 수단 등 쓰는 혁명운동이 기독교적인 봉사가 될 수 있겠느냐에 대해 많은 신학적 논쟁이 있는 것이 사실이다.[10]

그러나 분명한 것은 개인에 대한 구호적·자선적 봉사와 사회개혁을 통한 구조적 봉사가 서로 대안적인 것으로 분리될 수 없다는 사실이다. 개인을 사랑하는 봉사가 사회정의 실현을 비난해서도 안 되고, 사회변혁의 행위가 개인에 대한 사랑을 잊어서도 안 된다. 서로는 보완적인 것이다. 무엇보다도 예수 그리스도의 봉사가 바로 개인의 사랑과 사회정의의 실현을 결합하는 것이었기 때문에, 사회구조적인 봉사와 구조적인 봉사를 우리는 함께 추구해야 한다고 믿는다.

3. 사회봉사의 과제와 실천 방법

그러면 이제 사회봉사의 개념과 신학적 의미가 이렇게 포괄적인 것으로 규정되었다 할 때에, 우리는 어떻게 이를 실천할 것이며, 어떠한 대상과 과제와 방법을 택해야 하겠는가? 또한 오랜 전통과 역

---

10) H. Krimm, "Gesellschaftliche Diakonie," *ZEE* 10/1 (1966), 361-367.

사 커다란 물량을 가진 서구의 전통교회들이 하는 봉사사업과 우리의 봉사활동은 어떻게 같으며, 달라야 하는가? 무엇을 우선의 과제로 삼아야 할 것인가의 문제가 생긴다.

교회는 과연 모든 사회사업기관들이 하는 일을 다해야 하는가? 또한 사회구조 속에 모순이 많고 불의와 독재 권력이 있는 나라에서는 개인에 대한 구제나 도움보다는 정치적 투쟁과 사회정의의 실현 운동을 선행시켜야 하는가?

사회봉사를 어떤 과제를 중심으로, 어떤 방법으로 실천해야 하는가의 문제에는 교과서적인 해답이나 매뉴얼(manual) 같은 편리한 지침서는 없다고 생각한다. 교회사 속에서 사회봉사는 역사적으로 발전해 왔고, 봉사의 대상과 활동방식에서도 대체로 보편적인 틀이 있는 것이 사실이지만, 이를 나라와 역사를 초월해서 어디에나 적용시킬 수 있는 모델이라고는 생각지 않는다.

봉사는 그리스도의 사랑의 정신으로 교회가 사회를 위해서 하는 일이기 때문에 교회의 여건과 사회의 구조와 성격에 따라 크게 과제와 방법이 다를 수 있는 것이 봉사라고 할 수 있다. 봉사는 어떠한 도움과 사랑을 필요로 하는 사람들이 얼마나 많이 있는가에 따라 얼마든지 할 수 있는 것이며, 그 과제와 대상은 무한히 늘어날 수 있는 것이다.

1) 치유활동을 통한 봉사

우선 우리는 누구에게 봉사할 것이냐는 대상을 찾아야 한다. 봉사의 대상은 도움을 필요로 하는 자(hilfsbedürtige Menchen)라고 간단히 규정될 수 있다.[11] 그러나 과연 한 사회구조 속에서 정말 우선적으로 도움이 필요한 자가 누구인가를 찾기란 쉽지 않다. 우리는 흔히 예수께서 선택한 봉사의 대상자들을 모델로 해서 대상을 찾아야 한다고 생각한다. 가난한 자, 병든 자, 옥에 갇힌 자, 세리나 창녀들과 같이 사회에서 버림받고 무시된 자, 과부와 같이 홀로된 자, 눈먼 자, 문둥병자와 같이 절망적인 사람들을 사랑과 봉사의 대상으로 삼았다. 이와 비슷한 대상들은 우리 사회에도 얼마든지 있다. 그러나 사회의 발전이나 경제성장의 정도에 따라 도움을 필요로 하는 봉사의 대상자들은 달라질 수가 있다. 과거에 문둥병이나 결핵환자들이 많았을 시절에는 이들을 돕고 치료하는 일들이 중요한 봉사사업이었다. 그러나 오늘날 대부분의 나라에서는 이런 환자들이 사라졌고 또 보통의 질병이나 전염병 같은 것은 병원이나 국가의 보건기구들이 책임을 지고 치료하고 있다. 교회가 꼭 병원을 더 세워 의료봉사를 시급히 해야 할 필요는 없게 되었다.

이런 상황에서 우리 교회가 찾아야 할 의료봉사활동은 오히려 국가나 사회가 손을 못 대고 있어 더욱 도움이 필요로 하는 쪽의 대상을 찾아야 한다고 생각된다. 그것이 예를 들자면, 직업병과 노동자들의 사고로 인한 질병들을 전문적으로 치료하고 도와주는 병원이나 재활원 같은 것들이다. 그리고 현대 자본주의적 경쟁사회 속에서 많이 발생하는 정신병이나 정신박약자들을 인간적으로 대하고 치료해 주는 병원이나 요양소를 설치해 이들이 삶을 포기하지 않도록 해

---

11) Theodor Schober, "Überlegungen zur theologischen Motivation der Diakonie," in: T. Schober und H. Seibert (hrsg.), *Theologie-Prägung und Deutung der kirchlichen Diakonie* (Stuttgart 1982), S.21

주는 것이 중요하다. 각종 장애자들이 성한 사람과 치열한 경쟁 속에서 좌절하고 포기하지 않도록, 특수교육훈련을 통해 직업을 가질 수 있도록 하는 봉사사업이 필요하다.

그러나 우리 사회에서는 아직 병원이 모자라서가 아니라, 가난하기 때문에, 의료보험제도가 완비되지 못해서, 병이 들고 아파도 의료혜택을 누리지 못하는 사람들과 계층이 꽤 많이 있다. 이것은 물론 의료보험제도를 개선하는 구조적 봉사의 노력을 통해 혜택이 골고루 가도록 해야겠지만, 이런 제도가 개선되어도 항상 사회 속에는 수술비가 없어 수술을 못하고, 약값이 없어 치료를 못 받는 사람들이 있기 마련이다. 대부분의 서민층과 빈민 농민들에겐 건강과 의료를 통해 봉사해야 할 분야가 아직 너무나 넓게 있다고 보인다.

2) 복지사업(Social Welfare)을 통한 봉사

고통과 결핍 소외와 고독 때문에 구호와 도움이 필요한 사람들을 대상으로 한다할 때 어느 사회에서나 신체와 정신이 병들었거나 허약한 사람들을 일차적인 대상으로 삼을 수 있을 것이다. 그 다음으로 도움이 필요한 사람들은 경제적으로나 사회적으로, 혹은 심리적으로 약한 자들, 위축된 자들, 결핍된 자들을 말하는데 이들은 사회구조와 발전 정도에 따라 다양하게 존재한다. 전통적으로는 부모를 잃은 고아들, 보살필 자녀가 없는 노인들, 남편을 잃은 과부들이어서 고아원, 양노원, 모자원 같은 사업들이 봉사의 표준적 활동이 되어 왔다.

그러나 오늘날 전쟁이나 재난이 아니면 고아와 과부, 자식 없는 노인들의 수는 그렇게 많지 않다. 그 대신 산업화와 도시화로 인해 부부와 남녀가 모두 직장을 갖는 경우들이 많아 어린아이들이 직장 시간에 고아가 되고 노인들이 홀로되는 경우들이 많게 되었다. 말하자면 어린이와 노인들이 가정으로부터 보호를 받지 못하는 집단이 되게 되자, 이들이 사회적으로 보살펴야 할 가난한 자가 된 것이다. 그래서 우선 필요한 것이 탁아소(day care center)가 되었고 유치원, 유아원이 필요하게 되었다. 노인들의 점심 급식이 필요한 것도 이런 구조 속에서 보아야 한다. 동네에 탁아소나 유치원이 없을 때 직장을 가진 여성들이 대단히 어려운 곤경에 빠지는 것은 말할 것 없다. 다행히 가족 중 할머니나 누가 있어 보아주면 다행이지만, 그렇지 않고는 상당히 많은 돈을 들여야 유모나 파출부를 얻게 된다.

우리나라에서 빈민 지역에 공부방이라고 하는 형태의 봉사활동이 생긴 것은 다른 나라에서 보지 못하는 독특한 예라고 할 수 있다. 방이 좁아 학생들이 숙제를 집에서 못하는 환경에서, 독서실에도 갈 수 없는 여건의 어린이들을 위해 공부방을 만들어 교육적인 지도책임을 맡아준 것은 대단히 훌륭하고 적절한 사회봉사였다고 생각된다.

3) 사회상담을 통한 봉사

그러나 이제 오늘날 사회적 약자로 분류되어 도움과 봉사를 받아야 할 사람들은 꼭 불행을 당했거나 특별히 가난하게 된 사람들만이 아니다. 보통사람들의 가정과 삶에서도 우리는 잠정적으로 곤경에 처하거나 어려움을 당하는 사람들을 많이 보게 된다. 그래서 독일 교회의 예를 본다면 인간이 살아가는 전 단계에 있어서 도움과 사랑이 필요하다는 전제하에 생의 전 과정별로 상담(Beratung)과 봉사사업이 전개되고 있는 것을 볼 수 있다.

우선 가족문제와 관계된 상담사업을 보더라도 인간이 태아가 되었을 때부터 필요하게 되었다. 많은 여성들이 임신을 하고도 아이를 낳을 것인가 중절할 것인가로 고민하고 있으며, 오늘날처럼 정상적 부부관계가 아닌 경우에 생긴 임신에 대해서는 더욱 여러 가지 문제와 고민이 쌓인다. 누구와도 친구와 가족과도 의논할 수 없는 고민의 문제를 상담해 주는 출산에 관한 상담(Pränatale Beratung)이 사회봉사센터마다 자리 잡고 있다.

결혼에 관한 상담, 이혼에 관한 상담, 육아문제에 관한 상담, 청소년들의 탈선과 범죄에 관한 상담, 실업자에 대한 상담, 직업전환교육에 대한 상담, 알콜이나 마약 중독자들에 대한 상담, 성문제에 대한 상담, 암환자나 에이즈 환자들에 대한 상담, 죽음을 준비하는 사람들의 상담, 유가족 상담, 이렇게 생의 전 과정에서 어려움을 당하는 사람들이, 그때그때마다 사회적으로 심리적으로 약자가 되기 때문에 이들에게 적절한 전문적인 상담이 필요하다는 것이다.

이들은 경제적으로 어렵다기보다는 정신적으로 심리적으로 어려운 사람들이다. 물론 경제적인 곤란이 겹치는 경우도 많지만, 이들의 문제는 임시 구호금을 준다든가 경제문제가 해결된다고 해서 풀리는 문제가 아니다. 무엇보다 이 어려움을 감당해나갈 수 있는 자신감과 필요한 지식, 해결하는 방법을 제공해 줌으로써 스스로 문제를 해결할 수 있는 능력을 길러 준다는 데 봉사의 의미를 갖게 된다. 말하자면 온전한 인간(ganzheitliche Menschen)이 되도록 도와주는 일이 바로 상담사업이라고 볼 수 있다.

4) 사회교육을 통한 봉사

그러나 상담사업만으로는 인간에 대한 봉사가 부족한 경우들이 많다. 가령 직업을 잃고 실업자가 되어 방황하는 사람에게 다른 적성에 맞는 직장을 구하라고 상담만 해봤자, 이들이 직장을 새로 얻는 것이 아니다. 새로운 직장을 얻을 수 있는 능력을 기르기 위해 교육을 받아야 하는 것이다. 그래서 다음으로 중요한 봉사사업의 영역은 교육사업이다. 실업자가 많이 양산되는 나라들에서는 직업전환 교육센터를 만들어 청소년들의 장래를 보장해 주어야 한다. 영국 만체스터의 어느 교회에서는 이곳 공장이 폐쇄되고 제삼세계로 옮김으로써 수천 명의 실업자들이 갑자기 쏟아지게 되자, 교회당의 빈 건물 하나를 개조해서 직접전환 교육센터를 만든 것을 필자는 본 적이 있다.

범죄 청소년들이나 탈선하는 청소년들도 상담 한두 번으로 개선시킬 수는 없다. 이들을 재생시킬 수 있는 교육훈련과정이 필요하며, 청소년 센터 같은 데서 정기적으로 모아 공동체 생활을 훈련하는 일이 필요하다. 감옥에서 나온 수형자들의 사회복귀문제도, 이들이 재적응할 수 있는 교육훈련 기간이 필요하며, 수용시설을 겸한 교육장이 있어야 한다. 특히 가정에서 직장으로 나오려는 현대사회의 많은 여성들, 주부들은 사회에 적응할 수 있는 직업훈련과 의식교육이 매우 필요하다. 교육사업은 정규적인 일반학교 교육 밖에도 모든 계층과 분야에서 필요하다. 노동자들에게 노동법이나 연금, 실업, 직업전환에 대한 교육이 필요하고 장애자들에게도 특수교육이 필요하며, 부모들, 노인들, 주부들, 혼자 사는 여성들, 미혼모들, 모든 이들에게 인간다운 삶을 보장하기 위해 교육이 필요한데, 이렇게 교육을 통해 인간을 개발시키고 강화시키는 봉사를 교육적 봉사(päda-gogische Diakonie)라고 한다.

5) 사회 발전을 통한 봉사

전통적으로 교회의 봉사는 가난한 자들과 결핍된 자들을 돕는 일, 자선을 베푸는 일(karitative Arbeit)로 인식되어 왔다. 치료나 복지사업은 직접 물질적으로 돕는 일이었고, 상담이나 교육사업은 정신적으로 심리적으로 가난을 이기는 역량을 키워줌으로써 돕는 일이었다. 그러나 꽤 오랫동안 가난한 자들의 문제는 이렇게 도와주는 방식만으로서는 근본적으로 해결되지 않으며, 가난이라는 것은 잘못된 사회구조에 의해서 만들어진 산물이라는 인식이 교회 안에서도 자라게 되었다. 가난이 계속 만들어지고 유지되는 이 사회구조를 무시하고 계속 조금씩 돕는 일만 계속한다면 봉사는 결국 가난한 자로 계속 머물게 하는 현상유지(status quo)에 기여할 뿐이라는 비판과 반성이 일어나게 되었다.

결국 가난한 자들을 돕는 최선의 봉사는 약간의 구호금이나 개발원조, 기술원조를 하는 사업이 아니라, 불평등과 억압의 구조를 고쳐서 정의로운 사회구조를 만드는 일을 돕는 데 있다. 교회의 봉사가 이 가난을 생산해내는 불의한 구조를 개선하거나 변혁시키는 데 이바지하지 못하고, 약간씩 가난한 자들의 결핍이나 상처들을 보충, 치료해 주면서 이 구조를 장기적으로 유지시켜나가는 데 기여할 뿐이라면, 결과적으로는 불평등한 구조 속에서 특권을 누리고 있는 부유한 자와 권력자들을 돕고, 가난한 자들에게는 돕고 있다는 명분만 유지하는 알리바이 역할(Alibi funktion)밖에는 하지 못한다는 것이다.[12]

이러한 새로운 인식의 토대 위에서 교회의 봉사사업이나 가난한 사람들을 위한 지원사업들을 1970년대에 와서 크게 질적인 변화를 겪게 된다. 즉 봉사의 핵심개념이 사랑(Liebe)에서 정의(Gerechtig-keit)에로 바뀐다고 볼 수 있다. 사랑을 실천하기 위해서도 정의를 실현하지 않으면 안 되는 것이다. 특히 정의 가운데서도 경제 사회적 정의를 실현하는 것이 사회 발전의 핵심목표가 된다. 개발사업을 중심으로 생각하면 사회 발전에서, 정의로운 구조에로의 개혁이 곧 사회의 발전이라는 생각으로 바뀐 것이다. 이제 교회는 정의로운 경제·사회·정치 구조를 실현하는 데 책임의식을 가지고 참여해야 하며, 이를 위해 노력하고 투쟁하는(Struggle) 교회와 대중들의 운동단체들을 지원해야 한다는 결론에까지 이르게 된다.

특히 1968년 세계교회협의회(WCC)의 웁살라(Uppsala) 총회 보고서와 1972년 방콕에서 모인 세계선교대회의 "오늘의 구원"(Salvation Today)보고서는 이러한 인식들을 세계교회들이 공유하며 새로운 발전사업들을 촉진시키는 데 촉매제가 되었다. 70년대에 세계교회협의회나 에큐메니칼운동을 중심으로 해서 인종차별철폐투쟁(Anti-Rassismus)이나 도시산업선교(Urban-Industry-Mission), 사회구조개혁을 위한 민중들의 조직운동(People's Organization)이 활발히 전개되고 교회의 봉사활동을 정치적인 투쟁의 장에까지 확대 연결시키게

---

12) Karl-Fritz Daiber, *Diakonie und kirchliche Identität*, 189.

된 것은 이러한 상황과 인식의 변화에서였다. 물론 이러한 변화는 모든 교회들이 수용하는 것이 아니었고, 이로 인해 각 나라와 세계 교회 들 가운데 많은 신학적 정치적 논쟁과 갈등이 생기게 된 것도 사실이다. 보수적 교회에서는 진보적 교회와 그리스도인들이 정의로운 구조개혁을 위한 정치투쟁에까지 참여하는 것을 맑스주의, 공산주의에 감염되었다고 이데올로기적 비난을 가했다. 여기에 해방신학이나 민중신학의 논쟁이 가세했던 것은 필연적인 결과였다.

어쨌든 이런 논쟁과 갈등의 과정을 겪으면서도 교회의 봉사에 관한 신학과 실천방법에 있어서 인식과 태도의 전환과 발전이 있은 것이 사실이다. 그것은 가난한 자들을 바로 돕는 길, 소외된 자들을 구제하고 희망을 주는 길은 그 사회의 구조를 개혁하면서 바르게 발전시키는 데 있기 때문이다.

이제 우리는 가난한 자를 돕기 위해서 정의로운 사회구조, 세계질서를 만들어야 한다는 에큐메니칼 운동과 그 전략에 주목하면서 우리의 봉사활동, 발전사업, 구조개혁 운동을 반성하고 정리할 필요가 있다. 가난한 자들의 불평등과 불이익을 시정하기 위해서는 가진 자들의 양보와 희생이 없이는 불가능하다고 한다. 가난한 나라들의 발전은 부유한 나라들의 회개와 특권의 포기에 의해서만 이루어질 수 있다고 한다. 이것은 특히 오늘날 제일세계와 제삼세계의 무역수지 불균형과 다국적 기업들(multinationale Konzene)의 시장과 생산, 기술, 투자의 독점현상들을 보면서, 또한 제삼세계의 엄청난 부채(debts)의 증가를 볼 때 명약관화한 사실이라는 것이다. 제삼세계와 제일세계의 경제적 착취와 지배의 관계를 시정하지 않고 제삼세계의 빈곤과 기아, 질병의 문제가 해결되지 않는다고 할 때에, 이를 시정하는 전략과 방법은 무엇인가? 여기서 세계교회는 계급투쟁이나 맑스주의적 방식인 무산자들의 혁명노선을 따르지 않고 갈등과 이해관계의 대립을 해소하는 이해와 합의과정(Konziliaren Prozess)을 방법으로 제시하고 있다. 가능한 합의과정을 통해 가진 자들, 권력자들의 회개(Buße)와 양보(Conzession)를 얻어내자는 것이다.

이제 교회의 봉사는 가진 자들의 특권을 옹호해주는 장식품적인 봉사(kosmetische Diakonie)에서 벗어나, 불의한 사회구조와 불공평한 세계질서를 시정하고 해방시키는 해방적인 봉사(Befreiungs Diakonie)가 되어야 한다고 "2000년대의 봉사"를 주제로 모인 WCC의 라르나카(Larnaka) 회의 결의문을 강조하고 있다.[13] 이 결의문의 한 구절을 읽어보자. "세계 곳곳에서 교회는 미래의 세계를 새롭게 형성하는 데 예언자적인 봉사(prophetische Diakonie)를 실천하도록 요청받고 있다. 하나님께서는 창조의 과정 전체에 현존하고 계시며, 하나님의 나라의 힘(Macht des Reiches Gottes)을 선포하기 위해 우리가 회개와 복종과 사랑을 실천할 것을 요구하신다. 정의는 힘없는 자들이 단결해서 나설 때에야 힘 있는 자들이 동의해 줌으로써 보장된다는 것을 우리는 안다. 하나님께서는 정의와 평화를 위해 노력하는 자(kämpfen)의 편에 서 계시다는 것을 우리는 믿는다."

---

13) CICARWS - Weltkonsultation Diakonia 2000, 19-26 November 1986, in Larnarka, Zypern.

3장
평화운동의 신학과 역사적 전개

　예수의 복음이 평화의 복음이었고, 그리스도교가 평화의 종교임은 자타가 공인하는 사실이다. 그러나 오늘날 사회운동으로 전개되고 있는 평화운동과 그리스도교의 평화적 사명과는 어떤 관계에 있으며 그리스도교적인 평화운동의 개념과 방향은 무엇인가 하는 문제는 쉽게 알아낼 수가 없다. 이러한 물음을 염두에 두고 평화운동의 일반적 흐름과 그리스도교 운동의 관계를 밝혀보고, 그리스도교가 평화운동에 나서게 된 역사와 신학적인 토대 그리고 윤리적인 자세가 무엇이었는가를 살펴보려는 것이 이 글의 목적이다. 이것은 평화운동이 고조되어 가는 오늘의 상황에서 오늘의 교회와 그리스도인들의 과제와 책임을 가다듬어 보기 위해서도 알아보아야 할 문제로 생각되기 때문이다.

　단적으로 말해 오늘의 평화운동에서 그리스도교가 차지하는 비중이 대단히 크다고 하는 것은 아무도 부인할 수 없다고 본다. 그리스도교의 전체가 과연 평화운동에 참여하고 있느냐 하는 것은 문제겠지만 평화운동을 이끌어가고 있는 다른 기관들, 즉 정당이나 노조, 시민운동, 학생운동, 여성운동에 비해 볼 때 그리스도교의 평화운동은 확실히 하나의 큰 기둥의 역할을 하고 있다고 볼 수 있다.[1] 주로 서구의 경우지만 그리스도교는 다른 어느 기관들 보다 오랜 평화운동의 경험을 가지고 있고 지속적인 노력을 해왔다고 할 수 있으며, 더욱이 평화운동에 적합한 신학적, 이론적 체계를 가졌다고 할 수 있다. 이 점에서 평화운동이 그리스도교에 거는 기대도 막중하며, 앞으로도 그리스도교는 평화운동의 거점으로서 또한 저력으로서 상당한 역할을 감당해가리라고 보인다.

그러나 한편 그리스도교는 그 막대한 조직과 다양한 성분 그리고 역사적으로 가져온 국가와의 밀접한 관계 때문에, 평화운동에 있어서도 많은 제약과 문제점을 갖게 되며, 때로는 운동에 방해요인이 될 수도 있음을 간과할 수가 없다. 인권운동, 가난한 자를 위한 사회운동, 민주화 운동 등과 같은 다른 운동들에서나 마찬가지로 그리스도교는 어떠한 신학적 태도와 윤리적, 사회적 태도를 갖느냐에 따라 운동에 기여할 수도 있고 반작용을 할 수도 있기 때문에, 평화운동과의 관계에 있어서도 어떠한 태도와 입장을 갖느냐 하는 것이 중요한 문제가 된다. 이 점에서 우리는 그리스도교 신학이나 교회의 평화, 윤리적 자세가 어떤 것이냐 하는 데도 관심을 가지고 개괄적인 흐름을 살펴보고자 한다.

---

[1] Hans-Jürgen Benedit, "Auf dem Weg zur Friedenskirche? Entste Hung und Erscheinungsformen der neuen Friedensbewegung in der evangelischen Kirche," in: Reiner Steinweg (hrsg.), *Die neue Fridensbewegung. Analysen aus der Friedens- forschung*, Edition Suhrkamp 1143 (Frankfurt, 1982), 237.

1. 평화운동의 개념과 성격

그리스도교의 평화운동을 살펴보기에 앞서서 일반적으로 평화운동이란 것이 무엇이며 어떤 성격과 흐름을 갖는 것인가 하는 것이 문제되어야 한다. 그리스도교적인 평화운동의 비중과 위치를 측정하기 위해서도 평화운동의 전체적 모습을 파악하는 것이 필요하기 때문이다.

최근에 와서 평화운동이란 말이 대중화되고 보편화되었지만, 정확히 평화운동의 개념이 무엇이며 언제부터 그런 운동이 있었는지를 가리기는 쉽지 않다. 여기에 대해서는 보다 학술적이고 체계적인 정의가 앞으로 만들어지리라 믿지만 여기에는 "평화란 과연 무엇인가"라는 논의와 "평화를 위한 여러 가지 노력 가운데 어디서부터를 평화운동이라고 해야 하는가"에 대한 규정이 전제되어야 한다.

평화에 관한 인간의 관념과 사상이 생긴 것은 고대 문명시기까지 거슬러 올라갈 수 있다. 희랍신화에 이미 에이레네(Eirene)라는 평화의 여신이 있었고, 구약성서에 나오는 샬롬(shalom)이라는 말 그리고 인도나 중국에서 오래 내려온 화(和)의 개념 등을 볼 때, 평화(Peace, Paix, Pax)의 어의 속에는 적어도 수천 년을 내려오는 다양한 의미와 풍부한 내용이 포함되어 있음을 짐작할 수 있다. 그래서 오늘날에는 평화학(ireneologie)이라는 학문분야까지 등장하지만 평화의 개념이 무엇이냐 하는 것은 문화와 역사에 따라 다르기 때문에 간단히 정의할 수가 없다. 성서에 나오는 샬롬이란 말을 분석해 보아도 거기에는 여러 가지 의미가 포함되어 있다. 원래 히브리말로 "완전하게 한다", "옳게 고친다"라는 동사에서 만들어진 이 말은 평화라는 뜻뿐 아니라 구원, 건강, 질서, 완전, 복지, 안전, 정의, 사랑, 평안, 발전 등의 여러 가지 의미를 내포하고 있다 한다.[2] 이것은 아마 동양의 화(和)의 개념이나 여러 문화 종교의 평화에 관한 사상들에서도 마찬가지 다양성이 나타날 것이므로 평화의 의미를 간단히 규정할 수 없는 문제에 이르게 된다. 더구나 성서나 종교적으로 언급되는 평화란 오늘날 주로 논의되는 정치적인 국제적인 차원의 평화만이 아니라, 마음의 상태라든지 영혼의 평화 등과 같은 차원과 공동체나 사회적 평화의 차원 그리고 미래의 종말적인 신(神)의 평화라는 차원이 함께 내포되어 있기 때문에,[3] 그리스도교의 평화관이라 할 때는 사회적인 평화운동의 차원에서만 볼 수 없는 넓은 의미를 갖게 된다.

그래서 아예 평화란 현실적인 어떤 상태가 아니라 이상적으로만 생각할 수 있는 유토피아와 같은 것이라고 생각하기도 한다. 피히트(Georg Picht)는 "모든 다른 유토피아를 다 포괄할 수 있는 유일한 유토피아가 평화이다"라고 했다.[4] 평화라고 할 때 우리는 어떤 이상적이고 목가적인 상태를 생각하곤 한다. 어린아이가 사자와 뒹굴며 노는 장면이라든가, 뱀 구멍에 손을 넣고 장난하는 모습들, 마치 에덴동산과 같은 장면을 평화의 상태로 생각하며, 현실이 아닌 꿈이나

---

[2] Claus Westermann, "Der Frieden (Shalom) in Alten Testament," in: *Studien zur Friedensforschung* 1, hrsg. v. Georg Picht u. H.E. Tödt (Stuttgart, 1969), 147; Peter Suglmacher, "Der Begriff des Friedens in Neuen Testament und seine konsequenzen," in: *Studien zur Fridensforschung* 4, hrsg. v. Wolfgang Huber (München, 1970), 70-94.

[3] Claus Westermann, 윗글.

[4] Georg Picht, *Mut zur Utopie* (München, 1968), 36.

유토피아로서만 동경하게 된다. 이러한 평화는 자연의 상태마저 변화되지 않고는 있을 수 없는 평화요, 환상적 평화, 혹은 종말적 평화이기 때문에 인간의 힘으로만 달성할 수 없는 평화이다. 따라서 신의 축복으로서만 주어질 수 있는 것이요 초자연적인 힘에 의해서나 주어지는 것으로 보게 된다. 이러한 평화를 위해서 인간은 동경하거나 기도하는 것밖에 별로 할 일이 없다.

아무리 평화가 유토피아적인, 신적인, 종말적인 것이라 하더라도 이것은 인간의 현실적인 삶과 관계가 될 때에만 의미를 가질 수가 있다. 그래서 우리는 추상적이며 공상적인 평화가 아니라 현실적이며 구체적인 평화를 문제 삼게 되고 그러한 평화가 과연 어떤 것이겠는가를 찾게 된다. 오늘날 평화 문제가 구체적으로 사회운동의 목표가 되어 있는 상황에서 우리는 평화의 개념을 신화적이거나 종교적 혹은 문학적인 데서 찾을 수 없으며 보다 분명한 사회구조나 인간관계에서 그 의미를 규정하지 않으면 안 된다.

이러한 점에서 오늘날 평화운동에서 즐겨 쓰는 개념은 바이츠제커가 제기한 "오늘날과 같은 과학기술시대에 있어서 평화란 곧 삶의 조건이다"라는 정의이다.[5] 이것은 평화를 어떤 것이라고 긍정적으로 정의하는 것이 아니라 이것이 없으면 생존이 곤란해지는 조건이라고 부정적인 정의를 하는 것이다. 이렇게 볼 때 우리는 평화란 마치 공기나 물과 같은 것이라고 생각해 볼 수도 있다. 즉 없으면 살 수 없는 것, 평소에는 그 고마움을 모르지만 없어지거나 귀해지면 아쉽고 안타깝게 그리워지는 것 그것이 곧 물이나 공기와 같은 평화의

---

[5] Carl Friedrich von Weizsäcker, *Die Verantwortung der Wissenschaft in Atomzeitalter* (Göttingen, 1957); idem, *Die Bedingungen des Friedens* (Göttingen, 1963).

성격이 아닐까 생각한다.

그러나 없어지면 살 수 없는 것이 너무 많기 때문에 평화를 구체적으로 표상하기가 어렵다. 평화라는 것이 인간의 삶에 있어서 있어야 하는 최소한 필수적인 조건에서부터 완전한 유토피아의 상태에 이르기까지 무수히 많은 것을 의미한다면 여기에서 우리는 다시금 안전, 복지, 발전, 자유, 인권 등과 같은 적극적인 개념으로 확대해가야 하게 된다. 사실상 평화를 인간의 완전한 삶을 위해서 있어야 할 것으로 규정한다면 우리는 이 개념을 항상 새롭게 규정해야 한다.

그러나 평화 문제를 우리의 구체적인 실천 작업과 연결시켜 볼 때 가장 최소한의 조건에서부터 확대해 나가는 것이 바람직하다. 우리가 일상적으로 평화하게 되면 전쟁이 아닌 것을 생각하게 된다. 그래서 평화의 가장 최소한의 정의는 갈퉁(Johan Galtug)이 규정한 것처럼 "인간의 집단 사회 속에서 조직적인 폭력이나 전쟁이 없으며, 또한 그 위험이 없는 상태"라고 할 수 있다.[6] 인간의 삶이 온전하게 유지되려면 천재지변과 같은 자연의 폭력도 없어야겠지만, 인간에 의한 조직적인 폭력과 살상이 없어야 한다. 즉 인간의 생명을 해치는 모든 요소를 없이 하는 것이라 하겠다. 여기에는 전쟁이나 폭력뿐 아니라 오늘날에는 공해라든가 자연의 파괴, 독가스 생산이나 방사선 유출 같은 것이 모두 인간 생명의 적이 되기 때문에 결국 평화의 적이 된다.

결국 평화운동이란 평화를 있게 만드는 운동이다. 여기에는 평화란 만들 수 있는 것(machbar), 만들어지는 것(wird gemacht)이란 의미

---

[6] Johan Galtung, "Friedensforschung," in: Ekkehart Krippendorf (hrsg.), *Friedens- forschung* (Köln, 1968), 513.

가 있다. 평화는 자연 상태로 주어지는 것이 아니라 인간이 노력해서 만들어가야 한다는 것이다. 이 점에서 예수의 관심은 평화운동에 있었던 것 같다. "평화를 만드는 자가 복이 있다"(마태 5:8)고 했을 때 그는 평화가 명상이나 기도의 대상만이 아니고 구체적으로 노력해서 만드는 것(Friedenstiften)이란 사상을 가졌던 것 같다.

평화운동을 평화를 만드는 일을 하는 것이라고 정의했을 때 우리는 오늘날 평화 연구가들의 논의에 따라 평화운동을 세 가지 단계의 것, 혹은 차원의 것으로 규정해 볼 수 있을 것 같다.

첫째로 평화운동은 우선 전쟁과 폭력을 없애는 운동이라 하겠다. 이것만으로 평화가 이룩되는 것은 아니지만, 최소한의 조건은 되기 때문이다. 그래서 평화운동은 전쟁을 반대하는 반전운동, 무기를 없애는 비무장운동(Disarmament) 혹은 반핵운동으로 나타나게 된다. 전쟁에 참여하지 않겠다는 운동, 무기를 잡지 않겠다는 운동, 병역거부 운동 등이 모두 여기에 속하며, 또한 무기생산, 군비증강에 반대하는 운동들이 모두 이 단계의 운동들이라 볼 수 있다.

그러나 전쟁이나 폭력이 없다고 해서 평화의 상태라고는 할 수 없다. 당장의 전쟁이나 폭력은 없지만 서로 적개심을 가지고 기회만 있으면 처부수려고 전쟁 준비를 잔뜩 하고 있는 상태는 평화가 아니다. 고로 냉전 상태는 평화시대가 아니다. 따라서 평화운동의 두 번째 단계는 잠재적인 전쟁과 폭력의 원인들을 제거하는 작업이라 하겠다. 이것은 곧 사회나 국가 간에 존재하는 갈등(Conflict), 공격심(Agression)과 적대의식(Antagonism)을 제거하고 화해와 공존을 가능케 하는 운동이다. 갈등의 종류는 여러 가지다. 국가 간에, 인종 간에, 종교 간에, 이데올로기 간에, 계급 간에, 지방 간에 생기는 모든 갈등들이 적절히 해소되거나 풀리지 않으면 적대관계와 공격성으로 발전하게 되고 이것이 늘 전쟁과 폭력의 원인이 된다. 이 점에서 평화운동은 갈등을 해소하고 적대관계를 푸는 화해운동이라고 하겠다. 이를 위해 대화하며 교류하고 상호 이해를 증진시키는 운동들이 모두 이 단계의 운동들이다.[7]

셋째로 평화운동은 더 궁극적으로 갈등과 적대관계가 생기지 않도록 사회구조를 만드는 운동이라 하겠다. 잠재적 전쟁이나 폭력의 원인은 갈등이 생길 수밖에 없는 불평등과 억압, 부조리의 사회구조가 있기 때문이라 한다. 이것은 사회체제 자체가 반평화적이며 위협적인 체제(Drohsystem)로 있는 것인데 결국은 이를 평화의 체제로 바꾸어야 진정한 평화가 이룩될 수 있다.[8] 평화의 체제란 평화의 의미가 충분히 살려지는 체제를 말한다. 평화란 우리 말 속에는 이미 평등과 조화라는 의미가 포함되어 있다. 결국 사회인의 모든 사람들에게 평등한 관계가 이루어지며 화합할 수 있을 때 평화가 보장될 수 있게 된다.[9] 이 단계에서 보는 평화운동은 곧 정의를 실현하고 인권을 옹호하며 인간의 욕구를 충족시킬 수 있는 발전과 복지를 추구함을 의미한다. 평화운동이 평등운동, 인권운동으로 연결되는 계기가 여기에 있다고 볼 수 있다.

평화운동의 개념을 이렇게 설정해 놓고 볼 때 대단히 포괄적인 것

---

7) Heinz Eduard Tödt, "Friedensforschung als Problem für Kirche und Theologie," in: *Studien zur Friedensforschung*, Band 1, 26.

8) Dieter Senghaas, "Friedensforschung im Banne von Abschreckung," *Politische vierteljahreschrift* 9/3 (1968), 460-477.

9) 李三悅, "平和運動과 韓國基督敎女性",『예수 · 여성 · 민중』, 이우정 선생 회갑기념 논문집 (한신대학 출판부, 1983), 111.

이 되며, 갈등을 해소하거나 평등을 실현하려는 운동까지 포함하게 되면 그 기원이나 범위도 역사적으로 상당히 멀리 올라가게 될 것이다. 그러나 평화운동은 일단 전쟁이라는 것을 국제적인 분쟁의 해결 방식으로 합리화시키지 않고 전쟁을 반대하며 거부하는 운동에서 시작된다고 할 수 있다.

전쟁을 반대하며 비폭력을 원칙으로 삼는 신조는 종교개혁 당시의 재침례파라든가 메노나이트, 퀘이커 등의 소종파들에서 있었으며, 칸트의 영구평화론이나 평화윤리사상가들에 의해 주장되기도 했다. 그러나 이러한 것이 사회운동으로 나타나기 시작한 것은 19세기 초엽으로 보인다. 미국에서는 이미 1815년에 뉴욕평화협회(New York Peace Society)가 조직되었고 다음 매사추세츠 평화협회 등이 조직되며 1828년에 가서는 미국평화협회(American Peace Society)가 조직된다. 영국에서도 1816년에 런던에 평화협회가 조직되며 파리에는 1821년에 그리스도교윤리협회(Société de la morale Chrétienne)가 조직되었고, 1830년에는 유럽 대륙 최초의 평화운동단체인 Société de la morale Paix가 제네바에서 결성되었다. 최초의 유럽평화대회(Friedenskongreß)가 열린 것은 1843년의 런던에서였다고 한다.[10] 전쟁을 많이 치른 독일에서는 이보다 훨씬 늦게 1892년 11월 9일에야 오지리 여성 수트너(Bertha von Suttner)와 프리트(Alfred Herrmann Fried)가 중심이 되어 베르린에 독일평화협회(Deustche Friedenesgesellschaft [DFG])가 조직되었다.[11]

---

[10] Guido Grünewald, "Stimme der Völkerverständigung und der Humanität," in: Treiner Steinweg (hrsg.), *Friedensanalysen für Theorie und Praxis* 10, Edition Suhrkamp 748 (Frankfurt, 1979).

세계적인 이름으로 평화회의가 모인 것은 1889년 파리에서 열린 세계평화대회(Weltfriedenskongreß)인 것 같다. 여기엔 97명의 평화주의자들, 평화운동가들이 모여 전쟁에 반대하며, 전쟁의 원인과 참상을 극복하기 위해 회의를 한 흔적이 있다. 그러나 이러한 평화협회나 회의 운동은 사회적 여론을 일으키는 데는 큰 영향을 주었으나 국제정치나 국가 정책을 변화시키는 데는 너무나 적은 힘이었다. 이 것은 주로 민간인들이나 지식인 혹은 종교인들의 여론조성에 불과했기 때문이다.

이러한 평화운동이 정치적인 차원에서 국제기구적인 해결책을 찾으며 전개된 것이 유명한 만국평화회의라고 여겨진다. 러시아 황제 니콜라우스 2세가 움직여 소집된 1차 만국평화회의(International Friedenskonferenz)는 1899년 5월 18일부터 7월 29일까지 화란의 하그(Haag)에서 미국, 소련, 유럽제국, 중국, 일본 등 26개국에서 참석했고 여기서 국제분쟁들을 국제법적으로 재판하고 해결할 수 있는 국제사법재판소를 설치하는 결정을 하게 된다. 제2차 만국평화회의가 역시 하그에서 1907년 6월 15일부터 10월 18일까지 열리게 되며 44개국에서 참가하여 전쟁의 규범에 관한 합의와 국제재판 기능의 강화 등을 논의하여 여러 가지 결정과 합의 사항을 만들어내지만, 현실정치는 이와 너무도 거리가 멀어 약소국에 대한 침략과 정복에 박차를 가하며, 열강들이 각축전을 벌이게 된다.[12] 바로 이 회의에 고종

---

11) Gisels Brinker-Gabler (hrsg.), *Frauen gegen den Krieg* (Frankfurt: Fischer Verlag, 1980).

12) J.B. Scott (hrsg.), *The Proceedings of the Hague Peace Conferences*, 5 Bände (Oxford, 1920~21).

의 밀서를 가진 이준 열사가 참가하러 갔다가 일본의 반대로 회의장에도 못 들어가고 분통이 터져 하그에서 객사를 하고 말았다. 강대국들의 평화회의가 약소국의 목소리를 입장시키지도 않고 짓밟아버린 단적인 예를 여기서 볼 수 있다. 결국은 제1차 세계대전으로 이런 평화운동의 시도들이 무산하게 되고 말지만, 그 이후의 국제연맹운동이나 평화운동에 중요한 규범들과 전통을 남겨준 것으로 역사적인 의미를 갖는다고 할 수 있다.

이러한 흐름에서 볼 때 평화운동은 여러 가지 차원과 단계에서 볼 수 있을 것 같다. 세계 속에 평화를 이루려는 노력은 여러 가지 차원에서 있어 왔다. 평화를 위한 윤리적 호소, 종교적인 외침들, 평화사상, 평화의 철학이 주장된 뒤에 이들을 실천하려는 평화운동들이 대중의식의 계몽을 위한 협회조직, 출판물 활동 등으로 나타나고, 이를 위한 평화협회 같은 단체 조직운동이 생겨나며 국제적인 평화회의와 국제재판소, 그리고는 마침내 국제연맹, 국제연합운동으로 발전되었다. 이렇게 보면 우리는 넓은 의미에서 평화를 의식화하고, 조직화해 온 모든 노력들을 평화운동이라고 할 수 있을 것이다. 이를 더 좁은 범위에서 체계적으로 보려면, 국가 기구나 국제기구가 중심이 되는 평화운동과 민간인들이 중심이 되어 일으키는 시민운동으로 나누어 볼 수 있으며, 시민운동으로서의 평화운동도 종교인들이 교리에 근거하여 일으키는 종교적 평화운동과 일반 지식인들이 인도적, 윤리적 입장에서 일으키는 평화운동, 여성들의 여권운동적인 평화운동, 노동자나 소외된 계층들이 평등운동과 함께 일으키는 사회운동적인 평화운동, 식민지 해방운동과 함께 일으키는 평화운동 등으로 다양하게 나누어 볼 수 있다.

그리스도교의 평화운동은 종교적 평화운동의 하나이면서 시민 운동적인 성격, 평등 운동이나 사회운동적인 성격 혹은 제삼세계 해방 운동이나 여성운동적인 성격도 함께 갖는 복합된 것이라고 생각된다.

2. 그리스도교 평화운동의 사적 전개

평화운동은 전쟁이나 폭력을 제거하고 화해와 갈등 없는 공동체를 지향하는 것으로 본다면 그리스도교는 그 기원에서부터 평화운동을 했다고 볼 수 있다. 평화를 만드는 자를 하느님의 아들이라고 한(마태 5:8) 산상 보훈이나 막힌 담을 헐고 원수 관계를 풀고 둘을 하나로 만드는 자가 예수 그리스도라고 한(에베소 2:14-17) 바울로의 고백, 그리스도 안에서 이방인도 헬라인도 없고, 종이나 자유인도 없고, 남자도 여자도 없다고 한(갈라디아 3:28) 말씀에서 그리고 그 밖의 많은 성서의 말씀과 신학에서 평화의 복음을 만날 수 있고 평화의 신학과 윤리들을 찾을 수 있다. 그리스도교 역사에는 평화의 복음을 실천하려고 한 많은 신앙인들이 있었다. 갈등과 원수 관계를 화목과 사랑의 관계로 만들고 가난하고 억눌린 자들을 도와 정의와 평등을 실천하게 하며, 전쟁을 막기 위해 교류와 이해 증진에 힘쓴 모든 노력들을 넓은 의미의 그리스도교 평화운동 속에 포함시켜야 할 것이다.

그러나 여기서 더 좁은 의미에서 보려고 하는 그리스도교 평화운동은, 첫째로 개인으로서가 아니라 교회나 혹은 그리스도교인의 단체와 조직으로서 한 평화운동이 어떤 것이 있느냐 하는 것, 둘째로 전쟁과 폭력을 근본으로 거부하는 태도 위에서 성립한 평화운동이 어떤 것이었느냐 하는 것, 셋째는 개인이나 소그룹의 신앙적 자세로만 머물지 않고 사회적인 실천으로 평화운동을 수행하고, 또 사회정치적인 영향을 준 운동들이 어떤 것이었나 하는 기준 위에서 볼 수 있는 운동을 말한다.

그리스도교적 평화운동이라고 할 때 무저항과 비폭력을 철저한 신조로 하는 절대적 평화주의(absoluter Pazifismus)를 실천하려고 했던 여러 소종파들의 운동을 도외시할 수 없다. 여기에는 16세기 침례주의자들(Täufer)이나 퀘이커(Quaker) 혹은 메노나이트(Mennoniten), 형제단(Christian Brethren)과 같은 종교적 소집단들이 속하며 이들이 미친 평화운동의 영향도 적지 않았다.13) 이들이 주장하는 절대적 평화주의는 물론 당시의 현실 정치에는 적용할 수 없었고, 이들은 이단시되었으며 모진 박해를 받기도 했다. 이들의 평화주의적 신앙과 소신은 그들의 종교적 공동체에 속한 사람들에게게만 요구되고 가능한 것이었다. 이런 평화는 하느님의 은총으로서만 가능하기 때문에 이런 신앙이 없는 세속 국가에서는 기대할 수 없는 원칙이었다. 이 점에서 평화주의 소종파운동은 아직 사회운동적인 평화운동이라고 보기는 어렵고, 종교적인 신앙운동이요, 윤리적 운동이라고 보아서 좋을 것 같다. 그러나 이들이 사회적 평화운동에 끼친 영향은 대단한 것이었다고 할 수 있다. 19세기 초에 나타난 서구의 평화협회 운동들이 퀘이커교도들의 영향으로 일어난 것을 보아도 알 수 있다.14)

---

13) Jürgen Moltmann, "Weltverantwortung und Nachfolge Christi im Atomzeitalter", in: Volkmar Deile (hrsg.), *Zumutungen des Friedens* (Rowohlt Hamburg, 1982), 70.

19세기 말엽에 국제적인 평화회의들이 생겨난 것은 여러 지식인들, 인도주의자들, 종교인들의 호소와 노력에 의해서 된 것이었다. 이때 서구의 교회들은 아직 이러한 평화운동에 눈을 뜨지 못한다. 이것은 그리스도교가 대부분 국가교회의 형태를 가지고 있었고, 국가와 너무 밀접한 관계 속에 오랫동안 존속해 온 때문이었다고 볼 수 있다. 교회는 국가 권력이 하나님으로부터 온다는 신조를 굳게 믿었고, 국가가 자기방어를 위해서나, 국가적 목적을 위해서 일으키는 전쟁은 "의로운 전쟁"(bellum iustum)이라고 믿고 전장에 나가는 병사들을 축복해주면, '성전'(聖戰)이라고까지 부르게 되었다. 따라서 국가에 종속된 교회들은 서로 자기 나라 편에 서서 전쟁에 이기게 해달라고 기도했으며, 적대국의 병사들은 악한 무리로 규정하는 일을 서슴지 않고 했다.[15]

그리스도교 평화운동의 시작은 아마도 교회나 크리스천들이 이러한 국가교회적인 한계를 벗어나서, 국가가 일으키는 전쟁에 회의적 태도를 보이며, 민족주의나 국가주의적 이해관계를 넘어서는 자세를 가지는 때 비롯된다고 볼 수 있다. 따라서 전쟁 자체를 반대하는 평화운동은 국가에 대한 전통적 그리스도교의 관념에서 벗어날 수 있을 때만 가능하다. 또한 전쟁은 결코 선한 것이 될 수 없다는 윤리적 태도를 가질 때만이 가능하다. 이러한 신학적인 태도는 종교사회주의자들의 경우를 제외하고는 20세기 초에 이르기까지 별로 나

---

[14] *Die Religion in Geschichte und Gegenwart* [RGG]. *Handwörterbuch für Theologie und Religionswissenschaft*, Bd II, 1138.

[15] Heinz Eduard Tödt, "Friedensforschung als Problem für Kirche und Theologie," op. cit., 34.

타나지 않고 있다.[16]

이 점에서 교회의 평화운동이 국경을 넘어서는 교회 간의 친선과 일치하는 모색하는 에큐메니칼 운동과 함께 생겨나는 것은 우연이 아니다. 이런 움직임은 1차 대전이 일어나는 무렵에야 나타난다. 1914년 8월 1일에 영국과 독일, 미국의 크리스천들이 중심이 되어 조직한 '교회 국제친선 세계연맹'[17]이 그 첫 시도이며 에큐메니칼 운동의 효시가 되었다. 각 나라에서 평화운동을 하던 크리스천들이 교회를 통한 국제친선과 교류를 통해서 평화를 증진 시키자는 의도로 이를 결성하게 된 것이다. 일차대전이 터지자 이들은 〈국제화해연맹〉(Internationale Versöhnungsbund)도 만들었다. 전쟁 중에 잡힌 적대국의 포로들을 인도적으로 대하도록 성명서를 내고 운동을 벌였다. 중심인물들은 독일의 사회교육학자 지그문트-슐체(F. Siegmund-Schulze), 영국의 퀘이커 호즈킨(H. Hodgkin) 등이었고 이들은 제 1차 대전 중에 각 나라에서 조직을 확대해 가며 평화의식을 계몽해 나갔다. 이들의 관심은 교회의 연합이나 일치운동이 아니라 교회의 친선을 통한 이민족, 타국가 간의 교류와 이해증진으로 적대 감정이나 갈등의식을 풀어 평화적 관계를 수립하도록 하자는 데 있었다. 교리나 종파의 문제를 따지지 않고 그리스도교 신앙이라는 넓은 테두리 안에서 만나야 그리스도의 평화가 실현될 수 있다고 보았다.

이 교회친선세계연맹의 모임에서 발전한 것이 죄더블롬(Söder-blom)이 중심이 된 실천적 그리스도교(Practical Christianity) 운동이었

---

[16] H.E. Tödt, Ibid., 36.
[17] World Alliance for Promoting International Friendship through the Churches; Weltbund für Internationale Freundschaftsarbeit der Kirchen.

다. 이것은 세계교회들의 협의회를 구성하려는 의도를 가지고 여러 나라의 교회 지도자들과 접촉하며 교회의 연합운동을 모색하는 에큐메니칼 운동이었다. 친선운동이 교파에 관계없이 친선과 교류를 확대하는 데 관심을 둔 대신 실천적 그리스도교 운동은 교회의 연합운동에 더 관심을 가졌다. 1925년 스톡홀름에서 세계교회 대회가 열린 것은 위의 두 가지 운동이 함께 협력하여 이루어진 결과였으며, 이 대회가 세계교회협의회(WCC)를 탄생시키는 중요한 모체가 되었다. 이 대회는 니케아 종교회의에 비견할 만큼 역사적인 것이었다. 37개국에서 661명의 대표들이 모인 이 대회의 명칭은 〈실천적 그리스도교를 위한 그리스도교회 대회〉였는데, 여기서 사회복음(Social Gospel) 운동이 주장해 온 '하나님의 나라'를 이 땅에 실현하자는 신학을 토대로 삼는 교회운동이 확립되게 되었다. [18]

평화운동에 관한 그리스도교의 자세의 면에서도 새로운 실천적 윤리를 선언한 스톡홀름 대회는 중요한 의미를 갖는다. 이제까지 그리스도교가 취해온 개인주의적 윤리를 비판하고, 현실도피적인 이중적 도덕을 비난한 이 대회는 이 세상을 하느님의 뜻에 따라 평화롭게 만들어야 한다는 데도 강한 실천적 의지를 보였다. 이 대회는 "전쟁을 정치적인 수단으로 인정하는 것이 그리스도교회의 양심과 근본적으로 일치할 수 없다"는 점을 분명히 선언했다.[19] 교회친선운동에 참여한 평화운동가들의 입김이 작용했는지, 아니면 1차 대전

---

[18] *RGG*, IV Band, 1572.

[19] "Die Stockholmer Weltkirchenkonferenz, 19~30 August 1925," *Amtlicher deutscher Bericht im Auftrage des Fortsetzungsausschusses* erstellt von D. Adolf Deissmann (Berlin, 1926); *The Stocholm Conference 1925*, The official report, edited by G.K.A. Bell (Oxford and London, 1926).

이후에 나타나는 평화에 대한 열망이 고조되어선지, 이 대회는 전쟁과 평화에 대한 그리스도교의 윤리적 반성과 책임을 대단히 강조하는 모임이 되었다. 그러나 스톡홀름 대회의 결의문은 절대적 평화주의를 따르고 있지는 않다. 군사적 방어의 정당성을 역시 주장하며 전쟁 업무에의 참여를 거부하는 운동을 지지하지 않았다. 단지 국제연합운동과 교회의 일치운동을 통해서 평화가 달성될 수 있으며 그리스도를 통해서 세계의 분열과 대립을 막을 수 있다는 희망을 강조하고 있다.[20] 전쟁의 원인이나 갈등의 구조에 대해서는 아직 깊은 과학적인 인식을 수반하지 못하고 있는 것 같다.

세계교회 국제친선연맹이 일으킨 평화운동은 그리스도교 윤리적으로 중요한 계기를 만들었다. 평화를 하늘의 평화, 하나님과의 평화로서만 생각하던 태도에서 땅의 평화, 구체적인 인간관계에서 평화를 모색하는 태도로 바꾸는 계기를 만들어놓은 것이다. 1920년대의 독일 베를린에는 이 운동에서 영향을 받은 신학자들이 활약하고 있었다. 다이스만(A. Deissmann), 티티우스(A. Titius), 지그문트-슐체 등이 베를린대학 신학부에서 그룹을 형성하고 있었으며 청년 디트리히 본회퍼가 여기에서 깊은 자극과 영향을 받았다. 본회퍼는 이미 2차대전이 일어나기 5년 전인 1934년에 파뇌(Fanö)에서 모인 〈국제교회친선 세계연맹〉 대회에서 유명한 평화에 관한 설교를 한다.

전세계에서 모인 교회의 에큐메니칼 총회가 분명하게 평화를 외칠 때, 세계는 이를 갈면서도 평화의 말씀을 경청하게 되고, 민족들은 기뻐하게 될 것이

---

[20] H.E. Tödt, op. cit., 47.

다. 왜냐하면 그리스도의 교회들은 그리스도의 이름으로 그들의 아들들에게서 무기를 빼앗으며, 전쟁을 금하며, 거친 세상에서 그리스도의 평화를 전하게 될 것이기 때문이다.[21)

본회퍼는 그리스도의 이름으로 평화운동을 할 것을 이미 내다 보았다. 그가 친선운동에 참여하고 에큐메니칼 운동과 연계를 맺은 것은 2차 대전이 터지면서 중요한 의미를 갖게 된다. 나치독재와 전체주의지배 하에서 그의 평화운동은 반나치 투쟁과 히틀러의 침략전쟁을 저지시키려는 운동으로 전개되는 것을 볼 수 있다. 본회퍼뿐만이 아니라 국제친선 운동 자체가 유럽에 전체주의와 전쟁의 먹구름이 짙게 감도는 순간에 평화를 위협하는 파시즘과 볼셰비키주의의 팽창주의를 규탄하게 되며, 막연한 국제간의 친선 만으로서는 현실적인 평화의 위기를 방지할 수 없음을 알게 된다. 1937년 옥스퍼드에서 모인 〈실천적 그리스도를 위한 세계교회대회〉(Oxforder Welt-kirchen-konferenz)에서도 국제적 질서를 통한 세계평화의 수립이 전체주의 국가들의 이데올로기와 지배욕에 의해 저지되고 있다고 주장했다.[22)

대체로 이차대전이 끝나기까지의 그리스도교적 평화운동은 국제교회친선세계연맹과 실천적 그리스도교를 위한 교회연합운동을 중심으로 각국의 평화운동 조직들과 연계를 가지며 전개되었다고 볼 수 있다. 개별 국가 안에는 소수이지만 여러 가지 형태의 평화운동, 평화봉사, 교류, 친선활동들이 있었다. 여기엔 그리스도교인들이 중

---

21) Dietrich Bonhoeffer, *Gesammelte Schriften* 1 (München, 1958), 219.

22) H.E. Tödt, op. cit., 48.

심이 된 것도 있었고 일반 시민들과 함께 하는 운동들도 적지 않게 있었다. 전쟁 자체를 인간에 대한 범죄요 신에 대한 죄악으로 규탄하는 움직임은 슈바이처(Albert Schweitzer)가 중심이 된 비폭력·생명경외 운동이라든가 1921년 화란에서 조직된 국제전쟁봉사반대자 협회, 스위스의 그리스도교 평화봉사(Christlicher Friedensdienst), 미국의 교회평화선교(Church Peace Mission), 영국의 퀘이커교회 등 여러 가지 조직 활동으로 나타났다. 이 시기의 평화운동은 이념적으로는 여러 갈래의 원천에서 유래되었다고 볼 수 있다. 그리스도의 소종파 그룹들이 해온 평화주의가 중요한 몫을 했으며, 사회주의자들의 유물론적 역사관의 영향을 받은 자들 그리고 칸트의『영구평화론』이나, 빅톨 유고나 톨스토이 등의 영향을 받은 인도주의자들 등 여러 가지였다.[23] 이 점에서 1차 대전 이후의 평화운동은 어떤 이데올로기나 종교가 주도적 역할을 한 것으로 보기는 어려우며, 어떠한 윤리적 사상적 연원에서든지, 전쟁이나 폭력을 부정하는 의식을 가진 개인이나 그룹들이 모여서 하는 운동이었다.

이 점에서는 평화운동이 확고한 이념적 체계와 강한 조직을 갖지 못하는 약점도 있었다. 단순히 평화협회라고만 해서는 너무 막연하고 다양하므로 온갖 종류의 사람들이 다 들어 올 수 있기 때문에, 그 이해관계도 다양해서 확고한 조직을 만들기는 어려웠던 것 같다.[24] 아마도 그리스도교와 사회주의 정당, 노조 같은 것이 조직의 면에서는 가장 강한 바탕이었겠지만, 그 어느 조직도 평화운동을 신조로

---

23) *RGG*, II Bd. , 1138.

24) Guido Grünewald, "Stimme der Völkerverständigung und der Humanität: Die Deutsche Friedensgesellschaft 1892~1933," op. cit. , 190ff.

삼거나 국가의 전쟁업무에 대해 비판적인 기관은 아니었다. 교회도 일부의 신학자들과 평화운동가들, 에큐메니칼 운동을 제하고는 아직 평화 문제에 냉담했다. "의로운 전쟁", "국가와 민족의 생명을 유지하는 국방"이라는 사고의 틀에서 벗어날 수가 없었기 때문이다. 결국은 일차대전의 상처가 채 아물기도 전에 더 엄청난 2차 대전이 터지게 되었지만, 평화운동은 아무런 저지 역할을 하지 못했으며 미약한 목소리는 그 존재조차 찾아보기 어렵게 되었다.

가톨릭교회에서는 '정의로운 전쟁'에 대한 확신이 더 굳어서 평화운동은 개신교 측보다 더욱 미약했다. 일차 대전 이후에 개별적인 주교나 신부들이 평화운동에 참여했고, 〈독일 가톨릭교인 평화연맹〉(Friedensbund der Deutschen Katholiken, 1917~33) 같은 조직도 있었지만 가톨릭교회의 윤리학은 원칙적으로 평화주의(Pazifismus)를 신뢰하지 않고, 단지 의로운 전쟁을 수행하는 것만을 그리스도교인의 의무로 삼고 있기 때문에, 전쟁 자체를 거부하는 평화운동은 존재하기 어려웠다. 이차 대전이 끝나고 각지에서 세계평화를 위한 운동이 고조되었을 때인 1948년에야 '그리스도의 평화'(Pax Christi) 운동이 일어나며, 적대국의 국민들 사이의 화해와 이해증진, 봉사활동을 전개하는 평화운동의 개념을 가지고 전개된다. 물론 개별적으로는 오타비니(Ottavini) 추기경같이, 대량살상이 수반되는 현대적인 전쟁은 어떤 경우에도 반대한다는 입장을 가진 인물이 있었으나 가톨릭교회의 보편적인 운동으로 서지는 못했다.

이차 대전 종료 시까지 에큐메니칼 평화운동의 모체로 존속해 온 국제교회친선세계연맹 운동은 그 내부에 평화운동과 교회연합운동의 두 요소를 갖고 있었고, 연합운동은 주로 실천적 그리스도교 운동을 중심으로 전개되어 왔으나, 1948년 세계교회협의회가 창립되면서 일부는 흡수되고 일부는 분리되는 결과를 가져왔다. 원래 평화운동을 중심 목표로 삼는 친선운동 참여자들은 교리나 교파에 관계없이 친선 교류조직으로 확대하려고 했고, 연합운동에 관심을 가진자들은 교리와 직제 등을 가려서 교회일치운동을 전개하려 하였다. 따라서 1948년에 세계교회협의회가 교파연합 운동에 핵심을 두고 결성되자 교리나 신앙고백에서 자유로운 평화운동에 중점을 두었던 사람들은 따로 갈라설 수밖에 없었다. 국제교회친선세계연맹은 1948년 6월 30일에 공식으로 해체되고, WCC에 가입하지 않은 인사들은 따로 비그리스도교적인 종교들과 함께 〈국제종교친선세계연맹〉(World Alliance International Friendship through Religion)이라는 조직을 만들게 되었다. 교파나 교리에서 벗어나려는 종교인들의 친선 및 평화운동이 된 것이다.[25]

그러나 교회의 일치운동을 중심으로 탄생된 세계교회협의회(WCC)는 평화운동의 면에서도 대단히 중요한 의미를 갖는 조직으로 출범하게 되었다. 국제친선 운동의 업무는 WCC의 국제문제위원회(Churches Commission on International Affairs [CCIA])에 흡수되었다. 무엇보다 중요한 것은 교파를 초월한 세계의 개신교회들이 연합해서 전쟁에 대한 근본적인 부정과 반대의 태도를 표명하게 된 것이다. 암스텔담에서 모인 WCC 창립총회의 선언에는 '전쟁은 하나님의 뜻이 아니다'라는 강한 구호가 제창되었다.

---

[25] *RGG*, IV Band, 1572.

분쟁을 해결하는 방법으로서 전쟁은 우리 주 예수 그리스도의 가르침과 양립할 수 없다. 오늘의 국제관계에서 전쟁을 일으키는 것은 신(神)에 대한 범죄요 인간에 대한 멸시다. 전쟁의 문제는 오늘의 크리스천들에게 심각한 문제를 던진다. 전쟁의 양태는 크게 변했고, 전쟁은 전면전이며, 모든 남녀가 전쟁에 동원된다. 더욱이 엄청난 공군력과 원자무기, 신예무기의 발명은 과거에는 겪어보지 못한 광범하고 무차별적인 파괴를 가져오게 되었다. 이런 환경에서 의로운 전쟁이라는 전통 즉 정당한 이유와 정당한 수단을 가지면 의로운 전쟁으로 생각되었던 전통은 도전을 받게 될 수밖에 없다. 법은 힘의 제재를 요구할지 모르나, 전쟁이 터지게 되면 힘은 법이 근거하는 기초마저 파괴하게 된다.

그리하여 전쟁이 과연 의로운 행위일 수 있는가 하는 문제가 불가피하게 생기게 된다. 이 문제에 대해 우리는 획일적인 답을 할 수가 없다. 여기에는 세 가지 태도가 있다.

(1) 특수한 상황에서는 전쟁에 참여하는 것이 그리스도교인의 의무가 될 수도 있겠지만, 대량파괴를 수반하는 현대의 전쟁은 결코 의로운 것일 수가 없다.

(2) 군사적 행동은 법의 통치가 가진 궁극적인 제재행위다. 따라서 국민은 필요하면 힘으로 법을 지키는 것이 의무라는 것을 분명히 알아야 한다.

(3) 어떤 종류의 군사행위도 거부하는 사람들도 있다. 이들은 전쟁에 절대 반대하며 평화를 위하는 것이 신의 뜻이라고 확신하며 교회는 이렇게 증언해야 한다고 생각한다.[26]

이차 대전 말까지의 교회일치운동을 수렴하여 세계적인 에큐메

---

26) Report of the WCC 1, Assembly Meeting in Amsterdam 22 Aug-4. Sept. 1948.

니칼 운동체를 최초로 만든 WCC는 그리스도교의 사회윤리와 사회 참여의 면에서도 획기적인 계기를 만들었다. 창립총회 시의 핵심적인 주제는 "책임사회"(responsible society)였다. 이에 따라 참혹한 전쟁과 핵폭탄의 비극을 겪은 종전 직후의 상황에서, 전쟁을 없애는 책임사회의 윤리가 강조되었던 것은 당연한 일이었다. 더 중요한 것은 교회의 공식기구들이 모여 '의로운 전쟁'의 정당성을 문제 삼기 시작했다는 것이었다. 그러나 암스테르담에 모인 그리스도교 지도자들은 여기에 일치된 해답을 보여주지 않았다. 한 편에서 전쟁을 원칙적으로 거부하면서 다른 편에서 불가피한 것으로 인정하는 두 개의 축 사이에서 여러 가지 상이한 태도들이 병존했다. 이것은 WCC뿐만 아니라 그리스도교가 전쟁과 평화 문제에 대해서 가진 기본적인 갈등과 모순을 누증시키고 있다. 이차 대전 이후에서 오늘에 이르기까지 그리스도교가 평화운동에 대하여 취한 입장은 바로 전쟁에 대한 무조건의 반대와 거부 그리고 여기에 대한 주저와 비판 유보의 태도 사이에 있는 것이라고 할 수 있겠다.[27]

　이차 대전 이후의 그리스도교 평화운동의 전개를 포괄적으로 파악하기 위해서는 다음과 같은 네 가지 흐름을 따라서 찾아보아야 한다고 생각한다. (1) WCC를 중심으로 하는 개신교의 에큐메니칼 운동과 주로 서구 그리스도교 국가들 안에서 논의된 평화문제와 평화에 관한 신학적 윤리적 입장들 그리고 신자들의 평화운동, (2) 로마 교황청을 중심으로 하는 가톨릭교회의 평화신학과 가톨릭 신자들의

---

[27] Hans-Jürgen Benedit, "Auf dem Weg zur Friedenskirche?" in: die neue Friedens-bewegung, hrsg. v. Reiner Steinweg, edition Suhrkamp 1143, Frankfurt 1982, S. 228.

평화운동, (3) 동구 공산권의 그리스도교가 벌여온 평화운동과 평화 문제에 대한 입장들, (4) 남미·아프리카·아시아 등의 제삼세계권에서 논의되는 평화 문제와 그리스도교의 평화운동 들이 그것이다.

또한 평화운동의 내용에서도 앞서 평화운동의 개념에서 제기한 대로 (1) 전쟁을 없애고 평화를 보장하기 위한 운동들, (2) 전쟁을 일으킬 수 있는 잠재적 갈등과 적대관계를 해소하기 위한 평화교류와 평화봉사 혹은 평화연구와 교육운동들, (3) 갈등과 분쟁이 생기지 않도록 평등하고 자유로운 정의사회를 만들며, 사회구조를 평화적인 체제로 바꾸어가는 운동들의 세 차원에서 골고루 추적되어야 하리라고 본다.

전후 세계 그리스도교 평화운동의 체계적 이해를 위해서는 물론 이런 면들이 골고루 파악되어야 하겠으나, 이것은 방대한 연구 과제가 될 것이며, 또 엄청난 자료조사와 작업을 필요로 하는 것이기 때문에 본 논문의 제한된 지면에서는 충분히 다루어질 수가 없다. 대체로 서구의 그리스도교 평화운동이 현재 전쟁을 막고 핵무기를 제거하는 운동에 초점이 모아지고 있다면, 제삼세계의 교회나 신학들은 전쟁과 폭력이 일어나지 않을 정의로운 사회를 만드는 데 관심이 모아지고 있다고 볼 수 있다. [28] 핵무기나 전쟁에서 받는 위협이나 죽음의 공포보다는 굶주림과 영양실조, 불공평한 경제구조에서 당하는 고통과 생존의 위협이 더 직접적이고 현실적인 대문에 그럴 것이다. 여기에 대해 동구 공산권의 그리스도교 평화운동은 크리스천 평화대회(Christian Peace Conference) 같은 것을 예로 들어 볼 때, 제

---

[28] H.E. Tödt, "Friedensforschung als Problem für Kirche und Theologie," 50-62.

국주의적 지배와 수탈을 없애고 정의로운 체제를 만들어야 평화가 수립된다는 면에서는 제삼세계의 태도와 유사하다 하겠으나, 공산권 국가들의 전쟁준비와 지배욕에 관해서는 노골적인 비판을 하지 못하고 있다는 데 그 한계가 있는 것 같다.

　가톨릭교회의 평화운동은 요한 23세(Johannes XXIII)가 1963년 4월 11일에 발표한 교서 '세상의 평화'(Enzyklika Pacem in terris) 이래 괄목할 만한 발전을 보였고, 전통적으로 그리스도교적 토대 위에서만 평화와 공존을 주장하던 비오 12세(Pius XII)의 태도를 수정했다. 제2차 바티칸 공회는 그 사목교서 '기쁨과 희망'(Gaudium et spes)에서 한 걸음 더 나아가 세계 인류의 하나 됨과 평화공존을 주장하며 동서의 이데올로기적 갈등을 넘어서서 억압과 지배가 없는 진정한 발전과 평등의 사회를 이룩하는 것을 그리스도교의 과제로 설정했다. 여기서 핵무기의 제한적 사용을 인정하던 종래의 태도도 수정이 되며 전쟁업무에 참여하는 것을 거부하는 태도를 부분적으로 인정해 준다. 또 하나의 결정적 계기는 교황 바오로 6세(Paul VI)가 1967년 3월 26일에 발표한 교서 '인민의 진보'(Enzyklika Populorum Progrssio)에서 평화란 빈부 차이를 극복하고 공평한 발전과정의 사회를 사회경제적으로 만들어가는 과정이라고 선언한 것이었다. 이에 따라 바오로 6세는 가톨릭교회에 정의평화위원회(Kommision Iustitia et Pax)를 조직하고, 한편 이를 세계교회협의회와 함께 후진국의 개발과 사회 발전 그리고 평화문제를 공동모색하는 프로그램(SODEPAX)을 만들어 커다란 진보를 이룩했다. 그 밖에도 그리스도의 평화(Pax Christi)를 중심한 가톨릭 신도들의 평화운동이나 반핵운동들이 전개되어, 전쟁반대, 갈등해소와 민족 간의 화해 운동, 정의평화 운동을 일으키고 있으나, 개신교 측만큼 힘찬 사회운동으로는 전개되지 못하고 있는 것 같다.

평화운동을 일차적으로 전쟁과 폭력을 없애는 운동이라고 볼 때, 전쟁행위를 원천적으로 부정하고, 전쟁준비와 무력증강, 핵무기의 제조·배치·사용에 대한 반대운동의 면에서 흐름을 잡아 볼 수 있겠는데 이 점에서는 역시 WCC와 서구 그리스도교의 교회와 신학이 그리스도교 평화운동의 면뿐 아니라, 일반적 평화운동에도 지대한 공헌과 발전을 이룩했다고 인정할 수 있다. 특히 오늘날 서구의 평화운동에 핵심 문제가 되어 있는 핵무기의 문제에 대하여 교회나 신학이 어떤 윤리적 입장을 취하고 어떠한 논의를 하고 있는지 다음 장에서 간단히 살펴보고자 한다.

3. 핵시대 그리스도교의 평화신학과 윤리

1980년대에 들어와서 유럽의 나토 국가들에 중거리 핵미사일퍼싱 II와 쿠르즈 572기가 추가로 배치된다는 결정에 반대하는 반핵평화운동의 물결이 거세게 일었을 때 특히 그리스도교 교회와 평신도들은 이 운동에 앞장서서 결정적으로 중요한 역할을 했다. 서구의 민중운동이라고 할 수 있는 이 운동의 시위에는 도시마다 수십만의 군중들이 몰렸고, 교회는 반핵예배·기도회 등으로 이 운동을 지원했다. 특히 독일과 영국·네덜란드에서 보면, 교회의 참여가 없이 일반시민들이나 지식인·학생·노조 그룹만으로 이처럼 성공적일 수 있었을까는 의문이다. 더욱이 그리스도교의 이름으로 조직된 운동들이 더 세력이 컸고 더 지속적이었으며 철저했다는 것은 사회운동의 관점에서도 꽤 중요한 문제가 될 수 있다.[29]

독일에서만 보더라도 평화운동의 대중집회는 1981년 6월 함부르크에서 모인 평신도대회(Kirchentag)에서 핵무기의 추가 배치와 핵공격의 위협을 통해서 안전을 보장하겠다는 정부와 나토정책에 항의하는 결의문들이 채택되었고, 마지막에는 8만 명의 그리스도인들이 "두려워하라. 핵무기에 의한 죽음이 우리를 위협하고 있다"는 플래카드를 앞세우고 시위를 벌이게 되었다. 그 뒤로 각지에서 반핵시위가 일더니 그 해 10월 10일 본에서, 그리스도교적인 평화운동단체인 Aktion Sühnezeichen이 주관한 반핵데모에는 30만 명의 전국 시민들, 운동단체들, 그리스도 교인들이 연합적으로 참가하여 대중적 반핵시위의 기원을 만들었다. 특히 (현충주일이 들어 있는) 11월 8일에서 22일까지를 독일 교회가 평화주간으로 선정하고 3,000여 교회에서 평화운동과 반핵이슈를 의식화시키는 전시회, 토론회, 시위 등 행사를 집중적으로 주관했다. 이 평화의 주간 행사가 평화교육의 면에서도 크게 기여한 것은 널리 인정받고 있다.[30] 이 행사에는 교회만이 아니라 청년 학생 단체, 노조, 여성, 제삼세계문제 운동 단체, 시민운동 단체들이 모두 초대되어 참가했기 때문에, 마치 교회가 평화운동의 시장을 개설한 것 같았다.

80년대의 평화운동에 그리스도교가 이처럼 핵심적인 역할을 하게 된 원인은 어디에 있을까? 일반 정치 사회적 분위기가 그렇게 되

---

29) Hans-Jürgen Benedit, op. cit., 288ff.

30) Achim Battke, "Was sind Friedenswochen?," *Fredensanalysen für Theorie und Praxis* 10, Bildungsarbeit edition Suhrkamp 748 (Frankfurt, 1979).

어가니까 교회도 거기에 적응해서 참여하게 된 것일까, 아니면 교회가 평화에 관한 책임과 각성을 새롭게 한 때문일까?

물론 시대적 상황에 따른 영향도 많이 있었지만, 필자는 그리스도교가 그동안 평화문제에 대하여 반성하고 토론해 온 신학적 윤리적 의식과 태도가 더 결정적인 원인이 되었다고 생각한다. 사실 최근에 교회들이 평화 문제나 핵문제에 대해 취하고 있는 입장들은 하루아침에 생겨난 것이 아니며 이차대전 이후에 꾸준히 연속적으로 토론하고 각성해 온 결과라고 할 수 있다. 그것은 또한 점진적인 발전이었다.

그 토론의 역사를 여기에 다 기록할 수 없지만 중요한 것들만 몇 가지 본다면, 우선 WCC가 전쟁, 군비축소 내지 해제, 핵무기의 문제 등에 대해 논의하고 결정해 온 많은 기록들과 문서들을 들 수 있다.[31] 1950년대 원폭·수폭 개발과 실험이 확대되어 갈 때 주로 미소 간의 경쟁이었지만, WCC는 여러 차례 원폭과 같은 대량살상무기를 만드는 데 반대하는 성명을 발표했다.[32] 아직 핵 문제의 인식이 충분하지 못하던 때에는 "원자력의 평화적인 이용"에 기대를 걸었으며, 파괴적 사용에만 반대한다는 뜻을 표했다.[33] 강대국들이 멋대로 대량살상무기를 개발하고 실험하는 데 대해서는 "우리는 어떤 나라든지 엄청난 파괴와 살상을 가져오는 핵무기의 개발을, 그 결과에 피해를 입을 나라 사람들의 동의 없이 하는 것이 정당한 것인가를

---

[31] "Peace and Disarmament, Documents of the WCC," in: *The Security Trap: Arms Race, Militarism and Disarmament; A Concern for Christians*, published by IDOC International (Rome, 1982).

[32] 특히 Evanston 총회 결의문.

[33] "Disarmament and Peaceful Change," August 1955, Statement of WCC-CCIA.

물어야 한다"고 항의했다.[34] 불란서 정부가 비밀리에 사하라 사막에서 핵폭탄 실험을 했을 때에는 "핵실험에 대한 국제적 통제에 관한 협약이 맺어지기 전에는 아직 핵무기를 갖지 않은 나라들은 새로이 핵개발을 해서는 안 된다"라고 성명을 냈다.[35] 이와 같은 핵무기 제조와 군비경쟁, 정치경제 사회의 군사화(militarization)가 가져오는 반평화적인 사회악에 대한 비판과 반대 성명을 WCC는 강대국들이 듣든지 말든지 거의 매년 계속해왔다. 제한 핵전쟁이론을 규탄하고, 핵무기는 사용해서 안 될 뿐만 아니라 배치해서도 안 되고 제조해서도 안 되며 실험하는 것도 안 된다고 표명했다. 그리고 조속히 강대국들이 보유하고 있는 핵무기 감축협의와 핵실험 금지조약을 체결하라고 촉구했다.[36]

세계교회협의회가 이러한 성명과 결의를 냈다고 해서 회원국의 교회가 같은 보조를 취하는 것은 아니었다. 교회의 국제기구는 어떤 국가체계 안에 있지 않기 때문에 이런 결의를 만들기가 쉽다. 그러나 국가 안에 존재하는 회원 교회들은 국가의 존립과 안보에 중대한 군사문제를 쉽게 언급하거나 비판하기가 어렵다. 적의 침략위협으로부터 국토와 동족의 생명, 안전을 지키기 위해 적이 가진 것만큼의 무기와 군사장비는 갖추어야 하겠다는 안보논리에 대해 단순히 무력포기나 전쟁 거부만을 주장해서는 설득력이 없기 때문이다. 그

---

34) "Atomic tests and Disarmament," August 1957, Statement of WCC Central Committee in New Haven 30 July-7 August 1957.

35) "The cessation of nuclear weapons testing," February 1960, Statement of WCC Executive Meeting, Buenos Aires, 8-12 Feb. 1960.

36) "Statement on nuclear disarmament," August 1980, WCC Central Committee in Geneva 14-22 Aug. 1980.

렇다고 해서 군사 전문가들의 요구대로 계속 전쟁준비와 군사무기만 증대시키고 끝없이 무력경쟁만 하고 있는 것을 교회가 동의할 수만도 없다. 이런 딜레마 속에서 고민하며 교회의 평화적 사명을 다 해보려는 모습을 우리는 독일 교회에서 찾아볼 수 있다. 평화운동은 사실상 구체적인 상황 안에서 국가나 정부의 정책과 부딪치면서 그 현실을 변화시켜 갈 때 의미가 있는 것이다. 물론 국제회의를 통해 도덕적인 호소와 윤리적 기준을 만들어 놓은 것도 때로는 중요하지만, 문제는 어떻게 이를 정치적 현실 속에서 실현하느냐 하는 데 있다.

독일 교회는 이차 대전 후 고백교회의 전통 위에 재건되어 비교적 혁신적인 모습으로 새 출발을 할 수가 있었다. 국제적인 전쟁 범죄자의 오명을 쓴 독일의 교회는 창립 시부터 전쟁을 죄악으로 규탄하며 독일의 재무장과 군사화를 반대하는 태도를 가졌었다. 그러나 동서의 냉전격화와 한국전쟁 등으로 서독의 재무장과 나토 방위권 편입이 추진되자 교회는 재무장과 동서분단에 대하여 열띤 찬반논쟁을 벌이게 되었다.[37] 교회가 과연 군목 제도를 두어서 전쟁에 나가서 사람을 죽이는 병사들을 축복해줌으로써 전쟁을 정당화하고 지지하는 일을 해야 할 것인가로 고민했다. 결국 교회는 원칙적으로는 전쟁참여와 재무장에 반대하면서도 현실적으로는 이를 묵인하는 태도를 취했다. 더 심각한 문제는 서독과 나토의 군대가 50년대 후반에 와서 핵무기로 무장할 때였다. 여기에서도 "핵무기를 쓰는 전쟁은 어떤 경우에도 정당화될 수 없다"는 태도와 "국방을 위해서 상대방과 같은 수준의 무기를 갖는 것이 오히려 책임 있는 태도이다"라

---

37) 독일 교회의 재무장에 대한 논쟁에 대해서는 필자의 글 "독일교회와 통일문제", 기독교 사회문제 연구원 편, 『平和運動과 統一運動』(民衆社, 1984) 참조.

는 모순된 입장들이 함께 존재했다.[38] 핵무기 보유를 그리스도교적인 윤리와 모순되지 않는다고 보는 측에서는 역시 군사균형이 전쟁을 방지한다는 안보논리에 근거하고 있다. 핵무기를 가지고 있어야 상대방이 겁이 나서 도발을 못한다는 위협이론이다.

이 문제에 고심하면서 신학자들과 목사, 학자들이 함께 연구하여 내놓은 문서가 1959년에 발표된 하이델베르그 테제(Heidelberger Thesen)이다. 교회의 평화적 사명과 전쟁 및 핵무기 장비와 관련된 문제들을 연구하여 그 요지를 열 한 개의 테제로 정리한 이 문서는 독일 교회의 평화신학과 윤리에 기념비적인 것이 되었다. 특히 중요한 부분은 테제 6, 7, 8인데 핵무기에 대한 두 가지 모순되는 입장을 함께 종합하려는 태도를 취한 것이다.

테제 6: 우리는 핵무기에 관한 서로 모순되지만 양심적인 결정들을 이해하려고 하며, 이들이 딜레마 관계에 있으면서도 서로 보완적인 것으로 이해해야 한다고 생각한다.

테제 7: 교회는 무력의 포기를 그리스도교적인 행위방식으로 이해해야 한다. 평화교회들이 주장한 무력의 절대포기는 흔히 제도적 교회들에 의해 비난을 받아왔다. 그러나 오늘날 비록 평화주의자가 아닌 사람들도 이런 태도가 크리스천에게 가능한 태도라는 인식이 늘어나고 있다. 핵무기의 공포는 지대한 것이어서, 그리스도교인으로서는 이를 없애는 것이 하느님의 명령이 아닐까 심각히 고려하는 것이 마땅하다고 생각한다.

---

38) Wolfgang Huber, "Wann ist es Zeit für ein Nein ohne jedes Ja?," in: Volkmar Deile (hrsg,.) *Zumutungen des Friedens, Kurt Scharf zum 80. Geburtstag* (Rowohlt, 1982), 102.

핵무기를 보유하는 유일한 정당성은 그래야 세계평화를 유지할 수 있다는 것이다. 그러나 핵무기의 소유자 평화유지에 효력을 가지려면, 어떤 경우에는 쓸 수도 있다는 위협이 될 때에만 효과를 볼 수 있다. 이것은 사실상 핵무기를 사용할 준비와 태세가 되어야만 효과를 볼 수 있는 위협이다. 우리는 핵무기를 쓰는 전쟁은 과거와 같이 '의로운 전쟁'이라는 구실로 정당화할 수가 없다.

태제 8: 교회는 핵무기를 보유함으로써 평화를 유지하며 지킬 수 있다고 믿는 태도 역시 가능한 하나의 그리스도교적 태도라는 것을 인정해야 한다.

한편에서만 핵무기를 없애려 할 때, 이는 자연히 다른 편의 군사적 우위를 보장하게 될 것이다. 힘의 균형(balance of power)에서의 어떤 변화가 어떤 결과를 가져다 줄지는 예측하기 어렵다. 그러나 서방측이 만약 핵무기를 포기한다면 정의와 자유가 오랫동안 상실되는 모험이 따를 수도 있다는 것을 부정할 수 없다.

서방측의 핵무기 보유는 이런 모험을 피하기 위한 노력이다.

하이델베르그 테제의 핵심은 "핵무기 포기"와 "핵무기 보유"의 모순된 입장을 모두 양심적인 것이라고 보고 이 둘을 보완시키는 선에서 해결점을 찾아야 한다고 본 것이다. 이러한 태도는 그 이후의 여러 평화성명서에서도 기본적으로 지속되고 있다. 단지 1967년의 하노버 평신도대회를 계기로서는 '보완성'이란 말 대신에 '무기를 가진 평화사업과 무기 없는 평화사업'이라는 용어가 등장하게 된다. 이것은 결국 핵무기의 보유를 정당화해 주는 표현이 된다. 하이델베르그 테제에서 조심스럽게 "핵무기를 가짐으로써 평화를 유지하려는 태도도 잠정적으로 그리스도교적이라고 간주될 수 있다"고 한 것을 "핵무기를 갖고도 평화에 봉사할 수 있다"는 것으로 단언하는 것으로 만들었다.[39] 핵무기를 보유하고, 그것도 상대방이 보유하는 것만큼 가져야 평화를 지킬 수 있다는 입장을 교회도 어느 면에서 동조했다고 할 수 있다.

이러한 태도와 인식은 사실상 대부분의 서구 교회가 70년대까지 공통적으로 가진 윤리적 입장이었다. 그런데 80년대로 들어오면서 여기에 근본적인 변화가 일어났다. 핵무기를 보유함으로써 평화가 유지될 수 있다는 생각에 근본적인 회의를 갖게 되었다. 핵무기를 보유함으로써 상대방에게 위협을 주게 되는 효과는 결국 핵무기를 계속 증대하고 증강시키는 것으로만 가능하다는 것이 인식되었다.[40] 지난 30여 년간의 미소 양대 진영의 무력경쟁은 "군사균형을 통한 안보" 혹은 "힘의 우세를 통한 안전과 평화"라는 미명하에 계속 군비를 증강했고 오늘과 같은 핵무기 개발경쟁은 '위협용'으로서 정당화하기에는 지나친 정도에 이르렀으며, 이미 그 생산과 배치 만으로서도 생명의 안전과 평화에 위협이 되는 결과를 가져왔다는 인식이다. 특히 1979년 12월 12일에 나토의 외상·국방상 회의가 새로운 중거리 미사일 572기를 추가구입 배치하려 하자 이제는 더 이상 핵무기 경쟁의 게임에 국민이 말려들어서는 안 된다는 정서가 강하게 형성되었다. 여기에 수백억 달러를 더 들이고, 소련이 또 증강하면 이쪽에서도 따라서 다시 핵무기 배치를 늘리는 이런 놀음을 30여 년 동안 계속해도 안보는 위협을 당했지 평화에 가까워지지는 않았다는 것이다. 이미 핵무기는 상대방을 위협하고 경고할 만큼의 양을 몇 배 넘어섰다고 하며, 군사전문가들이 주장하는 군비증강론은 더 이상

39) Wolfgang Huber, Ibid., 106, 108; Hans-Jürgen Benedit, op. cit., 229.
40) Erhard Eppler, *Wege aus der Gefahr* (Rowohlt, 1981), 78-98.

타당한 것으로 받아들일 수 없다는 새로운 의식이 일어나게 되었다.

이러한 의식을 반영한 독일 교회의 새로운 평화윤리적 문서가 1981년 11월 발표된 EKD 총회의 각서 "평화의 유지와 촉진과 혁신"이라는 것이다.[41] 평화윤리의식 면에서의 기본적인 골격은 22년 전에 만들어진 하이델베르그 테제를 벗어나지 못하고 있다. 즉 "핵무기의 보유를 통해 자유와 평화를 지키려는 노력에 참여하는 것이 아직도 그리스도인들에게 가능한 행위"라고 인정했다. 그러나 1981년의 평화각서는 여기에 부대조건을 첨가하고 있다. "그러나 이런 가능한 행위도 전쟁의 원인을 줄이고, 무력이 없이 갈등을 해소하며 군비를 감소시키기 위해 모든 정치적인 노력을 기울이는 일을 병행시키는 한에서만 윤리적으로 타당성을 갖는다"는 것이다. 이로써 독일 교회는 군비축소와 핵무기 감축운동에 그리스도교적 윤리의식을 가지고 참여할 수 있는 길을 열어놓았다고 볼 수 있다. 1967년의 구호인 "무기를 가지고 또한 무기 없이 평화를 위해 일하자"는 도식에 대해서도 보충해서 "무기를 가지고도 평화를 위해 일할 수 있지만, 이것은 평화운동과 국내협약, 대화, 개발정책 등을 병행시키는 한에서만 의미가 있다"고 부연했다. 이러한 평화각서를 만드는 데 신학자나 교회지도자, 사회과학자뿐만 아니라 각 정당의 국내정치 전문가들을 함께 참여시켜 만든 독일 교회의 평화각서[42]는 윤리적인 호소 면에서는 WCC나 네덜란드 교회의 것보다 약하지만 매우 현실적

---

[41] "Frieden wahren, fördern und erneuern: Denkschrift der Evangelischen Kirchen in Deutschland," November 1981.

[42] 기독교민주당(CDU)의 Richard von Weizsäcker, Roman Herzog, F. Vogel이, 사회민주당(SPD)에서 J. Schmude, E. Eppler, 자민당(FDP)에서 L. Funke 등이 참여했다. *Frieden stiften: Die Christen zur Abrüstung*, 70.

이고 사려 깊은 반성과 숙고가 함축되어 있다. 실천적 가능 더 많다고 볼 수 있을 것 같다.

강한 국가교회적인 전통 위에서 현실 정치 하의 부대낌 속에서 고민하며 조심스러운 길을 걸어야 하는 독일 교회와는 달리 서구의 자유 교회들은 훨씬 현실 정치에 대한 부담 없이 강한 호소력을 가진 성명서나 입장을 표명하고 있다. 네덜란드에서는 이미 1967년에 9개의 개신교의 대표적 교파들이 연합해서 범교단적 평화협의회(Inter-kirchlicher Friedensrat[IKV])를 조직했다. 이 IKV가 1977년에 "세계를 핵무기로부터 해방시키라!"는 구호의 성명서를 발표했다. 여기서 네덜란드 개신교도들은 앞으로 수년간 핵무기의 제거를 위해, 상호협의에 의한 군비축소과정이 실현되도록 노력할 것을 발표했다. 이 운동을 위해 각지에서 약 500여 개의 운동그룹이 생겨나서 반핵운동을 벌이게 되었다.[43] 네덜란드 개혁교회가 1980년에 발표한 "핵무기문제에 대한 목회서한"은 교회로서는 가장 진보적인 결의를 했다고 볼 수 있다.[44]

네덜란드 교회의 분명한 태도는 독일 교회와는 달리 핵무기의 보유와 배치에 "무조건적인 거부"를 선언한 것으로 특징지을 수 있다.[45]

1962년에 우리 교회 총회는 핵무기는 불필요한 무기라고 명시한 바 있다. 핵

---

[43] Hans-Jürgen Benedit, op. cit., 230.

[44] "Niederländische Reformierte Kirche: Pastoralbrief der General-synode zur Frage der Kernwaffenrüstung," November, 1980.

[45] Wolfgang Huber, "Wann ist es Zeit für ein Nein ohne jedes, Ja?," 110.

무기 사용을 정당화할 수 있는 어떤 목적도 찾을 수 없기 때문이다. 그리스도인은 하느님의 말씀을 따르는 그의 양심에 대해서 핵무기를 쓰는 전쟁에 참여할 때 책임을 질 수가 없다. 비록 국가권력이 이를 요구할지라도.

총회는 그때 핵무기를 보유하는 것에 대해서는 분명하게 표현을 하지 못했다. 그것은 핵보유에 대한 부정(Nein)이 일부 긍정(Ja)을 병행해도 좋다는 의미로서가 아니었다. 핵무기 보유 간 전쟁을 막을 수 있는 역할을 한다는 의미에서의 긍정도 아니었다. 단지 핵의 거부(Nein)가 현실적으로 실현될 가능성이 보이지 않았기 때문이었….

그러나 이제 18년이 지난 오늘에 와서 볼 때 "핵의 거부"는 실현되지 않았다. 당시에 희망했던 국제적인 불신의 극복, 화해의 봉사, 국제법적 질서의 강화, 의식의 변화 등이 아무것도 이루어지지 않았다. 오히려 무기체계는 가속도로 완벽하게 갖추어졌고 이제는 제한 핵전쟁이란 가능성에까지 전략이 발전하게 되었다.

오늘에 와서 우리는 핵무기에 대한 어떠한 긍정도 없는 거부를 선언해야 한다. 그리고 이를 실현할 수 있는 점진적인 방안을 찾아야 한다.

이와 같은 결연한 네덜란드 교회의 태도에 자극을 받은 것이 독일 그리스도인들의 평화운동 단체인 Aktion Sühnezeichen이며 이들은 독일 교회가 우물쭈물 망설이는 태도를 취하는 데 대해서 못마땅하게 여기며 1980년의 평화주간에 "무기 없이 평화를 만들자!"라는 구호를 들고 전국적인 평화운동을 전개하게 되었다. 여기서 중요한 것은 독일과 네덜란드, 영국의 그리스도교 평화운동 단체들이 중심이 되어 유럽 전체의 연결조직(Network)이 생겨나게 된 것이다. 이들은 이제 핵무기 반대라는 윤리적 구호를 넘어서서 가능한 현실적 방안까지 제시해야 하게 되었다. 그 방안으로 제기된 것이 "계산이 있는 일방적인 무기감축"이다. 무작정 핵무기를 없애거나 줄이자는 것이 아니라 상대방의 감축을 유도할 만큼 우리 쪽에서 먼저 일정한 양의 핵탄두를 줄이자는 방안이다. 핵무기가 몇 퍼센트 줄었다고 상대방이 당장 공격해 올 위험은 없지 않느냐는 것이다. 이런 방안은 우선 새로이 도입하려는 핵무기 증강계획에 대해서 막는 운동을 전개해야 한다는 결론으로 이어지게 되었다.[46)

불길처럼 일어난 평화운동은 신학자들에게도 커다란 자극을 일으켰으며, 평화에 관한 추상적이고 원칙론적인 이야기만 할 수 없게 만들었다. 일부의 신학자들은 아예 평화운동에 앞장섰고 핵문제나 '전쟁의 정당성' 문제에 관한 새로운 연구와 논의들을 전개시켜가고 있다.

'핵무기를 가지고 적을 위협하면서 평화를 유지한다'는 논리는 적어도 오늘의 상황에서 신학적으로 정당화될 수 없다고 여러 신학자들이 주장하게 되었다. 위르겐 몰트만은 "대량살상무기를 사용하는 것이 하느님 앞에 죄라면, 이러한 무기를 적에게 위협과 겁을 주기 위해 소유해야겠다는 주장도 그리스도교적으로 정당화될 수 없다. 이러한 위협이나 겁주기는 실제로 이 무기들을 사용할 태세가 되어 있는 데서만 효력을 갖게 되는데, 이러한 점에서 대량살상무기를 가지고 위협하는 것 자체도 죄로 인정해야 한다"고 했다.[47) 헬무트 골

---

46) 교회의 평화운동 단체들의 연도별 성명서는 다음 책에 수집되었다. Günter Baadte, Armin Boyens, Ortwin Buchbender (hrsg.), *Frieden stiften. Die Christen zur Abrüstung. Eine Dokumentation* (C.H. Beck. München, 1984).

47) Jürgen Moltmann, "Weltverantwortung und Nachfolge Christi im Atomzeitalter," in: *Zumutungen des Friedens, Kurt Scharf zum 80. Geburtstag*, 80.

비처도 핵시대의 그리스도교는 바로 핵무기 안보론의 틀에서 벗어나지 않으면 안 된다고 강조했다. "폭탄을 가지고 살지 않으면 불안해 못 사는 시대에 그리스도교인은 무엇을 해야만 하는가? 군사무기 문제는 오늘의 그리스도교 신앙문제 중에 첫 번째 문제다. 그리스도인의 삶을 둘러싸고 나오지 못하게 만드는 이 '군비'라는 괄호에서 벗어나는 문제가 그리스도교의 '과제 1'이 되어야 한다. 우선 그리스도인들은 엄격히 말해서 불신앙에서 오는 무신론적인 안보논리에서 탈피해야만 한다."[48]

핵무기 없이 적의 침략위협을 막을 수 없고, 자유를 희생시킬 각오 없이 공사주의자들 앞에서 군사적 열세를 감행할 수 없다는 안보논리에서 벗어난다는 것은 현실정치가들로서는 납득하기 어려운 길이다. 이것은 평화를 만들기 위해서 먼저 화해의 길을 걷고 적이 오른 뺨을 때리면 왼편 뺨도 내밀겠다는 예수 그리스도의 정신이 아니고서는 생각할 수도 실천할 수도 없는 길이다. 그래서 요즘 평화운동가들 사이에는 예수의 산상수훈의 신학과 윤리가 많이 인용되고 연구되고 있다.[49] 이러한 신앙이 아니고서는 오늘의 위기를 극복하고 평화를 만드는 일을 해갈 수 없기 때문이다.

48) Helmut Golwizer, "Atomare Sicherheitspolitik und Christlicher Glaube," idem, 122.

49) Heinrich Albertz, "Von der Angst der Kirche vor der Bergpredigt," idem, 151; Franz Alt, *Frieden ist möglich, Die Politik des Bergpredigt* (München: Piper, 1983).

마치면서

"그리스도교와 평화운동"이라는 광범한 주제 하에 평화운동의 개념정의와 그리스도교 평화운동의 역사적 전개 그리고 핵시대의 평화윤리를 간단히 조명해 보았다. 오늘의 평화운동이 제일세계가 주도하는 운동이며, 또 핵문제나 전쟁반대가 중심이 되는 운동이므로 제삼세계나, 정의로운 사회개혁을 급선무로 하는 나라들의 감각에는 잘 와닿지 않는 경우도 있다. 제삼세계나 억압과 착취에서 시달리는 나라들은 그들의 입장과 시각에서 우러나온 평화운동의 개념을 만들고 전개해 가야 할 것이다. 이 점에서는 우리나라의 평화운동도 예외가 될 수 없다.

그러나 한국에서 평화운동은 단순히 제삼세계의 시각 만으로서는 부족하다고 생각한다. 한국은 제삼세계이면서 국제정치적으로, 군사적으로 제일세계에 편입된 나라이다. 남북한의 군사적 대치와 전쟁위협은 우리 민족만의 문제가 아니며, 미소 강대국과 주변 국가들이 함께 개입되는 문제가 되었다. 핵전쟁과 세계대전으로 확대될 수 있는 가능성이 가장 많은 나라가 한국이며 한반도의 휴전선이다. 이 전쟁은 곧 한국민족 전체를 말살시키며 한반도를 초토화하고 그리고 미소 간의 제한 핵전쟁이나 보복전으로 확대하게 될 전쟁이다. 이 점에서 한반도에서 핵전쟁을 막고, 아예 핵전쟁의 가능성마저 제거하는(그것은 핵보유를 포기함으로써만 가능한) 일은 한국의 평화를 만드는 가장 중요한 급선무에 속한다. 이 점에서 한국 그리스도교의 평화적 과제도 핵무기문제를 남의 문제로 도외시할 수가 없다. 이러한 점에서 평화문제와 핵문제에 대한 신학적 논의와 윤리적 자세를 정비하는 것이 시급하다. 교회의 평화적 노력과 기여를 위해서는 우선 신학적 윤리적 토대가 있어야 하기 때문이다.

또한 한국에서 평화문제는 핵전쟁의 위험과 가능성을 안고 있는 남북분단과 대결의 극복에 있다. 이를 위해 남북의 갈등과 적대의식, 공격성을 제거하고 대화와 신뢰의 분위기를 만드는 것이 중요한 과제가 되어야 할 것이다. 궁극적으로는 전쟁의 위협을 막고 분단이 가져오는 모든 악을 극복하기 위해서는 민족통일을 이룩하는 것이다. 한국의 그리스도교가 평화를 위해 해야 할 가장 중요한 사명은 민족의 분단을 극복하고 통일을 달성하기 위해 구체적인 일을 찾아 실천하는 것이다.[50] 이러한 일들은 평화운동의 방법론에서 제기되는 것처럼, 평화연구, 평화교육, 평화봉사, 평화운동과 같은 데서 찾아야 할 것이다. 분단의 극복과 통일을 위해 북한에 관한 연구, 적대국의 이데올로기와 정치체제 및 사회구조에 대한 연구, 통일 방안에 대한 연구를 구체적으로 시도해야 하며 갈등과 적대의식을 해소하기 위해 평화교육을 범교회적으로 실현해야 한다. 가능한 단계가 오면 남북의 기독자들이 만나서 함께 기도하며 민족의 삶과 생존을 위해 평화와 통일을 함께 의논하는 대화와 교류도 감행해야 한다고 생각한다. 어떠한 경우에도 동족의 가슴에 다시는 총부리를 겨누지 않겠다는 평화의 신앙과 윤리의식을 민족에게 선포하여 확고히 갖게 하는 데 그리스도교는 기여해야 한다.

---

50) 이삼열, "분단의 극복과 기독교", 「기독교사상」 (1985.1).

4장
생명의 신학과 생명 중심의 윤리

내가 온 것은 양으로 생명을 얻게 하고, 더 풍성히 얻게 하려는 것이라(요한복음 10:10).

1. 생태계의 위기와 생명의 신학

20세기 말 생명의 위기에 대한 문제의식과 관심이 높아지면서 생명에 관한 연구가 여러 학문 분야에서 활발하게 일어나고 있으며, 기독교 신학에서도 여러 가지 반성의 과정을 거치면서 생명의 신학(Theology of Life)이 새롭게 논의되고 있다. 생명의 신학은 아직 어떤 체계나 방법을 가진 완성된 신학이 아니며, 사상적 성격이나 특징이 확정된 신학도 아니다. 그 개념이나 정체성도 아직은 모호하며, 지향하는 바가 분명치도 않은 애매한 신학이다. 과연 생명의 신학이라는 이름을 붙일 수 있는지도 신학계에서 검증되거나 논의되지도 않았으며, 아직은 어느 신학자도 체계적으로 이론을 전개하지 않은 탐구를 위한 가제(Arbeitsthema)와 같은 것이다.

과문한 탓인지 모르겠으나 필자가 알기로는 93년경부터 WCC의 제3국인 '정의·평화·창조국'이 〈생명의 신학 위원회〉를 조직하고 정의·평화·창조의 보전이라는 오늘의 선교적 과제를 통합적으로 이해하는 신학적 토대를 마련하기 위해 '생명의 신학과 에큐메니칼 사회윤리'(Theology of Life and Ecumenical Social Ethic)의 연구 프로그램을 설정한 것이 공식화된 첫 계기였던 것 같다.[1] 물론 생태계의 위기와 생명문제의 심각성이 인식되기 시작한 70년대 80년대에 와서 생태학적 신학(Ökologische Theologie)이라든가, 자연의 신학(Theology of Nature), 창조의 신학(Creational Theology) 등이 논의되었으며, 생명의 문화(Culture of Life), 생명 중심의 윤리(Life centered ethic) 등이 연구 테마나 글의 제목으로 나타났던 것은 사실이다. 생명의 신학이라는 용어도 누가 썼을지 모른다. 그러나 생명의 신학을 한번 체계적으로 탐색해 보자는 구상과 제의는 WCC가 처음 내놓은 것이 아닌가 생각된다.

생명의 신학은, 그 용어를 누가 언제부터 썼느냐는 것과 관계없이 이미 생명의 문제에 대한 신학적 반성이 일어나면서부터 형성되기 시작했다고 볼 수 있다. 그것은 이미 성서가 쓰이고 신학이 출발하던 고대에로까지 소급해서 볼 수 있는 것이겠지만, 현대적 상황에서

---

[1] 필자는 WCC의 제3국 운영위원으로, 93년에 조직된 〈생명의 신학 위원회〉에 위원으로 참여하였다. 이 위원회는 Union 신학교의 윤리학 교수 Larry Rasmussen 등 8인으로 구성되었으며, 98년 총회까지 활약했다.

보는 생명의 신학은 생명의 위기 현상을 심각한 종교적 문제로 파악하고 인류구원, 세계구원의 문제와 연관시키기 시작한 20세기 후반에 와서 잉태되기 시작한 신학적 반성의 흐름이라고 할 수 있다. 인간의 생명 문제야 항상 인간과 모든 학문의 최대 관심사였으며 신학적 문제의 핵심이었지만, 인간의 생명뿐만 아니라 모든 생물의 생명, 혹은 지구나 자연계의 생명에 이르기까지, 도대체 생명이란 것, 생물학적인 생명의 존립과 위기가 심각한 신학적 문제로 등장하게 된 것은 70년대에 와서부터였던 것 같다.

1) 생명 위기의 현상

오늘에 와서 생명의 위기의 심각성을 고발하고 생명의 문제를 새롭게 조명하며 부각시킨 학문은 생태학(Ecology)이었다. 산업화와 기술문명이 고도로 발전한 현대문명, 인구의 폭발적인 증가와 대량 소비, 핵무기의 개발과 핵전쟁의 위협, 엄청난 공해와 환경파괴, 자원의 낭비와 고갈 등은 지구촌의 공기와 기상마저 변화시켰으며 인간의 삶뿐 아니라, 생물과 무생물을 망라한 생태계(Ecosystem) 전체의 존립을 위협하리만큼 심각한 생명의 위기를 가져왔다. 이를 과학적으로 추적하고 분석하여 고발한 것이 생태학자들이었다.[2]

오늘날에는 이미 생태계의 위기 의식이 지구의 온난화(greenhouse effect)라든가, 산성비와 오존층의 파괴, 생물계의 멸종 현상이나 사막의 확대 현상 등으로 보편화되고, 과학적으로 측정할 수 있는 단

---

[2] William Ophuls, *Ecology and The Politics of Scarcity* (San Francisco: W. H. Freeman, 1977).

계에 이르렀지만, 이것은 지구 환경과 생태계가 파괴되기 시작했을 때부터 인간에 의해 감지되고 각성된 것은 아니었다. 이미 상당한 정도로 생태계의 파멸이 진행되었을 때, 우리는 비로소 위기의식을 갖게 되었다. 처음에 우리는 이를 생태계의 위기로 파악하지 못했고 단순한 환경의 위기로만 파악하고 대처하려 하였다. 공기오염이라 든가 수질오염, 쓰레기 처리 문제 등이 심각한 사회문제로 등장하기 시작한 1960년대와 70년대에 와서 비로소 처음으로 환경문제가 거 론되기 시작했다. 인간이 만들어내는 오염 물질과 쓰레기를 거뜬히 정화하고 소화해내던 자연환경이 갑자기 피곤해져서 감당을 못하 고, 공기와 물과 땅이 오염에서 회복되지 못하는 현상을 파악하기 시작한 것이 환경문제 인식의 출발이었다.[3]

그러나 환경오염은 기술적으로 잘 대처하고 통제하면 개선될 수 있으며 쓰레기와 공해도 각성된 운동을 통해 줄일 수 있는 것이었 다. 비록 오염도와 폐기물의 양이 엄청나게 증가한다 해도 하나님이 만드신 지구의 자원과 능력은 인간의 삶을 지탱하기에 충분하며, 오 염된 자연과 폐기물들은 충분히 정화하고 재생시킬 수 있다고 생각 했다. 이러한 낙관론에 회의를 제기하고 자연자원과 능력의 한계를 지적하며 과학적인 근거를 제시한 최초의 문서가 유명한 로마 클럽 (Club of Rome)의 보고서인 『성장의 한계』였다.[4] 아무리 기술혁명을 통해 생산량을 증대시키고, 토지와 부존자원을 효율적으로 이용해

---

3) Dunlap, E. Riley, "The Nature and Causes of Environmental Problems: a Socio-Ecological Perspective," in: Korean Sociological Association, *Environment and Development* (Seoul, 1994), 45-84.

4) L. Dennis Meadome, *The Limits to Growth* (Washington, 1972).

도 30년마다 두 배로 늘어나는 세계의 인구를 감당하는 데는 지구 환경에 한계가 왔다는 것을 결연히 선언한 것이다. 드디어 73년의 오일 쇼크가 일어나면서, 석유자원의 한계와 머지않은 장래의 고갈이 예고되었고, 서구사회가 자원의 한계에 대해 공포감을 느끼게 되자 로마클럽의 보고서는 단순한 학술보고서만이 아닌 문명 비판적 예언서로서 각광을 받게 되었다.

자원의 고갈 문제만이 아니었다. 쓰레기로 메운 땅 위에 지은 주택가에서 독가스가 솟아올라 주민들의 호흡을 곤란케 하는 일들이 심심치 않게 생기면서, 화학물질과 독이 있는 물질들이 쓰레기 속에 담길 때 해체되거나 부식되지 않으며 계속 독성을 일으켜 땅의 정화 능력의 한계를 드러내게 되었다.[5] 생산의 증대로 인해 엄청나게 쏟아지는 산업폐기물과 핵쓰레기의 처리문제는 새로운 환경문제를 일으켰다. 땅의 오염, 강물의 오염이 나아가 바다의 오염까지 확장되어 지구라는 자연 생태계는 인간이 사용하고 소비할 삶의 자리와 자원으로서도 한계에 도달했을 뿐 아니라, 인간이 뿜어내는 쓰레기들을 정화하는 데도 한계에 이르게 되었다는 것이다.

지구에 달린 땅과 물의 한계만이 아니었다. 지구 위의 생물들은 땅과 물에서 생명자원을 흡수하고 있을 뿐만 아니라, 대기권에서 무제한으로 공급되던 공기 속에서 산소와 기타 요소들을 받아들여 화학작용을 일으키며 생명체를 형성 유지해 왔는데, 에너지 과잉 소비와 공해로 인한 탄산가스(CO_2)의 엄청난 증대로 대기권과 기상의 변화마저 일으켜, 지구 위의 생명체들이 타격을 받는 일이 생기게

---

5) Adeline Gordon Levine, *Love Canal: Science, Politics and People* (Lexington Books, 1982).

되었다. 석탄이나 석유, 가스와 같은 화석연료(fossil fuel)의 과잉 연소는 마침내 이산화탄소(carbon dioxide)의 양을 대기권 속에 엄청나게 증대시켜 드디어 산성비를 일으키고 오존층을 파괴하며, 지구의 온난화(global warming), 즉 온실 효과(Greenhouse Effect)를 일으킨다는 것이 정설로 확인되게 되었다.[6] 더구나 지구 기온의 점진적 상승은 북극, 남극의 빙산들을 녹여서 매년 해양의 수면을 조금씩 높이고 있으며, 홍수가 빈발하고, 해안지대의 땅과 경작지를 잠식하여, 언젠가는 도시와 마을들을 물속에 가라앉힐 수 있다는 경고까지 나오게 된 형편이다.

이미 이러한 환경파괴와 오염으로 많은 생물들이 멸종했으며, 수십만 종류의 동식물의 멸종은 먹이사슬과 생태계의 질서를 혼란시켜서 자연계 자체를 변태적으로 만들기 시작했다고 한다. 이제 자연의 파괴와 공해의 문제는 더 이상 인간의 환경문제만이 아니며, 생태계 전체의 생명 문제로, 나아가서 지구의 생존 문제로 확대되고 심각하게 되었다.[7]

2) 생명신학적 반성

이제 지구와 지구 생태계의 생존위협이 문제되면서, 인간은 지구와 자연에 대한 존재론적 질문 내지는 종교적 신학적 질문을 던질

---

6) Cheryl Simon Silver and Ruth S. Defries, *One Earth, One Future: Our changing Global Environment* (Washington: National Academic Press, 1990).

7) William R. Catton, *Overshoot: The Ecological Basis of Revolutionary Change* (University of Illinois Press, 1980).

수밖에 없게 되었다. 도대체 자연과 생태계의 존재의 근원은 무엇인가? 신에 의해서 창조된 것이라면 영원한 것인가, 아니면 종말이 올 수 있는 것인가? 인간은 자연과 생태계 전체에 대해 어떤 권리와 책임을 갖고 있는가? 땅과 바다와 생물들은 인간의 삶만을 충족시키기 위한 목적으로 창조된 것인가, 아니면 그 자체가 창조의 목적을 가진 존재인가? 이런 물음들에 대해 성서적 신학적으로 반성해 보며 새로운 인식을 얻어 보려는 것이 생태학적 신학, 자연의 신학, 창조의 신학이 일어나게 된 목적이었다. 여기서 신학은 생태학자들이나 지질학, 천문학, 생물학자들과 같은 과학자들의 연구 보고들을 주의 깊게 경청하면서 신학적 문제들을 반성해야만 한다. 신학은 창조질서의 보전과 생명의 풍성함에 관심을 가져야 하기 때문에, 창조와 생명의 구조와 과정에 대한 과학적 사실적 이해를 깊이 있게 갖지 않으면 안 된다.

우리는 지구와 생태계의 생명과 인간의 삶의 관계를 생각해 보면서 창세기의 몇 장에 만족할 것이 아니라, 오늘날 지질학자들과 생태학자들이 밝히는 조사자료들을 주목할 필요가 있다. 정말 태초는 언제였을까? 상상하기 어렵지만 대체로 은하계의 별들이 형성된 것이 100억 년 내지 200억 년 전일 것이라고 추정하고 있다. 지구를 포함하는 태양계가 모습을 나타낸 것도 50억 년 전으로 보고 있다. 처음 세포가 생성된 것도 40억 년 전, 복잡한 세포들이 산소와 결합작용을 하여 다세포 식물을 이루어낸 것도 20억 년 전, 물고기와 곤충과 나무들과 파충류가 나타난 것이 3억 년 전, 원숭이와 개, 고양이가 나타난 것이 3,000만 년 전, 돼지가 나타난 것이 450만 년 전, 마지막 빙하기가 지나간 것이 330만 년 전, 석기를 쓰던 유원인이 나타난 것이 260만 년 전, 생각하는 사람이 나타난 것은 20만 년 전에서 40만 년 전쯤으로 추산되고 있다. 사람이 죽으면 장례를 지내고 파묻기 시작한 것이 10만 년 전, 동굴에서 살기 시작한 것이 1만 8천 년 전, 농사를 짓기 시작한 것이 1만 년 전, 가축을 기른 것이 8,800년 전, 도자기를 사용한 것이 5,300년 전, 메소포타미아 문명이 발생한 것이 BC 3,500년 전, 나일강의 에집트 문명이 BC 3,000년 전, 희랍철학이 형성된 것이 BC 600년 전, 현대 민족국가가 생겨난 것은 불과 400년 전, 산업혁명이 일어난 것이 200년 전이다.[8] 지금부터 약 5,000년 전 고대문명이 시작되었을 때, 전 세계 인구는 대략 500만에서 1,000만을 넘지 않았을 것으로 보고 있다. 현대 민족국가들이 생긴 400년 전 세계 인구는 5억 정도였다고 한다. 산업혁명이 일어난 뒤 지금부터 100년쯤 전인 1900년 초의 세계인구는 16억이었다. 이제 그뒤 100년인 2000년의 세계인구는 61억이다. 그리고 이런 속도로 나간다면 2030년에 벌써 세계는 100억의 인구를 갖게 되고 이들을 먹여 살려야 한다.[9] 오늘의 지구와 생태계의 위기는 수십억 년 이상 지탱해온 지구의 생명과 활동 리듬을 불과 수천 년, 기껏해야 1만 년 정도 지구에서 거주한 인간들이 파괴하고, 못쓰게 폐허화하는 데 있다. 지구를 자기 생존과 향락의 목적으로 수탈하고 악용한 인간들의 역사 가운데서도, 극심한 파괴현상들은 바로 산업혁명 이후인 지난 200년간에 일어났다.

---

[8] Brian Swimme and Thomas Berry, *The Universe Story: From the Primordial Flaring Forth to the Ecozioic Era* (Sanfransisco: HaperOne, 1992), 269-78. Larry L. Rasmussen, *Earth Community, Earth Ethics* (New York: Orbis, 1996), 25에서 재인용.

[9] 위의 책.

그래서 오늘날 생태계의 위기를 보고 있는 과학자, 신학자, 윤리학자들은 이제 인간뿐만 아니라 지구의 생존을 위해서는 제4의 혁명, 곧 생태론적 혁명(ecological revolution)이 일어나야 한다고 주장한다. 제1의 혁명이 농업혁명, 제2의 혁명이 산업혁명, 제3의 혁명이 정보화의 혁명이었다면, 제4의 혁명은 더 이상 자연을 파괴하거나 착취하지 않고도 인간의 삶이 유지될 수 있도록 하는 인간 사회의 재조직, 곧 생태론적 재구성의 혁명이 되어야 한다는 것이다. [10] 이제까지의 혁명들은 모두 인간의 삶을 위해 보다 더 많이 효과적으로 생산하기 위해서 사회를 어떻게 재조직하느냐 하는 혁명들이었다. 그러나 이 혁명들은 결과적으로 사회의 목적을 위해 자연의 형태를 의도적으로 변형시켜(reconfigure) 놓고 말았다. 이제 새롭게 와야 할 제4의 혁명은 어떻게 파괴하지 않고 생산해낼 수 있는 사회를 만드는가에 매달린 혁명이어야 한다는 것이다.

이 혁명의 형태나 방법이 어떻게 주어질지는 아무도 예측하기 어려우나, 이런 혁명적 변화의 필요성만은 점점 심각하게 인정될 수밖에 없을 것 같다. 지난 200여 년 동안의 산업혁명은 지구 생태계에 엄청난 변화를 가져다 주었다. 인류가 지구에 거주해 온 지난 200만년 동안 지난 200년 전까지는 지구나 자연에 별다른 변화를 일으키지 못했다. 농경시대가 시작된 약 1만 년 전까지 세계인구는 기껏 400만에 불과했다는 것이다. 산업혁명기까지도 수억에 불과했는데, 산업혁명으로 생산이 증대되고, 인간 수명이 늘어나고, 인구의 폭발적 증대가 나타나 오늘날 60억의 인구를 먹이고 살리는 데 지구 생

---

10) National Round Table on the Envioronment and the Economy, "The Challenge 1991-92," *Annual Review* (Ottawa, 1992), 4. Rasmussen, 위의 책에서 재인용.

태계가 몸살을 앓게 된 것이다. 이제 매년 9,000만 인구가 늘어나 2100년대에는 200억 이상의 인구로 늘어날 텐데[11] 지금과 같은 형태의 생산과 소비, 공해, 파괴를 계속한다면 공멸과 파멸의 길밖에 남을 것이 없게 된다. 어떤 식으로든 혁명적 조치와 변혁이 없이는 이 지구와 지구공동체가 더 이상 살아남을 수 없는 위기에 봉착하게 되었다.

생태계의 위기와 파멸의 위협에 직면한 오늘의 문명 속에서, 모든 인류가 각성하고, 모든 학문과 정치가 반성해야 하겠지만, 특히 종교와 신학이 이 문제를 외면할 수 없게 되었다. 이미 지구촌의 생명 위기를 절감한 UN이 환경과 생태계 문제 해결을 위해 리오 정상회의를 소집한 바 있지만, 아직도 세계 여러 나라들이 개발과 성장에 매달려 있고 환경과 생태계 문제를 외면하고 있는 게 현실이다. 92년 리우(Rio) 유엔 환경회의에서 부트로스 갈리 유엔 사무총장은 다음과 같이 경고했다. "진보(progress)가 반드시 생명(life)과 양립하는 것은 아니다. 우리가 감금되어 살고 있는(house arrest) 세계가 끝이 보이는 시대(the time of the finite world)가 왔다."[12]

창조의 신학, 생태학적 신학, 생명의 신학은, 바로 이러한 생명의 위기에 대응하는 신학적 반성과 문제의식들로서 이루어진 것이라 해야 할 것이다.

---

[11] Clive Pointing, *A Green History of the World: The Environment and the Collapse of Great Civilizations* (New York: Penguin, 1991), 394.

[12] Wesley Granberg-Michaelson, *Redeeming the Creation, the Rio Earth Summit: Challenge to the Churches* (Geneva: W.C.C Publication, 1992), 6.

2. 에큐메니칼 사회윤리와 생명의 신학

생태계의 파괴로 인한 생명의 위기가 생명의 신학을 촉발한 중요한 계기가 된 것은 사실이지만, 생명(life)을 신학적 반성의 중심 테마로 삼게 된 동기는 생태계의 위기에서만 주어진 것은 아니었다. 생명이란 생물학적인 의미의 것만이 아니라, 인간에게서 보면, 심리학적인 의식의 작용으로 볼 수도 있고, 경제사회적인 생활활동으로 볼 수도 있는 것이며, 또 인간의 삶을 결정짓는 정치구조적인, 국제관계적인 지배나 예속의 관계 면에서도 볼 수 있는 것이다. 도대체 산다는 것(live), 살아있다는 것(survive), 살림(living), 삶의 행위(life and work), 삶의 세계(life world), 생활 관계(life relation)만큼 복잡하고 포괄적인 개념이 없을 것이다. 그래서 우리는 이 복잡한 내용들을 담은 개념을 생명(life, leben, vie, bios)이라는 단어를 선택하여 표현하지만, 그것이 충분한 표현이라고 볼 수는 없다. 생명, 삶, 생활, 생계, 목숨, 좋은 삶, 풍요로운 삶을 다 함축하는 뜻으로 생명(life)의 문제를 신학적 반성의 테마로 삼고 있다.

이런 점에서 생명의 신학(Theology of Life)은 매우 포괄적인 것이며, 다양한 것을 함축하는 신학이다. 그래서 우리는 이런 단어를 들으면서 매우 막연함과 난감함을 느끼게 된다. 생명의 신학이라니 생명이 아닌 것의 신학도 있는가? 마치 존재론, 우주론과 같은 형이상학적 신학으로 다시 복귀하는 느낌마저 없지 않다. 차라리 생태학적인 지구의 생명문제, 인간의 생물학적인 생명에 대한 이해의 문제라면 생명의 신학은 더 분명한 개념과 초점을 가지고 탐구될 수 있을지 모른다. 그러나 생명(life)을 문제 삼을 때 우리는 생물학적 생태학적 면만을 고찰할 수는 없고 삶의 문제를 종합적으로 보지 않을 수 없음을 곧 깨닫게 된다. 그러나 이를 종합적으로 고찰하려 할 때 우리는 너무 넓고 많아서 막연하고 종잡을 수가 없는 딜레마에 지면하게 된다.

이렇게 종잡기가 어려운 개념인 줄 알면서도 왜 우리는 오늘날 '생명의 신학'이라는 표제를 걸고 새로운 신학적 모색을 하려고 하는가? 여기에는 이러한 신학적 반성을 요청해 온 에큐메니칼 운동과 기독교 사회 윤리적인 실천운동의 배경에서 그 이유를 찾아볼 필요가 있다. 다시 말하면, 생명의 신학은 단순한 이론적인 학술적인 요구에서 나온 것이 아니라, 생명을 지키고 삶의 고통과 억압을 제거하려는 기독교적 실천운동에서 요청된 것이기 때문에, 어떤 경로를 거쳐 생명의 신학이 요청되고 모색되게 되었는가를 살펴보는 것이 해답을 찾는 데 도움이 된다.

세계교회협의회(WCC) 제3국, 정의·평화·창조국은 1994년 초에 전세계 회원 교회들에게 '생명의 신학'의 연구에 동참해 달라는 초청 부로슈어를 발행하였다. 초청문에는 다음과 같은 글이 담겨 있다.

생명의 신학이라는 주제로 세계적인 연구과정을 진행시키는 목적은 에큐메니칼 사회사상과 실천행위를 새롭게 하여, 기독교적 사회운동과 공동체의 삶을 회복하려는 모든 사람들(people)의 운동의 토대를 강화하려는 데 있다.

이런 취지로 전 세계의 여러 교회와 개인들, 운동단체들에게 다음과 같은 문제들에 대해 구체적인 상황과 경험 속에서 찾은 해답들을 정리해서 보내달라고 했다.

(1) 그곳에서 생명의 힘은 무엇이며, 생명에 위협을 주는 요소는 무엇인가?

(2) 삶의 문화, 죽음의 문화에 직면한 당신의 교회나 기독교 공동체가 여기에 대해 어떻게 대처하고 있는가?

(3) 생명의 신학과 삶의 윤리를 위해 당신이 배우고 느낀 것이 무엇이며 어떤 내용과 이야기들을 함께 나누고 싶은가?

이러한 설문조사를 실시함과 더불어 WCC는 생명의 문제가 심각하게 위협받고 있는 영역들을 1990년 '정의·평화·창조의 보전'(JPIC) 서울대회에서 채택한 10개의 고백(Affirmation)에 따라 10개의 테마로 나누어 테마당 2-3개국씩 나라를 선택해서 생명의 신학에 대한 사례 연구를 하도록 하였다. 열 개의 고백에 따른 테마들은 (1) 권력, (2) 빈곤, (3) 인종차별, (4) 남녀성차별, (5) 자유, (6) 평화, (7) 창조, (8) 땅, (9) 청소년, (10) 인권 등이었다. 생명의 문제, 삶의 위협의 문제를, 테마에 따라서 특화시키며 그 문제의 해결을 위한 신학적 인식이나 반성 혹은 실천적 방안이나 체험들이 있으면 모아보자는 것이다.

생명의 문제나 삶의 문제가 워낙 광범하고 복잡하여 상황적인 것이어서, 단번에 어떤 체계적 이론을 만들려고 하지 않고, 사례연구(case study)를 통해 귀납적인 방식으로 생명의 신학의 골격을 잡아보자는 것이 이와 같은 방법과 과정을 택한 취지였다. 이런 배경과 흐름에서 보면 생명의 신학은 생태계 전체의 생명, 생물학적인 생명의 유지와 보전에 대한 관심뿐 아니라, 그중에서도 인간의 삶과 생존문제, 특히 잘못된 사회구조로 인해 고통받고 죽어가는 사람들의 삶과 생명 문제에 깊은 관심을 가진 신학적 반성임을 알 수 있다. 생

명의 신학은 바로 생태계의 위기에서 오는 생명의 위협과, 사회구조
의 모순과 불의에서 오는 생명의 위협을 함께 통전적으로 보며, 상
호관련성(interconnectedness) 속에서 인식하며 내응하려는 신학적
노력이라 하겠다. 인간의 생명과 함께 자연의 생명을 하나의 생명체
계로 연결된 것으로 보며, '그 생명의 의미가 무엇인가? 생명의 유지
보존과 신의 뜻의 관계는 무엇인가? 생명의 유지와 풍성함을 위해
인간이 해야 할 윤리적 책임은 무엇인가?'를 묻는 신학적 반성이다.
여기에 생명의 신학의 특성과 강점이 있으며, 이것이 이제까지의 생
명에 관한 신학적 논의들과 다른 새로운 점이라고 할 수 있다.

그러면 WCC를 중심으로 한 에큐메니칼 운동이 21세기로 향해가
는 세기말의 문턱에서 기독교 신학과 윤리의 핵심적 주제를 생명의
신학으로 설정하고 정의·평화·창조 보전의 문제를 통전적으로 상
호 연관 속에서 고찰해 보려는 이유와 동기는 무엇인가? 이 문제의
해답을 찾기 위해서는 WCC를 축으로 한 개신교의 세계교회들이 추
구해 온 기독교 사회사상과 에큐메니칼 실천윤리의 흐름과 맥락을
살펴볼 필요가 있다. 이를 위해 〈생명의 신학 위원회〉(WCC-Unit III)
는 별도로 지난 50년 동안의 에큐메니칼 사회윤리의 발전 경로를 추
적하고 연구하는 팀을 조직하여 진행시키고 있다. 아직 연구가 진행
중에 있어, 생명의 신학의 에큐메니칼 신학적 토대가 어떻게 마련될
지 모르겠으나, WCC의 에큐메니칼 운동의 역사를 상식적으로 아는
대로도 생명의 신학과 에큐메니칼 사회윤리는 밀접한 관련이 있음
을 짐작할 수 있다.

1) 삶의 문제와 사회적 책임

2차대전이 끝난 후 바른 선교와 교회의 일치, 세계평화를 위해 흩어졌던 개신교회들이 모여 세계교회협의회(WCC)를 조직한(1948년) 이래, 이 조직체를 중심으로 한 에큐메니칼 운동은 그 사회윤리적 실천에 있어서 항상 생명과 삶(life)의 문제에 관심을 가져왔고 입장들을 표명했다. 최초로 표명된 입장은 1948년 9월 Amsterdam에서 모였던 WCC의 창립총회 시 결의문에 나왔던 책임사회(responsible society)였다. 파시즘 독재와 전쟁으로 많은 인명이 살상되고 폐허가 된 상태에서 교회가 윤리적으로 부르짖을 수 있는 것은 다시는 죽음과 비극을 초래하지 않도록 책임 있는 사회를 만들자는 것이었다.

책임사회라는 표현은 하나님의 명령, 곧 윤리적 사명에 대하여 책임을 지는 사회를 만들자는 뜻도 있고, 우리 그리스도인들이 교회가 사회에 대하여 책임을 진다는 뜻도 있다고 할 수 있다.[13] 그러나 그 후의 발전으로 보아 전자의 의미가 더 강한 것이 아닌가 생각된다. '책임사회'란 기독교가 복음적 신앙을 가지고 사회를 향해 나갈 때 취할 수 있는 윤리적 실천 목표였다. 그 뒤 1954년 Evanston 대회에서는 이 책임사회가 민주사회(democratic society)라고 부각되었다. 사적 소유를 인정하면서 공적인 이익을 위해 통제기능이 행사되는 민주사회를 지칭했다. '책임사회'에 관한 논의들에서 볼 때, 이 표현은 당시의 세계를 둘로 가른 공산주의와 자본주의의 사회관에 대한 교회의 비판적 입장을 나타낸 것으로 볼 수 있다. 즉 책임사회는 공

---

13) 1948년 WCC 창립총회에 참석했던 Phillip Potter는 필자의 질문에 책임사회는 양쪽 의미를 다 가졌다고 기억을 더듬어 답변했다(1997년 1월 Nairobi 생명의 신학대회에서).

산주의나 자본주의의 범위를 넘어서서 하나님의 뜻과 그리스도의 윤리적 명령에 책임을 지는 사회라는 제3의 지대를 설정한 것이라 해야 할 것이다.[14]

그 뒤 50년대로 오면서 에큐메니칼 운동은 '급변하는 사회변동 속에서 교회의 역할이 무엇인가'(The Role of Churches in Situations of Rapid Social Change)의 문제에 관심을 가졌다. 여기에는 많은 식민지 국가들이 50년대와 60년대에 와서 독립을 찾고, 자결권을 부르짖으며 근대화의 목표를 향해 몸부림치는 급격한 사회변화들이 반성되고 고려되었다. 식민지 시대, 제국주의 시대의 기독교가 가진 기독교적 문명관이나 가치관이 서구중심적인 지배구조(Hegemony)에 영향을 받고 있음도 비판되었다. 차츰 세계교회의 모임과 에큐메니칼 운동에서도 아시아, 아프리카 남미의 교회들이 참여해 목소리를 높여 가난한 나라들의 문제, 예속 상태에 있는 주변부 나라들의 문제가 부각되고 인식되기 시작했다.

60년대에 벌어진 신생독립국들의 자주화운동, 신식민주의에 대한 저항운동, 인종차별 철폐운동 등이 교회로 하여금 사회구조의 잘못됨과 불의에 주목하게 만들었다. 신생국, 후진국의 수많은 대중들이 겪는 가난과 고통, 질병과 같은 삶의 문제가 불의한 사회구조에서 비롯된다는 깨달음은 기독교 윤리와 에큐메니칼 신학에 획기적인 전환을 가져다 준다. 불의한 사회구조의 타파와 척결이 인간의 삶의 문제, 사회적 불평등과 차별을 해결하는 관건이 되기 때문에, 교회는 사회의 변혁과 구조악의 제거에 앞장서야 한다는 인식을 불

---

14) Pillip Potter의 증언.

러일으키게 되었다. 이런 상황에서 막연히 책임사회론을 부르짖는 것으로 에큐메니칼 운동이 만족할 수는 없었으며, 새로운 윤리적 실천 명제를 모색할 수밖에 없게 되었다.

이러한 때에 새로운 계기를 보여준 것이 1966년 WCC의 '교회와 사회'(Church and Society)부가 개최한 "사회혁명, 기술혁명 시대의 크리스천"(Christians in the Social and Technical Revolution of our Time)이라는 제네바 대회였다. 아시아, 아프리카, 남미 등 제삼세계의 교회들이 대거 참여한 이 대회에서 서구중심적인 세계체제와 남북의 갈등문제가 노골적으로 표출되었고, 많은 대중들의 고통의 문제는 정의로운 사회구조와 예속으로부터의 해방만이 해결해줄 수 있는 것이라고 각성되었다. 여기에는 제삼세계 여러 나라에서 벌어지고 있는 혁명운동, 해방운동이 자극제가 되기도 했다. 이제 교회는 사회의 변혁을 위해서 노력해야 하지만 과연 어떻게 무슨 방법으로 변화를 일으키느냐 하는 것이 문제였다.

쿠바의 혁명이나 남미의 해방운동이 정치·경제적 민주주의를 수반하는 사회주의적 변혁을 목표로 하고 추진되는 상황에서 교회의 윤리적 실천운동은 정의로운 사회, 삶의 고통이 제거된 사회를 어떻게 실현해 갈 것인가가 고민거리일 수밖에 없었다. 교회가 찾은 해답의 한 가닥은 발전(development)이었다. 개발도상국가들이나 유엔이 추구했던 경제성장을 중심으로 한 개발이 아니라 공정한 분배와 인간의 삶의 진보를 포함하는 사회 발전이 에큐메니칼 윤리실천에 하나의 모토로 등장하게 되었다. 여기에는 발전문제를 시급한 교회의 과제로 내세웠던 가톨릭 교황 바오로 6세의 교서도 큰 역할을 했다.[15] 1968년 WCC의 Uppsala 총회에서는 이를 프로그램화하기로 하고 바티칸과 함께 공동으로 "사회 발전 평화(SODEPAX)위원회"를 조직하기로 하였다. "발전에의 교회참여 위원회"(Commission on the Churches Participation in Development)가 WCC의 한 부서로 설치된 것(1970)도 이 무렵이었다.

2) 정의롭고 지속적인 발전

사회 발전에 대한 교회의 관심과 윤리적 책임의식은 교회 프로그램에도 많은 변화를 가져왔다. 서구의 교회들은 앞을 다투어 후진국의 개발 프로그램을 원조하는 일에 나섰고, 교회 예산의 2%씩을 후진국의 발전기금(Ecumenical Development Fund)으로 바치는 운동이 일어났다. 발전프로젝트, 발전교육, 발전기술훈련 등이 에큐메니칼 운동에서 큰 비중을 차지하게 되었다. 물론 교회는 단순한 개발사업만이 아니고, 정의로운 분배나 인권, 자립의식 등 발전에 필요한 비경제적이며 정신적인, 윤리적 요소를 강조하기도 했다. 이런 흐름에 커다란 공헌을 한 것이 도시산업선교(urban industrial mission)와 같은 새로운 사회선교 운동이었다.

그러나 고통당하는 사람들, 억눌린 사람들의 편에서는, 교회의 이러한 발전 프로젝트나 사회선교에만 만족할 수 없었다. 그들에게는 보다 더 확실하고 구조적인 해결책이 요구되었으며, 그것은 그들의 가난과 고통 예속을 구조화하고 있는 억압과 지배, 수탈(oppression, domination, exploitation)의 구조에서 해방(liberation)을 추구하는 데로

---

15) Pope Paul VI, *Encyclica Populorum Progressio*, 1967.

나아가게 했다. 이것이 해방신학(Theology of Liberation)의 발단이었으며, 에큐메니칼 운동을 해방운동과의 연대운동으로 몰아가게 된 연유였다. 남미의 해방신학은 가톨릭 신부들을 게릴라 부대에 참여하는 데까지 이르게 했고, 많은 교회의 신도들에게 반독재운동, 사회변혁운동에 참여하게 하는 동기를 부여했다. 이것은 해방신학이 이론이었다기보다는 해방신학적 상황이 그렇게 요구했다고 할 수 있다.

해방신학적 사고의 틀은 독재국가나 식민지적 예속의 상황에만 적용되지 않고, 인종차별(racism)이나 성차별의 상황에까지 확대 적용되었다. 마틴 루터 킹이 암살된 직후 인종차별에 대한 교회의 윤리적 대응으로 인종차별 투쟁 프로그램(Programme to Combat Racism)이 WCC의 한 부서로 설치되게 되었다. 해방신학과 발맞추어 흑인신학(Black Theology)이 등장했다. 억압과 차별 소외의 구조에서 해방되는 것만이 사회구원의 길이라는 주장이 72년 방콕에서 열린 '오늘의 구원'(Salvation Today)이라는 주제의 세계 선교 복음대회(World Conference on Mission and Evangelism)에서 터져 나왔다. 개인구원과 사회구원의 신학적 논쟁의 씨앗이 배태된 것이다. 서구 전통교회의 신학과 제삼세계의 해방신학이 대결하는 양상을 보였다. 더구나 아프리카 교회 참가자들이 서구적 지배의 신학과 선교에 염증을 표시하고, 선교사의 파송과 선교비를 중단하라는(moratorium) 주장을 한 것은 에큐메니칼 운동 내부의 분열과 갈등을 증폭시켰다.

여기서 에큐메니칼 운동은 빈곤과 저개발을 해결하기 위한 발전의 문제를 해방신학적 인식을 통해 새롭게 조명하는 계기를 맞는다. 남미의 해방운동, 흑인들의 인종차별 철폐운동 그리고 여성들의 성차별 철폐운동 등은 사회 발전이 단순한 경제성장이나 부의 축적으로만 이루어지는 것이 아니며, 인권과 평등과 자연권을 보장하는 사회구조의 개혁을 통해서만 참 발전이 올 수 있다는 주장을 설득력 있게 펴갔다. 올바른 발전은 민중의 해방(people's liberation)이라는 등식까지 성립되게 되었다. 정의로운 사회, 해방된 사회, 민중이 주인이 되는 사회 등이 세계교회와 에큐메니칼 신학들이 윤리적으로 추구했던 목표였다.

이러한 흐름의 다른 한편에선 발전의 문제가 환경의 문제와 관련하여 심각하게 반성되고 비판되는 일이 벌어졌다. 72년도 유엔 환경회의와 73년의 로마클럽 보고서 『성장의 한계』, 오일쇼크 등으로 지구자원의 한계와 경제성장의 한계가 심각하게 검토되었다. 자원의 한계를 생각지 않는 무절제한 생산과 소비, 인구의 폭발적 증가는 마침내 지구의 생존을 위협하게 될 것이라는 경고가 나오면서 환경과 자원을 유지 보존하면서(sustain) 발전할 수 있는 길이 무엇인가에 관심이 쏠리게 된 것이다. 이때 WCC의 교회와 사회부는 74년도 부카레스트 회의에서 바로 '인간의 발전'(human development)이라는 새로운 과제를 제기하면서 환경과 사회의 지속성(Sustainability)의 문제를 발전의 새로운 척도로 세워야 한다고 주장하게 되었다. [16] 회의 결의문에서는 '지속적인 사회'(sustainable Society)의 개념이 처음으로 나오게 되었다.

모든 개인이 안전을 느끼며, 삶의 질이 유지되고, 개선될 수 있는 든든하며

---

16) WCC. Church and Society conference in Bucharest (1974) on Science and Technology for Human Development— the ambiguous Future and the Christian Hope.

(robust), 지속적인(sustainable) 사회를 만드는 것이 목표가 되어야 한다. …
재생이 되지 않는 자원의 소비비율이 기술적 혁신에 의해 제공되는 자원의
증대보다 초과되지 않아야 그 사회는 지속적일 수 있다.[17]

이 부카레스트 회의 이후로 지속성(Sustainability)의 문제는 에큐메
니칼 사회윤리 사상의 한 중요한 규범이 되었다. 이제까지 발전, 해
방, 정의를 외쳐오던 WCC의 윤리개념에 지속성이란 개념이 보태어
진 것이다. 이것을 공식화시킨 대회가 WCC의 5차 총회였던 나이로
비 대회였다(Nairobi Assembly, 1975). 여기서 세계교회가 지향해야
할 윤리적 책임사회는 '정의롭고, 참여적이며, 지속성 있는 사회'
(just, participatory, and sustainable Society, JPSS)라고 규정되었다. 이제
까지 정의사회, 민주사회, 민중이 주인이 되는 사회, 해방된 사회의
범주에 머물렀던 데서 지속적인 사회라는 덕목으로 확장된 계기였
다. 그러나 지속성의 덕목은 독립적인 것이 아니라, 정의사회, 참여
사회에 연결되어 있는 부수적인 개념이었다. 찰스 버치(Charls Birch)
의 나이로비 대회 연설이 그 관련성을 강조했다.[18]

세계의 생명이 지속되고 새로워지려면, 새로운 정치와 경제가 지배하고, 새
로운 과학과 기술이 생겨날 때라야 가능할 것이다. 가난한 자들이 단순하게
라도 생존할 수 있으려면, 부자들이 더욱 단순하게 살도록 되어야 한다(The
rich must live more simply that the poor may simply live).

---

17) Rasmussen, L. Larry. *Earth Community Earth Ethics*, 138.
18) 위의 책, 139.

지속적인 사회의 개념은 이 초기 단계의 논의에서 보면, 자연환경의 지속성이라는 의미와 함께, 사회정의, 경제정의를 통한 지속성이라는 의미가 같이 들어있었던 것으로 보인다.

　70년대, 아직도 억압과 수탈, 빈곤과 미개발로부터 자유와 정의로운 개발과 풍요로운 사회가 사회 발전의 최대목표였던 시기에, WCC가 기독교적 사회건설의 목표로 제시한 지속성(sustainability)의 개념은 아직도 사회구조적인 성격을 다분히 지니고 있었다. 오늘날 오염에서 벗어난 땅의 지속성이라든가, 공기, 물, 지구의 생태계 등 순전히 환경, 자연의 지속성을 더 내포하게 되었지만, 그때에는 부의 편재나 불균형적 발전을 통해 사회가 제대로 유지되지 못하는 구조도 지속성이 없는 사회로 보았으며, 외세나 강대국의 지배와 예속이 심각해 국내적 민족적인 정치경제가 되지 못하고 자주성을 잃어버리고 종속되고 말 때에 그것도 지속적이지 못한 사회의 단면으로 평가되었다. 자연환경의 유지와 존속, 사회경제체제가 자립적으로 유지, 존속하기 위해서도 사회구조가 정의롭고, 민주적 참여를 보장하는 것이어야 한다는 것이 기본 인식이었고, 사상이었다고 할 수 있다. 어쨌든 지속성의 문제가 75년 나이로비 총회 이후 WCC가 내세운 우선적 프로그램이 JPSS 속에 포함된 것은 역사적 의미를 갖는 일이었다.

　정의롭고 참여적이며 지속적인 사회(JPSS)의 건설을 위해 교회가 연대하고 협의하자는 필립 포터 총무(WCC)의 제안은 큰 반향을 일으켰고, 인간의 삶과 세계의 평화, 생태계의 지속을 위한 거대한 프로그램으로 선포되었다. 그러나 그 후 WCC의 각 부서와 위원회는 상호 연관성과 협력을 요하는 이 거대한 프로젝트를 구체적 프로그램을 통해 구현하는 데 실패했다. CCPD(발전과 참여부)와 CS(교회와 사회부), PCR(인종차별 투쟁부), URM(도시농촌 선교부) 등은 각기 자기 부서의 특화된 일에 매달렸고, 그래서 다국적 기업문제라든가 기후 변동문제, 남아프리카문제, 민주화운동, 빈민과의 연대 등이 따로따로 진행되었고, JPSS가 지향했던 통합적이며 상호연관적인 프로그램의 목표는 성취되지 못하고, JPSS는 구호적인 수사에 그치고 말았다. 여기에는 신학적 견해 불일치에도 한 원인이 있었다. JPSS를 추진한 위원회(Advisory Group)는 정의 참여 지속성이 보장되는 사회가 건설되어야 하나님의 나라가 올 수 있다는 메시아적 비전을 제시하고 새로운 창조를 향한 하나님과의 계약(covenant)에 교회가 나설 것을 촉구했다. 그러나 이러한 하나님의 나라와 역사적 성취를 일치시키려는 신학적 작업은 논란을 일으켰고, 결국 중앙위원회가 채택하지 않아, JPSS의 신학적 토대구축은 어려움을 겪게 되었다.

3. 정의·평화·창조보전과 생명의 신학

1980년대로 오면서 에큐메니칼 운동의 방향도 시대적 변천에 따라 영향을 받게 되었다. 80년대 초의 서구 세계는 동서 대결과 핵무기 경쟁의 격화로 인한 핵전쟁의 위협에 주목하고, 시민운동이 주도하는 반핵평화운동에 휘몰리게 된다. 빈곤이나 경제적 착취, 저개발로 인한 생명의 위협 못지않게, 핵전쟁으로 인한 생명의 무차별적 말살이 새로운 공포와 불안을 일으키며 정치적 이슈로까지 부각된다. 100만 명을 넘는 시민들이 참가한 유럽의 평화운동이 마침내 중거리 핵미사일 퍼싱II의 배치를 폐지시키고, NATO의 핵무기 정책마저 변경시킨 것은 평화에 대한 문제의식을 크게 계몽하고 발전시켰다. 여기에는 체르노빌의 핵발전소 누출사고도 큰 영향을 주었다. 새로운 활력을 얻은 평화운동, 녹색운동, 생명운동이 전세계에 불길처럼 번지면서 평화는 강대국의 힘의 지배논리에서 점차 벗어나기 시작했으며, 잠재적 폭력이나 구조적 폭력을 제거하는 체제개혁 운동의 논리로 바뀌는 모습을 보였다. 평화운동을 서구의 보수층 운동이라 비난하던 제삼세계의 해방운동이나 해방신학자들도 차츰 평화를 중요한 기독교 윤리적 규범으로 인식하게 되었다.

다른 한편 환경과 생태계의 지속성 문제는 성서적 조명과 신학적 논의를 거듭한 끝에 창조신학적 논의로 전환하게 되었다. 자연과 생태계를 지속시켜야 하는 이유와 근거를 신학적으로 묻게 되면 기독교는 이를 창조주와 피조물의 관계에서 설명할 수밖에 없고, 여기서 창조질서 속에서의 인간의 역할과 사명이 구별되야 하기 때문이다. 이제까지 서구의 신학은 "생육하며 번성하고 땅 위의 다른 피조물들을 다스리라"(창세기 1:28)는 하나님의 명령을 인간중심적으로 해석하여 인간이 자연지배권을 갖는 것으로 주장해 왔다. 이것이 자본주의 개발론과 기술지상주의를 밑받침했고, 서구문명의 자연환경 파괴를 옹호해왔던 것이다. 새롭게 조명된 창조의 신학은 바로 피조물(자연)에 대한 인간의 책임과 태도에 근본적인 수정과 변화를 요구하게 되었다. 자연의 지배논리(Dominion)는 자연의 관리(Steward-ship)로 전환되어야 한다는 새로운 신학이론들이 나왔다. 이러한 새로운 논의들 위에서 새롭게 탄생한 신학적 개념이 창조의 온전성 또는 보전(Integrity of creation)이라는 것이었다.

1983년 뱅쿠버에서 열린 WCC 6차 총회에서 새롭게 제기된 에큐메니칼 사회윤리의 모토는 '정의, 평화, 창조의 보전'(Justice, Peace, Integrity of Creation)이었다. 70년대의 정의·참여·지속성(JPSS)이 80년대의 상황변화나 새로운 신학적 문제의식에서 재구성된 것이라고 해야 할 것이다. 내용적으로 본다면 아주 새로운 것은 아니다. 정의는 그대로 있고, 참여는 민중의 참여를 통한 정의구현이나 평화구축으로 수렴되었다고 볼 수 있고, 평화가 새롭게 부각된 것일 뿐, 창조의 보전은 지속성의 개념이 신학적 개념으로 바뀐 것이라 할 수 있다. 오늘의 세계에서 기독교가 핵심적으로 실천해야 할 사회윤리가 정의·평화·창조의 보전(JPIC)이라고 새롭게 규정된 것은 WCC의 레토릭을 넘어 더 커다란 의미를 갖는다. 우선 JPIC는 JPSS보다 훨씬 더 신학적인 개념이며, 용어이다. 그래서 교회가 더욱 쉽고 자신 있게 참여할 수 있는 근거를 마련해 준다고 하겠다. 그리고 상호 관련성에서 보아도 JPIC는 JPSS보다 훨씬 더 정제된 논리적인 표현이라 할 수 있다. 정의와 평화의 관련성, 평화와 창조의 보전의 보완성, 정의와 생태계 보전의 연관성(Ecojustice) 등은 JPIC를 신학적으로나 사회윤리적으로 혹은 실천운동의 면에서 통합적으로 접근하는 데 좋은 계기와 당위성을 마련해 준다.

물론 JPIC를 세계교회의 공통된 선교적 윤리실천적 목표로 추진시키는 데는 적지 않은 문제들이 있다. 아직도 정의사회를 우선적인 목표로 설정하고 계급차별, 인종차별, 성차별의 철폐운동과 인권운동에 매진하고 있는 후진국과 평화운동이나 환경운동, 생태계보전에 지대한 관심을 보이고 있는 선진국 사이에는 커다란 갭이 있고, 이들의 교회에서도 큰 인식의 차이가 있다. 정의와 평화 환경이 서로 연결되었다 하더라도, 구체적 실천 프로그램에 가면 역시 어디엔가 중점을 둘 수밖에 없는 것도 현실이다. 세계교회협의회(WCC)나 각국의 교회들도 문제별로 담당부서가 달라서 이를 통합적으로 추진하는 데 협력이 잘 안 되고 어려움이 있다. 그러나 JPIC의 중요성은 뱅쿠버 총회 이후로 전세계에 크게 고조되었고, '예수그리스도는 세상의 생명'이라는 대화의 주제가, 곧 생명을 주는 길이 정의, 평화, 창조의 보전이라는 해답으로 융화된 것처럼 되었다.

이제는 JPIC를 범교회적으로 통합적으로 추진하는 신학적 이론과 제도적 장치가 필요하게 되었다. 이를 위한 노력이 전세계 교회들이 정의 평화 창조의 보전을 실천하기 위한 하나님과의 계약과 합의의 과정(Conciliar process)에 참여하여야 한다는 것이었다. 나라별로, 대륙별로, 전세계적으로 1980년대 후반에 와서 수많은 대회와 세미나 연구모임들이 개최되었다. 교회가 할 수 있는 일이 무엇보다도 합의과정을 통해 교회의 입장을 확인하고 이의 실천을 그리스도인들과 국가나 사회에 요청하는 일이라고 생각되었기 때문이다. 교회가 시민사회의 한 중요한 부분으로 인식되었던 것도 합의과정 프로그램의 중요한 동기였다. 이러한 JPIC의 합의과정, 즉 교회들의 협의회의 총괄적이며 세계적인 절정을 이룬 것이 1990년 서울에서 모인 JPIC 대회(World Convocation on Justice, Peace and The Integrity of Creation, Seoul 1990)였다.

JPIC 서울대회는 과연 전세계 교회가 정의·평화·창조의 보전 문제를 신학적으로나 실천윤리적으로 함께 통전적으로 추구해갈 수 있을 것인가를 실험해볼 수 있는 좋은 기회였다. 여러 가지 갈등과 장애들이 노출되고, 유럽 교회와 제삼세계 교회들의 이해와 의사소통의 어려운 점들이 노출되었지만 바로 이 어려움을 터득한 것이 서울 대회의 커다란 성과였다고 할 수 있다. 아직도 상황의 차이와 인식의 차이들이 깊어 구체적인 실천윤리 항목들을 합의하기가 어려웠다. 그러나 겨우 합의된 10개의 신조(Ten Affirmations)들은 비록 너무 추상적이고 나열식이라는 비판은 있지만, 그래도 전세계 교회가 함께 시작할 수 있는 공통의 출발점과 토대를 만들었다는 점에서 커다란 의미를 갖는다고 할 수 있다.

그후 91년 2월 캔버라(Canberra)에서 모인 제7차 WCC 총회의 주제는 '성령이여 오소서, 모든 피조물을 새롭게 하소서'(Come Holy Spirit, Renew the whole Creation)였다. 창조를 새롭게 하는 일은 생명의 문화(Culture of life)를 만드는 데 있으며, 생명의 문화는 새로운 영성(Spirituality)과 함께 정의, 평화, 창조의 온전성을 위한 새로운 힘을 얻는 것으로 대회의 분위기가 진행되었다. 여기서 개최지 호주의 원주민들의 삶의 문제, 여성의 삶의 문제들이 덧붙여 부각되었으며, 때마침 터진 걸프전쟁을 종식시키기 위한 평화선언과 운동들이 전개되었다. JPIC가 크게 새롭게 부각된 총회였다고 해도 과언이 아니다. 그뿐만 아니라 캔버라 총회에서 결의된 WCC의 구조개편 작업이 여러 개의 부서와 위원회를 통합하는 과정으로 이어졌으며, 결국 여러 개의 사회윤리적 실천부서들, 발전운동, 인종차별투쟁운동, 인권과 평화, 환경과 생태계 보전, 교회와 사회, 청년 여성부가 통합해서 'Unit III 정의·평화·창조국'을 이루게 되었다. JPIC를 통합적으로 추진시키겠다는 결의의 표현이라 하겠다.

그러나 정의·평화·창조의 보전에 관계된 여러 가지 일들과 프로그램들을 통합적으로 추진하는 것이 결코 쉬운 일은 아니었다. 이를 위한 신학적 밑받침도 부족했고, 부서별 협력이나 조화도 만들기 어려운 일이었다. 무엇보다도 이를 통전적으로 추구하는 신학적 토대가 무엇이냐는 것이 중요한 과제로 떠올랐다. 여기서 발견된 것이 매우 추상적이기는 하지만, 정의와 평화·창조의 보전이 공통적으로 근거하는 신학적 토대는 생명의 신학(Theology of Life)이어야 한다는 인식이 생기게 되었다. 정의·평화·창조의 보전은 모두 죽음의 세력(Forces of death)을 극복하고, 생명의 문화(Culture of Life)를 만드는 것을 목표로 하고 있기 때문이며, 인간의 생명과 자연의 생명을 연결하고 통합하는 것도 생명이기 때문이다.

4. 생명의 문화 창조와 생명 중심의 윤리

생명의 신학은 아직 요청으로서 있고, 당위로서 있을 뿐이지 현실적으로 주어져 있거나 체계화되어 있지 못하다. 민중의 신학이 요청되지만 체계적으로 완성되지 못하는 것과도 같다고나 할까? 그러나 생명신학이 요청되고 있다는 것은 이미 어느 정도 개념과 성격을 드러내었다고 볼 수 있다. 생태계의 위기에 맞서서, 생태계의 생명을 유지 보존하는 것을 하나님의 뜻으로, 명령으로 보려는 입장이나, 빈곤과 질병, 억압과 착취, 전쟁과 살상으로 죽어가는 생명들을 살리기 위한 정의 평화 인권 발전의 실현을 윤리적 사명으로 보는 태도는 이미 생명신학의 토대를 가지고 있다고 보아야 한다.

생명이 신학의 핵심주제가 된 것은 어제오늘의 일이 아니며, 그리스도의 복음과 함께 생명은 신앙과 교회의 중심문제였다고 할 수 있다. 예수 그리스도는 길이요 진리요 생명이라고 했고, 영원한 생명을 얻는 것이 예수를 믿고 따르는 모든 신도들의 최대 관심사였다. 예수 자신이 "내가 온 것은 양들로 생명을 얻게 하고, 더욱 풍성히 얻게 하려는 것이다"(요한 10:10)고 했다. 생명에 관한 교훈들과 생명을 긍정하는 입장들은 성서에서 무수히 찾아볼 수 있다. 단지 오늘날에 와서 생명은 인간의 생명뿐 아니라, 자연계의 모든 생명체까지 포괄하는 생명을 말한다. 인간 중심적인 생명관은 수정되어야 하지만, 생명을 하나님께서 주신 것으로, 지키고 존중해야 하며, 후세의 생명까지 살리도록 해야 한다는 신학적 사상은 예나 지금이나 다름이 없다.

그럼에도 오늘날 교회나 에큐메니칼 운동이 특히 생명의 신학을 요청하는 것은, 작금에 와서 생명이 심각한 위협을 받고 인간과 생태계 전체가 계속 존재할 수 있을 것인지에 대한 회의와 위기의식이 차츰 보편화 되기 때문이다. 그렇지만 아직 우리는 생명의 전체구조와 과정및 현상을 파악하고 체계적으로 인식할 단계에 이르지 못하기 때문에, 아니 그것은 불가능하기 때문에, 우선은 부분적인 생명현상들, 지역과 상황에 따라 다양한 삶의 문제들을 파악하면서 그에 대한 신학적, 윤리적 반성을 해볼 수밖엔 없다. 생명의 신학 연구가 나라와 지역에 따른 사례연구(case study)로 출발되고 진행되었던 이유도 거기에 있다.

1) 죽음의 세력과 생명의 문화

그러나 이제 그 지역이나 상황에 따른 생명의 위협이나 죽음의 공포, 파멸의 위기를 파악하고 고발한 뒤, 생명의 신학은 무엇을 더 해야 하는가? 오늘날 생명을 파괴하고 위협하는 죽음의 세력들은 여러 가지 형태로 다양하게 나타나고 있지만, 거기에는 세계 여러 나라들과 상황에 공통된 요소들도 있고, 특수한 개별적 요소들도 있다. 가령 환경파괴나 생태계 파멸의 주범인 공업생산과 대량소비를 주축으로 한 경제성장과 개발은 오늘날 전세계적으로 공통적인 반생명적 세력이다. 그것은 개발과 성장을 통해 빈곤과 결핍을 해결하는 삶의 요소도 있기 때문에 죽음의 세력으로만 볼 수 없는 모순된 성격을 갖고 있지만, 오늘날 환경파괴적 개발이나 생태계를 파괴하는 성장은, 선진국 후진국을 막론하고 생명을 위협하는 세력으로 인식되고 있다. 여성의 삶과 생명을 억압하고 질식시키는 가부장적 문화와 제도 역시 거의 모든 사회와 지역에 편재하는 공통된 반생명적 세력이다. 전쟁이나 대량살상의 핵무기, 무차별적 살상의 지뢰(landmine)가 공통된 죽음의 세력인 것은 말할 것 없다.

그러나 반생명적인 죽음의 세력 가운데는 그 지역이나 나라, 종족, 문화에 따른 특수한 것들이 무수히 많이 있다. 지난 97년 1월 10-19일에 아프리카의 케냐 나이로비에서 모였던 생명의 신학 대회(Theology of Life Conference of WCC-Unit III)에서는 94년부터 2년간 10개의 테마와 분야로 나누어 진행된 생명의 신학 사례연구들이 보고되었다. 사례연구에 참가하고 보고한 20여 개국의 연구팀들은 그 영역에서 가장 전형적이면서도 생명의 위협정도가 심각하다고 보이는 나라들과 지역들 중에서 WCC가 선택하였다. 10개의 분야는 90년도 정의·평화·창조의 보전 서울대회(JPIC Convocation, Seoul 1990)에서 채택한 10개의 신앙고백에 따라서 선정되었다. 그 주제와 선정된 나라들은 다음과 같다.

1. 모든 권력의 행사는 하나님에 대한 책임을 져야 한다(정치권력과 생명). (남아프리카, 케냐, 말라위)

2. 가난한 자에 대한 하나님의 우선적 사랑(빈곤과 생명). (인도, 독일)

3. 모든 인종과 사람들은 동등한 가치를 갖는다(인종차별과 생명). (스리랑카, 프랑스)

4. 남성과 여성은 모두 하나님의 형상대로 창조되었다(성차별과 생명). (브라질, 오스트레일리아)

5. 자유인들의 공동체의 기초는 진실이다(주권침해와 생명). (아르헨티나, 에스토니아)

6. 예수 그리스도의 평화를 고백한다(전쟁, 폭력과 생명). (수단, 한국)

7. 모든 피조물은 하나님의 사랑을 받는다(생태계의 파괴와 생명). (과테말라, 미국)

8. 모든 땅은 하나님의 것이다(원주민의 학대와 생명). (남태평양 원주민, 노르웨이의 사미족)

9. 젊은 세대의 존중과 책임(소외된 청년과 생명). (카리비안 지역, 필리핀)

10. 인권은 하나님으로부터 온 것이다(인권탄압과 생명). (엘살바도르, 루마니아)

이러한 사례연구들을 통해 생명을 말살시키고 위협하는 죽음의 세력에 대한 파악과 분석은 어느 정도 체계적이며, 포괄적으로 이루어졌다고 하겠다. 나이로비의 생명신학 대회는 여느 에큐메니칼 대회와는 달리 소코니(Sokoni, 시장)의 형태를 취했다. 회의 장소도 넓은 잔디밭에 초가로 지붕이 덮힌 열린 집(hut)이 여러 채 들어서, 사례연구팀들이 주제별로 초가집들의 벽에다 생명의 침해 내지는 위협현상들을 그림이나 사진·도표들을 통해 전시하고, 물건을 사고파는 시장의 형태를 띤 나눔과 교환의 대회를 가졌다. 중앙 무대에서 테마별로 발표된 사례연구 보고 팀들은 강연뿐 아니라 연극, 노래, 춤, 그림 등 다양한 방법으로 생명이 죽어가는 현실들을 묘사하고, 여기에 대한 교회의 책임이나 참여 등을 소개했다.

특히 아프리카에서 모인 관계로 아프리카 여러 나라들에서 비참한 현실들을 연극, 시, 춤, 영상매체 등을 통해 소개한 것이 퍽 인상적이었다. 아직도 많은 국가들이 독재권력의 횡포에 놓여, 학살과 만행들을 자행하고 있었고, 종족이나 종교 간의 갈등으로 죽고 죽이는 처참한 살육전이 여러 곳에서 진행되고 있었다. 르완다의 부족 간의 살육전, 수많은 회교 세력이 기독교 세력을 학살하는 내전, 나이제리아 군부와 경찰이 유전개발로 피해를 입은 오고니(Ogoni) 지방 사람들의 데모와 항거를 학살로 진압하는 장면, 모두가 눈물 없이는 볼 수 없는 생명파괴의 장면이었다. 부족 간의 살육전에서 남편을 잃은 수단 여성 10여 명이 통곡하면서 울부짖는 연극은 너무나 마음을 안타깝게 만들었다. 이 통곡의 소리를 하나님께서 듣고, 전 세계 교회가 듣도록 하려는 것이 이 시장의 형태를 띤 생명의 신학 대회가 노렸던 점이었던 것 같다.

아프리카 이외의 곳에서도 생명의 위협은 마찬가지였다. 스리랑카의 타밀족에 대한 살해, 브라질이 흑인들이 대지주들의 유휴지를 개간하려다 사설 경찰관들의 기관총에 학살당하는 장면, 아르헨티나나 엘살바도르의 군사정부가 수많은 양민들을 학살한 사건, 필리핀 농민들이 테러를 당해 죽는 사건, 아직도 수많은 사람의 목숨이 정의와 평화의 결핍으로 무참히 죽어가는 것이 세계의 현실이었다. 총으로 죽이지 않아도 가난과 기근으로 수많은 생명을 희생시키는 나라들의 문제는 인도 같은 나라가 대표적인 예이지만, 선진국에서도 새로운 형태의 가난이 문제되고 있어, 가난은 보편적 문제였다. 선진국의 빈곤 문제를 보고한 독일팀은 놀랍게도 실업자의 증가와 사회보장책의 후퇴로, 집이 없이 한데 나와 사는 지붕 없는 사람들이 백만 명에 달하고 있으며, 추운 겨울에 얼어 죽은 사람도 상당히 많았다고 한다.

개발과 산업화로 인한 자연의 파괴나 원주민들의 삶의 파괴는 보편적인 현상이었다. 특히 아메리카 인디언들의 종족말살의 위기, 문명을 거부하고 자연 속에서의 원시적 삶을 고집하며 버티고 있는 마야족들의 위기, 개발에 밀려난 원주민들의 고통과 삶의 파괴, 땅을 빼앗긴 농민들의 억울한 삶과 절망, 이 모두가 생명의 신학이 대상으로 삼아야 할 생명의 위기현상들이었다. 평화의 주 고백을 테마로 생명의 신학 사례연구를 했던 한국측에서는[19] 분단과 대결, 전쟁과 반평화적 사회구조로 인한 민족의 삶의 억압과 생존의 위기현상을 중심으로 현실분석과 교회의 평화통일 운동, 생명신학적 반성의 문제들을 보고했다.[20]

이러한 사례연구들을 통해 공통적으로 제기된 문제들은, 죽음의

---

[19] 한국측에서는 '생명신학과 평화의 윤리' 연구팀을 1995년에 결성하여 약 1년간 수차례의 세미나와 공동연구를 진행했다. 연구모임은 이삼열을 책임자(coodinator)로 하여 서광선, 오재식, 민영진, 채수일, 권진관, 박재순, 정현경, 선순화, 김지하, 정인재, 박종천 등이 참여하였다.

[20] 이 책에 수록된 영문 보고서 참조.

세력이 활개치고 엄습해 오는 오늘날, 이 죽음의 문화를 물리치고 대체할 생명의 문화(Culture of Life)를 어떻게 만들어내느냐는 것이었다. 생명의 문화라는 대안은 쉽게 찾아지는 것은 아니다. 그러나 일단 권력의 독재나 횡포, 빈곤과 결핍, 차별과 인권침해, 전쟁과 폭력, 생태계와 창조질서의 파괴를 죽음의 세력으로 규정하고 이를 대항하여 저지하면서 생명을 살려내는 온갖 형태의 노력과 투쟁을 생명문화로 규정한 것이 중요한 기초작업이었다고 할 수 있다. 이렇게 놓고 볼 때 생명문화나 생명운동은 반독재민주화운동으로 이해될 수도 있고, 반전반핵 평화운동으로도, 인종차별 성차별 폐지운동으로도 볼 수 있다. 이러한 노력들이 만들어내는 새로운 삶의 문화를 생명문화로 볼 수 있기 때문이다.

그러나 정말 생명의 문화는 어떻게 만들어질 수 있으며 이러한 문화와 삶의 모습은 어떤 것인가? 결국 오늘의 죽음의 문화를 대체할 대안으로서의 생명문화가 갖는 가치관이나 정치 사회 경제적 구조는 무엇이냐는 것이 관심거리가 될 수밖에 없다. 이러한 문제들은 생명의 신학의 범위를 넘어서는 것인지 모르겠으나, 필요하다면 다시금 생명의 철학, 생명의 윤리학, 생명의 정치학, 생명의 경제학으로 발전시켜 나가야 할 과제이다. 결국 생명을 존중하고, 모든 생명을 살리는 문화와 정치 경제 사회의 구조를 만들기 위해서는 이를 위한 이론들이 수립되어야 하기 때문이다. 이미 이러한 시도들이 없는 것이 아니며 생명의 정치학, 생명의 경제학이란 책의 제목들이 간간히 나타나고 있기도 하다.

2) 자연과 조화로운 개발

그런데 오늘날 생명의 문화나 생명의 정치경제학을 연구하는 사람들의 발언을 주목해 본다면, 생명의 문화창조는 단순한 문제가 아니며, 이제까지의 인류문명의 발전방향을 근본적으로 전환하는 대변혁이 일어나야 가능할 수 있다고 한다.

이제까지의 문명의 발전이 인간의 삶을 크게 개선시키고 편안하게 만들었음에도 불구하고, 인류의 생존을 위협하는 죽음의 문명으로 그림자를 드리우고 있는 것은, 이 문명이 갖고 있는 생명파괴적인 요소 때문이라고 할 수 있다. 그리고 이 생명파괴적인 요소는 주로 보다 많은 자연을 기술적으로 가공해서 생산을 증대하고, 보다 많은 시장의 확대와 소비증대를 목표로 하는 경제성장과 개발정책에 있다고 한다. 이러한 성장과 개발은 주로 자본주의적 시장경제체제가 가진 철학이지만, 사회주의권에서도 기술과 생산의 증대에 우선적 목표를 두었던 것은 마찬가지였다. 개발(development)과 성장(growth)은 환경파괴와 생태계 파멸의 주범일 뿐 아니라, 독재와 빈곤, 차별과 인권탄압 그리고 전쟁과 폭력을 일으키는 간접적 원인이 되어온 것도 사실이다. 적어도 이제까지의 개발과 성장은 힘과 경쟁의 논리 위에서 약자를 수탈하여 소외시키는 불공정한 방법으로 실시되었기 때문에 간접적 책임을 지지 않을 수 없다.

바로 이러한 점 때문에, 개발이 갖는 반생명적 역기능을 시정하고자 지속성 있는 개발(sustainable development)이 제안된 것이다. 유엔이 1983년에 이 문제를 해결하기 위해 조직한 환경과 개발 위원회(World Commission on Environment and Development)는 바로 이 지속

성 있는 개발이라는 대안을 연구키 위해 만들어졌다.[21] 이 위원회가
세계 여러 나라의 학자, 경제인, 정치인 등 전문가들을 동원해 3년의
연구 끝에 만들어낸 보고서는 그런대로 지속성 있는 개발을 위한 새
로운 문화와 정치경제를 창조하는 방안들을 제시하고 있다.[22] 이 보
고서의 기본명제는, 지속성 있는 개발은 지구 위의 생명(life on earth)
을 지탱하고 있는 공기, 물, 흙, 생태계(ecosystem)를 위험에 빠뜨리
지 않아야 한다는 것이다. 이것은 커다란 변혁이라는 과정을 의미하
는데, 곧 자원의 사용이나 경제정책, 기술개발, 인구증가, 사회구조
나 제도가 인간의 발전을 위한 현재와 미래의 능력(potential)과 조화
를 이루거나 그를 고양시킬 수 있도록 변경되어야 한다는 것이다.

그러나 아직 지속성 있는 개발에 대한 구체적 방법론이나 상(像)
은 존재하지 않는다. 학술적인 논의만 있을 뿐 구체적인 모델이나
비전은 제시되지 않고 있다. 해결해야 할 구체적인 문제들은 '공기
와 물의 보존을 위해 산림과 숲이 더 이상 개간되지 않아야 한다면,
계속 증가하는 세계인구를 먹여 살릴 식량의 증산은 어떻게 강구할
것인가? 바닥이 드러난 화석연료를 절약하고 아낀다면, 대체 에너지
는 어디서 구할 것인가? 기후변동을 어떻게 막을 것인가? 인구증가
를 어떻게 억제할 것인가'와 같은 문제들이다.

지속성 있는 개발을 위한 제안과 방법론들은 그렇게 구체적이진
않지만, 방향설정은 되어있다.[23] 즉 인구증가를 늦추라든가, 제삼세

---

[21] 노르웨이의 수상 Gro Harlem Brundtland를 위원장으로 했기 때문에 일명 부룬트란
트 위원회라고도 한다.

[22] WCED, *Our Common Future*, 1987.

[23] Worldwatch Institute, *State of the World*, 1990; World Resources Institute, *The Global Possible*, 1985; World Resourcse Institute, *Agenda 2000*, 1988.

계의 빈곤과 부채, 불평등 문제를 해결하라든가, 살림과 물, 공기를 우선적으로 보호하라든가, 에너지를 절약하고 효율화하며, 대체 에너지를 개발하라든가, 쓰레기와 공해를 줄이고 재활용을 확대시키라, 해양자원을 보호하라는 등 여러 가지 보고서나 문서들이 대체로 공통된 주장을 하고 있다.[24] 그러나 과연 이런 제안들이 실천가능한 것일까? 지속성 있는 개발이라는 표어와 희망은 허구적이고 공상적인 것이 아닐까? 개발에 바쁜 나라들이 과연 공기와 물, 에너지 쓰레기에 신경을 쓸 여유가 있을 것인가? 이런 염려들은 지속성 있는 개발에 대하여 많은 회의를 일으킨다.

지속성 있는 개발(sustainable development)이 과연 생명의 문화를 만드는 획기적 방법론이 될 수 있을 것인가에 대해서는 찬반의 논란들이 있다. 유엔 환경개발 위원회(WCED)나 개량주의적 발전 이론가들이 긍정하는 지속성 있는 개발은 아직도 개발에 대해 긍정적이며 낙관적인 시각을 갖고 있다. 그러나 많은 환경운동가, 비정부적 환경운동 단체나 생태학자들은 여기에 대해 부정적이다. 개발과 성장은 그 자체가 지구환경을 지속시키지 못하며(unsustainable) 이런 개발을 계속하는 한 지구환경은 필연적으로 파멸하고 만다는 비관론이다. 인도의 반다나 시바로 대표되는 이 회의론은, 개발이나 성장의 개념은 국민 총생산의 증대라는 경제학적 수치로 나타나는 개념이며, 이것은 빈곤의 극복과 풍요를 약속했지만, 결국 삶의 생동성(livelyhood)과 생명을 지탱하는 체제를 파괴하며, 제삼세계의 가난과 결핍의 원인이 되었다고 주장한다.[25] 개발은 결국 시장경제의 확

---

[24] Joy A. Palmer, "Toward a sustainable future," in Daivid Cooper & Joy A. Palmer, *The Environment in Question* (London, 1992), 183.

장을 의미하기 때문에 이것은 필연적으로 다른 두 가지 경제의 파괴를 대가로 하는데, 즉 자연의 과정과 인간의 생존의 경제(economy of nature's process and people's survival)를 파괴하고 만다는 것이다.

이러한 시장경제의 확대발전 대신, 시바는 자연과 생태계와 조화를 이루고 있는 전통적인 경제생활, 즉 자족적 살림의 원칙(principle of sustenance)을 제시한다. 인간의 사회는 수백 수천 년 동안 자연에서 직접 자급자족하는 생활방식으로 살아왔다는 것이다. 자연자원의 한계를 존중하면서 인간의 소비도 제한할 줄 아는 삶의 방식이었다. 그러나 시장경제가 발전하면서 인간은 이 원칙을 저버리고 자연을 파괴하고, 자원을 낭비하고, 다른 인간의 생존을 위협하는 개발에 매달리게 되었다. 왜냐하면 시장경제의 기본원칙은 이윤의 극대화와 자본의 축적에 있었기 때문이다. 자연과 인간의 관계가 시장의 메카니즘으로 전도되고 말았다. 시바에 의하면 자급자족의 원칙으로 살아온 전통적 경제방식이 오늘날 환경문제를 해결하는데 더 적합한 방식이라고 한다. 그것은 인간의 기본적 수요는 충족시키면서, 불필요한 생산과 소비, 자원의 낭비를 줄이는 삶의 방식이기 때문이다. 아마존강 유역의 원주민들은 전통적 경제생활에서 풍요를 누렸는데, 오늘날 개발과 환경파괴와 함께 오히려 가난해지고 비참해지지 않았느냐는 것이다. 이런 이야기들은 인도와 말레이시아에도 있다는 것이다.[26] 이런 연구를 바탕으로 시바는 지속성을 실현하기 위해 시장경제나 생산의 과정을 재조직(reshape)할 것을 요구한다. 즉 이윤증대나 자본축적의 논리 위에서가 아니라 자연의 회귀논리

---

25) Vandana Shiva, "Recovering the Real Meaning of Sustainability," 위의 책, 187.
26) Gonds of Bastar in India, "Penans of Sarawak in Malaysia," 위의 책, 190.

(logic of nature's returns)에 따라서 재구성되어야 한다는 것이다.

이러한 경제의 재구성은 어떻게 가능할까? 과연 인간이 주어진 자연환경에서 자급자족하는 삶의 형태에 만족할 수 있을 것인가? 생산과 소비를 줄이고, 자연을 보호하며, 풍요와 사치를 사양하는 인간의 삶의 태도는 과연 가능할 것인가? 산업화 이전의 농경시대에는 가능했을지 모르지만 기술발달과 대량생산이 가능해지고, 문명의 중심을 이루고 있는 오늘날, 욕망을 줄이고 검소한 삶으로 되돌아가는 것이 어떻게 가능할까?

3) 생명공동체와 생명중심의 윤리

여기에는 사람들의 가치관과 윤리의식에 있어서 아주 혁명적인 변화가 일어나는 것이 필수적으로 요구된다고, 생태학적 철학자나 윤리학자들이 주장하고 있다. 소비를 줄이고 검소하게 살아가는 철학과 생태계 전체의 생명에 대한 윤리적 책임의식이 없이는 오늘날 보편화된 물량주의와 소비문화를 극복할 길이 없다고 한다. 새롭게 요구되는 윤리의식을 일컬어 생명중심의 윤리(life centerd ethics)라고 한다. 이것은 이제까지의 윤리가 인간중심의 윤리(human centerd ethics)였던데 대한 비판을 내포하며, 인간중심이 아니라 생태계 전체의 생명중심으로 윤리의식이 확대발전해 가야 한다고 주장한다. 이제까지의 인간중심적 윤리는 개인들의 윤리적 책임을 인간사회나 공동체에 국한되는 것으로 보아왔다. 사람을 죽이지 않아야 하며, 남의 소유를 도적질하지 않거나 해치지 않아야 하고, 남을 속이거나 약속을 어기지 않아야 한다는 것이 윤리 도덕의식의 기본이었다. 인간의 삶을 최대의 윤리적 가치와 목표로 삼은 데 그 기본철학이 있었기 때문이었다.

그런데 새로운 생명중심의 윤리는 인간을 단지 생태계 공동체 속의 한 일원으로 보며, 서로 상호 의존되고, 상호 연결되어(interdependent, interconnected) 있는 지구생태계(global ecosystem), 혹은 생명 공동체(biotic community)의 일원으로서의 인간은 바로 생명공동체 전체에 대한 윤리적 책임을 지며, 상호 의존관계의 규칙에 따를 의무를 진다는 사상을 갖고 있다.[27] 지구는 하나의 생명공동체이다. 현대 생명과학의 일반적 견해는 식물이든 동물이든 모든 형태의 생명은 서로 친척(kin)과 같고, 한 사회적 단위의 구성원과 같다는 것이다. 이들이 모두 한 가족과 같은 공동체의 성원이라면, 서로 보살펴 주고 살려주어야 할 책임이 모두에게 있는 것이 아니냐는 것이다. 이웃이나 가족에 대한 도덕적 감정인 사랑, 존경, 친근감, 동정이 생명 공동체의 성원들인 다른 동물과 식물에게도 향해져야 한다는 것이다.[28] 레오폴드의 표현에 의하면 이 생명공동체의 윤리는 생각하는 사람(homo sapiens)의 역할을 지구 공동체의 지배자(conqueror)로부터 단순한 시민이나 구성원으로 바꾸어 놓는 윤리라고 한다. 인간은 이제 지구공동체의 모든 구성원들을 존중해야 할 의무를 갖는다는 것이다.[29] 지구에 대한 새로운 윤리(land ethic)는 이제 인간뿐 아니라 자

---

[27] Leopold Aldo, *A Sand County Almanac with Essays on Conservation from Round River* (New York, 1996).

[28] Callicott J. Baird, "The Search for an Emvironmental Ethic," in Tom Regan (ed.), *Mattere of Life and Death, New Introductory Essays in Moral Philosophy* (New York, 1980), 407.

[29] Leopold, Aldo, 위의 책, 240.

연의 복지(welfare of nature)에도 관심을 가져야 하는데, 즉 생명공동체로서의 생태계가 갖는 다양성(diversity), 안정성(stability) 그리고 생명의 온전성(integrity of biotic community)에도 책임감을 갖는 것이 도덕성의 질적 향상을 의미하는 것이 된다고 한다.

이러한 새로운 생명중심의 윤리는 여러 가지 이름으로 불리며 연구되고 있다. 땅의 윤리(land ethic)라고도 하고, 환경윤리(environmental ethic)라 하기도 하며, 생태계 윤리(ecosystemic ethic)라고 부르기도 한다. 이들은 모두 인간의 환경사용이나 자연자원의 소비, 혹은 다른 생물체와의 관계에서 생명을 중시하는 규범과 윤리적 규칙들을 만들어내며 부과한다. 나무를 잘라 집을 짓는 데도 규칙이 있어야 하고, 동물을 잡아먹고 가죽과 털을 사용하는 데도 규범이 필요하다는 것이다. 결코 낭비하거나 멸시하거나 멸종시키는 것이어서는 안 된다. 인간의 기술문명은 자연과 평화공존을 유지하는 관계에 있어야 할 뿐만 아니라, 인자한 공생(benevolent symbiosis)의 관계에 있어야 한다는 것이다. 이러한 생명중심의 윤리만이 생명문화를 창조해낼 수 있는 것이다. 가급적 환경파괴나 오염을 일으키지 않는 태양에너지(solar energy)를 사용한다든지, 토양을 온존시키는 유기농법(organic agriculture)을 활용한다든지, 식물성 음식 중심으로 식생활을 한다든지, 검소하고 절약하며, 낭비가 적은 살림문화를 만들어내게 된다.

생명중심의 윤리, 생명공동체의 윤리는 기존의 윤리가 인간사회에 대한 이해와 책임을 기본으로 하여 사회적 존재로서의 인간의 의무와 윤리를 규명하였듯이, 이제 생명공동체로서의 생태계 전체에 대한 이해를 토대로 하여 그 윤리적 책임을 규명해내야 한다. 즉 생태계 전체를 존중해야 할 자연주의적 이유를 발견해야 한다는 것이다. 왜 생태계의 유기적 구조가 존중되어야 하는가? 생태계의 구조와 그 내부의 생물체들의 상호연관, 의존관계는 무엇인가? 여기에는 다시금 지구공동체, 생태계 전체(ecosystem)에 대한 형이상학적 이해(earthbound metaphysics)나 생태형이상학(meta-ecology) 이해가 필요하게 된다.[30] 그것은 생태계, 생명공동체에 대한 생태학적인, 단순히 생물학적인 탐구를 넘어서, 존재의 문제뿐 아니라 당위의 문제까지 포함된 우리의 인식과 신념의 체계까지를 논하는 것이어야 하기 때문이다.

생태학적 이해나 생태형이상학적 이해가 근본적으로 얼마나 다른 것이냐는 문제는 논쟁의 여지가 있겠지만, 이제 우리 인간들의 삶의 윤리와 관련해서 요구되는 인식은 생태계에 대한 생명윤리적 이해가 가미된 생태학적 구조이해이다. 그런데 많은 생태학자들의 연구에 의하면, 생태계는 서로 복잡하게 얽혀 있지만 서로가 생명을 중심으로 해서 연결되어 있는 생명공동체(community of life)라는 것이다. 생태계 전체는 생명을 만들어내고, 생명을 지탱해 가며 다양하고 복잡한 것으로 발전시켜 나가는 구조와 과정을 갖고 있다는 것이다. 이것은 이미 다윈(Chales Darwin) 같은 사람이 적자생존 원칙이나 종의 발전 법칙을 통해 밝혀낸 진화론적 이해와도 연관된다. 생태계는 그 안의 생명체들이 최대한의 수명과 생명의 요구를 충족시키도록 유기적인 연관구조를 갖는, 매우 자족적인(self-satisfactory) 생명 공동체라는 인식이 오늘날의 생태형이상학이 밝혀내는 점이라

---

30) Rolston III, Holmes, "Challenges in Environmental Ethics," in Cooper David & Palmer Jay (edit), *The Environment in Question*, London 1992 (Routledge), 145.

할 수 있다.[31]

생태계의 형이상학적 구조와 생명공동체의 윤리에 관해서는 더 많은 연구와 오늘날 세계 도처에서 급격히 발전되고 있는 생명공학, 생명의학, 생태과학들의 종합적 연구들이 밝혀내겠지만, 우리는 생명신학적 관심과 관점에서, 동·서양의 전통종교나 전통사상들이 가지고 있는 인간과 자연, 우주와 존재 혹은 초월자나 신에 대한 이해에 흥미와 관심을 갖게 된다. 왜냐하면 우리는 새로운 생태학적 윤리가 요구하는 많은 규범들, 자연에 대한 인간의 태도, 생명존중사상, 땅과 동식물, 미물에 대한 경외사상 그리고 검소하며 소박한 삶의 윤리가 이미 수천 년 전부터 내려오는 전통사상에서 찾아볼 수 있기 때문이다.

이미 우리는 전통 불교의 사상에서, 산 것을 죽이지 말고, 필요에 의해서 죽일 때는 가려서 죽이라는 살생유택(殺生有擇)의 계훈을 알고 있다. 주역의 자연관이라든가, 신토불이(身土不二)의 사상들이 훌륭하게 전개되고 실천되어온 흔적을 우리의 전통문화 속에서 발견하게 된다. 인디언족들의 삶, 마야문명, 원주민들의 공동체들은 대부분 자연과 조화된, 자연을 파괴하지 않고 존중하는 그리고 생태계의 리듬과 유기적 구조에 연관된 문화와 삶의 형태를 보장해 주고 있다. 이것이 오늘의 생명신학이 전통종교와 사상들의 생명이해, 자연관, 삶의 윤리에 관심을 갖고, 배우려고 노력하는 이유이다. 이런 관점에서 성서와 신학사상들을 다시 살펴보면 기독교의 전통 속에서도 새로운 시각들을 발견할 수 있겠기 때문이다

---

31) Holmes Rolston III, 위의 책, 142.

남아프리카의 신학자 알란 보삭은 어려서 할아버지한테 들은 이야기라며, 자기 조상들은 나무나 숲, 자연세계 모두를 신이 거처하는 곳으로 존중하며 살아왔다고 했다. 혹 사람들이 배를 만들기 위해 큰 통나무를 찍을 필요가 있으면 나무를 자르기 일주일 전에, 그 나무 앞에 음식상을 차려놓고 제사를 드렸다고 한다. 기도드리면서 우리가 당신이 거처하는 나무가 필요해서 한 주일 뒤에 자를 테니, 그동안 당신이 다른 곳으로 떠나 달라고 부탁하고 허락을 구하고 나서 한 주일이 지난 뒤에 나무를 잘라 썼다고 한다. 비슷한 이야기들은 마야문명이나, 우리의 도교사상 등에도 많이 찾아볼 수 있다. 김지하의 생명사상이 우리의 전통사상, 즉 유불선(儒佛仙) 사상과 동학의 천도(天道) 사상에서 새로운 생명윤리를 찾아보려는 노력이었다는 것도 생명신학이 주목해야 할 면이다.

생명의 신학은 생명의 위기에 대한 분석과 고발을 신학적으로 반성하는 데서 출발하여, 생명문화의 창조라는 실천적 과제를 전망하였으며, 이를 위해 요구되는 생명중심의 윤리라는 새로운 윤리의식을 탐구하기에 이르렀다. 그런데 이 생명 공동체의 윤리는 다시금 생태계 전체의 형이상학적 이해, 즉 자연과 인간의 관계에 대한 존재론적 이해의 요구에 부딪혀 전통적인 사상이나 신앙, 관습들을 다시 연구해 보아야 하게 되었다.

생명의 신학은 이처럼 생태학적 분석과 생명과학들의 연구, 생명문화를 만들어내는 정치 경제 사회 과학들을 살펴보며 구체적인 실천과 행동을 위한 생명중심의 윤리를 강구하는 데까지 이르는 엄청나게 포괄적인 논의과정이라고 볼 수 있다. 어떻게 보면 인간과 자연과 신이 함께 접합된 존재론적 형이상학이 될 수도 있다. 그러나 우리가 현실적으로 요구하는 생명신학적 문제들은 당면한 생명의 위기들을 어떻게 극복하며 생명을 지켜가느냐 하는 아주 구체적이며 현실적인 문제이다. 이를 해결하는 생명의 윤리들은 앞으로 더 자세하게 논의되고 탐구되어야겠지만, 우선은 정의 평화 창조의 보전이라는 큰 틀 안에서 생명을 지키는 윤리들이 강구될 수 있을 것으로 생각된다.

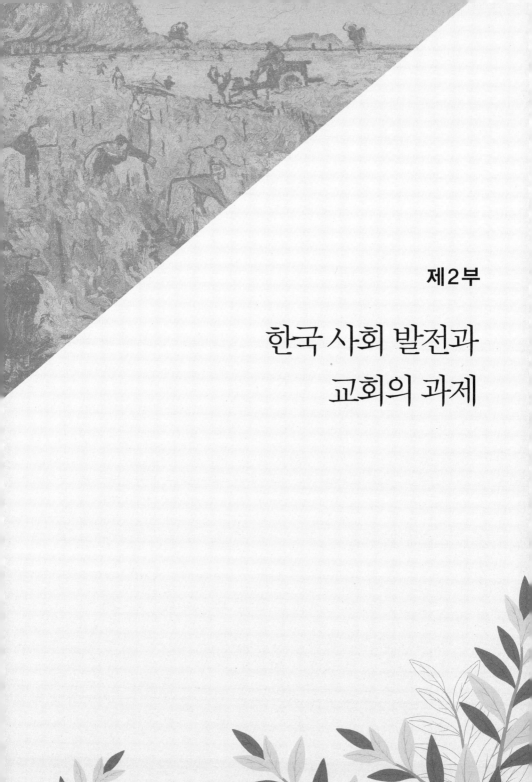

제2부

한국 사회 발전과 교회의 과제

1장
경제 위기 극복을 위한
교회의 신앙각서

전문

우리는 오늘의 국가적 경제 위기와 전국민적인 삶의 고통에 직면하여, 이 위기와 고통 속에 드러나는 시대의 징표와 하나님의 뜻이 무엇인지를 신앙적으로 깨달으려고 하며, 우리의 잘못을 회개하고 하나님께 돌아가, 경제를 살리며 나라를 구하기 위한 교회의 책임과 과업이 무엇인지를 성찰하면서, 위기의 시대에 교회와 그리스도인들에게 부과된 선교적 사명을 충실히 이행할 것을 굳게 결의하고자 한다.

이 위기와 고난의 시대에 '치유하시는 그리스도'의 표어 아래 모인 대한예수교 장로회 제83회 총회의 참석자들은 오늘의 경제파탄과 국가적 위기의 근원이 바로 이 나라의 정신적 타락과 윤리적 부패에 있다고 반성하면서, 타락된 정신과 윤리를 바르게 회복시켜 경제를 다시 살리고, 국민적인 아픔과 고통을 치유하는 것이 교회가 이 시대에 해야 할 선교적 사명임을 절실히 통감한다.

우리는 교회가 이제까지 신앙과 경제문제가 분리되어 있는 것으로 생각하고, 바른 경제윤리를 가르치지 못했으며, 잘못된 경제행위나 그릇된 경제적 가치관을 비판하지 못했음을 회개해야 하며, 이 기회에 기독교 신앙과 경제문제에 대한 올바른 이해를 정립하도록 노력해야 한다고 믿는다. 그리고 교회는 하나님의 나라의 정의로운 경제 공동체의 모습을 거울삼아 불의하고 모순된 경제 현실을 비판하고 개조하는 데 앞장서야 한다. 아울러 그리스도인들 자신과 교회 공동체의 경제적 행위와 삶의 방식에서도 반성과 개조가 일어나야 할 것이다.

무엇보다 우리는 국가경제의 파탄과 기업들의 파산 사태 속에서 수많은 인간들이 일터와 희망을 잃고, 실업자, 노숙자, 자살자들이 날로 늘어가는 안타까운 현실을 보고 있다. 가난하고 고통받는 이웃을 사랑하고 보살펴야 할 책임이 있는 교회와 그리스도인들은 온갖 자원과 역량을 바쳐 희생자들을 돕고, 절망 속에 낙심한 자들에게 위로와 희망을 주는 봉사활동에 적극적으로 나서야 한다.

이러한 시대적 문제의식과 신앙적 깨달음 위에서, 제83회 총회는 '경제 위기 극복을 위한 교회의 신앙각서'를 작성하여, 교회의 책임과 사명을 다하기 위한 모색과 노력에 하나의 지침을 삼고자 한다. 이 문서를 신앙각서의 형태로 발표하는 뜻은 시대적 상황과 위기현실 속에서 우리의 신앙적 깨달음과 고백적 결의를 밝히며 다짐하려는 데 있다.

1. 국가 경제 위기와 교회의 책임

우리는 지금 건국 50주년을 맞는 1998년에, 한국전쟁 이후 최대의 국난이라고 하는 IMF시대를 겪고 있다. 97년 11월 외환위기가 터지면서 외채를 갚지 못하는 국가부도(national default)의 위험이 다가오자 IMF(국제통화기금)의 긴급 구제금융 570억 불을 지원받아 국가 파산 상태는 겨우 면하였으나 나라의 경제는 중병을 앓는 환자처럼 심각한 위기에 놓여있음이 드러났다.

우리는 처음에 환율이 폭등하면서 일순간 지나가는 외환위기 정도로 알았으나, IMF의 구제금융체제로 들어가면서, 비로소 외채가 정부가 발표하던 450억 불이 아니라 1,560억 불이라는 것을 알게 되었고, 기업의 빚과 은행의 부실융자가 수백조 원이 넘어 모두 도산과 붕괴의 위험에 직면해 있다는 것을 깨닫게 되었다. 은행과 종금사 신용금고 등 부실한 금융기관들은 부실채권과 부실 경영으로 수십 개나 폐쇄와 퇴출을 당해야 했고, 고금리와 고액부채를 견디지 못하는 기업들은 하루에도 수십, 수백여 개씩 부도를 내고 쓰러지며, 기업의 도산과 폐쇄 퇴출로 직장을 잃은 실업자들은 공식 통계로만 2백만을 넘어서게 되었다. 일용 노동직의 실업과 잠재실업인구를 합치면 실제로는 4백여 만 명 이상이 실업상태에 놓였다고 하며, 앞으로 얼마나 더 많은 실업자가 나올지 알 수 없는 예측불허의 위험이 저편에 도사리고 있다. 거리에는 끼니를 잇기 어려운 무직자와 노숙자들이 나날이 늘어나고, 물가고와 고금리에 시달린 서민들의 가계와 생활은 점점 궁핍화하고 있으며, 각종 범죄와 폭력은 난무하고, 지난 1월에서 3월까지 3개월간 자살자가 매일 평균 25명, 도합 2,288명이라는 통계(한국일보 98. 5.21)가 나올 정도로 많은 사람들이 스스로 목숨을 끊는 험악한 분위기와 절망감이 우리 사회의 밑바닥을 무겁게 흐르고 있다.

도대체 작년까지 세계 11대 경제대국이라고 큰소리치고 OECD에 가입하여 선진국의 대열에 섰음을 자랑하던 우리나라가 어떻게 하루아침에 2천여억 불의 외채를 짊어진 부도국가로 전락할 수 있으며, 한강의 기적을 일으켰다는 신흥공업국으로 아시아의 용으로 불리던 한국이 어떻게 갑자기 추락하여 지렁이가 되었다는 슬픈 이야기를 남기게 되었는가?

국가경제의 붕괴위기를 초래한 원인은 잘못된 경제정책에 있기도 하고, 변화된 세계 경제체제와 국제금융질서에서 원인을 찾을 수도 있다. 사실상 외환 금융 투자 정책이 커다란 오류를 범했음이 드러났으며, 관치금융이나 정경유착, 재벌위주의 특혜정책 등 합리적 경제발전을 저해하는 잘못된 정책과 관행이 오랫동안 우리 경제를 좀먹어 왔음이 사실이다.

그러나 우리는 오늘의 경제 파탄의 원인을 단순히 정책이나 제도의 잘못에만 돌릴 수 없다고 보며, 이토록 하루아침에 모래 위에 세운 집처럼 경제가 무너져 내리는 데는, 정책의 잘못보다 더 근본적이며 심각한 원인이 있다고 생각한다. 그것이 바로 정신적 타락과 윤리적 부패이다. 아무리 정책의 잘못과 미숙이 있었다 할지라도, 아무리 국제투기자본이 한국경제를 농락했다 할지라도 우리 경제의 주체들인 기업이나 은행 정부관료들이 최소한의 양심과 윤리적 책임의식을 가지고 경제행위를 했었더라면 이런 정도로까지 경제가 추락하고 산업이 붕괴하는 지경에는 이르지 않았을 것이다.

우리는 외환위기가 터지고 IMF위기관리 체제로 들어설 때까지 우리나라의 외채가 1,500억 불을 넘어섰다는 통계를 아무도 모르고 있었다는 사실에서, 그동안 우리 경제가 얼마나 거짓된 통계와 조작, 위선과 비리로 가득 차 있었나를 짐작할 수 있다. 외환위기를 불러온 직접적 원인이었던 대기업들의 연쇄도산 사태만 보더라도, 97년 1월 한보철강의 부도에서, 몇 달 안에 삼미, 한신, 진로, 대농, 기아, 쌍방울, 해태, 뉴코아 등이 연쇄도산 했는데, 이들 기업들이 은행에서 빌린 수조, 수천억 원의 돈을 정말 시설의 확장이나 기계와 기술의 도입등 생산적 목적에 썼다면 그렇게 수조 원의 빚을 지고 쓰러질 수 있었을까? 결국 드러난 것은 이 돈들이 상당 부분 정치자금과 뇌물로 바쳐졌고, 부동산 투기와 금융투기에 쓰이는가 하면, 기업인들이 사유재산으로 빼돌려진 부분이 엄청나게 컸다는 사실이다. 그 대표적인 예가 한보철강의 비리와 타락이다. 300억 원의 자산밖에 없는 정태수 씨에게 어떻게 은행은 5조 7,000억 원을 대출해줄 수 있으며, 공장건설과 기계설비에 들어갔다는 3조 원 외에 나머지 2조 7,000억 원의 돈은 어디에 쓰였다는 말인가?

관치금융이나 정경유착도 정도 문제지 비리와 타락과 부정부패가 이 정도에 이르고서도 나라의 경제가 망하지 않는다면 그것이 오히려 기적일 것이다. 기업은 수백억 수천억의 융자를 받아 부동산 투기하고, 자산의 몇십 배, 몇백 배되는 부채를 지고 도산하게 되면 또다시 수천억 원의 은행돈과 국민세금으로 부실기업을 정리하거나 협조융자 해주는 타락된 구조와 관행을 가지고서, 기업은 망해도 기업가는 계속 재벌 행세를 하며 흥청거리는 책임과 윤리의 부재상태에서, 어떻게 성수대교나 삼풍백화점처럼 경제가 무너지지 않고 견딜 수 있단 말인가?

　그러나 우리는 아직도 이 위기가 어디까지 지속될지를 알지 못하며, 과연 IMF가 권고하는 구조조정안으로 위기를 극복할 수 있을 것인지 의문을 품지 않을 수가 없다. 외채는 공식으로 발표된 1,500여억 불 이외에, 해외현지금융을 통한 차입금이 500여억 불, 무역신용으로 진 채무금 400여억 불이 더 있으며, 여기에 구제금융 570억 불까지 더하면 이미 우리나라의 빚은 3,000억 불에 이르렀다고 한다. 이제 앞으로 매년 이자만 200~300억 불씩 갚아야 하는데 수출직자를 면치 못하는 한국경제는 이제 빚 갚기 위해 계속 외채를 늘릴 것인가? 이미 수출은 감소하고 있고, 많은 공장의 기계와 설비들이 유휴시설이 되어가고 있는데, 기업과 은행들은 아직도 수백조 원의 부채와 부실채권을 안고 허둥거리고 있다. 이제 만약 구조조정이 실패하고 외환위기와 외채위기가 다시 오게 된다면 원유를 매년 250억 불어치나 수입해야 하고, 식량 자급도가 25%밖에 안 되는 우리나라에서 에너지와 식량 파동이 올 것이 불을 보듯 분명하다. 국민의 의식주 생활이 위협을 당하고, 나라 전체가 파국에 직면할 위험마저 보이는 국가적 위기 앞에서, 우리 교회와 그리스도인들은 그러면 무엇을 해야 하며 과연 할 수 있을 것인가?

　우리는 경제학을 잘 알지 못하며, 경제정책을 논할 수 있는 위치에 있지도 않지만, 평범한 시민과 신앙인의 눈으로서도 이 나라의 위기는 부정부패의 척결과 타락된 윤리와 더럽혀진 정신의 회복이 없이는 극복하거나 구제될 수 없다고 보인다. 국가경제 위기의 제일 원인은 지위고하를 막론하고 만연되어있는 부정부패와 기만, 허영, 불공정, 불투명성 등 도덕적 타락이다. 도대체 수천억 불의 외채는 누가 들여다 어디에 썼으며, 수백조 원의 은행융자는 모두 어디에 썼길래 빚더미 위에 앉았다는 말인가? 전직 대통령들과 정치인들이 갈취한 수천억 원의 돈을 찾아내지 않고 경제회복이 가능할 것인가? 서민들이 모은 새마을금고 돈을 수십억씩 빼내서 외국으로 달아나는 직원, 한 달에 뇌물로만 수억 원씩 챙기는 세무공무원, 사병 배치 시 수십억 원의 뇌물을 받는 병무청의 준위, 초등학교 어린이들에게까지 촌지를 거두어 치부하는 교사, 탈세와 부정, 뒷거래를 통해 고소득을 올리는 의사, 변호사, 판검사, 이 타락과 부정부패를 뿌리 뽑지 않고서는 국가위기를 구출할 정책이나 방도는 달리 없다. 이것이 바로 경제 위기와 국가부도사태에 대해 교회가 책임의식을 느껴야 하는 이유이다. 국난과 고통의 원인이 정신적 타락과 윤리적 부패에 있기 때문에 빛과 소금의 사명을 가진 교회는 이 타락과 부패를 씻어내고 바른 국민정신과 경제윤리를 회복시키는 데 의무감을 가지고 나서야 한다, 교회는 먼저 니느웨 성의 온 백성들과 왕이 굵은 베옷을 입고 잿더미 위에 앉아 금식하며 통회 자복 하듯이(요나 3:1-10) 국민적인 회개운동을 일으켜야 하며, 악한 길에서 돌이켜, 정직과 근면, 정의와 진실이라는 하나님의 법도에 바로 서도록 선지자들의 외침을 전파해야 한다. 그리고 교회는 올바른 경제윤리와 삶의 가치관을 가르치고, 경제 위기를 극복하는 비판적 대안과 개혁안들을 제시하면서 교회공동체 안에서부터 모범적으로 실천하는 노력을 보여야 한다.

2. 기독교 신앙에서 본 경제와 윤리

국가경제 위기의 근본 원인이 윤리적 타락에 있고, 건전한 경제윤리의 확립이 없이 나라의 경제가 바르게 재건되기 어렵다면, 이 위기 극복을 위해 교회와 그리스도인들이 해야 할 우선적 과업은 무엇보다도 경제를 윤리적으로 바르게 세워 놓는 데 있다고 할 수 있다.

그러나 교회는 오랫동안 경제문제에 무관심했으며 신앙과 경제를 서로 무관한 별개의 영역으로 분리해서 생각하는 경향이 있었다. 신구약성서와 그리스도의 복음 가운데 그토록 많은 경제에 대한 교훈이 있었음에도 불구하고, 이를 우리의 경제현실에 적용시켜 바른 가치관과 경제윤리를 확립하고 실천하는 데 등한히 하였음을 우리는 반성해야 한다.

원래 경제(economy)라는 말은 헬라어로 oikos(집안 살림 household)와 nomos(법칙, 규범)의 합성어로서 집안 살림을 관리(management of household)한다는 뜻이었다. 경제는 곧 공동체에 속한 사람들의 살림을 관리하는 일이었으며, 삶에 필요한 자원들을 생산하고 분배하며, 소비하고 교환하는 일들을 말했다. 여기에는 삶의 요구에 따른 가치의 문제가 개재되었고, 공동체 안의 인간들 사이의 힘과 권력관계가 문제되었다. 경제는 마치 객관적 법칙처럼 인식되고, 수학적인 계량으로 파악되어, 인간의 행위나 도덕과는 무관한 것으로 오해되기 쉬우나, 근본적으로 인간의 의지와 가치의식, 행동양식이 만들어내는 규범적인(nomos) 것이다. 모든 경제현실은 반드시 어떤 규범의식을 반영하고 있으며, 경제를 개선하려는 노력은 반드시 어떤 윤리의식을 지향하고 있다.

기독교가 경제문제에 관심을 가져야 하는 이유는, 생산이나 소비, 분배와 교환, 저축이나 투자와 같은 경제 행위들이 곧 인간의 삶과 고통에 막대한 영향을 주는 문제이면서, 이웃과 공동체의 삶에 책임을 지는 윤리적 행위들이기 때문이다. 그래서 하나님의 말씀, 신구약 성서는 경제문제를 중요하게 다루고 있을 뿐 아니라 신앙의 문제로 이해할 것을 가르치고 있다. 우리는 오늘의 국가적 경제 위기와 전 세계적인 경제문제들을 바르게 이해하고 극복해가기 위해, 성경과 기독교 신앙이 가르치는 경제와 윤리를 깨달아 알 필요가 있다. 우선 아래와 같은 다섯 가지 교훈을 현실에 적용시켜 반성해 보자.

1) 성경이 이해하는 인간의 경제활동은 기본적으로 하나님께서 창조하신 세계를 경작하고 관리하도록 위탁을 받은(창 1:28; 2:15) 청지기의 직분(stewardship)을 수행하는 행위이다. 따라서 인간은 경제활동을 통해 하나님의 뜻과 사랑이 이 세상에서 실현되도록 힘써 노력해야 한다. 그래서 칼빈은 자연과 인간의 생명을 유지시키며 관리하는 경제활동이 창조와 구원의 뜻을 계승하여 하나님의 일을 대신해서 하는 행위라고 보았다. 그러므로 인간이 생산하고 획득한 물질과 재화는 모두 창조자의 것이며, 주권자이신 하나님의 뜻대로 쓰여져 한다. 단지 이를 관리하는 청지기가 자기 것인 양 자기 욕심대로 처분해서는 안 된다고 보고 있다.

기독교 신앙은 기본적으로 물질과 소유를 내 것으로 보지 않고, 하나님의 것으로 보는, 신앙적 경제관을 갖고 있다. "땅과 거기 충만한 모든 것이 다 주의 것입니다"(시편 24:1). "토지를 영영히 팔지 말 것은 토지는 다 내 것임이라. 너희는 나그네요 우거하는 자로서 나와 함께 있느니라"(레위기 25:23). 토지를 자기 것처럼 과독점하고, 부동산 투기를 통해 부를 증식시키는 경제행위를 성서는 허용치 않고 있다. "가옥에 가옥을 더하고, 토지에 토지를 더하여 빈틈이 없을 때까지 땅 한가운데 홀로 거하려 하는 자들은 화가 있을지니"(이사야 5:8)라고 했다.

물질적인 재화와 부를 생산하는 경제활동은 그 자체가 목적일 수 없고, 이 모든 것을 창조하시고 섭리하시는 하나님의 정의를 실현하는 수단일 뿐이다. 그래서 예수님께서는 하나님의 나라와 의가 의식주 생활을 영위하는 경제활동보다 우선이 되어야 한다고 강조하셨다. 그리고 이러한 그리스도의 말씀과 신앙 위에 선 초대교회 공동체는 성령의 인도하심에 따라 재산과 소유물을 내어놓고 공동체의 필요에 따라 나누어 쓸 수 있었으며, 상부상조하는 모범적 사회를 이룰 수 있었다(행 2:45).

2) 경제활동의 핵심은 인간의 노동이다. 인간은 일하지 않고 먹고 살 수 없으며, 인간의 일과 노동은 개인의 삶과 유익을 위해서 뿐 아니라, 공동체의 유익과 선을 위해서 쓰여야 하며 반드시 정당한 대가를 받아야 한다. 인간은 창조될 때부터 일하면서 살도록 태어났다. 에덴동산에서부터 얼굴에 땀을 흘리고 밥을 먹도록 되어 있었다(창 3:19). 사람이 자기가 먹을 것과 쓸 것을 위해서는 반드시 남의 신세를 지지 말고 일해서 필요한 것을 얻으라고 사도 바울은 가르쳤다(살후 3:8; 살전 4:11; 행 20:33-35). 그리고 일하기 싫거든 먹지도 말라 했다(살후 3:10).

그러나 사람은 일한 대가를 반드시 받아야 한다. 아무도 노동의 대가를 받지 않고 착취될 수는 없다. 곡식을 떠는 소의 입에도 망을 씌우지 말라고 했다. 이웃을 고용하고 품삯을 주지 않는 자는 화가 있으리라 했다(렘 22:13). 예수님께서도 포도원에서 일한 일꾼들에게 하루의 적정한 임금 1데나리온씩 지불하는 것이 하나님의 나라의 경제원리라고 가르치셨다. 그리고 일한 자에게는 반드시 휴식이 주어져야 하며, 소모된 노동력을 회복할 수 있는 적절한 휴가와 안식이 주어져야 한다고 했다(레 25:3-7).

물론 인간의 일과 노동은 자기의 삶과 필요만을 위한 것이 아니요, 하나님의 선한 목적을 달성하기 위한 것이다. 하나님의 형상대로 지음을 받은 사람은 하나님께서 맡겨주신 일을 그의 목적에 따라 하는 것이다(창 2:5-15). 그러므로 인간의 일은 하나님의 일과 일치될 때 참 의미를 갖는다. 주께서 집을 세우시지 않으면, 집을 짓는 사람의 수고가 헛되다고 했다(시 127:1).

이러한 성경의 말씀들은 경제활동에서 가장 중요한 인간의 노동에 윤리적인 규범이 있음을 가르쳐주고 있다. 노동은 인간의 의무이면서 동시에 하나님께로부터 받은 권리이다. 일과 노동을 할 수 없는 실업상태는 하나님의 창조와 섭리의 뜻과 맞지 않는다. 사회와 문명이 변화할수록 노동의 지위와 성격은 달라졌지만 인간은 누구나 일하지 않고 살 수는 없다. 그리고 일을 시키는 사용자와 일에 고용된 노동자는 책임과 의무의 윤리 의식을 가져야 한다.

3) 하나님의 나라와 공의를 증거하는 성경의 말씀이 경제문제에 관하여 일관되게 강조하는 점은, 가난한 자들과 힘없는 자들을 돌보고, 그들의 권익을 옹호하라는 교훈이다.

땅에는 언제나 가난한 자가 있겠지만, 여호와께서 주신 땅과 성읍에서는 가난한 자가 없도록 돌보고 구제하라고 하나님께서는 명하셨다(신 15:4-11). 이스라엘 백성들에게 가난한 자들을 돌보고 구하는 일을 하나님께서 명령하시면서 강조하신 점은 네가 애굽에서 종살이하던 일과 거기서 속량받은 일을 기억하라는 것이었다(신 24:18). 하나님께서 가난과 억눌림의 고통에서 자기 백성을 구해내었기 때문에, 너희도 가난한 자들을 구해야 할 의무를 가진다는 것이다. 밭에서 곡식을 베거나 포도원에서 열매를 딸 때에는 반드시 고와와 과부와 과객들을 위해 일부를 남겨두라고 했다. 그러면 여호와께서 복을 내리시겠다고 하셨다(신 24:19, 시 146:7-9). 가난한 사람을 억압하는 것은 그를 지으신 하나님을 모독하는 행위이다(잠 14:31). 율법과 선지자들은 가난한 자들을 돌보며 그들의 권익을 옹호하는 것이 하나님의 뜻이며 명령이라고 일관되게 주장하고 있다.

신약의 복음서에서 예수님은 가난한 자, 병든 자, 힘없고 연약한 자들에게 특별한 관심과 사랑을 베푸셨을 뿐 아니라, 제자들과 무리들에게 가난한 자에 대한 사랑을 의무로 부과하셨다. 예수님은 자기의 정체를 '가난한 자에게 기쁜 소식을 전하는 자'라고 밝히셨다(마 11:5). 영생을 얻는 길을 묻는 부자 청년에게 너의 재물을 팔아 가난한 사람에게 주어야 한다고 말씀했다(막 10:16-27). 거지 나사로를 돌보지 않은 부자는 가난한 자를 사랑하지 않았다는 죄만으로 천국에 들어갈 수가 없었다(눅 16:19-31). 지극히 작은 자, 배고픈 자, 헐벗은 자에게 먹을 것과 입을 것을 주는 것이 나에게 한 것과 같다고 심판 날에 주께서 말씀하시겠다고 했다(마 25:40). 가난한 자들에게 베푸는 사랑을 하나님에 대한 사랑과 동일시하신 예수님은 가난한

자들을 무조건 사랑하시고, 우선적인 배려와 애정을(preferential op-
tion for the poor) 나타내셨다.

이러한 성경의 가르침에서 볼 때 가난한 자들을 돌보지 않고 그들
과 연대하는 사업과 활동을 하지 않는 교회와 신도들은 그리스도인
으로서의 의무와 교회의 사명을 다한다고 볼 수 없다. 교회는 가난
한자들을 돕는 봉사에 힘써야 하며, 가난한 자들이 기쁜 소식을 얻
을 수 있는 대책을 마련하는 데 관심을 가져야 한다.

4) 성경은 가난한 자들을 돌보고 사랑할 것을 의무화할 뿐 아니라,
가난한 자들이 만들어지지 않도록 경제활동과 제도가 정의롭고 선
하게 운영되어야 함을 가르치고 있다. 가난한 자들이 생기는 것은
불의하게 재물을 모으는 자들이 있는 것과 관계가 있다. 가난한 자
들이 계속 불이익을 당하고, 짓밟히는 불의한 제도와 구조를 청산하
고, 정의로운 사회경제적 질서와 약자를 소외시키지 않는 공동체적
윤리의식을 고취할 것을 율법이나 예언서들은 강력히 촉구하였다.

불의한 법을 공포하고 양민을 괴롭히는 법령을 제정하는 자들, 가
난한 자들의 소송을 외면하고 불쌍한 백성들의 권리를 박탈하며 과
부를 노략질하고 고아를 약탈하는 자들에겐 재앙이 닥칠 것이라고
꾸짖었다(사 10:1-2). 가난한 사람들에게 돈을 꾸어 주었으면 빚쟁
이처럼 재촉해서도 안 되고 이자를 받아서도 안 된다고 했다(출
22:25). 이웃의 겉옷을 담보로 잡았거든 해가 지기 전에 그에게 돌려
주라고 했다(출 22:26). 뇌물을 받아서는 안 되는데, 이유는 뇌물이
눈을 멀게 하고, 의로운 사람의 말을 왜곡시키기 때문이다(출 23:8).
가난한 사람을 짓밟고, 곡물세를 착취하는 자들, 공의를 쓴 소태처

럼 만들고 정의를 땅바닥에 팽개치는 자들을(아모스 5:7, 11) 예언자들은 준엄히 비판했다. 가난한 사람과 억압받는 사람의 사정을 잘 헤아려 주는 자가 하나님을 아는 자라고 했다(렘 22:16). 불의한 재물을 쌓은 부자들에게는 그들이 일꾼들에게 주지 않고 가로챈 품삯이 소리를 지르겠다고 했다(야고보 5:1-4).

오늘날 가난한 자들이 특별한 보호를 받지 못하고, 빈부격차가 심해지는 원인은 경제제도와 그 운용이 가난한 자들을 소외시키고 가진 자들과 힘 있는 자들에게만 특혜를 주는 경우가 많은 데 있다. 가난한 자들이 높은 이자를 물고, 부한 자들이 낮은 이자로 돈을 빌려 고리를 받는 불의한 제도와 관행은 시정되어야 한다.

정의로운 사회에서는 고리대금으로 치부하는 제도를 막아야 한다. 가난한 자들이 억압과 소외를 당하지 않고, 경제적 고통과 불이익에서 벗어날 수 있도록 국가의 금융, 조세, 노동, 농업, 복지 정책 등이 개선되어야 하며, 교회는 국가와 사회가 이런 방향으로 나갈 수 있도록 촉구하며 비판하고 지원하는 역할을 담당해야 한다.

5) 성경은 달란트의 비유에서 보듯이 인간의 근면한 노력을 통한 영리활동이나 물질의 획득을 긍정적으로 보지만, 부와 재산을 지나치게 탐하며, 돈과 재물을 우상처럼 섬기는 행위를 비윤리적, 불신앙적 행위로 보며, 물신 숭배적 죄악으로 본다. 더구나 재산과 부를 비윤리적으로, 의롭지 못한 방식으로 축적하는 행위를 선지자들은 강하게 비판했다. 물론 오늘의 시대에 재산과 부를 축적하는 것이 모두 비윤리적이라고 보기는 어렵다. 산업화가 이루어지고, 자본주의 시장경제가 발달하면서 합법적인 이윤 추구와 부의 축적 가능성

이 확대된 것이 사실이다. 종교개혁가 칼빈은 근면과 저축, 절약과 검소를 통해 재산이 늘어나는 것은 하나님의 은총과 축복으로 보았으며, 청교도(Puritan)들은 이를 구원의 징표로 보기도 했다. 그러나 칼빈도 부와 재산이 바로 하나님의 은총으로 획득된 것이기 때문에 하나님의 선한 목적에 따른 사업에 쓰여져야 하며, 하나님보다 더 숭배될 때에는, 물질과 금전이 맘몬(Mammon)이 되어 우상의 성격을 갖게 된다고 하였다.

> "흉악한 사람들이 마치 새 잡는 사냥꾼처럼, 덫을 놓아 사람을 잡는다. 조롱에 새를 가득히 잡아넣듯이 남을 속여서 빼앗은 재물로 자기들의 집을 가득 채워 놓았다"(렘 5:26-27).

> "돈을 사랑하는 것이 일만 악의 뿌리가 된다"(딤전 6:10).

> "탐욕을 멀리하라. 재산이 차고 넘쳐도 생명은 거기에 달려있지 않다"(눅 12:15).

> "탐욕을 부리는 것은 우상숭배이다"(엡 5:5; 골 3:5).

> "하나님과 맘몬(재물의 우상)을 겸하여 섬길 수 없다"(마 6:24; 눅 16:13).

교회는 이러한 기독교 신앙에 입각하여 물질적 부의 축적과 경제 성장을 모든 가치의 위에 두고, 우상처럼 섬기며, 자유와 정의와 인권을 짓밟는 물질주의적 가치관이나 이데올로기를 배격해야 하며,

경제구조와 과정 속에서 정의와 선이 실현되도록 예언자적 목소리를 외쳐야 한다.

3. 정의로운 경제공동체를 향한 교회의 선교적 과제

성경이 가르치는 경제와 윤리의 교훈들을 바르게 깨달을 때 교회와 그리스도인들은 현실적인 경제구조와 행위들이 하나님의 뜻에 가까이 되어지도록 힘쓰고 노력해야 할 책임과 의무가 있음을 인식하게 된다. 우리의 생산이나 영리활동, 분배, 교환, 노동의 과정에서 정의롭고 선한 목적이 실현되도록 하며, 가난한 자들과 억울한 자들이 생기지 않도록 경제 구조와 과정을 개선하며 약자를 보호하고, 돌보는 복지 사업과 구호활동을 전개하는 것이 오늘의 그리스도인들의 책무이다. 그러므로 오늘의 비윤리적이고 타락된 경제구조와 현실에 직면한 교회와 그리스도인들은 하나님의 나라가 임할 때 실현될 수 있는 정의로운 경제공동체의 모습을 그려보면서, 정치현실과 경제구조를 개혁할 수 있는 대안적 모델을 구상하며 실현하도록 노력해야 한다. 왜냐하면 이것은 하나님의 나라의 복음을 증거해야 하는 오늘의 교회의 중대한 선교적 과업이기 때문이다.

우리는 특히 오늘 한국의 경제 위기와 세계 경제체제의 난맥상과 위험을 바라보면서 교회로서 실천해야 할 선교적 과제를 다음의 세 가지 영역에서 찾아보고자 한다.

1) 경제구조와 현실의 개선을 위한 노력

오늘의 세계경제 체제와 경제현실은 기독교 신앙의 눈으로 볼 때 매우 비윤리적이며, 비성서적인 요소와 방식으로 구조화되어 있다. 세계은행의 발표에 의하면 전세계 인구의 약25%에 달하는 13억 인간이 절대 빈곤층이며, 식량과 물을 충분히 공급받지 못해 매년 1,500만의 어린아이들이 영양실조로 사망하고 있다. 빈부의 격차는 극심해져서 전세계 358명의 재벌들이 세계 인구 절반인 25억의 재산을 합한 것과 같은 부를 소유하고 있으며, 20%의 부자들이 전세계 80%의 재산을 차지하고, 80%의 인구는 나머지 20%를 나누어 갖는 불균형과 불평등의 구조를 보이고 있다.

전세계의 가난한 나라들이 부자나라나, 세계은행, IMF 등 국제금융기관으로부터 빌린 채무는 1980년에서 89년까지 10년 동안에 9,720억 불에 달하는데, 이자와 원금을 합해 갚은 돈은 이미 1조 4,000억 불에 달하며, 그래도 1조 1,650억 불의 외채를 남기고 있다고 한다(WCC보고서). 결국 이자를 갚기 위해 또 빚을 들여오고, 아무리 노력해서 갚아도 결국 외채는 계속 눈덩이처럼 불어나는 것이 가난한 나라들의 현실이다. 이러한 구조로 인해 개발도상국의 노동과 자연의 착취는 극심하고, 인권 탄압과 폭력은 날로 증대되고 있으며, 땅과 물의 오염과 산림과 환경의 파괴는 점점 심각해져 하나님께서 창조하신 지구 생태계가 과연 다음 세기에 살아남을 것인가가 의심스러울 정도로 위협을 당하고 있다.

오늘날 이러한 세계경제의 비윤리적 구조와 모순된 현실은 많은 개혁과 시정을 요구하며, 이미 그 원인과 해결책에 대해서도 많은 주장과 의견들이 제기되어 있다. 후진국의 농산품과 선진국의 공산품의 무역에 있어서의 불균형이라던가, 단순노동과 기술노동의 대가의 엄청난 차이 그리고 자본, 기술, 시장, 정보, 운송, 금융의 과독점과 편재 현상 등이 세계경제를 이렇게 불공평하고, 왜곡되게 만드는 요인으로 지적되고 있다. 이러한 모순을 시정하고 공정한 경제질서를 만드는 데 교회의 세계적 연대가 큰 역할을 할 수 있다. 특히 세계교회의 에큐메니칼 운동은 2000년을 희년의 해로 정하고 가장 가난한 나라의 빚(debt), 이미 이자를 원금만큼 지불한 후진국의 부채를 탕감해 줄 것을 요구하는 서명운동을 전개하고 있다. 오늘날 이자가 계속 증가되는 외채문제가 가난한 나라들이 빈곤에서 벗어나지 못하는 핵심적 원인이기 때문이다.

한국교회는 이제 세계 경제체제를 정의롭게 전환시키고, 절대적으로 빈곤한 나라들의 문제를 해결하는데도 관심을 보이고 참여해야 한다. 오늘날과 같은 세계화의 구조 속에서 한 나라의 경제는 세계체제의 영향을 받지 않을 수 없고, 세계 경제의 모순의 구조는 곧 모든 나라의 경제 구조 속에 반영되기 때문이다.

오늘날 국경이 없어지는 세계화(globalization)의 물결을 타고 전세계의 모든 지역으로 확산된 시장경제 체제와 신자유주의 경제질서는 시장을 우상처럼 섬기며 모든 것을 시장에다 맡기는 자유방임적(laisser-faire) 구조를 만들어 놓았다. 이제 무한경쟁과 무제한의 이윤추구가 가능하게 된 세계 경제체제는 초국적 금융자본과 투기성 "핫머니"(hot money)가 전파의 속도로 국경을 넘나들며 엄청난 이익과 부를 챙기고, 세계 각국의 환율이나 경기, 산업과 금융을 지배하고 침식하는 벌거벗은 전쟁터가 되고 말았다. 하루에 전세계의 시장에서 거래되는 1조 5,000억 달러 가운데 2%만이 무역이나 실물경제에 해당하는 거래이며, 나머지 98%는 외환, 증권, 채권시장 등에서 수십억, 수백억 달러의 단기성 이익을 노리는 국제 금융자본의 투기성 거래라고 하지 않는가. 세계화의 구호를 부르짖으며 WTO와 OECD에 가입하는 등 신자유주의적 세계 경제체제 속에 앞장서 편입된 한국경제가 심각한 외환위기와 외채위기를 당하게 된 데는 국제 금융자본의 투기성 구조와 횡포의 생리를 제대로 파악하지 못하고 무분별하게 외채를 끌어들이며, 무책임한 거품경제를 만들어 놓은 데 원인이 있었다는 것도 뼈아프게 반성해야 한다.

이제 교회는 나라의 경제를 바로잡기 위하여 관치금융이나 정경유착, 부실기업, 부실채권 등 공정성과 투명성을 상실한 경제정책이나 형태들을 개혁하고 구조를 바꾸는 데 진실된 비판과 충고를 아끼지 말아야 할 뿐 아니라, 부익부 빈익빈을 확대 재생산해 가는 세계 시장경제 질서의 모순을 시정하는 데도 세계 교회들과 연대하여 함께 노력해야 할 것이다.

2) 건전한 그리스도인의 경제생활과 교회의 재정

정의롭고 선한 경제 공동체를 구축하기 위하여 예언자적 비판과 선교적 사명을 다해야 하는 그리스도인들과 교회는 외적 구조에 대해서 가하는 비판의 척도를 스스로를 향해 먼저 적용시켜 내적 구조와 삶의 양식을 반성해 볼 필요가 있다. 사실상 지난 수십 년 동안 그리스도인들과 교회는 경제성장기에 축적된 물질적 부와 풍요를 함께 즐겼으며, 양적인 성장과 물량의 확대가 곧 축복의 척도인 양 찬양하고, 재산과 소유에 최고의 가치를 두는 물질주의적 풍조 속에 살아왔다. 돈 많이 번 사람은 무조건 성공하고 축복받은 사람, 부자들이 많이 모여 재산과 재정이 풍부한 교회를 목회하는 목사는 무조건 성공하는 목회자로 치부하는 물신주의적 가치관을 가져왔음을 우리는 회개해야 한다. 부자가 천국 가기가 약대가 바늘구멍으로 들어가기보다 어렵다는 예수님의 말씀이, 바르고 정직하게 부자가 되는 것이 어렵다는 교훈임을 무시하고, 무조건 달란트를 늘여서 부를 축적하는 행위만을 축복으로 찬양해온 비신앙적 자세를 우리는 뼈아프게 뉘우쳐야 한다. 우리는 오늘 치부와 출세 권력만이 축복인줄 알고 수단과 방법을 가리지 않고 성공가도를 달려간 많은 기독교인들이 부정과 부패, 타락의 범인이 되어 줄줄이 쇠고랑을 차는 안타까운 정경을 눈으로 목격하고 있다. 이제 교회와 그리스도인들은 예수님의 말씀과 기독교의 정신으로 돌아가, 가난하면서도 깨끗한 청빈의 사상, 지나친 탐욕과 성취욕을 버리고 자연스런 삶 속에서 자족하는 생활태도를 가르치며, 검소하고 절약하며 근면하고 절제하는 경제생활을 실천하도록 노력해야 한다. 그리고 교회의 재정과 경제가 사회에 모범이 될 수 있을 만큼 투명하고 공정하도록 특별한 주의를 기울여야 한다.

(1) 교회는 작은 규모이더라도 재산과 건물을 소유하고 있으며, 시설과 사업을 관리하고 있고, 많은 인원을 고용하고 있는 경제적 공동체임을 솔직하게 인정해야 한다. 모든 재정의 운용이나 재산의 관리, 임금과 활동비의 지급 등 경제행위는 깨끗하며 정직하고 신뢰성과 투명성이 드러나도록 해야 하며 합리적이고 민주적으로 관리

되어야 한다.

(2) 하나님께 드리는 헌금으로 운영되는 교회의 재정 지출은 교회의 목적인 하나님의 선교와 봉사를 위해 합당하게 쓰여져야 하며, 교역자의 생활비나 건물의 관리, 선교, 교육, 봉사 구제활동 등에 균형있게 배분되어야 한다.

(3) 교회지도자나 교인들의 생활이 그리스도인의 근검과 절약, 경건과 절제의 정신에 맞도록 모범적인 것이 되어야 하며 사치와 허영, 과소비나 부정직한 거래들이 나타나서는 안 된다.

(4) 지나친 헌금의 부담으로 교인들의 경제적 삶이 무리하거나 불의를 범하도록 해서는 안 된다. 교회의 양적 성장에만 매달린 물량주의나 업적주의는 지양되어야 한다.

(5) 그리스도인들은 물건 아끼기 운동, 절제 운동, 환경보호 운동, 폐기물재활용 운동, 아나바다 운동 등 나라의 경제와 환경을 살리기 위한 개혁적 시민운동에 적극적으로 참여해야 한다.

3) 가난한 자와 희생당한 자를 위한 봉사의 실천

그리스도인들과 교회가 지향해야 할 정의로운 경제 공동체는 무엇보다 가난한 자와 소외된 자, 힘없는 자, 희생당한 자들을 이웃으로 사랑하고 인간적인 삶을 누릴 수 있도록 도움을 베푸는 섬김과 나눔의 공동체가 되어야 한다. 교회의 봉사활동은 예수 그리스도의 정신에 따라 항상 가장 힘없고 가난한 사람들, 가장 시급히 도움을 필요로 하는 결핍된 사람들을 구호와 사랑의 대상으로 삼아 추진되었다.

그러나 지금 IMF 경제 위기 시대에 이르러서는 너무나 많은 사람들이 경기 불황과 직장폐쇄, 정리해고 등으로 인해 희생을 당하고, 직장과 삶의 기반을 잃어버린 실직자가 되어 가난하고 힘없는 자들로 전락하고 있다. 노동부의 공식 통계로만 보더라도 실업자는 97년 여름까지 72만 명이던 것이, 98년 여름에는 170만 명을 넘어서게 되어 일 년 동안에 100만 명이 증가하는 대란을 맞게 되었다. 그러나 지금 막 시작된 구조조정이 본격화로 대량실업이 예상되는 98년 말이나 99년 초에는 250-300만까지 치솟을 수 있다. 사실은 이 숫자에 포함이 안 되는 일용직 건설 노동자 180만 명이 거의 취업을 못하고 있어 잠재 실업인구까지 합하면 이미 우리 사회에 실직자의 수는 400만을 육박하고 있다고 보아야 한다.

우리나라처럼 복지정책과 사회보장 제도가 열악한 나라에서 실직은 곧 생계와 삶의 수단을 잃는 것을 의미한다. 실직자 중 고용보험에 들어 실업 급여를 받는 숫자는 7% 정도에 불과하고 그나마 4개월 미만 동안만 받는다. 생활보호비 등 공공 부조를 받는 사람도 20-30만 명에 불과해, 대부분의 수백만 실직자들은 생존의 기본 조건을 충족시키는 사회 안전망을 벗어나 있다. 생존과 안전을 보장해 주는 최소의 조건인 가정마저, 뿔뿔이 흩어지고 드디어 길거리로, 지하도로 헤매는 노숙자들이 도시마다 수천수만을 헤아리게 되었다. 가족의 해체로 버려진 어린아이와 노인들, 범죄와 타락의 유혹을 받는 청소년들, 그리고 절망과 고통, 자존심 때문에 스스로 목숨을 끊는 자살자들, 그야말로 오늘의 상황은 여리고 성으로 가는 외딴 길가에서 강도 만나 빼앗기고 매를 맞고 피흘리고 쓰러진 이웃들이 너무나 많이 속출하는 긴급상황이다.

물론 우리 교회와 그리스도인들은 그동안 방관하고 있지만은 안 았으며, 실직자들을 위한 쉼터와 상담소를 설치하였으며, 노숙자들을 위한 합숙소와 무료급식소를 제공하였고, 병약자를 진료하고 실직 가정의 어린이들을 보호하는 시설을 마련하는 등 여러 가지 형태의 사회봉사 활동을 전개하였다. 그러나 이런 긴급 구조활동들도 늘어나는 희생자들의 숫자에 비하면 턱없이 부족하고 국가의 시책이나 여력도 미비하여, 이제 우리 교회가 보다 더 헌신적으로 봉사활동에 나서지 않으면 안 되게 되었다.

정부나 다른 사회단체들도 전력을 다해 실직자들을 도와야겠지만, 우리 교회는 바로 이웃사랑과 봉사가 본래적 사명과 의무임으로, 그리고 경험과 시설 인력을 가지고 있으므로, 누구보다도 책임 있고 성실하게 희생된 자들을 돕는 활동과 사업을 전개해야 할 것이다. 모든 교회는 이 위기의 시대에 사회봉사비와 구제비 예산을 대폭 증택시키고, 남녀 선교회와 청년 학생회가 자원 봉사대를 조직하여 긴급 구조활동에 나서야 한다. 물질적인 구호도 중요하지만, 교회는 무엇보다도 이들에게 문을 열어 놓고 따뜻하게 맞아주며 함께 걱정하고 위로하며 용기를 북돋아 주는 정신적인 도움을 주는 것이 더욱 필요하다. 교회마저 희망과 용기를 주지 못할 때 절망하고 자포자기하는 낙심자들이 선택할 것은 무엇이겠는가?

결코 실직자들의 문제는 오늘 내일에 끝나거나 해결될 문제가 아니기 때문에 이제 우리 교회들은 개교회적으로 지역별로 긴급 구조활동을 펴는 데서 한 걸음 더 나아가, 직업 상담과 소개, 직업교육 훈련 등을 조직적으로 체계적으로 할 수 있는 총회적이고 제도적인 사회봉사 사업들도 강구해야 할 것이다. 제사장이나 레위인처럼 강도

만난 이웃을 피해가지 않고, 선한 사마리아 사람처럼 책임있게 구호
하고 대책을 세우는 사랑과 봉사활동에 보다 헌신하며 노력해야 할
때이다.

맺는 말

IMF시대 경제 위기는 많은 사람들에게 고통과 아픔을 주고 있는
것이 사실이지만, 이 위기와 고통의 원인과 의미를 신앙적으로 곰곰
이 생각해보면, 우리의 타락과 잘못을 회개시키고, 정신을 차리게
하여 새롭게 거듭나게 하시려는 하나님의 뜻과 섭리가 있으신 것을
깨닫게 된다. 시련과 고통을 통해 연단하시며 민족과 교회를 함께
깨우치게 하시려는 뜻이 분명히 있다. 고로 이 위기는 분명히 우리
에게 새로운 기회가 될 것이며, 이 위기를 바르게 극복하려는 노력
과 자세에 따라서, 망가진 경제를 다시 살리고, 무너진 윤리와 정신
력을 다시금 회복하는 귀한 은혜와 축복을 받을 수 있다고 믿는다.
나라의 위기와 민족의 시련, 고통이 왔을 때마다 그것이 일제시대
였든, 6.25전쟁이었든, 우리 교회와 신앙의 선배들은 고통을 이기며
위기를 극복하고 나라와 민족을 살리는 위대한 과업을 지혜롭게 수
행하였다. 물산장려운동, 농촌계몽운동, 국채보상운동, 난민구호운
동, 인권운동 들이 모두 민족의 위기를 구하려는 신앙의 선각자들에
의해 일으켜진 구국운동들이었다.
이제 경제발전과 민주화를 거쳐 민족통일로 나아가는 마당에 닥
쳐온 이 경제 위기를 다시 한번 극복하는 지혜와 용기 그리고 믿음

을 우리 교회는 하나님께 구해야 한다. 그래서 복음의 빛과 하나님 나라의 의를 실현하는 공정한 민주사회, 정의로운 경제 공동체를 건설해야만 한다. 이러한 각성과 결단을 가질 때, 하나님께서는 우리 교회와 민족을 도와주시고 능력을 주시리라 믿는다.[1]

소망교회에서 열린 83차 예장 총회 시 신앙각서를 낭독하는 필자

---

[1] 이 신앙각서는 대한예수교장로회총회가 1998년 9월 24일 소망교회에서 열린 83차 총회 시에 신앙각서작성위원회의 대표집필자인 이삼열이 낭독하였고, 만장일치 기립박수로 채택된 공식문서이다. 작성위원회에는 김용복 박사, 임성빈 교수 등 전문가와 필자가 참여했으며, 필자가 초안을 대표집필했다.

2장
민주화 시대의
기독교 사회 발전 운동

1. 1980년대의 민주화와 사회 발전 운동

기독교사회발전협회의 전신인 한국기독교사회발전위원회가 출
범한 1985년경에는 우리나라에 사회 발전이라는 말이 아직 잘 쓰이
지 않고 생소하던 때였다. 전두환 대통령이 나라를 이끌던 5공화국
말기, 또 다시 수천 명의 지명된 통일주체국민회의가 체육관에 모여
대통령을 선거하는 독재정치, 군부세력에 의한 통치가 계속되느냐,
아니면 20여 년에 걸친 군부 독재체제를 청산하고 민주화로 발전해
가느냐의 갈림길에 서서 정국이 몹시 긴장되었던 시절이었다. 정치
적 활동의 자유는커녕 언론의 자유도, 집회나 시위의 자유도 전혀
보장되지 않고, 야당이래야 군사정권이 조작해놓은 어용 야당이 있
을 뿐이었다. 학생들은 학교 수업보다 시위와 투쟁을 위해 학교에
나와, 책을 넣고 온 책가방에다 돌멩이를 잔뜩 넣어 짊어지고 경찰

과 투석전을 벌이는 게 일과였다. 학생운동의 이념이 날로 과격해지면서 사회주의적 이데올로기로 무장한 운동권이 드세게 지하 서클 운동(UNDER)을 펼쳐 가던 때다.

사회 발전보다는 정치발전이 당면한 현안이요 시급한 과제로 인식되었던 시절이었다. 모든 것은 민주화에 초점이 맞추어 있었다. 정치도, 경제도, 학원도, 노동계도, 종교계도 민주화가 되지 않고서는 아무런 발전이 기대될 수 없다고 생각되었다. 학생운동이 민주화에 선봉대로 나섰고, 여기에 노동계, 종교계 기타 지식인 교수 시민들이 민주화의 목소리를 높여 가던 시절이었다. 민주화의 서광은 이미 보였다. 18년간 장기집권의 독재자 박정희 대통령의 유신체재가 이미 민주화운동과 투쟁으로 붕괴된 뒤였는지라, 79년 12.12군부 쿠데타와 80년 5월 광주 유혈사태로 집권한 전두환 정권이 국민적 저항에 부딪쳐 오래 견디지 못할 것은 불을 보듯 명확했다. 드디어 87년 6월 항쟁이 성공하여 형식적이나마 민주적 헌법에로 복귀하는 정치적 민주화가 이루어졌다. 정치발전이 실현된 것이다.

이 시기와 무렵에 아직까지 우리의 운동권에 생소한 "사회 발전"이란 개념을 가지고, 시민사회의 여러 가지 운동들을 지원하며 성장시켜보려고 한 기독교사회발전위원회의 사업과 노력은 나름대로 철학과 역사의식을 갖고 있었다. 그것은 우리나라와 사회의 발전 목표가 우선은 경제발전이었지만 경제성장이 어느 정도 이루어진 단계에서는 반드시 정치발전이 있게 마련이요, 정치발전 이후에는 사회발전이 커다란 목표로 주어지겠다는 예견과 전망에서였다. 60년대와 70년대가 경제발전, 80년대가 정치발전의 시기였다면 사회 발전은 90년대에나 기대해 볼 수 있는 역사적 과제였다. 그래서 80년대

중반에 아직 민주화도 이루어지지 않은 시기에 사회 발전을 논한다는 것은 좀 시기상조로도 보였다.

이론적으로 본다면 사회 발전은 경제발전이나 정치발전에 대해서 한 단계 나아가는 발전을 의미하며, 오히려 대립적인 의미나 변증법적 지양을 의미하기도 한다. 경제성장이나 발전은 산업화와 자본주의 경제의 급성장으로 분배의 불균형과 빈부격차를 수반하게된다. 농촌의 낙후성으로 인한 농민들의 빈곤화, 도시의 주변부에발생하는 빈곤층과 슬럼의 확대, 수출 주도적인 경제발전이 갖고 온저임금, 저가격 덤핑수출로 인한 노동자들의 궁핍화가 부작용으로나타난다. 경제성장이 수반하는 이런 문제들은 평등과 정의를 실현하는 균형발전으로 보완해야 하고, 빈민계층의 생존권과 취업, 주택, 의료, 교육, 복지 등 인간적 삶의 권리를 보장하는 사회적 발전책이 강구되어야 한다. 경제발전이 어느 단계에 이르면 사회 발전과병행되거나 성장 위주의 발전책이 분배정의와 균형발전으로 수정되는 것은 당연한 논리며 역사 발전의 추세이다.

또한 사회 발전은 정치발전을 보완하며 수정해가는 후속적 작업의 의미를 갖기도 한다. 일반적으로 독재체재에서 민주화의 과정을거쳐나가는 정치발전은 우선 정치적 민주화를 수행한다. 헌법을 민주적으로 고치고, 선거를 통해서 집권세력과 지도자를 국민이 뽑고, 언론자유를 포함한 국민의 기본적 자유권을 확보하면 정치적 민주주의의 틀이 갖춰진다. 그러나 이것은 아직 형식적 민주주의에 불과하며 내용적 민주주의는 사회, 경제, 교육, 문화 등 사회 전반의 민주화를 이룰 때에야 실질적으로 실현되게 된다. 서구에서도 정치적 민주화가 이루어진 다음에 사회적 민주화가 주창되고 운동화 되었던 것이 순서였다. 사회 발전은 사회의 민주화와 함께 기대될 수 있는 것이요, 정치적 민주화 만으로서는 아직 조건이 충족되지 않는 발전 목표이다. 그러나 한국 사회의 발전 운동들을 역사적으로 관찰하여 보게 되면, 70년대의 반독재 반유신체재 운동이라는 민주화운동의 흐름 속에는 정치적 민주화를 위한 운동들뿐 아니라, 전태일 사건, 동일방직사건, YH사건, 산업선교 등에서 보는 바와 같이 사회의 민주화를 위한 운동들이 이미 활발하게 나타나고 있었다. 노동자 농민 빈민들, 산업화과정에서 소외되고 억압되고 상대적 박탈감을 느끼는 소위 민중 층들이 생존권과 사회 경제적 권리를 누리려는 사회운동들을 전개하고 있는 것이다. 그러나 이들의 운동은 정치적 민주화 운동의 흐름과 틀 안에서 전개되고 있었다.

노동자들의 저임금을 높이기 위한 운동보다는 우선 노동조합을 결성할 자유를 위한 투쟁이 더 시급한 과제가 된다. 조합이 결성되지 않고서는 임금과 노동조건을 개선할 길이 따로 없기 때문이다. 농민들이나 도시빈민들도 민주화가 이루어지지 않으면 결사의 자유, 권익옹호를 위한 운동의 자유를 획득할 수 없기 때문에, 사회경제적 이익을 위한 운동보다는 정치적 자유를 얻기 위한 운동에 열정을 기울이는 것이 당연한 추세다. 정치투쟁이냐 경제투쟁이냐의 논란이 있었지만, 정치적 민주화가 우선적인 목표가 될 수밖에 없었다.

80년대에 들어와서는 유신체제의 붕괴로 기대되었던 정치적 민주화가 다시금 광주사태 5공독재로 허망하게 되자, 정치적 민주화 투쟁이 극렬하게 벌어졌었다. 학생, 지식인, 종교인들이 민주화운동 대열에 섰던 것은 물론 노동운동이나 농민운동 등도 대개는 학생운동 출신이나 지식인들이 들어가 위장취업을 하며 일으킨 운동들이었고, 이들을 의식화시켜 민주화운동의 대열에 세우기 위한 정치적 목적의 운동이 대부분이었다. 80년대 전반기까지의 사회운동들은 대체로 정치발전을 위한 민주화운동이 중심을 이루고 있었다.

이러한 패턴에 근본적 변화를 가져온 것이 87년 6월 항쟁의 성공과 6.29선언이라는 집권세력의 양보를 통한 정치적 민주화의 과정이 일어나면서부터였다. 실로 87년의 민주적 헌법 개정과 새로운 야당의 결성, 정치적 자유권의 획득은 실로 이제까지 억눌렸던 국민들의 자유와 권익에 대한 욕구를 화산의 분화구처럼 폭발시키는 계기가 되었다. 열화같이 솟아난 노동자들의 임금투쟁과 파업, 농민들의 권익옹호를 위한 전국적인 결사운동과 수만 명이 서울에 모여 시위행진을 벌인 사건들 그리고 억눌렸던 평화통일의 열망이 88년부터 대중적 통일운동으로 터져 나온 것 등. 87, 88년은 한국 사회에서 정치적 민주화에 뒤따르는 여러 가지 형태의 사회운동들이 조직되고 나타난 시기였다. 우리는 정치적 민주화와 함께 사회의 각계각층에서 일어난 여러 가지 사회적 민주화운동들을 일단 사회 발전 운동이라고 파악하면서, 한국 사회운동사에서 정치적 민주화운동, 정치발전 운동과는 시기적으로나 내용적으로 구별되는 운동으로 보고자 한다.

그러면 80년대의 민주화운동을 전후로 혹은 이와 병행하여 일어난 한국 사회의 사회 발전 운동은 어떤 형태와 양상으로 전개되었는가?

우리나라의 사회 발전 운동은 제삼세계의 일반적인 발전과정에서 보이는 것처럼 자본주의적 경제발전과 근대화와 산업화가 가져온 사회적 모순과 피해, 인간적 삶의 고통들을 해결하기 위한 여러 가지 사회운동들로 시작된다. 50년대와 60년대에 제삼세계, 후진국이나 개발도상국의 발전론에서 풍미하던 근대화 이론(modemization theory)은 70년대에 나타난 부작용과 역기능으로 인해 부도(bankrott)가 났다고 비판되었다. 무작정 선진국의 자본과 기술을 들여다 저임금 노동을 이용해 수출주도형의 공업화를 이룩하는 근대화방식은 외형상 GNP를 높이고 산업화와 도시화를 촉진시켰지만, 빈부격차는 심해지고, 다수의 빈곤층이 고통스런 삶을 살아가는 소외현상을 맞게 되었다. 외국자본에 의존하는 종속적 경제발전은 국민경제를 파탄에 이르게 하며, 자연 환경의 파괴와 자원의 낭비가 극심하여 이것이 과연 발전인가 아니면 퇴보인가를 가리기 어려운 정도로 많은 문제를 가져왔다.

이러한 근대화와 산업화의 과정에서 파생되는 사회적 모순과 인간적 고통들을 해결해 보기 위해 나타나는 운동들이 사회 발전 운동(Social Development Movement)이라고 하겠다. 70년대의 기독교 산업선교활동을 통한 노동자들의 교육운동, 노조결성운동, 이농현상으로 궁핍화, 공동화한 농촌을 살리기 위한 농어촌 개발 사업이나 농민들의 협업운동, 도시나 공단지역의 빈민들의 삶의 조건을 개선시키기 위한 도시빈민운동 등이 70년대 후반부터 80년대 전반까지 활발하게 전개되었던 사회 발전 운동이었다고 할 수 있다. 그리고 여기에는 기독교의 산업선교나 농어촌 선교, 도시빈민선교 등 사회선교활동이 노동자 농민, 빈민들이 중심이 되는 사회 발전 운동을 일으키고 발전시키는 데 중요한 촉매제의 역할을 하게 되었다. 기독교의 젊은 목사들과 전도사, 평신도들이 공장지대와 산업사회에 들어가 노동자들을 의식화시키며 그들의 권익을 찾게 하는 운동에 가담하고, 산동네와 빈민지역에 들어가서 탁아소와 공부방을 운영하며,

주민들을 조직해 공해산업체를 추방하는 운동을 벌이고, 청소년들에게 야학을 가르치며 농촌에서 협동조합과 신용금고사업을 운영하기도 했다. 이것이 70, 80년대 우리나라의 사회 발전 운동의 근간이 되고, 초석을 쌓는 노력과 작업이었음은 오늘에 와서 회고해 볼 때 분명하게 확인될 수 있다.

유신체제 아래 극도로 억압되고 제한된 상황에서 기독교의 사회 선교가 노동자, 농민, 빈민들의 일부 속에 들어가 삶의 권리와 인간적 요구를 의식화시킨 운동을 전개한 것이 70년대 사회 발전 운동의 특징이었다면, 80년대는 이를 통해 각성된 노동자들, 농민들, 빈민들 스스로가 혹은 기독교나 학생, 지식인들의 도움을 받으며 주체적인 사회 발전 운동을 일으키는 것이 차이점이요 발전이라고 할 수 있다. 물론 70년대에도 동일방직사건이나 YH사건 같은 것이 있었지만, 운동의 배후와 지도에는 산업선교자들과 기독교 운동가들이 깊숙이 개입되어 있었다. 80년대에 오게 되면 차츰차츰 조직과 운동이 서서히 독립하고, 농민들도, 도시빈민이나 소외된 지역의 주민들도 자발적으로 삶의 권리를 찾고 삶의 질을 개선시키기 위한 운동들을 활발히 전개하게 된다.

이런 사회 발전 운동들은 사업사회에서 노조운동이나 어용노조에 반대하는 노동운동, 농촌사회에서는 신용협동조합운동이나 양곡은행, 혹은 농민의식화운동, 도시빈민 지역에서는 철거민대책활동이나 공부방 탁아소운동, 광산촌에서는 광산복지사업과 산업재해의 피해자들을 돕는 운동 같은 것으로 전개되었다.

2. 기독교 사회운동과 기독교사회발전위원회

기독교사회발전위원회는 민주화운동과 소외된 민중들의 삶을 개선하는 사회 발전 운동들이 줄기차게 일어나는 80년대 중반에 기독교의 사회참여를 보다 책임 있게 체계화하며 기독교적인 사회 발전의 이념과 목표들을 실천하는 사회운동들을 강화하고 지원하기 위해 기독교 에큐메니칼 운동권의 지도급 인사들에 의해 조직되었다. 물론 한국기독교사회발전위원회(이하 '기사발'로 약칭)는 기독교단체들이 수행하는 민주화운동이나 사회운동들만을 지원하고 강화시키기 위해 조직된 것은 아니다. 기독교인들이 하든, 일반 시민들이 하든 정치 사회의 개혁과 발전에 공헌하는 운동들은 모두 기독교적인 사회를 만들고 발전시키는 데 도움이 된다고 보아 구별하지 않기로 했다. 기사발의 기독교는 돕는 주체를 말할 뿐이지 도움을 받는 대상을 기독교로 한정시킨다는 뜻은 아니었다.

'기사발'을 처음 조직하고 일으킨 초기의 인사들은 모두 1970년대 국내외에서 민주화운동에 적극 참여하고 앞장섰던 기독교 에큐메니칼 운동권의 지도적 인사들이었으며, 동시에 정치적 민주화뿐만 아니라, 민중들의 삶과 복지를 개선하는 사회 발전에 관심을 갖고 있었던 분들이었다. 이들은 대부분 1970년대에 사회선교(Social Mission)라고 하는 기독교의 선교단체들에서 일하며 노동자나 농민, 빈민, 여성들과 같은 민중들의 권익과 생존권을 위해 노력하며 투쟁하고 고난을 당하기도 한 분들이었다. 1970년대 유신독재의 억압과 인권유린의 상황 속에서 기독교의 사회참여는 신앙의 자유와 인권 민주화를 부르짖는 정치적 민주화운동과 소외된 계층의 권익옹호를 위한 사회선교운동(산업선교, 도시빈민선교, 농촌선교 등)으로 나타났다.

이러한 운동을 주도하던 분들은 한국기독교교회협의회(NCCK)를 중심으로 하는 에큐메니칼 운동에 관련된 분들이었거나, 산업선교, 도시빈민선교 등에 종사하며 가장 소외되고 고통당하는 계층들과 함께 사회정의와 하나님 나라 운동을 부르짖던 사회선교운동에 종사하던 (주로 한국교회 사회선교협의회에 소속된) 분들이었다. 그러나 유신체제가 무너지고 군부 중심의 독재체제인 5공화국이 다시 수립되면서 기독교운동의 양상이 좀 달라졌다. NCCK 같은 교회 기구가 민주화운동의 투쟁대열 선봉에 서고, 선교단체인 사회선교협의체가 반체제운동의 핵이 되어 줄줄이 감옥에 가는 사태는 바람직하지 않게 여겨졌다. 유신체제 같은 급박한 상황에서는 몰라도 이제 민주화와 인권, 그리고 사회 발전을 위한 장기전에 돌입해야 하는 기독교로서는 새로운 전략과 대책이 필요하게 되었다.

이러한 전략적 논의와 사고의 결과로 나타난 것이 교회적인 선교와 사회운동적인 투쟁의 분리였다고 생각된다. 교회와 선교는 정의와 평화, 인권 민주주의 같은 보편적인 기독교의 복음과 가치를 의식화하며 폭넓게 기독교인들을 대중적으로 계몽화하는 정상적인 교회운동이 되어야 하며, 당면한 정치적 운동과 민중층들의 권익옹호를 위한 사회운동들은 공식 교회 기구에서 분리된 운동단체와 조직을 통해 수행되어야 한다는 전략적 조직적 분리였다. 이것은 역사발전이나 기독교운동의 발전을 위해 불가피했으며 필수적이었다. 그래서 80년대에 들어와 변천된 기독교운동들을 보면, NCC나 교단의 청년운동들은 인권선교, 평화선교, 민중교회를 위해 주로 노력했고, 민주화운동과 사회개혁 운동에 앞장서야겠다고 생각한 기독교운동가들은 공식 교회나 선교단체 밖에다 새로운 운동체를 만드는 방향으로 나아갔다. 교회와 기독교운동의 분리과정이라고 할 수 있다.

이러한 변화의 과정 속에서 1980년대 전반기에 많은 기독교운동 단체들이 새롭게 탄생하는 것을 볼 수 있다. 우선 산업선교에 매달렸던 기독교 운동가들과 노동자들이 중심이 되어 한국기독교노동자총연맹(기노련)을 결성한다. 농촌선교와 농민운동에 종사하던 운동가들이 기독교농민회(기농), 카톨릭농민회(카농)을 결성하며 도시빈민들과 공단지역의 가난한 서민층들을 중심으로 선교하던 목회자들은 민중교회라는 교회와 사회운동을 결합한 운동체를 만들어낸다. 민중교회는 교회적인 요소도 있고 운동체의 성격도 있는데 운동적 성격은 민중교회들이 겸해하고 있는 어린이들을 위한 공부방이나 탁아소, 주부교실 등과 같은 활동과 사업을 통해 드러났다.

이 밖에도 기독교의 목회자, 청년, 학생, 여성, 교수들은 여러 가지 형태의 조직과 운동체를 만들고 다양한 활동을 전개하게 된다. 여기서 여러 부문의 기독교운동권을 결집시키며 협력을 이루기 위해 만들어지는 것이 기독교사회운동연합(기사련)이다. 이 '기사련'은 기노련이나 기농, 기독교 빈민운동, 기독교여민회, 민중교회운동연합, 기독청년운동, 기독학생운동연합 등이 함께 참여하는 범기독교 운동연합체였다.

이렇게 많은 운동체들이 생기고, 운동조직들이 교회로부터 독립한 것은 바람직한 일이었지만, 이들은 새로운 난관에 봉착하게 되었다. 그것은 교회라는 공적인 보호막을 떠나면서, 신앙의 자유, 종교 활동의 자유라는 범주를 이탈하게 되어 더 많은 감시와 탄압을 받게 된다는 것과 교회의 재정적 지원을 받을 수 없게 된 것이다. 그래도 교회나 선교라는 이름으로 활동할 때는 기관원들이 함부로 간섭하지 못했는데 사회운동체가 되면서 보호막은 크게 약화(vulnerable)되었다. 그리고 선교헌금으로 사무실과 실무자의 비용을 대던 편한 구조에서 떠나는 바람에 기독교 사회운동권은 커다란 재정적 어려움에 부딪쳤다. 독지가들의 기부금이나 회원들의 회비로 충당하기는 너무 힘들었다. 자연히 기대할 수밖에 없는 것이 외국교회의 원조나 에큐메니칼 선교기구들의 협력이었다. 그러나 이것도 공식 교회의 추천이나 요청이 아니면 운동체들이 직접 받는 것이 불가능했다. 기독교사회운동연합도 과거 사회선교협의체(사선)가 받던 해외교회의 지원을 당분간 받았으나 장기적으로 지원받기는 어렵게 되었다.

실로 이 당시 기독교운동권뿐 아니라 민주화와 민중들의 삶의 권익을 위해 뛰어들었던 사회운동권에 참여했던 많은 운동가들은 그들의 목회자 출신이든지, 학생운동권 출신이나 노동 농민운동 출신이든지, 매우 열악하여 어려운 조건에서 활약할 수밖에 없었다. 무슨 보수나 출세를 바라고 뛰어든 사람은 눈을 씻고 찾아보려야 볼 수 없었고, 역사적 사명감과 사회변혁의 의지에 불탄 젊은이들이 맨몸으로 뛰어들었다. 대부분 거의 보수를 받지 않고 밤낮을 가리지 않고 조직과 계몽운동을 했으며, 활동비라고 받는 상근간사의 월급이 5만 원 정도인 경우가 많았다. 그나마 운동과 데모를 하다가 잡혀서 감방에 들어가지 않으면 다행이었다. 그러나 그들은 민주화를 이루고 민중이 주인이 되는 새로운 나라 새 세상을 만들기 위해서는 이렇게 희생하는 길밖에 없다고 혁명의지에 불타던 젊은이들이었다. 특히 80년 광주사태를 겪으며, 혁명의지와 역사의식이 분명해진 세대의 열화 같은 참여가 사회운동의 주류를 이루었고, 기독교운동도 마찬가지 분위기였다.

이러한 역사적 상황의 변화와 기독교적 사회참여의 양상이 변모하는 현실에 직면해서, 이러한 운동들을 지원하고 발전강화 시키기 위해 결성 된 것이 '한국기독교사회발전위원회'(기사발)였다. '기사발'의 조직은 우선 기독교운동들, 민주화운동이나 민중들의 권익옹호 운동들을 어떻게 효율적으로 지원하는가에 관심을 갖고 모였던 에큐메니칼 운동가들의 모임을 통해 이루어졌다. 그리고 이의 직접적 계기가 된 것은 독일개신교회 개발원조처(Evangelische Zentralstelle für Entwicklungshilfe)가 사회 발전 운동이라는 명목으로 소규모 프로젝트지원 기금(Small Project Fund)을 약속해주게 되면서부터였다. 독일개신교회 개발원조처(EZE)는 이미 1960년대 중반부터 한국의 개발사업들을 여러 가지로 지원해왔다. 크리스챤아카데미와 기독교대학을 비롯한 교육사업, 큰 병원들을 중심한 의료사업 그리고 농촌개발사업 등 비교적 큰 규모(100만 불)의 사업들을 지원해왔고, 수혜대상은 반드시 정부에서 사회단체나 법인으로 인정을 받는 공식기관들에 한정되었다. 그래서 EZE가 개발원조를 부유한 기관에다가 집중시켜 진정한 사회 발전에 기여하지 못한다는 비난과 비판도 들었었다.

이러한 상황에서 EZE는 80년대부터 한국의 개발사업에 대한 전략을 수정하게 되었고, 보다 더 가난하고 소외된 계층을 위한 발전사업, 주민들이 직접 참여하고 스스로의 권익과 삶을 향상시키는 발전사업, 힘없고 가난한 민중들(people)을 의식화시키고 힘을 강화시키는(empowering) 사회운동들을 지원하는 방향으로 차츰 정책을 전환시키게 되었다. 이러한 국면에서 한국 기독교 사회운동의 지도급 인사들이 독일 EZE의 책임자들인 라인더스(Reinders) 씨와 쉰베르크 (Schönberg) 씨를 만나게 된 것이 1984년 4월이었고, 그 후 이러한 대화와 협의가 진행되어 소규모의 사회 발전사업들을 지원하는 기독교단체를 결성하게 된다. 공식 교회나 NCC 사회선교단체의 바깥에 독립된 기구로 기독교사회발전위원회를 조직하게 된 것은, 80년대의 기독교사회운동과 사회 발전 사업들의 교회로부터의 독립과, 많은 자발적 사업체들의 태동과 관계된 일이라고 할 수 있겠다.

이러한 협의의 결과를 EZE의 쉰베르크 씨는 EZE와 한국의 협의회의 참가자(Round Table)들에게 1985년 6월 12일자 편지로 문서화하여 돌렸다. 이 서한에서 쉰베르크 씨는 한국의 기독교사회운동가들이 보여준 비판과 자극과 제안들을 신중히 받아들여, '소규모의 발전 사업기금'(Small Project Fund)을 함께 만들 것을 공식 요청했다고 알려왔다.

이 기금을 특별히 설치하는 이유는 이제까지 EZE의 개발원조의 집행방식이 여러 가지 제한(Limitation)과 단점(Shortcomings)을 가지고 있었기 때문이라고 했다. 그 제한과 단점은 주로 시대적 상황변화에 재빨리 적응하는 소규모의 운동과 발전사업들이 전혀 지원을 받을 수 없는 구조를 의미했다. 이들 운동단체들은 대체로 소규모이며, 행정력이나 조직력이 약하고, 더구나 법인체가 아니어서 합법적인 수원기구(Fund Receiving Organization)가 될 수 없었다. 또 교회나 국가로부터도 어떠한 도움과 지원을 받을 수 없는 작은 규모의 운동체와 사업체들이 80년대 초에 많이 탄생했다는 것도 중요한 이유였다. 이들은 대체로 기층민중들(grassroots people)에 뿌리박고 있었으며, 매우 개혁적이고(innovative) 실험적인 사회 발전 운동이었으나,

외원기관들에게도 가려져 있어서 외면당하고 있는 경우가 많았다.

　이러한 작은 규모의 사회 발전 운동과 사업들을 발굴하여 이들을 고무하고 재정적으로나 행정적, 이론적, 교육적으로 지원해서 강화시키자는 것이 새로운 소규모사업 발전기금(Small project fund)을 창설하게 된 이유(rational)였다. 기독교사회 발전위원회는 일단 이 발전기금을 만들고 운영관리하며, 운동과 사업을 발전시키기 위해 창립된 단체라고 해도 좋을 것이다.

　1985년 7월 9일에 인사동에 있는 경향식당에서 김관석, 박형규, 이우정, 강문규, 오재식, 이삼열 등 6인이 회동하여 6월 12일자 쇤베르크 씨의 서한을 검토하며 '소규모사업발전기금'을 창립시킬 논의를 진행시켰다. 일단 '기독교사회문제연구원'(Christian Institute for study of Justice and Development)을 EZE와의 협력기구(counterpart)로 한다는 것과 기사연에 기독교사회발전특별위원회를 설치하여 기금의 운영관리를 책임지게 한다는 것을 정했다. 그리고 EZE와의 협상을 위해 이삼열을 독일 본(Bonn)으로 파견하겠다는 협의문서(Discussion on "Small Project Fund"/EZE)를 만들어 독일에 보냈다.

　곧 이어 독일을 방문한 이삼열은 쇤베르크와 1985년 7월 20일과 24일에 두 차례 만나 협의한 끝에 두 사람은 7월 24일자로 '소규모 사업기금'(Small Project Fund)에 관한 합의문을 만들게 된다. 기독교사회문제연구원이 아직 법인체가 아니므로 EZE는 우선 독일정부자금이 아닌 교회의 자금(KED)으로 20만 마르크 범위 안에서 실험적으로 지원하기로 했다. 개별사업체의 사업규모는 3만-5만 마르크에 달하는 소규모 사업에 한하며, 사업자금 이외에 기금의 행정관리를 위한 비용을 추가로 부담하기로 했다. 한국측은 기사연에서 재정적으로나 행정적으로 독립된 특별위원회를 기독교계와 사회운동계를 대표하는 인사들로 구성할 것과 소규모의 발전사업들을 지원하는 규정과 기준을 만들 것을 약속했다.

1985년 가을부터 '소규모의 발전사업 기금'을 조직하기 위한 모임과 협의가 진행되었다. 기독교사회문제연구원과도 협의를 진행시켜 가칭 '기독교사회발전위원회'(Christian Social Develpment Committee [CSDC])를 조직하기로 하고 기사연에 사무실을 열고 임시로 사무를 관장시키기로 하였다. 처음으로 기사발의 형체를 갖춘 것은 아마도 1985년 11월 6일 첫 위원회가 모인 때가 아니었을까 생각된다. 이때 아직 정관이 갖추어진 조직체는 아니었으나, 이미 이제까지의 논의를 기초로 하여 '기독교사회발전위원회'라는 이름으로 위원들이 임명되어 모였기 때문이다. 위원들은 김관석, 박형규, 이우정, 강문규, 오재식, 이효재, 조화순, 이삼열 8인으로 결정하고, 김관석 목사를 위원장으로 이삼열을 서기로, 오재식 선생을 회계로 정했으며, 이세중 변호사를 감사로, 김경남 목사를 실무간사로 임명했다. 김경남 목사는 이때 기사연에 절반근무자(half timer)로 일하고 있었는데 나머지 절반근무를 소규모발전사업기금(small project fund)을 위해 일하기로 했다. '기사연' 한구석에 '기사발'이 책상을 놓고 일하기 시작했다. 이때 다시 한국을 방문한 EZE의 칼 쇤베르크(Karl Schönberg) 박사와 85년 11월 8일에 협의를 가지고, 1986년 1월까지 사업신청서(project propsal)를 EZE에 보내기로 하고 1986년 4월부터 실질적으로 소규모 발전사업들을 지원하고 강화시키는 일을 시작하기로 합의했다.

기사발 위원회는 일단 1986년 1월 20일자로 소규모 발전사업의 목적과 지원 방침(proposal and guideline)을 만들어 30만 마르크의 요청과 함께 독일 EZE로 보냈다. 이 문서에는 기사발의 취지가 이렇게 분명히 적혀있다. "발전사업기금의 목적은 여러 사회 분야에서 기층민중들이 불의한 정치, 경제, 사회적 구조를 변화시키고, 그들의 공동체 안에서 인간의 삶을 위한 보다 나은 조건을 만들어내기 위한 자발적 노력들을 강화하고 지원하는 데 있다. 특히 발전을 위한 민간자원의 개발과 자립능력을 확장시키는 데 기여하도록 한다." 그리고 명시된 사업선정 지침은 사회 발전을 향한 여러 가지 기층민중들의 운동과 사업, 가급적 소외된 지역과 지방을 중요시할 것, 적은 규모지만 장기적 발전가능성이 있는 사업들, 25% 정도의 비용을 스스로 부담할 수 있는 조직체들, 자금지원의 계속 기간은 3년을 넘지 않을 것 등이었다.

이러한 사업계획서와 신청서를 만들어 보내고 나서 1986년 2월 7일에 종로5가 계룡각에서 모인 2차 위원회에서는 위원회의 정관을 의결했고, 사회 발전사업 시행규칙들을 만들기로 했으며, 지원사업들을 발굴하는 작업을 시작하기로 했다. 이미 기노련이라든가 여성노동자, 탁아소 등의 사업들이 대상으로 논의되었다. 정관에는 다음과 같이 목적과 사업내용이 명시되었다. "한국기독교사회발전위원회"(Korea Christian Committee on Social Development / KCCSD)는 "한국의 도시빈민, 노동자, 농민, 여성들이 민주적이고 인간화된 공동체적 삶을 향유할 수 있는 사회 발전을 위하여 주체적으로 계획 추진하는 사업을 지원하는 것을 목적으로 한다"(2조). "본 위원회가 지원하는 사업들은 ① 사회의식개발을 위한 문화활동, ② 지역사회 발전을 위한 공동체 사업, ③ 반공해 환경운동을 통한 민중의 삶의 질을 향상시키는 사업, ④ 여성의 인간화와 사회 발전에의 참여사업, ⑤ 노동자 농민, 빈민, 광부 등 기층민중들의 공동체운동과 참여활동 사업, ⑥ 청년들의 사회 발전에의 참여사업 등이었다(제5조).

3. 기사발의 지원 정책과 소규모 발전사업들

기독교사회발전위원회(기사발)가 1986년부터 지원하는 사회 발전 사업(social development projects)들은 소규모의 것을 원칙으로 하였다. 여기에는 여러 가지 원칙적, 전략적, 상황적 고려가 있었기 때문이었다. 무엇보다 우리가 지원하고 강화시켜야 할 발전 운동과 사업들은 사회의 중심부가 아닌 주변부(periphery)에 있었다. 사회 발전의 주체가 밑바닥에 있는 민중들(grass-roots people)이어야 하고, 이들이 주체적으로 참여하는 민중운동(peoples movement)이 되어야 한다고 볼 때 이들은 아직 작은 규모의 조직체와 인원으로 시작하는 작은 시도(small initiative)일 수밖에 없었다. 또한 이렇게 적은 규모로 시작했다가 나중에 크게 발전해서 많은 인원과 재정, 시설을 갖게 되면 사실상 이런 재정지원이 필요 없게 되며, 그때는 자체 사업이나 대여금 등을 통해 운영해 갈 수 있게 된다.

그리고 사회 발전을 향한 운동성 있는 새로운 시도들은 어차피 큰 규모로 진행될 수가 없고, 작은 사업이나 운동에서부터 출발하는 것이 옳다. 사회 발전 사업은 이익이나 영리를 추구하는 경제적인 사업과는 다르다. 협동조합이나 협업생산을 통해서 이익을 남기는 사업이더라도 근본 목적은 공동체를 발전시키는 새로운 방식의 실험이나 구조적 개혁에 있지 영리적인 사업이나 돈벌이에 있지 않다. 경제성이 전혀 없을 수는 없기 때문에 발전 사업들(development pro-jects)도 사업성과 경제적 자립성을 갖도록 권유하지만, 순 영리만을 목적으로 하는 사업은 일반 경영적 사업(business)이지 사회 발전사업이라고는 할 수 없다. 새로운 발전 사업들은 개혁적이고(innovative), 실험적인(experimental), 탐색적인(explorative) 성격을 갖는 것이기 때문에 어차피 모험성이 있는 것이므로 소규모에서 출발할 수밖에 없다.

　무엇보다 사회 발전 사업들은 관주도나 거대 기업주도가 아닌 순수 민간주도의 운동과 사업들이다. 다른 나라에서는 민간주도가 비정부적(non-governmental)이라는 용어로 고착되어 있다. 우리나라에서 당시까지 비정부(NGO)라는 말이 잘 쓰이지 않은 것은 60년대 이후 모든 개발 사업들이 너무나 중앙집권적으로, 관주도로 진행되어 왔기 때문이었다. 말하자면, 새마을운동 같은 것, 농협, 수협, 축협, 노동조합 등이 모두 관주도로 조직되고 통제되었기 때문에 민간주도의 운동이나 사업이 별로 일어나거나 맥을 출 수가 없었다. 사회 발전 사업들은 새마을 사업 같은 관주도의 운동을 비판하며 대안적 모델을 일으키기 위해 추진된 민간 주도의 자발적인 운동과 사업들이라 할 수 있다. 여기에 나선 운동가나 사업가들은 종교인이나, 지식인, 학생운동 출신들이 많았고 특별히 기독교의 목사, 전도사, 평신도 여성들이 헌신적으로 개발한 사업들이 많았다.

　그러나 기사발이 출범하는 85년~86년경은 아직 사회 발전 사업이라고 할 만한 체계를 갖춘 사업들이 별로 없었다. 아직도 민주화가 이루어지지 않은 5공화국 말기, 깜깜한 정치 상황에서, 모든 사회 운동들은 민주화운동에 집중되어 있었고 밑바닥 민중들의 삶에 터전을 둔 장기적 목표의 사회 발전 운동들은 별로 나타나 있지 않았다. 그러나 기사발은 장기적 안목에서 정치 운동보다 사회 발전 운동이 민중의 삶에 뿌리를 내려야 한다고 보았기 때문에 처음부터 민주화운동 단체나 정치투쟁 목적의 운동들은 대상에서 제외하기로 하였다. 물론 의식화 운동이라는 면에서 보면 정치 운동과 사회 발전 운동을 엄밀히 구분하기가 어려웠다. 아직 민주화운동도 사회 발전에 필요한 운동이었고, 또 민중들의 의식화와 발전 교육을 하면서 민주화 운동을 목표로 한 사업이나 운동들도 많이 있었기 때문이다.

1985년 초에 위원회에 접수된 초기의 발전사업들을 보면, 기독교노동자연맹(기노련)의 노동조합 지역 확산 교육 프로그램(유동우), 전남 지역 농어촌 사회교육(전남농민연구소, 나상기), 인천 송림사랑방(박종열)의 도시주민 공동체, 기독여성문제연구소(한명숙), 정농회의 유기농사업(오재길), 목회자 정의평화실천협의회의 의식화교육(목정평), 삼양동 지역문화공동체, 여성노동자 탁아소 등이었다. 대략 1년간 1천만 원 이내의 지원을 받는 이들 소규모 발전사업들은 아직 경제성이 있는 발전사업이라기보다는 민중층의 의식화와 계몽작업, 공동체운동, 어린이 유아들을 돌보는 사회복지프로그램들이었다. 교육운동과 의식화운동은 가급적 지원대상에서 제외하고 지역사회 주민들이나 민중들 스스로가 참여해서 자기들 삶의 권익과 질을 향상시키면서 사회를 발전시키는 노력들을 일차적인 대상으로 선정하려고 애썼다. 그러나 초기엔 아직 의식화 교육과 조직운동과 계몽사업들이 약간 포함될 수밖에 없었다.

1년여의 실험적 경험을 거치고 난 뒤 기사발은 1987년 2월 10일자

운영위원회 결의를 통해 다음과 같은 '사회 발전 지원사업 선정원칙'
이란 것을 만들었다. 지원사업의 선정에서 우선적으로 고려해야 할
사업들은,

(1) 지역사회(농어촌, 광산촌, 빈민촌, 산업지대 등)에서 거주하며 함
    께 생활하는 주민들(grass roots people) 스스로가 의욕을 가지고
    하는 발전사업,
(2) 중심부가 아니라 주변부(periphery)의 발전에 기여할 수 있는 사업,
(3) 사회 발전의 한 모델이 될 수 있는 선구적이고 개혁적인 사업들이다.

지원 사업의 발굴이나 추천 및 선정의 중요한 기준은,

(1) 사업의 주체인 개인이나 단체가 해당 지역이나 분야에서 성실하게
    일한 경력과 경험을 가지고 있고 신뢰를 받는 자일 것,
(2) 해당 지역이나 분야에서 뿌리를 내려 성장할 수 있는 객관적 여건
    과 조건을 갖춘 사업일 것,
(3) 사업의 주체인 개인이나 단체가 지원금 이외의 재정문제를 책임질
    수 있는 능력이나 잠재적 가능성을 가진 사업일 것 등이다.

이런 원칙을 가지고 대상 사업들을 발굴하고 선정할 때는 반드시
운영위원 1인 이상이 사업현장을 방문하고 검토한 뒤 책임 있게 추
천을 하도록 규정했다. 그러나 솔직히 반성해 볼 때 이런 원칙과 규
정을 철저하고 완벽하게 지키지는 못했고, 당시의 상황과 요청에 따
라 장기적 발전 전망이 없거나 지역 사회에 뿌리를 내리지 못하는 운

동들도 선정해 지원한 경우들도 있었다. 그러나 지식인 엘리트들이 중심이 되어 민중들을 교육하고 의식화하는 사업들을 지양하고 가급적 민중(grass roots people)들의 자발적인 발전사업, 현장의 요구와 경험의 중요시, 자부담 능력이 있는(self-support) 자조적 사업은 기사발의 지원 정책에서 가장 중요한 원칙과 기준이 되는 것이었다.

그러면 이러한 원칙과 기준들에 의해 선정되고 지원된 사회 발전 사업들은 어떤 것이었으며, 이들은 한국 사회의 발전을 위해 어떤 기여를 했다고 볼 수 있는가? 필자는 10여 년간의 경험을 토대로 해서 기사발이 지원해 온 60여 개의 사업들 중 몇 개를 여기에 소개해 보고자 한다. 사회 발전 운동과 사업들이 전개되는 부문(sector)과 대상(object)들을 중심으로 본다면, 대체로 다음과 같다.

(1) 노동운동과 산업지대 노동자들의 권익과 삶의 질 향상을 위한 운동과 사업,
(2) 농촌지대 농민들의 삶의 개선을 위한 사업과 운동, 혹은 어촌과 광산지역의 운동,
(3) 도시 빈민지역의 공동체와 인간적 삶을 위한 사업과 운동,
(4) 지역 사회의 주민들의 삶의 질 향상과 사회 발전을 위한 교육운동, 환경운동, 복지 문화운동,
(5) 여성들의 권익향상과 능력개발을 위한 운동과 사업.

이와 같이 다섯 개의 영역으로 나누어 볼 수 있지 않을까 생각된다. 물론 여기서 어떤 운동은 여러 가지 부문에서 겹치는 것들도 있다. 가령 여성노동자회는 노동운동과 여성운동에 겹쳐 있으며 한마

음공동체(전남 장성)는 농촌운동과 지역사회운동, 환경운동을 겸하고 있다.

1) 먼저 노동자들의 권익과 삶의 향상을 위한 발전 사업으로는 초기에 기독교 노동자 총연맹의 조직활동과 홍보사업(기노련 신문), 교육 운동을 지원해 왔다. 그러나 1987년의 6.10 항쟁을 통한 민주화 이후에 급격히 활성화된 노동조합의 결성과 파업운동, 임금 투쟁의 성공, 민주노총의 형성 등으로, 노동운동의 주체가 노조로 체계화하였다. 기독교 노동자 총연맹이 1970년대 산업선교에 참여했던 기독교 노동자들을 중심으로 출범했으나 1980년대 전반기에 학생, 지식인 출신 노동운동가들의 위장 취업 등으로 업체별 노동조합들이 결성되고 이들의 연합체가 서노련, 인노련 등으로 조직되어 한국노총의 어용적 활동에 맞서게 되자, 기노련이 독자적 조직으로 존립하기가 어렵게 되었다. 결국 기노련은 산업 선교와 정상화된 민주노총의 중간 시기에 다리를 놓는 과도기적 역할을 담당했다고 볼 수 있다.

노동운동이 노조를 중심으로 활성화되고 체계화되자, 자립적이며 강대해진 노조를 더 이상 도울 필요가 없어졌다. 1980년대 후반 90년대로 오면서 노동자들의 문제는 일반 노조운동과는 다른 특수한 분야, 여성노동자회의 활동, 즉 여공들의 교육과 취업 상담 등을 지원하거나 노동자들의 문화운동(부산 노조문화사업), 노동자들의 건강사업(구로의원, 노동과 건강연구회)이나 노동자들의 인권과 산업재해 등 복지문제의 교육과 상담을 전담하는 사업(노동인권회관) 등을 지원하게 되었다. 노조활동이 현장의 노동자들에 의해 활성화되자 이들을 돕던 노동운동가들은 전문위원으로 노조에 참여하거나 노조

밖에서 노동자들의 건강 복지 인권 문화의 향상에 도움이 되는 운동과 사업을 전개하였다. 1987년 7, 8월의 임금투쟁의 폭발 뒤 민주 노조가 각지에서 조직되면서 이들을 돕는 여러 가지 상담소가 생겨난 것도 새로운 양상이었다. 1988년경에는 많은 노동상담소가 생겨 노동자들의 노동운동을 지원하며 간접적으로 지원하는 역할을 했다. 기사발은 구미와 인천 등지의 노동상담소들을 발전사업으로 지원했다. 그러나 1990년대로 오면서는 민주노총이 크게 강화되면서 상담소의 역할도 줄어들게 되고 전문성을 갖지 않고서는 계속 존립할 수가 없게 되었다. 그러나 노동인권회관(노병직) 같은 곳은 계속 전문성을 갖는 상담소와 교육기관의 역할을 해내고 있다.

2) 농민들의 삶을 개선하는 발전사업과 운동들은 처음에는 광주 농민 문제연구소, 순창 농민 상담소와 같은 농민운동을 지도하는 사업을 지원하다가 점차 농민들 스스로가 조직하고 참여하는 조합운동이나 생산자 공동체운동, 유기농 같은 환경친화적인 농사운동, 흙살림연구소 등을 지원하게 되었다. 그중에서도 전남 장성군 남면에 있는 백운교회 남상도 목사를 중심으로 한 한마음공동체는 보기 드물게 성공한 발전사업이었다. 남 목사는 이곳에서 86년경부터 농민들의 수세거부 운동을 지도했고, 쌀값 보장과 외국농산물 수입 반대 운동을 펴 왔다. 주로 정치적 투쟁에 매진하던 남상도 목사가 기사발의 지원으로 농촌발전사업을 시작한 것은 1990년경이었다. 처음엔 노인회관이나 계절탁아소 독서실 등 복지 차원의 운동을 벌이다, 농촌을 살리기 위해서는 무공해 농산물을 생산하는 공동체를 만들고 도시지역의 소비자들과 직거래를 해야 한다는 생각을 가지고 백

운교회 소재의 농가 90여 호를 결집하여 생산과 판매조합을 만드는데 성공한다. 남 목사 자신이 농사꾼이 되어 똥지게를 지고 퇴비를 만들어 유기농을 성공시키자 '똥목사'란 별명을 얻게 된다. 남 목사는 젊은이들이 다 떠나버린 황폐한 농촌, 농약과 화학비료로 다 죽어가는 땅과 생명을 되살리기 위해 삽자루를 들고 똥통을 짊어지고 새 땅을 만들어 무공해 농산물 생산을 협업체로 해내는 데 성공한 인물이다. 그뿐만 아니라 광주 시내 도시민들과의 직거래도 성공시켜 1994년경에는 29개 아파트 1,500여 세대의 소비자들을 교육시키고 조직하여 한마음소비자공동체를 만들어낸다. 그밖에도 한마음영농조합 법인을 설립하고 신용협동조합, 생활협동조합, 발표퇴비장, 5,000평의 공동체 농토구입, 저온 창고와 유기농 시설단지, 우렁이 양식장, 유기농 축사를 만들고 마침내 유기농으로 생산된 쌀백화점까지 만들어냈다. 아마도 작은 규모의 발전사업(small project)에서 시작하여 7년 만에 수십억 원에 달하는 생산 판매 소비 생활 공동체를 만든 것은 기적과 같은 놀라운 일이 아닐 수 없다.

또 한 가지 적은 규모의 발전사업에서 큰 규모의 조직과 사업으로 성장한 데가 강원도 태백시(구 황지)의 광산 노동자복지회이다. 황지중앙교회 이정규 목사가 중심이 되어 발족한 광산복지회는 처음에 석탄을 캐는 광원들에게 희망을 주기 위해 기독교인 광원들로 조직하여, 교육사업, 복지사업을 추진했다. 상담소를 만들고 어린이 유치원과 탁아소, 주부대학 노인학교 등을 경영하였다. 그러나 광산 근로자들의 실질적인 생활 향상책을 강구하다가 광산지역의 많은 산림과 임야에서 축산을 할 수 있다는 데 착안하여, 양을 키워 털을 깎아 실을 짜서 이불과 스웨터를 짜서 파는 양모산업을 구상하게 되었다. 이것은 광원들의 부인들에게 광산촌에서 벌이를 할 수 있는 부업을 만들기 위한 것이었다. 기사발에서는 1987년부터 1990년까지 1년간 1,000만 원을 지원하여 호주산 양 100마리를 구입해 주었다. 드디어 털을 깎아 양모를 만들어 스웨터와 이불을 짜서 서울의 교회들과 백화점에서 판매를 하였다. 양털 이불은 겨울에 따뜻하고 여름에 시원한 묘한 성능을 갖고 있는 환경 친화적 상품이어서 인기가 대단했다. 20여만 원씩에 팔리고 신부의 혼수 감으로도 평이 좋아 성공적인 발전 사업이 되었다.

그 밖에도 광산촌에는 지하 탄광에서 먼지를 많이 마셔 폐가 상한 규폐환자들이 많았다. 일종의 산업재해와 질병이 있지만 회사도 나라도 이들을 돌보지 않고 앓다가 죽어가는 광원들이 수천 명에 달했다. 광산복지회는 곧 규폐증환자들을 돌보는 의료 프로그램을 만들고 광산복지회 총무 일을 보던 최준만 목사의 부인인 여의사에게 이 프로그램을 맡겼다. 그 외에도 광원들의 인권과 복지 문제를 상담하는 광산지역 노동상담소(유재무 목사)도 광원들의 가정문제, 인권문제, 산재문제 등을 상담해 주는 일을 수행하여 태백광산지역의 발전 사업은 입체적으로 진행되었다. 이제는 소규모 사업의 범위를 넘어 독자적인 발전 사업으로 크게 성장했지만, 그 기초적 토대는 6년 동안의 소규모사업지원에 힘입은 바가 크다고 볼 수 있다.

3) 도시빈민지역의 발전사업들은 서울이나 인천 등 대도시의 빈민지역에서 서민들을 위한 어린이집, 탁아소, 공부방, 주부교육, 문화운동 등이 주류를 이루었다. 1980년대 초부터 일어나기 시작한 공부방 운동은 하월곡동의 유미란 전도사와 유미옥 자매가 개척한 산

돌공부방이 우리나라 공부방 운동의 효시를 이루었다. 인천의 만석동과 십정동에서 오랫동안 공부방을 운영한 홍미영(인천시 전 국회의원) 씨의 지역 발전 운동도 중요한 성공사례들이다. 이들은 10여 년 이상씩 빈민지역에 거주하면서 동네 아이들을 교육시키고 돌보는 일을 했으며, 산동네 빈민가의 존경받는 공동체운동가로 칭찬을 받고 있다. 그 밖에도 기사발은 10여 곳 이상의 공부방과 탁아소 어린이집 등의 활동사업을 지원했다. 그리고 이러한 공부방들 60여 곳이 모인 연합체 서울지역공부방연합회의 교사교육프로그램이라든가 보육교사교육을 지원했고 지역사회 탁아소연합의 활동도 지원했다. 92년경부터 지방자치제가 실시되면서 지역 탁아소나 공부방들이 지방자치 기관에 의해 지원을 받거나 운영되는 사례가 늘게 되었다. 앞으로는 시나 구에서 운영하는 탁아소 등이 늘어나겠지만 이러한 공부방 탁아소 운동은 80년대에 기독교 사회운동이 주도한 지역사회 발전 운동으로 선구적이고 모범적인 사례가 되었다.

4) 그 밖의 지역사회 발전 운동으로는 지역사회의 주민들과 함께하는 여러 가지 개발사업(여수, 목포, 자라리), 환경교육 및 계몽사업(수원 환경 운동센터, 풀뿌리 환경센터, 배달환경연구소), 생활협동공동체(실과바늘, 협성생산공동체) 그리고 또한 녹색교통운동이나 안산독서회, 올바른 지방자치실현을 위한 대전시민의 모임 등 다양하다.

5) 가장 많은 부분을 차지한 지원사업이 아마도 여성을 위한 발전사업일 것이다. 초기에는 여성들의 여러 가지 조직적 운동을 돕는 것이 여성의 권익향상과 발전에 첩경이 된다고 보아 여성들이 조직

적으로 벌이는 여러 가지 교육운동, 복지활동, 문화운동을 지원했다. 한국여성노동자회, 한국여성민우회, 기독여민회, 일하는 여성 나눔의 집, 제주여민회, 수원여성회, 대전충남여민회, 부천여성모임 등이었다. 그러나 1990년대 초에 와서 여러 여성운동단체들이 연합해서 한국여성단체연합(여연)을 결성하자 여성들의 운동과 발전사업들은 기사발을 통한 지원에서 독립시켜 여연을 통해 하도록 독일 EZE와 협약했다. 여연이 커다란 조직체가 되고 수십 개의 산하 조직을 관할하고 있어 여성발전 프로젝트들을 더 효율적으로 관리할 수 있다고 생각되었기 때문이다. 또한 실제로 기사발의 운영위원인 이우정 선생, 이효재 교수, 조화순 목사 등은 여연의 대표급 인사로 활동하고 있어 기사발과 여연이 내용적인 면에서 협력하기가 쉬웠다. 그러나 1990년대 후반에 들어와서 여연이 직접 관할하지 않는 여성 발전사업들도 몇 군데 지원하게 되었다. 인천의 여성의전화나 전주의 성폭력예방치료센터 등은 매우 독특하며 선구적 실험적인 여성 발전 사업이기 때문에 모델 케이스로 기사발의 지원 사업에 포함시켰다. 아마도 1980년대 중반에서 1990년대 중반에 이르는 10여 년의 기간 동안 우리나라에서 많은 사회운동과 발전이 일어났지만, 가장 두드러지게 괄목할만한 발전을 이룩한 것이 여성운동이 아닌가 생각된다. 이 여성운동이 태동하고 발전하는 초창기부터 기사발이 함께 했음은 무척 자랑스럽고 보람된 일이었다고 생각된다.

4. 2000년대 발전사업과 지원활동의 전망

1985년 11월부터 95년 말까지 10여 년 동안의 발전사업과 지원활동을 반성하고 평가하면서 '한국기독교사회발전위원회'는 새로운 각오와 다짐을 하게 되었다. 지난 10여 년 동안 '기사발'은 독일 교회의 개발지원금(EZE)에 의존하면서, 적은 규모의 발전사업들을 발굴하여 지원하고 사업에 관한 평가와 발전 운동 전략의 연구를 함께 하면서 민중의 삶과 공동체의 발전에 기여하려고 노력해왔다. 87년 민주화운동의 시기, 93년 지방자치의 수립 시기를 거치면서 정치적 민주화가 성취되는 기간 동안에, 노동·농촌·도시 지역과 여성의 부문에서 일어난 사회 발전 운동들을 지원하고 장려하는 일을 해온 것이다. 그것도 국내적 재원을 발굴하고 기금을 만드는 일을 전혀 하지 못했고, 독일의 개발원조금을 얻어다가 나누어주는 매개자, 전달자의 역할만 하였다.

따라서 기사발 위원회나 사무국은 모금을 위한 특별한 노력을 할 필요가 없었고, 또 지원하는 발전 사업들에 대해서도 3년 동안 부분적인 재정지원(funding)만을 해왔기 때문에 별다른 책임을 질 필요가 없었다. 일 년에 두어 번 사업발전을 위한 세미나와 평가회를 운영하는 것으로 족했다. 그래서 초기엔 절반근무자(half timer) 한 명의 간사로 일을 다해냈다. 85년부터 93년까지 8년 동안은 비슷한 기독교 사회운동을 하는 실무간사에게 절반 월급을 주면서 일을 시켰다. 사무실도 일정하지 않게 여기저기 옮겨 다녔다. 85년 말부터 86년 말까지는 김경남 목사가 기독교사회문제연구원에서 시무를 보았고, 86년·87년은 오경원 씨가 종로5가의 한아아동복지회(황화자 총무) 사무실의 일부를 빌려 사무를 보았다. 1987년 말부터는 강선미 씨가 숭실대 기독교사회연구소의 간사일을 보면서 절반의 시간으로 기사발의 실무간사역을 91년까지 맡았다. 1992년 93년은 후임으로 곽숙희 씨가 숭실대 기독교사회 연구소 일과 함께 맡았었다. 이렇게 한 것은 외국돈을 얻어 나눠주는 일을 하는 터에 사무행정비와 인건 비를 줄이기 위해서였다. 사무실 비용으로 10여만 원, 간사 일인의 반월급 40만 원 정도로 사무행정비를 극히 제한하고서 위원들이 많 이 참여하면서 평가와 교섭을 하는 형태로 운영이 되어왔다.

그러나 이런 식으로 기사발이 유지되는 것은 발전적이 되지 못한 다는 반성이 생기게 되었다. 지원을 받는 발전사업 책임자들이나 실 무자들은 외롭고 힘들게 일하는 발전운동가들을 고무하고 지도하며 책임 있게 도와줄 전문적인 지도와 교육의 역할, 제도적인 기능을 기사발에 요구해왔다. 이제까지 프로젝트를 심사하고 선발하는 위 원회(screening committee) 정도로만 이해했던 기독교사화발전위원 회는 지원하는 사업과 단체들의 수가 초기의 10여 개 정도에서 30개, 40개로 늘어나면서 한국 사회의 여러 분야 사회 발전 운동과 사업체 의 우산(umbrella)의 역할을 점차 해가게 되었다. 일 년에 한두 번 모 이는 발전운동가들의 세미나와 실무자훈련 등도 주로 숭실대 사회 봉사관에서 열면서 서로 격려하고 의지하며 연대하는 좋은 마당이 되어갔다. 이 결과물들을 숭실대 기독교사회연구소가 『도시 지역 주민운동』(한울, 1990), 『사회 발전을 향한 지방자치』(한울, 1994)라 는 두 권의 책으로 출판했다. 숭실대 기사연이 하고 있던 사회 발전 실무자교육(Social development workers traning) 프로그램과 함께 기 사발의 사업실무자들의 연구세미나가 개최되기도 했다.

마침 1993년에 문민정부가 들어서면서 개혁작업을 해가자 이제 정치적 민주화운동은 더 이상 재야에서 할 필요가 없이 정치권과 정당으로 넘어간 듯싶었고, 사회운동들도, 노동운동은 노조가, 농민운동은 농협이나 수협에서, 빈민운동은 지방자치단체의 지원을 받으며, 해갈 수 있는 가능성이 열리게 되었다. 그야말로 사회운동의 커다란 전환기가 온 것이었다. 정치투쟁을 위해 잠입했던 사회운동가들은 현장을 떠나서 각기 제도권 속으로 자리를 옮겨갔다. 1993년까지 구로동에만도 수십 개의 노동상담소가 있었는데 이제는 몇 군데만 문을 열고 있고, 그나마 전문적인 상담자가 없이는 노동자들이 찾아오지 않게 되었다. 재야 운동권에서 경영하던 많은 공부방 탁아소들이 지방자치 기구들이 지원하고 경영하는 시립 영 유아원 복지시설들에 밀려 경영유지가 어렵게 되었다. 그밖에도 정치적 사회적 변혁운동을 위해 공부방, 탁아소, 상담소 등에서 자원봉사를 하던 많은 청년들이 이제는 그럴 필요가 없다고 운동 현장을 떠나게 되었다.

1987년 노동자들의 임금투쟁으로 1990년대에 와서는 노동자들의 평균임금이 87년 이전보다 2배, 3배로 증가되었다. 사회 발전사업체에서 헌신적으로 봉사하는 실무자들은 노동자월급의 절반 이하인 30-40만 원을 받고 일했는데 이나마 도저히 오래 버틸 수는 없게 되었다. 한국의 경제도 88년에 GNP 5,000불을 넘어서더니 1994년에는 1만 불에 육박했다. 성장에 걸맞는 사회복지개선의 요구도 드세어지게 되었다. 이런 상황에서 1993년에 모인 기사발의 사업평가 세미나에서 우리는 사회 발전 운동의 구조적 변화와 새로운 요구를 절실히 느끼게 되었다. 사회 발전 운동이나 사업들이 더 이상 재야운동가들의 헌신적 봉사나, 주먹구구식 운영, 성금에 의존하는 열악한 재정으로는 더 이상 버티기 어렵다는 결론이었다. 그것이 어린이 사업이든, 주부사업이든, 농민이든 노동자들이든 발전 운동이나 사업들은 반드시 전문적 능력과 자격을 갖춘 인력을 갖고 있어야 하며, 따라서 시설과 자금을 확보할 수 있어야 하고, 임시가 아닌 항구적인 사업체로 제도화하지 않으면 안 되는 실정이었다. 수입을 만들 수 있는 사업체가 되든가, 고객들(clients)이 혜택에 대한 대가를 지불할 수 있는 구조를 갖추어야 발전 사업들이 지속될 수 있다는 결론이었다.

기사발은 새로운 상황에 대처하기 위해 운영스타일을 바꾸기로 했다. 지원 사업들도, 과거의 막연한 의식화 계몽, 조직운동에서 생산성과 영리성을 갖춘 발전사업체의 발굴과 지원으로 전환해야 한다는 결론에 이르렀다. 또한 기층 민중이나 빈민층, 소외된 지역을 우선순위로 하던 데서, 중산층과 지역사회의 공동체운동, 환경, 의료, 문화, 교통 등 삶의 질을 향상시키는 발전 사업들을 주 대상으로 옮겨야 하게 되었다. 전문성과 사업성, 지속가능성이 새로운 방향과 평가의 기준이 되었다. 소규모의 지원 사업(small projects)만으로는 이런 요구를 감당하기 어려웠다. 대규모는 아니더라도 중간규모의 사업(middle range projects) 액수로 5,000만 원 이상의 규모가 되어야 사업다운 사업을 할 수 있다는 결론이었다.

이렇게 변화된 구조와 상황에 직면해서 기사발은 보다 전문적이고, 제도적인 발전 운동 본부의 역할을 하지 않으면 안 된다고 결론을 내렸다. 비용이 들더라도 독립적인 사무실을 가지고 전문 인력이 활동해야 발전 사업들을 발전시킬 수 있고 교육시키며 도와줄 수 있겠다고 여겨졌다. 이런 논의의 결과 94년부터 사무국을 시내로 옮겨 독립시키고, 전담직원 2명을 두고 사업의 선정 지원뿐 아니라 사회 발전을 위한 교육, 지도, 자문, 홍보, 연구의 역할도 감당하도록 사무국을 강화하기로 했다. 이렇게 해서 기사발의 사무국이 종로 5가로 옮겨지고 사무국장으로 발전운동과 사업에 오랜 경험을 가진 허춘중 목사를 임명했고, 박희선 씨를 행정간사로 보임했다. 1994년 이후 기사발이 선택한 지원사업들도 시민운동, 환경운동, 대안적 생산공동체 운동 등으로 점점 내용이 바뀌게 된다. 생협이나 생산공동체처럼 소득을 올릴 수 있는 운동체가 지속적 발전을 가져오기 때문이다.

1995년 말 기사발은 창립 10주년을 맞으며 위원회를 중심으로 여러 차례 평가회와 새로운 전망에 대한 토론을 거듭 가졌다. 그것은 우리나라의 정치적 경제사회적 구조변환으로 인한 사회운동의 여건 변화뿐만 아니라 독일의 개발원조라는 자원(resource)에서도 변화가 예측되었기 때문이다. 독일의 통일 후 변화된 정세와 더불어 한국의 경제성장도가 선진국 OECD국가군에 이르게 되었다는 현실이 더 이상 한국을 개발원조의 수혜국으로 허용하지 않게 되었다. 물론 당장은 아니지만 몇 년 안에는 우리는 자립적으로 재정자원을 마련하지 않으면 더 이상 발전 사업을 추진할 수 없다는 어두운 전망이 보이게 되었다. 기사발 운영위원회는 오랜 고민과 토론 끝에 기사발을 자립적이며 전문적인 발전운동기구(development organization)로 발전시키기로 했다. 그리고 21세기를 내다보며, 이제는 개발원조 수혜국에서 공여국으로 한국이 전환되어야 할 것을 전망하면서 이를 위한 준비를 지금부터 해나가기로 했다. 결국은 국내의 발전 사업들뿐 아니라 아시아와 아프리카 등 우리보다 뒤떨어진 후진국과 빈곤국에 개발 원조를 해야 하며 정부의 개발원조금(ODA)이나 교회와 민간기구들의 개발협력자금을 광범위하게 모금하며, 유효 적절히 운영할 수 있는 전문적 기구로 기사발을 발전시켜야 한다는 것이었다.

그러기 위해서는 우리도 국내모금을 할 수 있어야 하며, 기금을 모을 수 있는 여건, 즉 법인체의 건립과 교육 홍보를 통해 모금을 할 수 있는 기구를 마련해야 한다는 것이다. 이를 위해 법인 설립신청을 했고, 법인체로 정관을 바꾸었으며, 명칭도 '한국기독교사회발전협회'(Korea Christian Cooperation for Social Development)라고 개칭했다. 새로운 이사진도 구성하고 사무국의 기능과 조직도 확대했다. 결국 기사발은 앞으로 독일의 EZE처럼 해외의 사회 발전사업들을 지원하고 돕는 기독교의 전문기구로 발전해 가야 한다.

우리는 앞으로 5년 동안의 과도기를 거치면서 아시아와 아프리카 그리고 북한 땅의 인간과 사회를 발전시키는 데 이바지하는 기독교의 선교적 봉사단체로 탈바꿈해야 할 것이다. 엄청난 과제이지만 한국교회의 참여와 시민사회와 국가의 협력을 얻도록 노력하고 우리가 성실히 일하면 불가능한 일은 아닐 것이라고 낙관적인 전망을 해 본다.

3장
분단 극복과 평화 구축을 위한
신학 교육

　　우리가 사는 시대가 70년 전 일제 식민지에서 해방된 후 오늘에 이르기까지 분단시대였으며 남북의 분단은 양측에 적대적이고 반평화적인 분단체제를 만들어 고착시켰고, 이 체제가 지속되는 한 우리 민족에게 평화롭고 행복한 삶이 보장될 수 없다는 것은 아무도 부정할 수 없는 현실이다. 전쟁과 학살, 수많은 비극과 고통을 가져온 분단을 극복하고, 통일을 이룩하는 것은 한결같은 민족의 소망이요 남북 동포 모두의 염원이었지만, 한반도의 분단은 칠순이 넘도록 극복될 줄을 모르고 보다 큰 전쟁과 대결의 위험도만 높아지고 있다.

　　필자는 1980년대부터 평화의 복음을 믿는 한국 그리스도인들에게 있어서 분단 극복과 통일을 향한 노력은 신앙적 사명이라고 주장해 왔고,[1] 특히 1983년에 한국기독교교회협의회(NCCK)에 조직된 통일 연구원의 일원이 되어, 1988년 교회의 평화통일 선언문의 작성과 통

---

1) 이삼열, "분단의 극복과 기독교", 「기독교 사상」(1985, 1월호), 80-99.

일 위원회의 활동에 참여해 왔다.[2]

1989년에 베르린 장벽의 붕괴와 함께 동서독이 통일되고, 동구 공산권의 붕괴로 냉전 체제가 사라지자, 얼어붙었던 한반도의 분단 상황에도 화해와 교류협력의 남북 합의서가 1991년에 채택되는 기적이 일어났고, 시민사회와 교회에서도 평화교육, 통일논의가 한때 거세게 일어났다. 남북교회의 만남과 교류 협력이 제한적으로나마 이루어졌고, 북한의 경제난과 곤경에 식량과 비료를 지원하는 나눔 운동도 열을 올렸다.

2000년대에 들어와 두 차례의 남북정상회담도 이루어지고, 금강산관광, 개성공단의 설치와 함께 남북 경제협력의 길도 열리게 되어 분단 극복과 평화 통일의 꿈은 부풀어 올랐다.

이런 변화에도 불구하고 남북한 당국의 적대적 대결 정책과 군비강화와 전쟁연습은 계속되었으며, 북한의 핵실험과 인권논쟁, 천안함 침몰과 연평도 포격 사건 등으로 분단 상황은 더욱 악화되고, 긴장과 대결의식은 더욱 높아지고 있다.

이렇게 냉전과 열전, 대화와 대결 사이를 오락가락하며 분단의 구조가 조금도 개선되지 않고 극복될 기미가 보이지 않는 원인이 어디에 있을가?

물론 한반도 분단과 지속에 책임이 있는 미국과 소련, 중국, 일본 등 주변강대국들이 분단 극복의 의지가 없는 데다 냉전시대의 긴장과 대결구도를 청산하지 않고 무력경쟁을 강화하고 있는 데 원인이 있겠지만, 남북한 정부와 시민사회가 아직 분단 극복과 평화 통일의

---

[2] 이삼열, 『평화의 복음과 통일의 사명』(햇빛출판사, 1991).

의지와 노력이 부족한 것이 더 중요한 원인이라고 생각한다.

1980년대 이후로 남한의 시민사회와 교회의 일부가 열심히 평화통일 운동을 해온 것은 사실이지만 소수에 불과했고, 다수는 아직 절망과 체념, 불감증과 무관심에서 벗어나지 못하고 있으며, 이것은 기독교인들에게서도 마찬가지다. 더욱이 분단의 상처와 고통을 직접 경험하지 못한 청소년 세대들은 통일에 대한 인식과 절실한 요구가 부족하고 북한 동포나 장래에 대해 무관심한 경지에 놓여있다.

그런데 분단 극복과 평화통일에 관심과 열정을 가진 소수의 기독교인들마저도 문제의식과 실천방법에 있어서 극도의 양분상태에 있고, 심각한 남남갈등의 현상마저 보이고 있다. 북한을 바라보는 태도나 통일의 방법, 과정에 대해서 이질적일 뿐 아니라, 적대적인 견해와 주장들이 고착되어 가고 있어 통일신학의 통일이 필요하게 되었다.[3]

평화를 만드는 일이 복음의 핵심이요, 적대적 분단과 모순, 갈등, 증오심이 지속되는 한반도의 분단 상황에서 평화체제를 통한 점진적 통일이 평화를 구축하는 길이라는 점에는 이견이나 오해가 있을 수 없는데, 분단 극복이나 평화구축의 구체적 방법과 과정을 논하게 되면 곧 좌우대립과 진보·보수의 진영 싸움이 벌어진다.

진보 측에선 평화협정 서명운동이 벌어지는데, 보수 측에선 이것을 종북 행위라고 비난하며 책상을 뒤집어엎는 사태까지 일어났다. 교류와 협력을 통한 점진적 평화통일을 주장하는 진보진영과 인권탄압을 구실로 북한을 붕괴시켜 흡수통일을 해야 한다는 보수진영

---

[3] 이삼열, 『평화의 철학과 통일의 실천』 (햇빛출판사, 1991).

의 주장이 팽팽히 맞서고 있다.

이런 갈등과 대립의 상황에서 목회자를 양성하며, 교인들의 신앙 지침을 제공해야 할 오늘의 신학 교육은 어디를 향해, 어떻게 추진되어야 할 것인가가 매우 고민스런 문제일 것이다. 국제정세와 국내 정치현실이 시시각각 변천하는 상황에서 평화의 길, 통일의 방향에 관해 정답을 내놓을 학자와 전문가는 어디에도 없다. 그러나 여러 가지 현황분석과 예측, 전망(vision)과 이론들을 진지하게 검토하며, 사심 없는 대화와 토론을 통해 만들어간다면 평화체제를 만들고, 통일을 달성하는 실천방안과 전략적 수단이 강구될 수 있다고 믿는다.

이런 뜻에서 한국교회협의회(KNCC)라는 진보진영의 통일운동에 참여하고, 나름대로 기여해온 필자는, 나의 주장이나 이론이 가장 적합한 현실분석이나 해결책은 아니겠지만, 올바른 교회의 통일담론과 신학 교육의 길을 찾기 위해서 필자가 주장해온 신학적 견해와 이론들을 소개함으로써 전국신학대학협의회(KAATS) 2015년 카츠 컨퍼런스의 토론에 도움이 되길 바란다.

필자는 한국기독교교회협의회의 평화통일 논의에 중요한 과정이었던 1984년 일본 도잔소회의에서 발표된 "분단 상황 보고서"에서 "분단이 원죄(original sin)다"는 주장을 해 많은 신학적 논쟁을 일으켰으며,[4] 교회협(NCCK)의 "88년 선언문"의 정책부분에 5대 원칙을 내세우며, 평화협정과 신뢰구축 후의 미군철수를 주장해 보수교단으로부터 많은 비난과 공격을 받기도 했다.[5] "1995년 희년선언"을

---

4) 이삼열, "분단은 원죄다",『평화의 복음과 통일의 사명』(1991), 23-28.

5) 이삼열, "한국 기독교의 통일운동 -교회협의회 선언의 입장과 배경", 「기독교사상」 (1988, 7월호), 14-30.

쓰면서는 점진적, 수렴적, 창의적인 평화통일론을 내세워 동서독 통일 방식인 흡수통일이 해답이 아니라는 주장을 했다.

북한의 핵개발과 세습독재 때문에 오늘의 분단 상황은 많이 변했지만, 평화의 복음을 실천하기 위해 전쟁 없이 대화와 설득, 화해와 협력을 통해 평화체재와 통일을 달성해야 한다는 신념에는 변화가 없다. 평화와 통일을 향한 기독자의 사명과 신학 교육의 방향도 이런 믿음과 원칙에 서야 한다고 생각한다.

1. 평화의 복음과 실천의 세 가지 차원

예수 그리스도의 복음이 평화의 복음이었고, 평화가 가장 중요한 윤리적 명령 가운데 하나였다는 것은 아무도 부정하지 않는다. 예수께서 탄생했을 때 이미 천사들이 "하늘에는 영광, 땅에는 평화"(누가 2:14)라고 예수 나심의 의미를 평화로써 부각했고, 예수께서 마지막에 제자들과 고별하면서 남긴 말씀도 "내가 주는 평화는 세상이 주는 평화와는 다르니라"(요한 14:27)라며 자신의 선교를 평화로 요약했다.

그러나 평화의 복음과 교훈은 서구 기독교에서나 한국의 교회와 기독교인들에게 사실상 많이 곡해되어 있으며, 때로는 평화에 모순되는 행위나 태도를 평화의 수단으로 잘못 생각하는 오류를 범해 왔다. 그것은 무엇보다도 기독교 신앙의 전통 속에 잠재한 타계주의와 심령주의가 평화의 개념과 내용을 현실적이며 사회구조적인 차원에서 파악하지 못하게 했으며, 평화를 주로 마음의 평화로 제한해서 받아들인 데 원인이 있다. 평화는 하느님이 주셔야지 사람은 어떻게 할 수 없으며, 기도나 할 뿐이라는 체념, 내 마음이 평화로우면 세상에 평화가 온다는 소극적이며 수동적인 생각이, 기독교의 평화 사상을 오랫동안 지배하여 왔다.

그러나 예수의 가르침 속에 나타난 평화의 개념은 훨씬 더 적극적이며 능동적인 것이었고, 주관적 마음의 상태뿐 아니라, 사회구조적인 변화를 수반하는 동적인 과정으로서의 평화였다. '평화를 만드는 자가 되라'는 산상수훈의 말씀은 평화란 가만히 앉아서 수동적으로 얻을 수 있는 것이 아니라, 평화 부재의 상태에서 능동적으로 만들어야 한다는 것을 뜻한다. 에베소서의 저자인 사도 바울이 이해한 예수 그리스도의 평화(에베소 2:14-18)는, 막힌 담을 헐고, 원수 된 관계를 폐하고, 적대관계의 둘을 하나로 새롭게 만드는 일을 통해서 만들어지는 것이라는 의미를 강하게 함축하고 있다. '평화가 아니라 칼을 주러 왔다. 분쟁을 일으키러 왔다. 대립을 만들고, 불을 지르러 왔다'(누가 12:49-53)는 예수의 말씀은 예수께서 평화의 개념을 역설적으로 설명하시면서, 평화를 정의의 개념과 연결시키고 사회구조적인 변화나 역동적인 과정으로 이해하고 계신 것을 알 수 있다. 이것을 예수의 반평화적인 발언으로 이해할 사람은 없을 것이다.

그러나 현실도피적인 내세의 평화나 마음의 평화에 안주했던 역사적 기독교는 세상 속에 있는 반평화적이며 파괴적인 일과 행위들이 있는데도, 이를 비판하거나 제거하는 실천을 통해서 평화를 만들어가는 일을 해내지 못했다. 즉 전쟁이라든가 파괴, 살상, 폭력들에 대하여 평화를 구체적으로 실현하는 방법을 강구하지 못했던 것이다. 오히려 많은 교회들은 국가가 일으키는 전쟁을 의로운 전쟁(just war)이라는 명분으로 옹호했으며, 적대국을 마귀의 세력으로 규탄함으로써, 국가안보에 필요한 원수상(怨讐像, enemy image)을 심어주는 데 커다란 역할을 담당했다. 이것은 서양의 기독교가 4세기 이후에 국가교회(state church)가 되면서, 자기네 국가가 일으키는 전쟁은 무조건 성전(聖戰, sacred war)이라고 정당화하던 그릇된 전통에서 온 것이었다. 특히 한국의 기독교는 국가권력을 숭배의 대상으로 보던 유교나 호국불교의 영향 아래서 자랐기 때문에, 국가의 이름으로 행해지는 독재와 탄압과 폭력, 전쟁으로부터 비판적인 거리를 취하지 못하고, 이를 무조건 지지 옹호하는 오류와 과오를 범해 왔다. 평화의 복음과 평화를 만들어야 하는 그리스도인들의 의무는 이로 인해 충실히 실행될 수가 없었으며, 평화의 사명은 매우 추상적이며 비현실적인 처방에만 머물러 있게 되었다.

오늘의 기독교가 평화에 관한 윤리적 책임과 선교적 사명을 현세적인 삶과 사회구조 속에서 감당해 가려고 한다면 '평화를 만드는 일'인 평화선교(peace making mission)를 오늘의 평화연구나 평화교육, 평화운동과의 관련 속에서 해나가지 않으면 안 될 것이다. 현대의 평화연구나 평화운동은 평화에 관한 추상적이며 형이상학적이고 유토피아적인 관념들을 비판하고 극복하였으며, 더 실천적이며 기능적이고 검증할 수 있는 구체적 개념과 정의들을 만들어내었다. 이러한 평화연구들에 주목하면서, 기독교의 평화선교를 구체화하고 전략화하는 일은 매우 중대하며 시급한 일로 생각된다.

원래 평화란 말은 성서 속의 shalom에서도 그렇지만, 건강이라든가 안전, 복지, 질서, 온전함, 구원, 정의, 조화 등과 같은 다양하며 포괄적인 의미를 가졌다. 이것은 희랍의 eirene, 로마의 pax, 중국의 화(和)의 개념에서도, 다른 문화나 언어 전통에서도 마찬가지였다. 평화는 흔히 인사말로 쓰였다. 한국의 인사말인 안녕(安寧)이라는 말도 shalom과 유사한 뜻을 가지며, 건강이라든가 안전, 복지, 잘 있음(well-being)을 의미하고 있다. 어쨌든 평화라는 말은 항상 인간의 삶이 충분하게 보장되고 유지되는 것을 의미했으며, 인간의 삶에 기본적인 건강과 안정, 질서, 의식주의 해결 등과 같은 필수 조건들이 충족되는 상태를 의미했다고 할 수 있다. 인간의 삶이 복잡해지고 확대되면 그만큼 평화의 개념과 차원은 더 포괄적이 되고 다양해져 갔던 것이다.

평화란 여러 가지로 정의될 수 있겠지만, 공기나 물과 같이 인간의 삶에서 없어서는 안 될 조건이라고 할 수 있다. 이런 점에서 평화 연구가인 칼 프리드리히 폰 바이츠제커는 평화를 "과학기술 시대에 있어서 인간의 삶의 조건"이라고 규정했던 것이다. 아시아교회협의회가 주관한 '아시아 평화 회의'(1985, 오키나와)에서는, "아시아와 같은 나라들에서의 평화는 우선 민중의 삶(life for people)이라고 이해된다"고 선언했다. 따라서 평화운동은 "민중의 삶을 파괴하는 죽음의 세력들에 대한 투쟁"(struggle against the forces of death)이라고 규정되었다.[6]

오늘날 갈퉁(Johan Galtung)이나 젱하스(Dieter Senghaas) 같은 비판적 평화연구가들이 주장하는 평화의 개념들을 토대로 하여 생각해 볼 때, 평화를 만드는 일인 평화운동은 인간의 삶을 파괴하는 전

---

[6] 이삼열, 『평화의 철학과 통일의 실천』(서울: 햇빛출판사, 1991), 23-28.

쟁과 폭력에 대한 반대운동이며, 폭력의 원인을 제거하고 삶의 조건들을 확충해 가는 운동이라고 정의해 볼 수 있다. 일단 평화의 반대 개념을 전쟁과 폭력이라고 놓고 볼 때, 필자는 평화운동이 다음과 같은 세 가지 차원에서 일어나는 운동이라고 생각한다. 그것은 모두 폭력의 차원과 종류에 관계되어 있다.[7]

첫째로, 평화운동은 우선 현존하는 전쟁과 폭력을 반대하며 제거하는 운동이다. 전쟁을 반대할 뿐만 아니라, 전쟁 준비를 반대하는 운동이기도 한데, 그것은 모든 전쟁이 준비되어서 일어나며, 전쟁은 준비 단계에서 막아야지 터진 다음에는 막기 힘들기 때문이다. 따라서 오늘날에는 군비경쟁이나 대량살상의 핵무기를 반대하며, 모든 종류의 물리적 폭력과 파괴에 대항하며 인간의 생명을 지키려는 운동이 평화운동이다.

둘째로, 평화운동은 현존하는 폭력이나 전쟁뿐만 아니라, 잠재적인 폭력을 제거하는 운동이라고 하겠다. 폭력과 전쟁의 원인이 되는 갈등관계나 적대관계, 공격성 등은 곧 폭력을 유발시키는 잠재적 폭력이라고 할 수 있는데, 이를 제거하는 노력과 노동은 평화를 만드는 일이 된다. 흔히 종족 간에, 종교 간에, 계급 간에, 지역 간에 존재하는 편견이나 원수 감정, 갈등들을 해소시키려는 노력이 여기에 속한다. 이것은 갈등과 편견을 해소하기 위한 여러 가지 교류 운동이나 대화, 원수 감정이나 공격성을 줄이기 위한 평화교육 등을 통해서 이루어진다고 할 수 있다.

셋째로, 평화운동은 물리적인 폭력으로부터 인간의 생명을 보호

---

7) 이삼열, "비판적 평화연구와 갈등, 폭력의 구조", 위의 책, 39-46.

할 뿐만 아니라, 사회나 국가 안에 존재하는 구조적 폭력으로부터도 인간의 삶을 보호해야 한다. 왜냐하면 오늘날 인간의 생명과 삶은 전쟁이나 살상 같은 물리적인 폭력뿐만 아니라, 빈곤이나 차별, 억압, 소외, 저개발 등과 같은 잘못된 사회구조에 의해서 더 많이 희생되며 죽어가기 때문이다. 특히 비판적인 평화연구가들은 평화의 적극적 개념을 구조적 폭력의 제거에서 찾아야 하며, 그래야 평화가 단순히 전쟁의 반대만이 아닌 정의로운 사회 건설과 연관될 수 있다고 주장한다. 이 구조적 폭력은 곧 인권운동이나 사회정의운동, 민주화운동, 농민운동, 노동운동, 여성운동 같은 사회의 구조적 모순과 폭력을 제거하려는 운동들을 통해서 제거될 수 있다.

오늘날 그리스도인들이 이 세상에서 "평화를 만드는 자가 되라"는 윤리적 의무를 구체적이며 현실적으로 수행하려고 하면, 평화의 문제와 과제를 위의 세 가지 차원에서 이해하여 평화운동을 실천하는 것이 필요할 것이다. 평화의 주(主) 고백은 평화를 만드는 구체적이며 사회구조적인 평화운동으로 열매를 맺어야 하는 것이다.

2. 분단 극복과 평화 통일의 신학적 근거

그런데 오늘날 한반도에서 이와 같은 평화운동을 실천한다는 것은 반드시 통일의 과제와 연결되지 않을 수 없다. 왜냐하면 가장 위험하고 일어나기 쉬운 전쟁이 남·북한 간의 전쟁이며, 가장 극단적인 적대 관계와 증오심이 남·북한 동포 사이에 있고, 빈곤과 억압과 독재와 같은 구조적 폭력과 모순들이 분단체제라는 반평화적인 구조 속에서 배태되었기 때문이다. 평화를 구체적으로 실현하는 과제가 남북의 적대적이며 반평화적인 분단을 극복하지 않고서 성취될 수 없는 것임은 너무도 분명하다.

분단을 그대로 두고서도 평화롭게 살 수 있는 나라들도 있는데, 왜 한반도에서는 꼭 통일을 해야만 평화가 이루어진다고 하는 것일까? 평화와 통일의 불가분리성을 이해하는 것이 중요하다. 많은 그리스도인들이 평화의 사명은 자명한 것으로 이해하지만 꼭 이것이 그 복잡하고 어려운 통일과업과 연결되어야 하느냐는 데는 여러 가지 의문을 갖고 있기 때문이다.

한반도에서의 평화가 통일이 없이 실현될 수 없다는 것은 여러 가지 사회과학적인 근거를 갖고 있지만, 필자는 특히 여기에 신학적이며 기독교 윤리적인 근거가 있다고 생각한다. 기독교의 평화 통일운동은 이러한 신학적 반성과 윤리적 각성 위에서만 든든하게 전개될 수 있다고 생각한다.

다음과 같은 세 가지 차원에서 찾아보고자 하는데 이것은 위에서 언급한 평화운동의 세 가지 차원과도 서로 연관되어 있다.

첫째로, 평화는 온전한 삶을 의미하며, 한반도에서의 평화는 우리 민족 전체의 삶을 파괴하지 않고 보존하며 온전한 삶을 가능케 해야 하는데, 이것은 남북의 분단 상태가 지금처럼 지속되고 영구화하는 한 기대해 볼 수 없다. 기독교가 민족에 대해서 가져야 할 바른 태도는 민족주의나 민족의 우월감이 아니라, '민족의 삶'에 대한 긍정과 관심이어야 한다고 생각한다. 민족 통일의 근거도 여기에 있다. 애굽에서 종살이하던 이스라엘 민족에 대하여 모세에게 들린 하나님의 음성은 "내 백성이 고역을 견디다 못하여 신음하며 아우성을 치고 있구나. 내가 이제 너를 바로에게 보낼 터이니, 가서 내 백성 이스라엘을 애굽에서 건져 내어라"(출애굽기 3:9-10)는 것이었다.

기독교가 특히 남북 분단을 극복하고 통일을 이룩하는 데 선교적 사명감으로 나서야겠다는 이유는 무엇보다 이 '민족의 삶'에 대한 관심과 책임 가운데 있다고 생각한다. 일제강점기에 한국 기독교가 독립운동에 참여했던 것도 고통과 신음 속에 시달리는 민족의 삶에 대한 책임 때문이다.

그러나 1945년 일제로부터의 해방은 완전한 민족의 해방이 아니었으며, 완전한 자주독립을 가져다주지 못했다. 민족의 의사와는 반대로 미국과 소련은 한반도를 38선으로 나누어 점령했으며, 각기 친미적·친소적인 단독 정부를 남·북한에 세워 두 개의 불완전하며 불안정한 국가와 체제로 분단시키고 말았다. 이 분단은 정치적으로도 우리 민족에게 아무런 책임이 없고, 지리적으로나 문화적으로도 부자연스러운 것이었다. 1945년 일제로부터의 해방을 전후해서 민족 내부에서는 사상과 이념의 차이로 분열과 대립이 있었던 것이 사실이지만, 이러한 것은 세계 어느 민족에게도 있는 것이며, 이것이 나라를 분단시킬 만큼 심각한 것은 아니었다. 그렇다면 2차 대전 이후에 갈라지지 않을 나라가 없었을 것이다. 이것은 외세에 의한 분단이 아니었다면, 이렇게 적대적이며 항구적인 민족분단으로까지 가지는 않았을 것이다.

이렇게 타율적으로 부자연스럽게 분단된 남·북한에서 민족의 삶은 지난 70년 동안 너무나 고통스럽고 억눌리며 마비된 삶이었다. 이 분단은 국토와 민족을 반으로 갈랐을 뿐 아니라, 사상과 이념도 반쪽으로 나누었고, 정치, 경제, 문화, 예술도 모두 좌우로 나누어, 남·북한은 각기 반대되는 한쪽만을 택하게 함으로써 양자를 극단적인 대립과 적대관계 속에 놓이게 하였다. 뜻도 내용도 알지 못하는 자본주의와 공산주의라는 이데올로기가 민족의 삶을 반으로 갈라 지배하면서 양쪽에 모두 반편의 마비된 분단체제와 사회를 만들어 놓게 된 것이다.

이 분단은 처음부터 긴장과 갈등과 대결과 전쟁을 낳을 수밖에 없는 반평화적인 분단이었다. 상대방의 존재가 곧 나의 적이 되며, 나의 안보의 위협이 되는 분단이기 때문에 서로가 무력을 강화하고 상대방을 제거하지 않으면 자기의 안보가 위태롭다고 생각하는 분단이다.

이러한 분단체제 속에서 민족의 삶은 자유를 잃었고, 주어진 체제와 정치구조에 적응하지 않을 수 없도록 강요되어 왔으며, 체제의 비판자나 이탈자들은 무자비하게 탄압되고 희생되었다. 북한에서도 역시 많은 사람들이 반동분자로, 제국주의의 앞잡이로, 기독교인으로 몰려 희생을 당했으며, 수많은 우리 동포가 동포의 손에 의해 죽어야만 했다. 다시금 1950년 6·25전쟁 때는 수백만의 동포가 총칼로, 폭탄으로 서로에 의해 죽임을 당했다. 그 뒤로 계속된 수많은 숙청사건, 간첩사건으로 희생된 동포들은 부지기수이며, 1980년에 일어난 광주시민들의 학살도 분단으로 인한 체제의 반대자들을 소탕한다는 명분으로 감행되었던 것이다.

단절과 대결의 상태에서 가장 미워하고 공격적인 관계에 빠져버린 남·북한은 이 세상에서 가장 먼 나라가 되었으며, 서신왕래도, 방문도 두절된 남·북한에 흩어진 이산가족들은 오랜 기간 동안 만나거나 소식을 듣지 못했고, 부모와 형제와 부부가 갈라져서 가정이 불구가 되는 비극과 설움을 안고 살게 되었다.

그러나 민족의 삶에 있어서 무엇보다 중대한 문제는 분단과 대결의 상태를 이대로 두고서는 언젠가 남·북한은 전쟁을 할 수밖에 없다는 것이다. 남·북한에서 150만의 정규군과 수천 대의 탱크와 전투기 그리고 핵무기와 미사일, 핵 지뢰와 화학무기들이 쓰여지는 한반도의 전쟁은 7천만 우리 민족의 삶을 깡그리 파괴시키고 말 것이며, 삼천리 금수강산은 초토화되고 말 것이다. 동물도, 식물고, 강물도 다 파괴되고 오염된 다음에 무슨 민족의 삶이 있을 수 있겠는가? 그때 가서 민주주의는 해서 무엇하며 공산주의는 어디다 쓰겠다는 말인가? 민족번영도 주체사상도 민족이 살아남고서야 쓸 데가 있는 것이 아닌가?

기독교는 바로 이 '민족의 삶'에 대한 책임과 관심 때문에 맹목적인 군비증강과 경쟁, 핵무기의 배치 등을 묵인할 수 없으며, 남·북한의 관계를 하루 빨리 불가침조약이나 평화협정을 맺어서 평화적 관계로 만들어야 하며, 무기와 장비와 군대 숫자를 상호 감축함으로써 전쟁 연습과 도발을 하지 않는 데 관심을 가져야 할 것이다. 바로 이런 책임감에서 한국 교회의 통일선언은 통일의 5대 원칙 가운데 민족의 삶과 이익을 우선적으로 생각하자는 '민족 우선의 원칙'과 분단체제의 안보나 무력대결보다 긴장 완화와 평화를 우선적으로 생각해야 한다는 '평화 우선의 원칙'을 토대로 하고 있다.[8]

한국의 기독교인들이 민족 분단이 반평화적이고 반생명적인 구

---

8) 이삼열, "한국 기독교의 평화통일 운동", 「기독교 사상」(1988, 7월호), 26-30.

조를 똑바로 들여다보고, 민족의 고통과 신음소리를 정직하게 듣는다면, 이 분단을 극복하는 통일운동에 나서지 않을 수 없을 것이다. 예수 그리스도께서도 '나는 선한 목자처럼 양의 생명을 지키고, 그 삶을 풍부케 하기 위해서 왔다'(요한 10:10)고 하시며 자기 민족의 삶에 관심을 보이셨고, 예루살렘 성을 보고 우시면서(누가 19:44) 자기 민족의 생존과 평화에 깊은 애정과 관심을 보였다는 것을 잊지 말아야 할 것이다.

둘째로, 평화란 갈등관계와 대립관계·적대관계를 해소하고, 화해를 이루며 신뢰를 회복함으로써만 획득될 수 있기 때문에, 적대관계에 있는 남·북한이 화해를 이루고, 어떤 형태든 민족공동체를 형성하지 않으면 평화의 실현은 불가능한 것이 된다.

기독교가 남·북한의 화해와 통일운동에 참여해야 하는 이유는 기독교가 화해를 강조하며 적대관계나 증오심을 해소하고, 원수를 사랑해야 하는 복음과 신앙을 가지고 있기 때문이다.

특별히 남·북한의 대립은 무엇보다 이념적 갈등에 기인하고 있는데, 이 이데올로기의 갈등에 직접·간접으로 연루되어 있고, 또 여기에 많은 피해를 본 것도 사실 기독교였다고 할 수 있다.

그러나 이제 남·북한이 대화를 하고 화해와 통일을 하기 위해서는 자본주의와 사화주의의 대화와 화해가 필요한 만큼, 기독교와 공산주의의 대화와 화해도 필요하게 되었다. 아마도 오늘날의 남·북한의 세력분포를 볼 때, 근본적으로 기독교와 공산주의, 기독교 사상과 주체사상의 적대관계와 갈등관계를 풀어내는 것만큼 통일을 위해 중요한 일은 없을 것으로 보인다.

이제 남북의 화해와 통일을 그 선교적 사명으로 인식하고 있는 기독교인들은 민족 분단을 극복하려고 노력하지 못하고, 분단의 정당화와 심화에 기여한 것을 회개해야 한다. 화해의 기본원리는 상대방에 대한 공격에 앞서서 자신의 잘못을 먼저 인정하며 반성하는 데 있다. 앞으로 북한 사람들은 그들대로 분단과 대결과 전쟁에 대한 자기 비판과 반성을 해야겠지만, 남한 사람들이 저지른 잘못과, 과장되고 곡해된 원수상과 동족상잔의 과오를 우리 쪽에서 먼저 반성하며 비판하는 일이 없이 진정한 화해와 통일은 이루어지기 어려울 것이다.

잘못된 원수상을 시정하고, 상대방에 대한 증오심과 공격성을 해소시키기 위해서는 무엇보다 서로 간의 신뢰 회복이 중요하며, 이것은 서로 만나서 대화하며 교류하는 과정이 없이는 불가능하다. 서로 다르고 미워했더라도, 두려움과 공포심을 갖고 있더라도, 서로 만나서 대화를 함으로써 서로에 대한 오해와 편견을 풀어나가고, 서로 뗄 수 없는 한 민족 공동체임을 거듭거듭 확인해 가야 한다.

그리고 여기서 유의해야 할 것은 이념과 체제와 가치관의 이질성보다는 민족의 동질성을 더 중요하게 생각해야 한다는 것이다. 이것이 교회의 통일선언이 주장하는 신뢰와 교류 우선의 원칙이다. 그러나 이러한 것도 남한 사람들이 북한에 관한 객관적인 정보를 가질 수 있고, 방송도 들을 수 있으며, 신문도 서적도 읽을 수 있는 자유가 주어져야 가능할 것이며, 북한 사람들의 경우도 마찬가지일 것이다. 이런 이유에서 우리는 북한을 바로 알고 북한도 우리를 바로 알도록 노력해야 한다.

화해를 통해서 평화를 만들어가는 작업은 결코 쉬운 일이 아니다. 이것은 이미 우리의 피와 살이 되어버린 분단체제와 분단의식을 극복해야 하는 어려운 일이며, 때로는 자신의 뼈를 깎는 아픔을 견디면서 독선적이고 반편이 된 우리 사회와 자신의 의식을 변혁시켜야하는 힘든 작업이다. 그러나 기독교인들은 막힌 담을 헐고 원수 된관계를 폐하며 둘이 하나가 되는(에베소 2:14) 화해의 복음을 받았기때문에, 이 복음과 신앙의 토대 위에 서서 흔들리지 않고 남·북한의화해를 위해 노력해야 하며, 이렇게 될 때 이 어려운 일도 감당할 수있는 능력과 힘을 얻게 될 것이다.

셋째로, 참된 평화는 인간을 억압하며 구속하는 모든 종류의 구조적 폭력들로부터 해방될 때에 이루어지는데, 오늘의 분단체제를 그대로 두고서는 남·북한이 이 구조적 모순과 폭력으로부터 해방될 수 없으며, 따라서 참 평화를 이룰 수가 없다. 이 분단체제는 국민 대중들의 억압과 수탈, 인권의 유린과 박탈, 비민주적 독재와 외세의 종속을가져온 원죄였다. 분단체제를 극복하고 통일을 이룩하는 것은, 바로분단이 가져온 구조적 모순들과 폭력들을 제거하고 참된 평화를 가져오기 위해서 필요한 조건이다. 따라서 우리의 통일은 정의로운 평화를 가져오는 해방적인 통일(liberating unification)이 되어야 한다.

정의가 없는 평화는 이사야나 예레미야 선지자의 비판처럼, '거짓평화'요, '위장된 평화'일 뿐인 것이다. 한반도에서 1953년 휴전협정이 조인된 이래 지금까지 큰 전쟁이 있었던 것은 아니지만 이를 평화시대라고 부를 수 없는 것은 이것이 미·소 강대국의 힘에 의해서,핵무기와 미사일에 의해서, 겨우 돌발사태가 억제되고 있는 불안한평화요, 위장된 평화이기 때문이다. 정의나 자유를 확대함으로써가아니라, 군사력과 무기를 강화함으로써 억지로 유지되는 평화는 팍스 로마나(Pax Romana)와 같은 거짓 평화일 뿐이다. 더구나 이 힘이 인간의 자유와 정의를 짓밟고, 민족의 자립과 발전을 저해하며 억압하는 것일 때 이런 평화는 지배세력의 안보에만 관심을 가진 거짓 평화일 뿐이다.

기독교가 지향하는 통일은 참된 평화가 실현되는 통일이어야 하고, 정의와 자유와 해방을 실현하는 통일이어야 하기 때문에, 때로는 예수 그리스도처럼 평화를 교란하는 자로 몰려서 십자가를 지거나 수난을 당할 수도 있음을 각오해야 한다.

그러나 이러한 십자가를 지면서도 평화를 만드는 자의 사명을 다할 때 하나님께서 주시는 축복이 있다. 그것은 하나님의 아들이라는 칭호를 받는 것이다. 왜냐하면 평화를 만드는 자가 하나님의 아들이 된다(마태 5:9)고 하셨기 때문이다.

3. 폭력의 극복과 평화의 문화를 위한 신학 교육

그러면 이제 이런 상황 속에서 평화와 통일을 실천하기 위해 교회가 특별히 해야 할 과제가 무엇일까? 한반도에서 평화의 과제를 수행할 때, 전쟁과 무력충돌의 위험이 가장 큰 남북한의 분단체제를 평화체제로 전환하는 것이 가장 우선적인 과제가 되어야 하는 것이 사실이지만, 여기서 분단체제는 정치적, 군사적 대결과 갈등의 구조로서만 생각되는 것은 아니다. 서구의 평화연구가들은 평화라는 것이 전쟁이나 살상과 같은 물리적 폭력이나 직접적 폭력에 의해서 깨질 뿐 아니라, 적개심이나 공격성 증오심 같은 잠재적인 폭력, 간접적인 폭력에 의해서도 크게 침해를 받는다고 주장하였다. 이런 간접적인 폭력 가운데도 억압이나 수탈, 기아나 결핍같이 인간의 삶과 평화로운 사회를 죽음과 투쟁, 갈등과 폭력으로 인도하는 요소들을 구조적인 폭력(structural violence)이라고 주장했다. 한 사회를 평화롭게 만들자면 물리적이고 직접적인 폭력을 제거해야 할 뿐 아니라, 간접적이며 구조적인 폭력을 제거하는 데 힘써야 한다는 것이다.

　냉전시대가 지나가면서 전쟁이나 물리적 폭력의 위험이 감소되자, 평화연구가들은 전쟁과 무력충돌을 야기할 수 있는 간접적인 폭력들에 관심을 가지며 특히 지역적, 인종적, 문화적 종교적 갈등과 적대의식 공격성과 증오심을 평화적으로 순화시키며, 문명적으로 처리하는 방법의 연구에 매진하게 되었다. 요한 갈퉁은 21세기에 들어와 특히 문화적 폭력(kuturelle Gewalt)이라는 새로운 개념을 쓰면서, 평화연구의 폭을 넓히려 했다.[9] 평화의 개념을 건강과 유사한 것으로 보고 있는 갈퉁은, 건강이 질병이나 건강을 해치는 요소들을 하나씩 제거함으로써 유지되듯이, 평화도 평화를 해치는 요소들인 폭력과 갈등들을 제거함으로써 달성될 수 있다고 보았다. 이러한 요소들을 진단하고(Diagnose), 예방하며(Prognose), 치료하는 것(Therapie)이 바로 평화연구의 과제며 과정이라고 주장한다.[10] 그런데 그는 여러 가지 종류의 폭력을 진단해 보는 과정에서 물리적 폭력이나 구조적 폭력 이외에 문화적 폭력이 있음을 발견하고 폭력의 삼각구도를 밝혔는데 문화적 폭력은 직접적, 물리적 폭력과 구조적 폭력을 정당화 해주는(legitimieren) 문화와 의식 속에 있는 폭력적 요소로서 특히 이데올로기와 종교, 언어, 예술, 학문, 법률, 교육의 체계 속에 숨어

---

9) Johan Galtung, *Die Zukunft der Menschenrechte* (Campus Verlag, 2000), 7-22.
10) 위의 책, 128-145.

서 작용하고 있다는 것이다.

　문화적 폭력의 내용들은 갈퉁이 개념화하기 전에도 이미 평화연
구가들에 의해 중요한 요소로서 다루어져 왔다. 전쟁과 폭력을 야기
시키는 증오심, 공격성, 적개심 같은 심리적 요소들을 필자는 잠재
적 폭력(Latent Violence)이라고 불러왔었다. 평화연구자들이나 평화
교육가들은 오래전부터 전쟁은 마음속에서부터 시작된다고 주장했
으며, 평화를 만들기 위해서는 마음속에 있는 갈등과 폭력의 요소들
을 치유하는 평화교육의 중요성을 강조해왔다. 히틀러가 유태인을
600만 명이나 학살한 것은 독일인들의 마음속에 오랫동안 잠재해왔
던 반유태주의 즉 유태인들에 대한 편견과 증오심, 공격성들이 자라
서 그렇게 된 것으로 보아야 한다. 이스라엘 사람과 아랍인들 사이
에는 언제든지 전쟁을 할 수 있는 마음의 준비가 되어있다. 적개심
과 증오심이 오랫동안 쌓여있기 때문이다. 아마도 미국의 백인과 흑
인 사이라든가, 스리랑카의 시크족과 타밀족 사이에는 유사한 심리
적 전쟁과 폭력상태가 상존하고 있다고 볼 수 있으며, 필자는 남북
한 사이에도 비슷한 심리적 잠재적 폭력과 전쟁상태가 존재한다고
생각한다.

　그런데 갈퉁(Johann Galtung)은 이런 심리적 폭력의 요인들을 인간
의 마음속에서만 보지 않고, 이를 정당화하는 교육이나 법률, 종교
와 같은 문화적 제도적 인습적 구조에서 찾아내며, 평화를 위한 문
화구조의 개혁을 주장하고 있다. 물론 갈퉁의 개념에 따르면 전쟁이
나 살상을 정당화하는 심리적 폭력의 요소들뿐 아니라, 정치 경제적
구조에서 드러나는 억압이나 수탈, 차별이나 소외 같은 구조적 폭력
들을 정당화하는 이데올로기나 가치관들도 문화적 폭력으로 분류되

고 있다. 그렇게 보면 인종 차별주의나 성차별주의, 외국인들을 차별하고 소외시키는 법률체제들도 모두 문화적 폭력의 범주에 넣어야 하게 된다. 11)

반평화적인 분단체제 속에서 반세기 동안 전쟁준비와 적대의식에 사로잡혀온 남북한에서 평화를 구축하는 길은 평화협정을 맺고, 화해와 교류와 협력의 민족 공동체를 형성하는 것이 중요하지만, 이를 남북 간에 합의서나 협정을 통해 선언하기 전에 남북의 국민들 마음속에, 그리고 가치관과 의식 속에 있는 분단의식, 적대의식과 공격의식을 제거하는 일, 즉 문화적 폭력을 제거하는 일이 무엇보다 중요하다. 남북합의서는 서로 상대방을 인정하며 비난하거나 적대시하지 않을 것을 선언했지만, 양측 국민의 마음속에서나, 양측의 법률, 교육, 종교, 이데올로기 속에 서로를 인정하지 않을 뿐만 아니라 증오하고 적대시하며, 공격심을 조장하는 요소들이 그대로 있다면 이런 남북관계는 이중성을 내포할 수밖에 없으며, 냉전 체제는 평화체제로 전환 될 수가 없게 된다. 즉 문화적 폭력의 제거 없이는 전쟁이나 물리적 폭력의 가능성을 제거할 수 없으며, 분단체제는 냉전적 구조를 극복할 수가 없게 된다.

이 점에서 오늘 한반도에서의 평화를 실천하기 위해서는 어떻게 하면 남북한의 국민들 마음속에 있는 적대적이며 공격적인 요소를 치료할 수 있을 것인가, 다시 말하면 양측의 교육 이데올로기 법률 구조 속에 있는 문화적 폭력의 구조를 제거할 수 있는가에 관심을 가지고 노력해야 한다. 이 점에서 오늘날 허용되고 있는 북한 붕괴

---

11) 문화적 폭력 이론에 관한 설명은, Johan Galtung, *Frieden mit friedlichen Mitteln* (Opladen, 1998), 341-366 "Kulturelle Gewalt" 참조.

를 목적으로 한 대북전단은 심각한 문화적 폭력이다.

분단 50년간은 남북이 완전히 단절되고 고립되어 있어서 너무나 많은 이데올로기적 편견과 오해, 잘못된 원수 상을 뿌리 깊게 심어 왔으며, 이에 따른 적개심과 공격심을 조장해 왔다. 더구나 1950년 6.25전쟁은 분단의 상처와 골을 깊게 파놓았으며, 공격적이고 배타적인 군사문화를 확산시켜 놓았다. 남쪽에서는 북의 공산주의나 주체사상을, 북쪽에서는 남의 자본주의나 미 제국주의를 타도하고 쳐 없애는 것만이 살길이요 애국 애족하는 길로 여겨왔다. 그래서 멸공 통일, 반공 통일과 적화통일, 반제민족 통일이 양측 국가 목표였을 뿐만 아니라, 모든 법률과 교육, 사회제도나 문화, 예술의 근본으로, 국시로 공인되어 아무도 여기에 반론이나 이의를 제기할 수 없었다. 그래서 남북한 사이에는 무찌르고, 쳐 없애고, 목을 자르고, 각을 뜨자는 구호만이 무성했고 이것은 유치원에서 대학교육까지 반공교육, 반제교육이라는 명분으로 주입되었다. 남북한은 군사 무기와 전쟁 연습이라는 물리적 폭력 면에서도 그렇지만, 적개심이나 공격성과 같은 문화적 폭력에서도 세계에서 가장 전쟁 준비가 잘 되어있는 곳이며, 전쟁 발생의 가능성이 가장 높은 곳 중의 하나이다.

분단체제의 적개심과 공격성을 정당화하고 조장하는 문화적 폭력을 치유하기 위해서도 그렇고, 우리 사회에 만연해가는 지역 간, 계급 간, 가정이나 학원에서의 갈등과 폭력을 합리적으로 해결하기 위해서도 우리는 평화의 문화(Culture of Peace)를 형성하고 확산시키는 방법을 연구하고 교육할 필요가 있다.[12] '평화의 문화' 운동은

---

12) 유네스코 아태 국제이해 교육원(APCEIU), 『다문화 사회의 이해』 (동녘, 2007).

우리의 심성과 가치관을 평화적인 것으로 전환시킬 뿐 아니라, 인종 종교 이데올로기 지역 문화의 이질성과 갈등관계 속에 서로 이해하며 관용하고 공존하며 연대하는 사고방식과 행위양식을 창출해내는 것을 목표로 하고 있기 때문에, 특히 한반도에서 분단체제와 의식을 극복하는데 커다란 공헌을 할 수 있으리라 생각된다. 우리의 반평화적 분단체제가 갖는 문화적 폭력들을 제거하고 치유하는데도, 평화의 문화를 확산시키는 것이 가장 효율적인 방법이 되지 않을까 생각한다.

분단 극복과 평화구축을 위한 신학 교육은 왜 한국의 기독교가 평화 통일을 향해 나서야 하는가에 대해 성서 신학적, 선교 신학적, 실천 신학적인 이론을 가르치도록 해야 할 뿐 아니라, 그렇다면 한국 교회와 기독교인들은 평화 통일을 위해 어떤 일들을 해왔으며, 또 어떤 일을 해야 하느냐의 문제를 연구하고 교육해야 한다고 생각한다. 바람직한 신학 교육은 보수교단과 진보교단, 혹은 기독교인들의 서로 다른 입장과 다양한 실천행로들을 살펴보면서, 바른 길을 선택하도록 도움을 주는 역할을 해야 할 것이다.

한국교회 안에는 평화통일 문제 같은 것은 신앙 문제나 선교적 문제가 아니고 정치 문제이기 때문에 교회가 관여할 일이 아니라고 생각하는 극보수적 태도를 가진 교회나 신학자도 많이 있고, 또 관심을 갖더라도 하나님께 의지하고 기도만 해야지 나서서 사회적 행동을 해선 안 된다는 주장을 하는 분들도 많이 있다.

이 문제에 관해 필자는 진보교회로 알려진 한국기독교교회협의회(KNCC)의 통일위원회에서 오래 활동해 온 전문위원으로서 필자가 참여했던 88년도 KNCC의 평화통일선언의 내용과 배경을 설명하는 것으로 이 글을 맺기로 한다.

"88 교회선언"은 1983년부터 약 5년 동안 교회협의회가 소속 교단의 전문가들과 연구세미나를 계속하면서 논의했고, 또한 한미교회협의회, 한독교회 협의회 등 외국 교회들이나 세계교회협의회(WCC) 등과 연구모임을 가지면서 토론한 결과들을 가지고 전문위원 몇 사람들이 수차례 모임을 갖고 초안을 만들었으며, 이 선언문이 1988년 2월 29일 교회협의회 총회에서 만장일치, 기립박수로 통과되면서 명실 공히 한국교회의 운동 방향을 제시하는 역사적인 문서가 되었다.

88선언문은 사회적으로도 꽉 막혔던 시민사회의 통일운동에 물고를 텄다는 평가를 받았으며, 이 문서의 정책부분은 91년도 남북총리회담을 통해 만들어진 "남북의 화해와 교류협력을 위한 합의서"에 대부분 반영되었다는 것이 당시의 실무책임자들에 의해 밝혀졌다. 물론 이 문서가 나온 직후 한국교회는 찬반양론으로 갈라져 오늘까지 많은 논쟁이 일어났지만, 현재까지 교회의 평화통일 운동에 중요한 지침서가 되고 있기 때문에, 오늘의 신학 교육은 이 문서의 배경과 내용, 남북교회의 만남과 나눔의 역사를 다루어야 한다고 생각한다. 필자가 쓴 글 "민족통일을 향한 기독교의 평화운동"[13)]에서 정리해본 88선언의 신학과 정책 부분을 참고하기 바란다.

---

13) 숭실대 기독교사회 연구소, 『한국사회 발전과 기독교의 역할』(2000, 한울), 122-159.

4장
시민사회의 변혁 운동과 기독교의 역할

1. 새로운 세계질서와 시민사회

20세기 말 새로운 세계질서가 모색되는 오늘의 숨가쁜 변화과정에서 시민사회의 역할과 전망에 관한 논의가 활발하게 일어나고 있다. 1989년 프랑스혁명이 일어난 지 200주년을 맞는 해에 동서독의 장벽이 무너지면서 사회주의권의 붕괴라는 세기적인 지각변동이 일어나기 시작했다. 일 년 안에 동독의 공산정권이 무너지고 서독에 흡수통일이 되더니 루마니아, 폴란드, 체코슬로바키아, 헝가리, 유고, 알바니아에 이르기까지 공산정권들이 하나씩 넘어지는 도미노 현상을 일으키고, 마침내 공산권의 종주국인 초강대국 소련 연방공화국이 맥없이 해체되고 말았다. 이로써 1917년 볼셰비키 혁명 후 20세기를 주름잡아왔던 동서 이념의 대결체제가 무너졌고, 국제 정치적인 균형이 깨어지면서 세계질서의 새로운 재편과정이 야기되었다. 역사가 존 루카치(John Lukach)는 『20세기의 종말』이라는 책에서

20세기는 이미 1989년에 종말을 고했으며, 20세기는 1차 대전이 일어난 1914년부터 75년간만 존속했다고 말했다. 새로운 세계질서의 모색과 재편과정이 21세기로 넘어가 중심과제가 될 것이 분명한 만큼 역사적으로 21세기는 이미 시작되었다고 해도 과언이 아니라는 것이다.

그런데 이 세기적 변혁을 가져온 동구권의 혁명적 변화는 이데올로기로 뭉친 당에 의해서도 아니고, 총칼을 든 군대에 의해서도 아니라 평범하고 다양한 시민들의 조직과 운동에 의해 일으켜졌다는 것이 더 충격적인 사건이다. 동독의 월요기도회나 폴란드의 자유노조, 헝가리의 환경운동연합 '도나우강'이 혁명조직이나 폭력수단이 없이 순수한 시민들의 결집과 저항만으로 정권을 물리치고 국가의 형태를 변질시켰다는 것은 20세기 말의 새로운 신화나 마찬가지였다. 이와 함께 동구권 변혁의 핵심적 요인은 시민들의 자발적인 참여와 조직 연대운동을 가능케 한 시민사회(civil society)의 강화에 있었다는 주장이 여러 학자들과 운동가 정치인들에게서 나오게 되었다. 동구에서 시민사회는 국가와 당 군대 등 지배세력에 맞서는 큰 힘으로 성장해서 정권을 무너트린 혁명세력의 토대가 되었을 뿐 아니라 변혁 후의 국가의 재건과 이념적 가치관적 좌표설정에 주도적 역할을 담당하였고, 앞으로의 권력구조나 국내 정치의 방향, 국제정치의 역학관계에서도 상당한 비중을 갖게 되리라는 것이 공통된 전망이다.

시민사회의 변혁적 역할과 능력은 동구권에서만이 아니라, 사실은 그보다 앞서 남미나 아시아 등 제삼세계에서 괄목할만하게 드러났다. 70년대와 80년대에 와서 연달아 전개된 군사독재정권의 붕괴와 민주화로의 변혁과정엔 계급과 계층을 망라한 시민들의 연합적 운동이 있었으며, 민주적인 정당과 의회 정부의 수립에 결정적인 공헌을 한 것이 사실이었다. 칠레와 멕시코, 필리핀과 한국, 남아프리카 그 밖의 여러 제삼세계의 나라들에서 양상과 형태는 달랐지만 정부와 군대 재벌과 경찰의 힘에 맞서 민주화의 변혁을 성취한 세력은 인권운동, 노동운동, 농민운동과 주민조직 운동을 이끌어왔던 지식인 종교인 학생과 같은 시민사회의 세력이었다. 여러 나라들의 비교는 시민사회의 성장 강화 없이는 민주화의 변혁이 일어날 수 없다는 것을 예시해 보였다.

제이세계나 제삼세계뿐 아니라 제일세계라고 하는 서구 여러 나라들에서도 1980년대에 와서 시민사회의 역할 증대가 눈에 띄게 나타났다. 녹색운동, 여성운동, 반핵 평화운동 같은 시민운동들은 가치관의 변화를 수반하는 사회개혁 운동에 머물지 않고 정치적 영향력을 얻게 되었으며, 녹색당의 출현 등으로 정당과 의회 및 정부를 견제하는 커다란 세력으로 자라게 되었다. 서구사회 역시 국가와 사회의 전통적 관계를 변질시킬 만큼 사회의 역할이 커졌으며, 그것도 막연한 사회가 아니라 시민들의 자발적인 결사와 조직 사회운동이 근간을 이루는 시민사회가 새롭게 대두하는 새로운 양상을 나타내게 되었다.

2. 시민사회의 재생과 개념 정의

이를 두고 오늘날 시민사회의 재생(Recycle), 부활(Resurrection),

재부흥(Revival) 등의 표현들이 등장하고 있다. 과연 시민사회는 18세기에 서구에서 봉건체제를 변혁시킨 이래 없어졌다가 20세기 말에 와서 다시 부활한 것인가? 새롭게 재생된 시민사회는 초기의 그것과 개념과 성격에서 어떤 차이를 갖는가? 과연 오늘에 나타난 새로운 사회적 조직과 운동의 형태를 옛 개념 그대로 시민사회라 불러도 좋은가? 이런 문제가 오늘날 시민사회를 논하면서 논란을 일으키는 개념 정의의 문제며 여기에 대한 명확한 해답이 아직 이론적으로나 실천적으로 주어지지 않기 때문에, 오늘날 시민사회 형성과 발전을 역사적 과제로 생각하는 사람들이 논쟁을 벌이게 되는 이유가 있다.

시민사회의 형성과 강화를 사회 발전의 척도로 삼으려는 오늘의 사회운동가나 사상가들에게 제기되는 개념적인 물음은 무엇보다 시민사회가 사회 속에서 영향력과 세력을 가진 특수한 계층이나 계급에 의해 주도되는 사회냐, 아니면 모든 사회의 구성원들을 평등하고 주체적인 시민으로 보며 이들의 삶과 권리, 행복을 추구하는 사회를 말하느냐이다. 원래 시민사회의 개념이 등장한 18세기 말 19세기 초의 유럽에서는 시민사회가 모든 사람들의 사회가 아닌, 재산이나 교육 사회적 영향력을 가진 시민계층(bourgeoisie)이 주도하는 사회였고, 여기에 노동자나 농민 천민들은 포함되지 않았다. 그래서 헤겔이 1821년에 쓴 법철학에서도 시민사회(Bürgerliche Gesellschaft)는 특수계층의 이해에 좌우되는 비윤리적 사회이기 때문에 윤리적 국가에 의해 통제되고 지양되어야 한다고 규정되어있다. 맑스 역시 현재의 국가는 부르주아라고 하는 시민계급이 주도하는 억압과 착취의 국가이기 때문에 억압받던 프롤레타리아 계급이 주도하는 사회와 국가로 변혁되어야 한다고 주장했다. 시민사회는 변혁의 주체가 아니라 대상이었다.

그러나 19세기 후반과 20세기에 이르러 유럽과 미국의 시민사회가 차츰 민주화의 과정과 결합해가는 역사적 흐름을 보면서 토크빌(Tocqueville)을 비롯한 사상가들에 의해 시민사회의 개념이 평등사회, 민주사회라는 긍정적 가치와 규범의 의미로 발전하게 되었다. 특히 헤겔적인 부정적 시민사회의 개념을 중립적이며 기능적인 개념으로 수정한 사람은 탤컷 파슨스(Talcott Parsons)였다. 시민사회는 사회적 조직이나 단체 및 운동들의 총화며 사회 전체의 통합된 공동체라고 기능적으로 정의되었다. 그러면서도 파슨스는 자본주의적 미국 사회를 변호하는 뜻으로 시민사회를 바람직한 모범적 사회로 부각시켰기 때문에 전혀 기능주의적이며 가치중립적인 정의를 했다고는 볼 수 없다.

다른 한편 사회주의 사상에서도 헤겔과 맑스의 부정적 시민사회론을 수정하려는 이론이 그람시(Grameci)에 의해 제기되었다. 현재의 시민사회를 부르주아의 계급적 지배와 헤게모니로 파악하면서도 사회운동과 의식화의 과정을 통해 바람직한 사회주의적 시민사회의 형성이 가능하다고 보면서 역시 기능적이며 중립적인 시민사회의 개념을 제시하게 되었다. 이를 통해 그람시는 이미 볼셰비키 혁명 후의 소련이 공산주의 국가권력을 강화하면서 시민사회를 무력화하거나 억압하였기 때문에 바른 사회주의 사회를 건설하지 못했다고 비판했다. 시민사회는 사회주의 체제하에서도 자율과 평등의 실현을 위해 강화되고 활성화되어야 하는 것이었다.

파슨스와 그람시에 오면서 시민사회의 개념에 생겨난 중요한 변화는 시민사회의 영역이 국가로부터 구별될 뿐 아니라 경제로부터도 분화된다는 것이었다. 즉 자본이나 기업, 재벌로부터도 독립해서 사회구성원의 다수인 시민들의 권익과 복지를 추구하는 운동과 조직체들을 망라하는 공동체적 개념이라는 것이다. 1990년대에 와서 새롭게 부활되는 시민사회의 개념은 여기에 맥을 대고 있으며, 동구와 남미 아시아에서 논의되는 시민사회도 국가와 경제의 지배세력에서 독립된 민중적 다수를 핵심으로 포괄하는 사회의 영역을 의미한다고 할 수 있다. 그러므로 시민사회를 오늘날 시민계급(부르주아)의 사회로 봄은 적합지 않으며 모든 사회성원들을 평등한 시민으로보며 이들이 주체가 되고 자율성과 활력을 갖는 사회를 말한다고 보아야 한다. 이 점에서 우리말과 역사적 맥락에서는 민간사회 혹은 평민사회라고 부르는 것이 더 적합지 않은가 생각해 본다.

그러나 복잡하고 다양한 역사와 개념 정의를 갖는 시민사회는 오늘날 많은 문제점과 논쟁점을 갖고 있다. 자세히 여기서 논할 수 없으나 시민사회를 역사적 개념으로서뿐 아니라 가치적이며 규범적인 개념으로 쓰려고 할 때에 이 논쟁점은 더욱 심각한 문제가 될 수 있다. 그러나 오늘날 시민사회의 강화와 발전을 사회운동의 목표로 세우려는 사람들은 이러한 단점에도 불구하고 자유와 인권 평등의 실현과 민주화와 동일시되는 규범적인 개념으로 쓰려는 의지와 경향이 있음을 발견할 수 있다.

3. 기독교와 정의롭고 인간적인 시민사회

이러한 의지와 경향을 보이는 운동체들 가운데 기독교는 오늘날 세계적으로 중요한 의미를 갖는 종교단체이다. 이미 동구나 남미 아시아의 민주화와 변혁과정에서 기독교가 시민사회의 형성과 강화에 기여한 공적은 널리 알려진 바와 같다. 반독재 민주화운동, 노동자와 농민 빈민들의 생존권과 권익옹호를 위한 선교적 운동, 인종차별의 철폐와 여성의 차별과 억압을 철폐하는 운동, 평화운동 환경운동, 인권운동, 여러 가지 형태의 민중조직 운동(people organization)에 기독교가 직접 간접으로 참여하고 지원해온 역사는 나라에 따라 다르지만 참으로 대단한 것이었다. 우리는 남아프리카 공화국이 백인통치에서 흑인 대통령 만델라가 나오기까지 인종차별 철폐에 기독교 운동세력이 혁혁한 업적을 세웠음을 잘 알고 있다. 필리핀에서 마르코스 독재정권을 물리치는 데 기독교 운동이 없었다면 어려웠을 것이며 한국의 민주화에서도 기독교의 역할을 무시할 수가 없다. 동독과 폴란드 체코의 변혁에 기독교가 공헌했음은 물론, 남미의 여러 군사독재들이 물리쳐진 데도 가톨릭교회의 역할이 지대했다.

특히 20세기 말에 와서 세계적인 정치변혁 과정에 기독교가 참여하고 기여한 바가 크지만, 어느 곳에서도 기독교가 정치적 조직이나 정당을 통해 하지는 않았다. 기독교의 참여방식은 억압받고 차별당하며 소외된 계층의 사람들을 지원하고(Advocacy), 이들이 의식화되고 결집되어서 힘을 얻게 하고(Empowering), 지역적으로나 부문별로 떨어져 있는 시민사회의 세력들을 연결시키며 연대케 하는(networking) 일이었다. 말하자면 그것이 노동자든지 농민이든지 흑인이든지 여성이든지 정치적 억압을 당하는 세력이든지 간에 국가권력과 경제의 지배층으로부터 소외된 시민사회의 세력과 조직들을 지원하고 강화하는 방식이었으며, 이는 곧 시민사회를 형성하고 강화하는 길이었다고 하겠다.

그러나 세계교회협의회(WCC)를 중심으로 한 기독교 운동체들이 시민사회의 형성과 강화를 선교적인 사명과 연결시켜 정식화하는 일은 최근에 와서 즉 1990년대에 와서야 이루어졌다. WCC는 1993년 6월에 세계적 시민사회를 강화하기 위한 여섯 대륙의 민중 운동체들의 연합모임을 개최했으며, 시민사회의 개념과 연대 전략에 관한 체계적인 토론을 벌였다. 미국과 유럽의 여러 기독교기관과 연구소들은 시민사회 프로젝트를 만들어 정보를 교환하며, 학술적인 토론과 연구를 추진하기 시작했고 앞으로 더 확대될 것 같다. 시민사회의 문제는 교회의 사회적 책임으로 점차 활발하게 논의되며, 중심과제로 부각되고 있다. 이미 WCC는 정의·평화·창조의 보전을 교회의 선교적 과제로 설정하고 실천에 노력해왔다. 이제 시민사회의 강화는 1990년대에 와서 새로운 선교전략으로 부각되면서, 그 규범적 의미를 정의·평화·창조(JPC)에서 찾게 되었다.

시민사회의 개념은 다양하며 그 규범적 의미는 역사적으로 다양하게 전개되었지만, 이제 에큐메니칼 운동을 중심으로 한 세계기독교의 관심은 역사적인 시민사회와 기독교 윤리적인 정의 평화 창조의 가치를 결합시켜, 역사적 실천 목표를 세우는 데 있는 것 같다. 그래서 최근 WCC에서 논의되는 내용을 보면 "정의롭고 인간적인 시민사회의 강화를 위하여"라는 주제와 프로젝트가 눈에 띄게 늘어나는 것을 볼 수 있다. 또한 현실적인 시민사회가 가진 이데올로기적이며 비윤리적인 구조와 성격을 놓고서는 시민사회의 혁신(renewal)을 주장하기도 한다.

WCC 총무 콘라드 라이저는 1993년 9월 미국 몬트리트(montreat)

에서 열린 "세계 평신도 운동대회"에서 이렇게 말했다.

시민사회의 개념은 사회현실을 세계체제와 생활세계 사이의 긴장 속에서 파악하려는 의도를 가진 개방적이며 잠정적인 개념이다. 소외되고 주변화 된, 평민(ordinary people)들의 생존을 향한 삶의 지혜와 생활세계를 지원하고 강화하는 일이 곧 시민사회의 목표를 추구하는 일과 맥을 같이 한다.

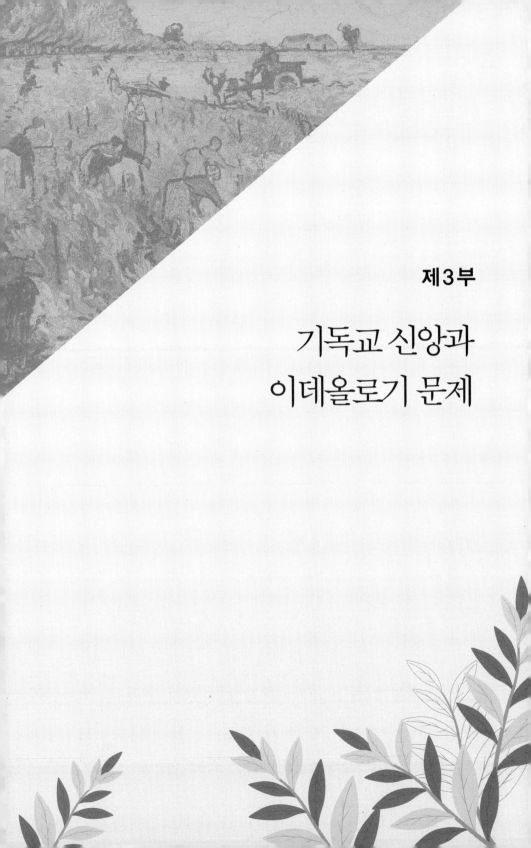

제3부

기독교 신앙과
이데올로기 문제

1장
이데올로기 개념의 바른 이해

이데올로기 문제는 현대인에게 피할 수 없는 운명적인 문제이며, 더구나 우리 민족과 나라에게는 생사와 흥망을 좌우하는 중대한 문제로서 누구나 관심을 가지지 않을 수 없는 문제다.

한때 "이데올로기의 시대는 끝났다"는 이데올로기 종언(終焉)의 사상이 유행했으나, 에드워드 쉴스(Edward Schils)나 다니엘 벨(Danie Bell) 그리고 레이몽 아롱(Raymond Aron) 등에 의해 주장된 이 탈이데올로기 사상은 그것 자체가 또 하나의 이데올로기라고 반박되었으며, 그나마 1950년대 말과 1960년대 초의 서구에서 유행한 사조에 불과한 것이 되고 말았다.[1] 이것은 1960년대에 나타난 쿠바혁명이나 월남전쟁, 중국공산당 안에서의 문화혁명 그리고 서구의 청년학생들이 일으킨 반문화, 반체제운동 같은 세계사적인 사건들에 의해 부

---

[1] Daniel Bell, The End of Ideology (1960); Edward Shils, "The End of Ideology?," in: Chaim I. Waxman (ed), *The End of Ideology Debate* (New York: Funk & Wagnalls, 1969); Robert A. Harber, "The End of Ideology as Ideology," in: idem.

정되었을 뿐만 아니라, 오늘날에도 전 세계의 3분의 1 이상 내지는 절반에 육박하는 인구가 공산주의 이데올로기의 지배를 받고 있고, 구미의 선진공업국을 포함하는 서방측 세계가 자본주의라는 이데올로기를 신봉하는 정당과 정치지도자들에 의해 이끌려가고 있으며, 아프리카와 아시아, 남미의 신생국, 후진국들이 민족주의라는 이데올로기를 기치로 하여, 자주, 독립, 해방, 발전을 향해 몸부림을 치고 있는 오늘의 현실이 이데올로기 종언론이라든가, 탈이데올로기론을 지탱할 수 없는 것으로 부정했다고 볼 수 있다.

더구나 우리가 사는 땅의 현실과 민족의 역사는 이데올로기의 지배와 싸움으로 멍들어 있고, 이데올로기의 대립과 대결과정에서 비롯된 남북 분단의 깊은 상처는 치료되기는커녕 점점 깊어갈 뿐 아니라, 민족의 생존과 세계평화를 위협하는 상황에까지 이르고 있어 이데올로기 문제는 곧 우리의 삶의 문제와 직결되어 있다고 할 수 있으며 민족의 통일과 미래를 좌우할 운명적인 문제라고 해도 과언이 아닐 것이다.

이데올로기 문제의 이러한 중대성이나 심각성에도 불구하고 우리의 지성계나 학계는 그에 상응하는 관심과 인식을 갖지 못했고, 충분한 연구와 토론을 하지 못한 채, 아직까지 이 문제는 어딘가 어색하며 소원한 문제로 남아 있는 것이 감출 수 없는 사실이며 현실이라고 하겠다. 더구나 이데올로기 문제는 정치와 경제뿐만 아니라 사회, 문화, 학문, 예술, 종교, 과학기술, 매스콤, 영화에 이르기까지 인간의 생활 전반에 걸쳐 폭넓게 작용하는 문제임에도, 이를 정치적인 것으로만 생각하는 선입견이 있어서 이데올로기 문제는 예민한 것, 위험한 것으로 터부시하며 기피하는 경향마저 있었다고 하겠다.

이러한 상황 가운데서 이데올로기 문제는 공개적으로, 자유롭게, 사실적으로, 충분히 다루어지지 못했으며 연구나 토론 자체가 이데올로기적인 한계를 벗어나지 못하는 경우가 많았다.

이제 이데올로기 문제가 우리에게 피할 수 없는 운명적인 문제라면, 우리의 삶과 관련된 중대한 문제라면, 이를 기피하거나 감추어 둠으로써 해결할 수 없다고 생각한다. 무엇보다도 진지하고 성실하게, 편견 없이 탐구하며 밝혀내야 할 문제가 이데올로기 문제가 아닐까 한다. 이데올로기 문제는 물론 인간의 삶에 관계된 포괄적인 문제로서 여러 학문 분야의 연구대상이지만, 다른 어느 분야보다도 철학의 대상이며 과제라고 생각한다. '철학과 이데올로기'의 관계는 따로 다루어야 할 제목이겠으나, 이데올로기 연구가 가진 학제적 성격(interdisciplinary)의 면에서나, 가치관의 성격, 역사철학이나 사회과학과의 관련성 그리고 무엇보다 '이데올로기와 진리'와의 관계성의 면에서 볼 때 철학과 밀접한 관계 속에 있다고 보이며, 따라서 당연히 철학의 관심사가 되어야 한다고 생각된다.[2]

철학이 진리 인식과 실천적 지혜의 탐구를 그 과업으로 포기하지 않는 한, 이데올로기 문제를 그 대상에서 배제하거나 등한시할 수 없다.[3] 이데올로기는 진리 문제와 관계되는 것이며, 실천과 관계되는 것이기 때문에, 그러면서도 현대인의 삶과 현실 속에 깊숙이 들어와 있는 문제이기 때문에 철학은 그 대상 영역 속에 이를 확보해

---

[2] Hans Barth, *Wahrheit und Ideologie* (Zürich, 1961); Kurt Lenk, *Ideologiekritik und Wissenssoziologie* (Neusiedl: Luchterhard Verlag, 1978), 특히 Kapitel I: "Problem- geschichtliche Einleitung," 13~49.

[3] Hans Lenk, *Pragmatische Philosophie* (Hamburg: Hoffmann & Campe, 1975).

야 하며 이를 중요하게 다루어야 한다고 생각한다.

1. 이데올로기 개념의 역사적 양면성

이데올로기 개념에 대한 연구와 논의는 대단히 많이 이루어지고 있어서 매우 풍부한 자료를 갖고 있다고 할 수 있으나, 문제는 막상 우리가 이데올로기라는 말을 쓸 때에, 혹은 이데올로기 비판이라는 시도를 할 때에 어떤 개념 정의를 쓸 것인가가 문제가 된다. 아마 이데올로기 논의에 있어서 가장 어렵고 복잡한 문제는 "과연 이데올로기가 무엇인가?" 하는 문제일 것이라고 생각한다. 이것은 아마 철학에서 가장 어려운 문제가 "철학이란 무엇인가?"라는 문제라는 것과 비슷한 사정이라고 생각된다.[4]

여러 학자들이 지적한 것처럼 '이데올로기'의 개념을 정의하는 데 이미 이데올로기가 개재되어 있다는 것이 맞는 것 같다. 이데올로기를 배제하려는 태도도 하나의 이데올로기라고 볼 수 있기 때문이다. 그러므로 우리는 어떤 학자의 이데올로기 개념에 대해서 정의를 내린다고 할 때에 그의 이데올로기적 태도와 입장이 무엇인가를 함께 묻고 반성하면서 쓰지 않으면 안 되게 된다.

이데올로기 개념의 형성은 오랜 역사를 두고 발전해 온 것이다. 따라서 그 발전해 온 역사적 맥락을 알지 못하고서는 그 개념에 대한 올바른 이해를 하기가 어렵게 된다. 이데올로기라는 용어가 처음

---

4) George Lichtheim, *The Concept of Ideology* (New York: Random House, 1967).

쓰였다고 하는 불란서 혁명 시기부터, 혹은 거기에 대한 의미를 부여했던 훨씬 이전의 경험론 철학이나 계몽주의 철학의 시기에서부터 맑스주의의 대두, 실증주의 사회학의 등장, 불셰비키 혁명, 지식사회학의 성립, 전체주의 파시즘시대, 2차 대전 후의 동서 냉전시대 그리고 1960년대 이후의 다원화의 시대 등과 같이 시대적인 조류와 사상사의 흐름을 따라서 변천해 왔기 때문에, 이데올로기라는 개념에 대한 역사는 곧 사상사와 철학사와 연결되는 문제라고 보아도 과언이 아니다. 이것은 곧 어떤 사람의 이데올로기 개념에 대해서 쓸 때에는 그 개념이 갖는 형식적인, 언어적인 정의만 가지고는 그 뜻을 제대로 이해할 수 없으며, 이 개념이 뜻하는 바가 그 역사적 맥락 안에서 무엇을 지칭하는가, 어떠한 정의에 대립하면서 발생했는가를 파악해야만 한다는 것이다.

이러한 맥락에서 볼 때 오늘날 우리가 이데올로기라는 말을 많이 쓰면서도 그것이 무엇을 지칭하는가 하는 점이 분명하지 않으며, 서로 다른 의미와 개념을 가지고 쓰고 있는 경우가 많이 있음을 본다. 이데올로기란 말의 개념이 서로 다른 경우에 적지 않은 당혹과 혼란이 생기게 되는데 그것은 상이한 여러 개념들이 그야말로 정반대의 뜻을 가지는 경우가 많이 있기 때문이다.

이데올로기의 개념이 발생하는 역사적인 차원은 서로 다르지만, 그 개념들을 파악하고 정리하기 위해서는 어떤 기준을 설정할 필요가 있다. 그래서 이데올로기 개념에 관한 여러 연구가들의 방법을 참고로 하며, 특히 렝크(Kurt Lenk),[5] 요아킴 리버(Joachim Lieber),[6]

---

5) Kurt Lenk, *Ideologie: Ideologiekritik und Wissensoziologie* (Darmstdt, 1976), 서론.

6) Joachim Lieber, *Ideologie-Wissenshaft-Gesllschaft* (Darmstadt, 1976), Einleitung.

조지 라레인(Jorge Larrain)[7] 그리고 야콥 바리온(Jacob Barion)[8] 등의 이론을 참작해서 다음의 세 가지 기준을 세울 수 있다고 본다.

첫째는, 어떤 사람이 쓰는 이데올로기 개념이 부정적인 의미를 갖느냐, 긍정적인 의미를 갖느냐 하는 기준이다. 이데올로기 개념은 대체로 많은 경우에 부정적 의미로 쓰이고 있다.

일종의 '허위의식'이라든지, '필요한 기만'이라든지, '사회현실에 대한 왜곡'이라고 생각할 때 이데올로기 개념은 인식적인 가치를 갖지 못하며, 현실의 반영이 아니기 때문에 회의하고 비판해야 하는 것으로만 이해된다. 그러나 이데올로기는 긍정적인 의미로도 쓰이는데 어떤 집단이나 계층의 세계관의 표현이며, 그 집단의 가치와 이익을 수호하기 위한 의견이나 이론, 태도와 같은 것들을 체계화한 것이라고 생각한다.

둘째는, 이데올로기의 개념이 개인이든 집단이든 주관적인 심리적 차원의 성격의 것을 말하는가, 아니면 객관적 현실을 반영하는 성격의 것을 말하는가 하는 문제다. 가령 이데올로기를 부정적 의미에서 본다고 하더라도 그것이 주관적 성질의 것이라면 이데올로기는 현실 그대로가 파악된 것이 아닌, 의식의 기형적 형태 내지는 곡해를 말하는 것이고, 객관적인 성질의 것이라면 이데올로기는 현실 자체가 불가피하게 유도해낸 기만이게 된다. 즉 현실을 왜곡하는 것은 주관적 의식이 아니라 객관적 현실에 그 원인이 있게 된다. 주관적 요소를 주장하는 쪽에서는 개인이나 계급이나 당의 역할을 중요시하게 되고, 객관적 요소를 주장하는 쪽에선 이런 주관적 의식이

---

7) Jorge Larrain, *The Concept of Ideology* (London, 1979).
8) Jakob Barion, *Was ist Ideologie?* (Bonn, 1974).

아니라 사회의 기본구조나 관계를 중요시하게 되는 결과를 낳는다.

셋째로, 이데올로기의 개념에 적용시켜야 할 기준은 이데올로기와 진리, 이데올로기와 과학(Wissenschaft)과의 관계를 어떻게 규정하는가 하는 문제이다.

이데올로기와 진리, 즉 과학은 서로 반대되는 것인가? 이런 경우에 이데올로기는 편견이며, 선입견이며 기만이며, 이성이나 진리에 도달하는 데는 방해가 된다고 볼 수 있다. 따라서 과학적 인식을 철저히 적용시킬 경우에는 이데올로기는 소멸해버리고 말게 된다. 그러나 다른 태도는 이데올로기와 과학은, 물론 같은 것은 아니지만, 차이점과 함께 공통점도 갖고 있다고 보는 태도이다. 따라서 어떤 집단이나 계급의 세계관의 입장에서 보면 이데올로기와 과학은 공통된 요소도 있고 차이점도 있지만 이 차이점은 과학으로 극복될 수가 없다고 보는 태도를 말한다. 여기서는 과학도 순수한 것만은 아니며 보편타당한 것만도 아니고 그 자체로 이데올로기가 될 수도 있다고 생각한다.

우리가 이데올로기의 개념을 보다 분석적으로 정확히 이해하려는 이유는, 가령 우리가 '기독교와 이데올로기'라든가 '철학과 이데올로기'와 같은 논의를 할 때에 우리가 통속적인 의미의 이데올로기 개념이나, 일반적인 개념 정의를 갖고서 논한다면 논리적이며 정돈된 대답을 구하기가 어렵게 되기 때문이다. 이것은 우리가 요즈음 흔히 쓰는 '이데올로기 교육'이라든가, '이데올로기 비판'이라는 데서도 마찬가지다. 자칫하면 부정적인 것을 가르치고, 긍정적인 것을 비판하는 오류를 범하기 쉽다.

흔히 통속적인 의미로서의 이데올로기는 부정적인 뜻을 가졌다.

특히 정치적으로 사용되는 이데올로기라는 말은 상대방이나 다른 당파의 사상이나 판단이 올바른 인식에 근거하지 않고 그릇된 편견이나 자기의 이해관계 때문에 사실을 은폐하며 현실을 왜곡하는 것이라고 비난할 경우에 쓰이고 있다.[9]

그러나 이데올로기의 어원적인 뜻이나, 애당초의 개념은 이렇게 부정적인 것이 아니었다. 야콥 바리온(Jacob Barion)은 이데올로기의 어원이 플라톤의 Idee와 칸트의 Ideal이라는 개념과 공통의 뿌리를 갖고 있다고 했다.[10] 현상계에 대한 원상(原像)으로서 플라톤의 Idee는 모든 존재의 생성이 도달해야 할 목표이며, 또한 인간의 행동이 준거해야 할 지표였다. 칸트의 Ideal도 순수이성의 이상(理想)으로서 통제의 원리로 작용하며, 무제한 자로서 현상계에 존재하는 것은 아니나, 인간의 행동과 실천에 작용하는 힘을 갖고 있다.

이데올로기라는 말을 처음 사용한 사람은 잘 알려진 바와 같이 불란서 혁명기의 뜨라시(Destutt de Tracy)였지만, 그가 쓴『이데올로기의 원리』(Eléments d'Ideologie)에서 사용된 '이데올로기'는 "사상의 과학"(Science des Idées) 혹은 "관념의 학(學)"이라는 뜻으로 쓰였다. 이 새로운 과학, 학문은 사상(Idee, Ideas)들의 기원을 밝히고 진정한 사상의 수립을 목표로 한다고 하였다.[11] 이데올로기(Ideologie)라고 일컬어진 이 새로운 학문은 이데아들에 대한 논리(logic)였으며, 이 학문은 그릇된 사상들, 즉 형이상학적이고 종교적인 편견들을 제고하고, 과학적인 이론을 만들어야 한다고 보았다.

---

9) John Plamenatz, *Ideology* (London: Pall Mall Press, 1970).

10) Jacob Barion, *Was ist Ideology?* (Bonn, 1974), 15ff.

11) George Lichtheim, *The Concept of Ideology*, 8f.

드 뜨라시에게 영향을 준 철학은 영국 경험론과 프랑스 계몽철학이었는데 그는 특히 베이콘의 '우상론'[12] 이나 콘디악의 '편견에 대한 투쟁',[13] 로크의 '감각에 환원시킨 관념' 등에 영향을 받아서 인간의 사상과 관념을 과학적이고 경험적인 것으로 만들려고 노력했다. 이런 점에서 이데올로기의 최초 의미와 어원은 긍정적이며, 객관적이고, 과학적인 의미를 갖고 있었다. 편견이나 우상, 종교적, 형이상학적 허상을 극복하려 한 것이 오히려 이데올로기였다.

이데올로기의 의미를 부정적으로 쓴 최초의 사람은 한때 이 사상의 과학자들과 한편에 서 있었던 나폴레옹이었다. 그는 불란서 혁명의 이념을 제공하던 이 자유주의적, 합리주의적인 이데올로그들을 '현실을 무시하고, 종교와 도덕, 국가의 본질을 잘못 알며 공론이나 즐기는 사람들'이라는 뜻으로, 'ideologues'라고 비난했다. 그러나 나폴레옹의 정치행각으로 보아 그의 부정적인 이데올로기론은 설득력 있는 주장이 되지 못했고, 또 이데올로기의 개념을 바꾸어 놓은 것도 아니었다.

2. 맑스주의의 이데올로기 비판론

이데올로기의 개념에 부정적인 의미를 결정적으로 부여한 사람은 칼 맑스(Karl Marx)였다. 맑스의 부정적인 이데올로기 개념 형성에 영향을 준 사상은 베이컨의 유물사상(맑스는 베이컨을 영국의 유물

---

[12] Francis Bacon, *Neues Organon* (Berlin, 1870).

[13] Jorge Larrain, 전게서, 26-27.

론과 근세 실험과학의 참된 조상이라 칭찬했다)14)과 불란서의 계몽·철학 사상인 홀바하(Holbach)와 헬베티우스(Helvetius) 그리고 독일의 유물사상가인 포이에르바하(Feuerbach)였던 것으로 보인다. 이들은 모두 관념과 사상의 허구성과 기만성을 비판한 자들인데, 이데올로기라는 말은 쓰지 않았지만 사상과 관념이 가진 부정적 의미의 이데올로기적인 성격을 비판했다. 특히 홀바하와 헬베티우스의 '사제기만론', 즉 폭군과 사제들이 강요하는 편견과 포이에르바하의 종교비판15)이 주장한 '인간 자신의 소망이나 염원을 투사한 것으로서의 종교적 관념'16) 등이 어떻게 제거되어야 하는 점에 청년 맑스의 관심이 가 있었다.

이렇게 잘못된 의식과 관념을 맑스는 헬베티우스처럼 교육을 통해서 시정할 수 있다고 보지도 않았고, 포이에르바하처럼 신학을 인간학으로 바꾸는 인간의 자기 의식화로써 극복된다고 보지도 않았다. 여기서 맑스는 뜨라시처럼 잘못된 관념을 시정하는 작업을 이데올로기라 부르지 않고, 오히려 잘못된 의식 자체를 이데올로기라고 불렀다. 기만된 의식, 왜곡된 의식, 허위의식으로서의 이데올로기를 극복하는 길은 이 의식을 필연적으로 낳게 한 잘못된 사회적 존재, 사회관계를 개혁함으로써만 가능하다고 주장했다.17) 따라서 맑스

---

14) *Marx-Engels Werke*, Bd. 2, 135.

15) P.H. Dietrich von Holbach, *La contagion Racrée, ou historie naturelle de la super- stition* (London, 1768); *Systéme de la Nature* (Paris, 1770); C.A. Helvetius, *OEures Complétes*, 4, Bde (1777).

16) Ludwig Feuerbach, *Das Wesen des Christentums* (Berlin, 1956).

17) Karl Marx, *Zur Kritik der politischen Ökonomie*, MEW 13, *Die deutsche Ideologie*, MEW 3, Thesen über Feuerbach.

에게 있어서 이데올로기 문제는 이데올로기 비판과 즉 의식의 개혁과 사회적 존재의 변혁이라는 것과 처음부터 연결되어 있었다.

맑스는 비판되어야 할 허위의식으로서 이데올로기를 보고 있지만 그의 작품 어디에서도 정확히 이데올로기의 개념을 정의해 놓지 않았다. 맑스의 이데올로기 개념은 '여러 연구에 의하면' 고정되어 있지 않고, 또 그의 사상적 발전에 따라 조금씩 진화해나가고 있는 것도 볼 수 있다. 맑스의 이데올로기 개념은 따로 광범위하게 연구되어야 할 문제이겠으나, '헤겔 법철학 비판',[18] '포이에르바하에 관한 테제', '독일 이데올로기' 그리고 '정치·경제학비판'에 점차 발전적으로 나타나는 이데올로기의 개념은 여러 가지로 표현되고 있는데, 가령 '허위의식', '사회적 관계의 표현', '실천에서 분리된 사변', '존재하는 실천의 의식', '의식된 존재', 혹은 '지배계층의 기만적 의식', '관념적으로 표현된 지배계급의 존재근거' 등과 같이 여러 가지로 정의되거나 설명되고 있다.[19]

이와 같이 이데올로기에 대한 다양한 표현은 맑스주의자들 사이에서도 많은 혼란과 논란을 주고 있다. 아직도 맑스의 이데올로기 개념은 통일된 것으로 확립되지 못하고 있다.

그러나 나는 여기서 한 가지 의문을 갖는다. 그리고 맑스에게 그의 부정적인 이데올로기 개념에 대해서 묻고 싶은 것이 있다. 만약 의식이 존재의 반영이며, 이데올로기는 잘못된 사회관계의 반영이라면, 잘못되지 않은 사회관계의 반영으로서 의식은 무엇이라고 불러야 하느냐 하는 문제다. 맑스 자신이 의식과 존재의 관계를 기계

---

[18] Karl Marx, *Zur Kritik der Hegelschen Rechtsphilosophie* (1844), Einleitung.
[19] Jorge Larrain, 전게서, 2장 "Marx's theory of ideology."

적 적용관계나 수동적인 반영관계로만 보고 있지 않다. 그는 '포이에르바하에 관한 테제 2'에서 인간의 사유가 존재의 구조와 관계없이 올바른 진리를 파악할 수 있는 가능성이 있음을 시사하고 있다.

테제 2

인간의 사유에 대상적인 진리가 나타날 수 있느냐 없느냐 하는 문제는 이론의 문제가 아니라 실천적인 문제이다. 실천 속에서 인간은 진리를, 곧 현실과 힘을 그리고 사유의 현실성을 증명해야 한다. 사유의 현실성과 비현실성을 놓고 논쟁하는 것은 그것이 실천과 동떨어진 고립상태에서는 일종의 스콜라적인 문제일 뿐이다.[20]

즉 맑스는 사회적 존재나 현실이 잘못되어 있을 때, 이러한 사회적 관계가 반영되는 모든 의식이 허위의식이며 이데올로기가 되는 것이 아니라, 실천이 매개되지 않는 반영일 때만 허위의식이 된다고 보았던 것이다. 그렇다면 실천이 매개된 진리의 의식은 무엇이라고 불러야 하겠느냐는 것이다.

맑스는『독일 이데올로기』에서 이데올로기란 현실적으로는 해소되지 않은 모순관계가 정신 속에서는 해소된 것으로 나타날 때, 즉 이것이 진정한 현실과 사회적 관계의 반영이 아니라, 현실의 모순을 은폐하며 위장하는 것으로 전도되고 착각된 의식일 때 생기는 것이라고 했다. 따라서 이데올로기는 반드시 현실을 위장하고 왜곡하는

---

[20] K. Marx, Thesen über Feuerbach, II.

구실을 하게 된다. 맑스는 이렇게 표현했다.[21] "개개인들의 현실적인 관계에 대한 의식적 표현이 환상적이어서 그들의 상상 속에 현실을 거꾸로 뒤집어 놓는다고 하면 이것은 곧 그들의 행동과 실천이 실질적으로 제한되어 있음을 나타내는 것이다"고 했다.

이 말을 자세히 해석해 보면, 의식이 현실을 왜곡하게 되는 이유는 인간이 주체적으로 현존하는 사회적인 모순관계를 실천에 있어서 해결할 수 없을 때 그렇게 된다는 것이다. 그렇다면 우리는 논리적으로 되물을 수 있다. 의식이 실천을 통해 사회적 모순관계를 해결할 때 얻게 되는 환상적이 아닌 의식적 표현은 이데올로기가 아니고 무엇이라고 부를 것이냐는 것이다.

이런 문제는 후기 맑스의 여러 작품에서나 특히 상부구조와 하부구조의 관계를 논하는 데서도 드러난다. 즉 모든 상부구조의 의식이 다 이데올로기적 의식이라고 보지는 않았다. 즉 하부구조의 사회적 모순관계를 허위적으로 왜곡해서 반영할 때만 이데올로기적 상부구조가 생기는 것이지 그 밖에는 "사회적 의식의 여러 형태"라든가 '관념적인 상부구조' 등의 표현을 써서 이데올로기가 아닌 의식들이 있음을 시사해 주고 있다.[22]

이러한 것들을 통해서 맑스에게 질문하고 싶은 것은 이데올로기란 것이 허위의식이나 왜곡된 의식이란 뜻만으로 쓰여서는 안 되지 않느냐, 거기엔 허위적 이데올로기, 왜곡된 이데올로기라는 말을 붙여서 사용했어야 할 것이 아니냐 하는 것이다. 이렇게 볼 때 맑스가

---

21) K. Marx, *The German Ideology* (Lawrence & Wishart, 1965), J. Larrain, 전게서, 219 주 37에서 재인용.

22) J. Larrain, 위의 책, 66, 67.

『독일 이데올로기』에서 쓴 왜곡된 의식, 허위의식으로서의 이데올로기는 이데올로기 일반이 아니라 독일 이데올로기를 말하는 것이 아니었던가 하는 생각을 나름대로 해본다. 그는 『독일 이데올로기』에서 비판한 헤겔, 포이에르바하, 부르노 바우어(Bruno Bauer), 막스 슈티르너(Max Stirner) 등의 철학자들을 가리켜 이렇게 표현했다. "이들 철학자들 중 아무도 독일 철학과 독일의 현실의 관계를 탐구하겠다는 생각을 하지 못했고 그들의 비판이 그들 자신의 물질적인 환경과 가진 관계를 탐구하지 못했다"[23]고 말하고 있다.

이렇게 볼 때 맑스의 이데올로기 개념도 반드시 부정적인 것으로만 고정시키지 않아도 된다고 생각한다. 즉 당시의 독일적인 사상가, 독일의 이데올로기들을 비판하기 위해서 쓴 개념이 아니었을까 하는 생각이다.

맑스는 현실의 모순과 사회구조를 그대로 인식하여 이를 변혁하고자 하는 실천적 의식을, 즉 허위의식이 아닌 올바른 의식을 이데올로기라고 부르지 않았다. 그것은 맑스에게 과학이었다. 과학적 사회주의가 바로 진정한 올바른 의식이다. 부르주아적 의식, 자본주의적 의식을 타도하기 위해서 이데올로기라고 규정해놓고 자기의 혁명사상이나 이념을 같은 이데올로기라고 부를 수가 없었다.

이로써 이데올로기는 참된 의식, 과학적인 의식과 대립되는 허위의식, 환상적 의식으로 부정적 개념으로 굳어지게 되었다. 특히 맑스에게는 여러 가지 해석의 가능성이 있었으나 맑스 사후에 이 개념

---

[23] Karl Marx & Friedrich Engels, *Deutsche Ideologie*, Vorrede, "Kritik der neuesten Deutschen Philosophie in ihren Repräsentanten Feuerbach," B. Bauer & M. Stirner (eds.), in: MEW, Bd. 3 (Berlin, 1969), S. 13f.

을 독점해서 쓴 엥겔스(Engels)에 의해 이데올로기는 허위의식으로 고정되어 버리고 말았다.[24)]

그러나 이러한 맑스의 이데올로기 개념은 잘 알다시피 맑스주의자들 사이에 그대로 전승되지 못했다. 이데올로기를 부정적으로만 해석하는 것은 어딘가 어색했다. 이데올로기는 레닌에 와서 맑스 엥겔스와는 다른 긍정적인 개념을 얻게 된다. 레닌에게도 이데올로기의 개념이 확정되어 있는 것은 아니지만 적어도 맑스가 이데올로기라고 부르기를 기피한 과학적 사회주의를 레닌은 이데올로기 즉 사회주의적 이데올로기라고 불렀다.[25)] 따라서 지배계층의 이데올로기도 있고 압박받고 수탈당하는 프롤레타리아 계층의 이데올로기도 있으며 이것이 이데올로기이기 때문에 다 잘못된 허위의식은 아니라고 수정했다. 물론 이데올로기가 사회적 존재, 사회적 관계의 반영이라는 점, 결코 사회적인 이해관계를 떠난 가치체계가 아니라는 점에서는 맑스의 견해를 계승하고 있지만, 그 대신 혁명 세력의 가치관이나 설계도 역시 이데올로기라고 인정했으며, 모든 이데올로기 가운데 유일하고 참되고 정당한 이데올로기는 프롤레타리아트 계급의 사회주의 이데올로기라고 규정했다. 이데올로기는 사회주의적 이데올로기일 때만이 객관적 진리와 과학적 이론이 될 수 있다는 것이다.

이러한 레닌의 생각은 루카치(Lukács)의 『역사와 계급의식』에도 그대로 이어지고 있다. 한 사회 안의 여러 계층, 계급들의 사회주의

[24)] H. J. Lieber, *Idiologie-Wissenschaft-Gesllschaft*, 23.

[25)] Mihailo Markovic, "Wissenschaft und Ideologie," in: Lieber, 상게서, 396. Lenin의 글 "Was nun?"을 참조.

들이 존재하지만 프롤레타리아트 의식이야말로 유일하게 정당한 역사의식과 사회의식을 갖는다고 하며 이들이 바로 역사변혁의 주체가 되어야 한다고 프롤레타리아 이데올로기를 긍정적인 진리로 나타냈다.[26]

3. 만하임의 지식사회학적 이데올로기론

그러나 맑스-레닌주의의 다른 한편에서 이데올로기와 과학, 진리와는 전혀 무관한 것으로 보려는 실증주의적 이데올로기론이 있었다. 즉 사회현실이나 구조에 대한 객관적 인식은 인식자의 당파적인, 계급적인 이해관계를 완전히 떠나야만 할 뿐 아니라 아예 가치비판이라는 것마저 배제해버려야 가능하다는 막스 베버류의 가치중립적인 실증주의론이 대두하게 되었다. 즉 이들은 이데올로기를 좌든 우든 모두 배제하고 순수한 객관적·사회적인 태도만을 견지하자는 이데올로기 비판론자들이었다.

그러나 인간의 인식이 과연 가치중립적인 객관성을 보장해줄 수 있는지 의문이 아닐 수가 없다. 더욱이 인간의 삶과 실천에 관계된 사회나 역사에 관한 의식이 그 의식의 주체인 개인이나 집단이 위치하고 있는 사회적 여건과 역사적 상황을 떠나서 존재할 수 있는지는 인식론적으로도 크게 문제되지 않을 수 없다.

이렇게 한편에선 어떤 특정한 계급이 가진 의식과 이데올로기가

---

[26] Georg Lukács, *Geschichte und Klassenbewußtsein* (Berlin, 1923); 같은 저자, *Schriften zur Ideologie und Politik* (Berlin, 1967).

유일한 진리라고 하고, 다른 편에선 아예 가치판단이나 사회적 이해
관계를 완전히 배제하는 것만이 진리요 과학이 될 수 있다는 이데올
로기 배제론이 대립되었던 것이 1920년대의 상황이었다.

　이 양극단의 상황에서 고민하며 이데올로기의 개념에 새로운 조
명을 해 준 사람이 칼 만하임이라고 할 수 있다.[27] 만하임의 이데올
로기론은 이미 널리 알려져 있고 또 여기서 복잡하게 전개할 수는
없으나, 그의 입장은 레닌 루카치의 이데올로기론과 막스 베버나 뒤
르껭의 실증주의적 사회학의 중간태도를 취한 것이라고 생각해 볼
수 있다.[28]

　만하임은 인간의 모든 인식이나 지식이 그가 속한 사회구조와 관련되어 있
으며 사회적 존재의 규정을 받는다고 존재적 구속성을 인정했다. 지식들은
불가피하게 지식을 가진 자들의 사회적 존재에서 나타나는 이해관계에 의
해 편파적인 이데올로기성을 갖게 된다고 한다. 그의 지식사회학은 바로
지식이 가진 사회적 존재와의 관련, 즉 이데올로기와의 관련을 탐구하는
학문분야이다. 따라서 만하임은 불가피하게 사회적 존재의 구속을 받는 인
간의 의식이 만들어내는 지식의 진리성과 정당성을 레닌이나 루카치처럼
어느 특정 이데올로기나 정당에 두지 않고, 그렇다고 막스 베버처럼 가치
중립적인 인식에다 두지도 않고 그의 지식사회학에다 상대적인 의미로 부
여했다.

---

[27] Karl Mannheim, *Ideologie und Utopie* (Frankfurt, 1959).

[28] George Lichtheim도 Mannheim의 입장을 Weber와 Lukács의 혼합(synthesis)이었다
　　고 주장했다. *Das Konzept der Idologie*, edition Suhrkamp (Frankfurt, 1973), 57.

오늘날 우리는 이데올로기의 개념을 논하면서 만하임의 이론을 원용하는 경우들을 흔히 본다. 물론 만하임이 이룩해 놓은 그 공적은 인정해야 하겠지만 우리가 필요한 이데올로기 개념을 설정하면서 만하임에 매달릴 필요는 없다고 본다. 그의 이론엔 몇 가지 받아들일 수 없는 약점이 있다. 그의 특수 이데올로기와 전체 이데올로기에 대한 구별은 모호한 점이 있다. 그는 맑스주의와 부르주아의 이데올로기 개념을 뒤섞어놓은 개념을 만들었다고 양쪽에서 비판받는다.[29] 그는 이데올로기를 맑스와 같이 부정적인 개념으로 쓰며, 그것은 개인이 소유하든 집단이 소유하든 특수한 이해를 반영하든 전체적 이해를 반영하든 현실상태를 유지하고 고정시키는 데 기여하는 관념과 사상체계라고 보았고, 현실을 개조하고 변혁시키는 사상체계를 유토피아라는 개념으로 표현했다. 말하자면 맑스주의의 이데올로기 개념에서 부정적인 것은 이데올로기에, 긍정적인 것은 유토피아에다 나누어서 놓았다. 그러나 이렇게 이데올로기란 것이 둘로 나뉠 수 있는지 의문이다. 과연 유토피아적 요소가 전혀 없는 이데올로기가 있으며, 이데올로기의 요소가 전혀 없는 유토피아가 가능한 것일까? 또한 상대적으로나마 당파성을 초월할 수 있는 관점[視座構造]이나 객관성이 계급적 이해관계를 초월할 수 있는 지식인에게서 기대될 수 있다는 그의 견해와 기대도 그리 신빙할 만한 것은 못된다. 1929년 만하임의『이데올로기와 유토피아』가 발표되자 다음 해인 1930년 막스 호르크하이머는 서평을 통하여 만하임의 이데올로기론이 관념론적이며 형이상학적이라고 비판했다.[30] 그러나

---

29) Kurt Lenk도 Mannheim의 이데올로기론을 비판적으로 고찰하고 있다. Lenk, *Ideologie*, 33-36.

258 | 제3부_ 기독교 신앙과 이데올로기 문제

곧 나치즘의 등장으로 두 사람이 다 독일에서 쫓겨나게 되어 영국으로 간 만하임과 미국으로 건너간 호르크하이머와 프랑크푸르트학파 사이엔 이 논쟁이 계속되지 못했다. 2차대전이 끝난 1945년 이후의 이데올로기 개념에 관한 논쟁은 1920년대 논쟁의 축인 맑스주의와 실증주의, 지식사회학의 세 줄기를 따라서 재연되며 발전되고 분화되어가는 과정에 있는 것 같다. 자세한 논의를 여기서 전개할 수는 없지만 아도르노, 마르쿠제, 하버마스 같은 프랑크푸르트학파에 속한 철학자들이 네오-맑시즘의 전통 위에서 사회적 존재와 연결된 의식구조로서의 이데올로기를 긍정적, 부정적 개념으로 계속 쓰고 있으며, 가이거(Theodor Geiger), 에른스트 토피치(Ernst Topitsch), 한스 알버트(Hans Albert), 베르너 호프만(Werner Hofman) 같은 신실증주의(Neopositivism)의 전통 위에 선 철학자나 사회학자들이 이데올로기와 진리를 대립 개념으로 쓰면서 이데올로기나 유토피아와 같은 가치관적인 인식을 가급적 사회적 인식에서 배제하려는 태도를 보이며 이데올로기를 부정적 개념으로 쓰고 있다. 그러나 이 밖에도, 꼭 만하임의 지식사회학적인 태도의 연장은 아니지만, 이데올로기와 객관적 진리의 관계를 동적(動的)으로 검토하며 제한된 의미에서 이데올로기를 긍정적으로 평가하는 태도들이 서구나 동구에서 여러 갈래, 여러 층으로 형성되어 있다. 헬무트 플레스너(Helmut Plessner)나 니클라스 루만(Niklas Luhmann)이나 레제크 콜라코프스키(Leszek Kolakovski), 미하일로 마르코비치(Mihailo Markovic) 같은 이들이 이

---

30) Max Horkheimer, "Ein neuer Ideologiebegriff?," in: Carl Grünberg (hrsg.), *Archiv für Geschichte des Sozialismus und der Arbeiterbewegung*, 15 Jahrgang (Leipzig: C.L. Hirschfeld, 1930), 33-56.

데올로기의 진리성의 부분과 독단성, 왜곡성을 그 사회와 관련하여 가려 보려는 입장을 취하는 사상가들이라 할 수 있다.

그러나 대체로 이러한 이데올로기 개념에 관한 역사적 고찰을 해 보면서 이데올로기의 개념은 만하임이 밝히는 것처럼 그 긍정성이나 부정성, 진리성이나 비진리성, 혹은 객관성이나 주관성에 관계없이 인간의 사고와 행동에 있어서 불가피한 가치관적 요소인 것으로 확립되어 가고 있는 것 같다. 설사 실증주의 사회학이 탈이데올로기화를 부르짖고, 모든 이데올로기를 비판하며 제거하려고 하지만 비교적 중립적 위치에 있는 리버(Joachim Lieber)가 지적하는 것처럼, 실증주의가 이데올로기 비판의 과업을 하려고 한다면, 그 자신 어떤 가치판단이 곁들인 사회에 대한 개념을 갖지 않으면 안 된다.[31] 단순히 반증원리나 계몽적인 실증정신만 가지고서는 인간의 의식과 사회적 가치관이 가진 이데올로기적 구조를 비판하거나 판단할 근거가 없게 된다.

4. 이데올로기 개념의 새로운 이해

따라서 우리는 이데올로기 비판이 이데올로기 없이는 수행될 수 없다는 명제를 내세울 수 있게 된다. 비판을 받지 않는 이데올로기도 곤란하지만, 이데올로기라면 무조건 비판만 하려는 태도도 옳지 않다. 이데올로기 비판이 이데올로기의 긍정적 요소까지 부정하고

---

[31] H.J. Lieber, op. cit., 20.

비판할 경우에는 이 비판이 오히려 부정적 의미에서의 이데올로기가 된다. 이데올로기 비판이 지나쳐 모든 이데올로기를 부정해버리고 만다면 이는 곧 이데올로기가 지향하는 목표로서의 현실을 부정하게 되고, 이데올로기가 비판하는 현실을 긍정하는 결과가 되고 만다. 이데올로기를 비판만 하고 자기 자신은 어떤 적극적인 이데올로기를 내세우지 못하며 또 내세우는 데 관심이 없다면, 이러한 이데올로기 비판은 현실에 무책임한 태도요, 그저 지배하는 이데올로기에 순응하자는 결과밖엔 가져올 것이 없다.

따라서 이제 우리는 우리 나름대로 필요한 이데올로기의 개념 정립을 시도해야겠는데, 현대 사회과학자들과 사회철학자들의 매우 중립적인 개념 정의들을 참고로 해서 우선 다음과 같이 정의해 보고자 한다.

이데올로기란 인간이 사회를 유지하고, 질서를 세우며, 인간의 욕구와 희망을 실현하면서 살기 위해서 없어서는 안 될 불가결의 요소이다. 이렇게 볼 때 '이데올로기'는 아주 넓은 의미에서 "인간이 자기가 사는 사회에 대한 이해와 자기가 바라고 실현하고자 하는 사회에 대한 이념과 사상을 체계적으로 전개해 놓은 것"이라고 할 수 있겠다. "그런데 이러한 이데올로기의 사회적 기능은 기존의 사회구조를 유지하기 위한 것일 수도 있고, 변화시키기 위한 것일 수도 있다."[32]

이렇게 정의해 놓고 보면 우리는 이데올로기를 부정적으로 보아

---

[32] 세계교회협의회(WCC)의 '종교와 이데올로기의 대화'(DFI)부에서는 1974년도의 New Dehli Conference에서 비슷한 개념 정의를 한 바 있다. "Ideology is a system of thought or blue print used to interpret society and man's place in society, the function of which is either to stabilize the existing structures of society or to change them."

야 하느냐 긍정적으로 보아야 하느냐의 싸움에 말려들 필요가 없다. 이데올로기는 긍정적일 수도 있고 부정적일 수도 있기 때문이다. 단지 이를 판가름해 주는 것은 이데올로기냐 아니냐가 아니라, 그 이데올로기가 지향하는 바가 긍정적이냐 부정적이냐에 따라서 결정될 수 있는 것이다. 따라서 어떤 이데올로기가 현실의 변혁을 지향하는 것이라면 그 이데올로기에 대한 가치평가는 현실이 어떻게 되어있는가에 달려 있게 된다. 현실적 사회구조가 나쁜 것이면, 변혁의 이데올로기는 좋은 것으로 볼 수 있고, 현실적 구조가 잘 되어있는데도 이를 변경시키려 한다면 이것은 나쁜 이데올로기일 수밖에 없다. 이런 때는 오히려 현 상태를 유지시키려는 이데올로기가 더 좋은 이데올로기일 수가 있다.

우리는 흔히 현실개조나 변혁의 이데올로기를 긍정적으로 평가하는 경향이 있지만, 변혁이나 개혁이라고 해서 다 좋은 것은 아니다. 더 나쁘게 만드는 변혁도 있다. 있던 자유마저도 없애버리는 변화, 있던 권리마저도 빼앗아가는 개혁이라면 차라리 있던 것이나마 그대로 지키자는 자유수호, 권리수호가 오히려 더 가치 있는 이데올로기가 된다.

그러면 이제 문제는 한층 더 분명해진 것 같다. 어떤 이데올로기에 대한 평가는 반드시 그 이데올로기가 지향하는 이념과 가치관을 그 이데올로기를 적용시키고자 하는 사회현실과 관련시켜서만 올바로 내릴 수 있게 된다. 따라서 이데올로기를 평가하는 데는 다음의 두 가지 관점이 중요한 요소가 된다고 할 수 있다.

(1) 그 이데올로기가 분석하고 있는 사회구조와 현실이 사실과 진실을 말하고 있는가? 아니면 사실을 은폐하고 왜곡하고 있는가? 후

자의 경우라면 이러한 이데올로기는 부정되고 비판되어야 한다.

(2) 그 이데올로기가 지향하는 이념과 가치가 그 사회에 속한 모든 성원에게 바람직한 것이며, 또 그들이 그렇게 생각하는가? 그 성원들이 스스로 동의하는 이데올로기인가? 그렇지 못할 때 이데올로기는 비판을 받아야 한다. 모든 이데올로기는 이데올로기라는 것 때문이 아니라, 바로 그 내용의 진실성 여부 때문에 비판적인 검토를 받아야만 한다. 그리고 그 이데올로기의 지배와 영향을 받고 살아가야 할 사람들에 의해서 검토되고 평가되어야만 한다.

따라서 이데올로기가 참된 이데올로기가 되기 위해서는 이데올로기 비판을 반드시 수반해야 한다고 본다. 비판을 받지 않거나 비판에 견디지 못하는 이데올로기는 독단과 아집과 왜곡과 편파성을 면치 못한다. 더구나 이데올로기는 개인이든 집단이든 그 사회 안의 성원들에 대한 생존과 이해관계에 관련되는 가치체계인 만큼 아무리 객관적으로 면밀하게 비판하고 검토해도 독선과 편파성을 극복하기 어려운 성격을 갖고 있다. 그래서 이데올로기는 비판적인 검토를 거치면 거칠수록 좋다고 할 수 있다.

2장
기독교와 이데올로기의 세 가지 관계

1. 기독교와 이데올로기의 문제 상황

한국교회는 최근에 와서 이데올로기에 관한 문제와 논란으로 상당한 염려와 고민을 하고 있는 것 같다. 고민을 한다는 것은 오히려 문제를 깊이 생각하고 진지하게 다루게 된다는 것을 의미한다. 이데올로기 문제가 교회의 심각한 문제로 대두하게 된 것은 교회를 향한 이데올로기적인 비난과 이데올로기적인 비판이 동시에 밖에서부터 던져진 데 기인한다. 한편에서 교회가 이데올로기적 색채를 띠는 정치집단이 되어가고 있다고 비난을 받는가 하면 다른 한편에서 교회는 이데올로기를 두려워하며 회피하고 있다고 비판을 받고 있다. 지난 1984년 2월 3일 텔레비전에 방영된 한경직 목사와 100명의 대학생들의 대담에서 집중적인 질문들의 핵심은 바로 기독교가 사회정의와 가난한 자를 위한 해방운동을 하면서 비슷한 운동을 하는 정치집단과 비슷한 생각의 이데올로기와는 어떤 관계를 갖는가 하는 문제였다. 여기에는 교회에 대한 비난과 비판이 동시에 함축된 질문과 도전이 있었다고 보인다.

교회에 대한 이와 같은 이데올로기적 도전은 한국과 같이 이데올로기적 분단과 위협을 겪고 있는 나라에선 무엇보다 심각한 문제로 대두하게 되지만 기독교가 이데올로기 문제로 고민하며 분열되고 또 위협을 당하는 일은 비단 우리나라에서만 일어나고 있는 일은 아니다. 필리핀에서 독재 정부에 저항하며 자유와 민주를 위해 노력하는 크리스천들이 역시 정부로부터 공산당이나 인민군(people's army)과 연결되어 있다고 비난을 받으며, 민주투사나 저항하는 민중들로부터는 교회가 정치적 중립을 지키며 결국 집권세력을 비호하고 있다고 비판을 받고 있다. 이것은 대만이나, 태국, 인도네시아, 인도, 스리랑카에서 비슷한 현상으로 나타나고, 엘살바돌, 과테말라, 자메이카, 콜롬비아, 알젠틴, 브라질 등 중남미 여러 나라에서도 같은 문제들이 등장하여 교회와 신학이 고민하지 않을 수 없는 문제로 확대되고 있다.

기독교와 이데올로기 문제의 시련은 후진국이나 제삼세계의 고민만은 아니다. 더욱 심각한 문제는 동구권과 공산권에 있다. 기독교를 민중의 아편으로 보던 공산주의가 지배하는 동구나 중공, 월남 같은 나라들이 신앙의 자유라는 명분을 짓밟을 수가 없어 교회를 존속하게는 하고 있지만 교회나 사회나 국민들에게 자유, 인권, 인간화 같은 구호를 외치려 할 때는 곧 기독교를 자본주의 앞잡이며 제국주의 이데올로기를 전파하는 도구라고 무자비하게 탄압하고 아예 교회당 안에서 예배 보는 것 이외의 일체 집회나 활동을 금지하고 있는 것이 현실이다. 교회가 예배할 자유 이외에 교육할 자유, 선교할 자유, 사회적 발언을 할 자유가 없고 심지어는 봉사할 자유마저 심하게 제한을 받는 경우에(병원이나 양로원 같은), 즉 공산주의라는 지배체제의 이데올로기 하나밖에는 인정할 자유가 없다고 할 때에, 교회가 과연 교회 구실을 할 수 있느냐 하는 것이 공산권의 기독교가 안고 있는 심각한 이데올로기적 고민이며 문제가 아닐 수 없게 된다.

사정은 다르지만 서구의 여러 나라와 미국, 캐나다 등의 자본주의적 선진국에서도 교회가 당하는 이데올로기적인 고민은 적지 않다. 이데올로기적 의사표현의 자유가 비교적 보장된 이들 나라의 교회는 대부분 이데올로기적인 견해 차이 때문에 분열이나 대립을 면치 못하고 있다. 가령 서독의 기독학생연맹이나 교회여성연합회 같은 데서는 남아프리카에 나가 있는 독일기업회사들이 흑인들의 노동조합을 허가해주지 않는 한, 남아프리카에서 오는 상품과 과일들을 보이콧하겠다는 불매 운동을 벌이고 있으나 교회 지도자들은 이런 태도가 기독교적이 아니며 너무 이데올로기적이라고 거부하고 있어 교회의 총회나 노회가 열릴 때마다 의견대립과 갈등이 노출되고 있다. 미국 교회가 니카라과, 엘살바도르, 이란 사태 문제 때문에 이념적으로 갈라진 것, 호주 교회가 원주민(aborigine) 문제에 대한 보고서 때문에 갈등을 갖게 된 것, 스위스 교회가 스위스 은행들의 독재국가 지원 문제 때문에 의견이 갈라지고 대립하는 것들이 모두 오늘날 현대 세계 속에서 교회가 사회적 책임과 선교적 사명을 감당하는 데서 이데올로기적인 문제와 고민을 안고 씨름하지 않을 수 없는 상황이라는 것을 보여주고 있는 것들이다.

기독교가 이데올로기 문제로 도전받고 고민한 것은 비단 오늘의 일만은 아니었으며, 어떻게 보면 초대교회가 로마제국의 지배 이데올로기와 부딪혔던 것, 중세 교권과 국왕권의 갈등, 불란서 혁명 후의 자코뱅당의 자유주의·합리주의 이데올로기가 기독교를 봉건적 이데올로기라고 탄압했던 일 그리고 러시아 혁명 후 스탈린 공산주의가 기독교를 무자비하게 박해했던 일, 나치스 독재가 교회를 어용화하려고 했을 때 고백교회가 저항해야 했던 일 등 수없이 많이 있어 왔으며, 교회사가 곧 기독교와 이데올로기의 대결사가 아니었나 생각해 볼 수 있을 정도로 이것은 포괄적이며 핵심적인 문제였다.

그러나 기독교가 이데올로기 문제로 시련을 당하는 것이 오늘날처럼 심각해 본 적은 없다. 그것은 이제까지의 이데올로기 문제는 외적인 도전이거나 기독교의 거부 혹은 수용의 문제였기 때문에 비교적 간단한 문제였으나 오늘의 문제는 기독교 신앙과 신학의 내적인 문제로 자신의 정체(identity) 문제로까지 심화되어 심각하게는 기독교 신앙이냐 이데올로기적 결단이냐의 선택의 기로에 서게 되는 경우까지 생기며, 기독교가 곧 반동적 이데올로기 아니면 혁명적 이데올로기로 동일시되는 극단에까지 몰려가는 경우가 생기기 때문이다.

이러한 상황에서 기독교의 교회와 신학은 이데올로기 문제에 관심을 가지지 않을 수가 없으며, 자기 정체의 확립과 선교적 사명을 위해서도 고심하지 않으면 안 되게 되었다. 우리나라에서 최근에 와서 교회가 이데올로기 문제에 신경을 쓰고 토론을 하게 된 것은 늦은 감이 있으나, 이제 세계교회들이 고심하던 문제에 동참하게 되었으며 우리의 신앙과 신학이 가져왔던 토대와 테두리를 반성해보는 계기가 되고 있다는 점에서 긍정적이며 다행한 일이라고 생각된다. 기독교와 이데올로기 문제는 이미 세계 여러 나라의 교회들이 상당히 오래전부터 다루어왔던 문제다. 기독교와 맑스주의의 대화라든지 기독교와 민족주의의 문제라든지 기독교와 인종차별주의 등의 문제가 오래전부터 교회와 신학의 주요관심사가 되어왔고, 세계교회협의회(WCC)는 신앙과 직제부(Faith and Order) 안에, '타종교와 이데올로기와의 대화'(Dialogue with people of living faith and ideologies)라는 부서까지 마련하고 깊은 신학적 선교적인 연구와 토의를 해오고 있다. 아시아교회협의회(CCA)의 신학위원회에서도 최근 신학과 이데올로기 문제를 연구하는 활동을 활발히 전개하고 있다.

오늘에 와서 기독교의 교회와 신학에 이데올로기 문제가 중요하게 된 것은 오늘의 세계가 이데올로기의 세계가 되고 있기 때문이며 또 한편으로 교회가 이 세계와 역사 속에 존재하게 될 때에 불가피하게 이데올로기 문제와 만나며 부딪치게 되기 때문이다. 한때 '이데올로기의 종언'이 고해진 적이 있으나 탈이데올로기는 또 다른 이데올로기에 종속되는 것일 뿐, 탈이데올로기도 하나의 이데올로기이다. 이데올로기는 각 방면에서 현대인의 삶을 규정하며 점차로 지배해 가고 있다.

봉건적 절대왕권이 무너진 불란서 혁명 이래 국가와 사회의 권력이 국민 대중들에게 넘겨지자 곧 이념적 대립과 갈등이 생겼으며 계층과 집단의 이익을 대변하는 이데올로기들이 대결하는 상황이 전개되었다. 20세기 유럽의 역사는 곧 봉건세력의 이익을 대변하는 보수주의와 시민계층의 이념인 자유민주주의 그리고 노동계층의 이념인 사회주의의 이데올로기적 각축장이었다고 볼 수 있다. 20세기의 세계는 자본주의와 공산주의의 양대 이데올로기의 대결장으로 보이지만 두 개의 이데올로기를 축으로 해서 이들의 변형적 형태들이 다

양하게 나타나는, 즉 파시즘, 나치즘, 스탈린주의, 모택동주의, 제국
주의, 민족주의, 민족적 민주주의, 민주적 사회주의, 인민 민주주의
등의 여러 이데올로기들이 나타나고 대결하는 세계며 역사였다고
할 수 있다.

이와 같은 이데올로기의 세계와 역사 속에 기독교가 존속하면서
교회나 신학이 이데올로기 문제로부터 초연하게 무관하게 있을 수
가 없었다. 기독교는 혹 이데올로기로부터 도전과 공격을 받기도 하
고, 이데올로기를 향해 기독교가 비판을 가하며 도전한 경험도 있
다. 이러한 과정 속에서 기독교는 사회정치적 이데올로기들에 대해
비판을 가하든 비판을 받든 어떤 이데올로기적 입장과 태도를 취하
지 않을 수 없는 상황에 이르게 되었다. 가령 불란서 혁명이 일어나
절대왕권이 무너졌을 때 교회가 봉건시대의 왕권과 교회의 밀월을
그대로 유지하려고 했기 때문에 교회는 곧 자유민주주의 세력들로
부터 반동적인 봉건 이데올로기로 낙인이 찍히게 되었다.

그러다가 교회가 자유민주주의를 등에 업은 시민계층과 자본가
들의 지지를 받으며 특권과 혜택을 누리게 되었으며 다시금 노동자
계층이 중심이 된 사회주의 혁명이 일어났을 때 교회는 또다시 반동
적 보수적 이데올로기로 규탄을 받는다. 그러나 한편 교회가 전체주
의나 독재에 저항하며 자유, 민주를 요구하면 지배자들로부터는 반
민족주의라든가 제국주의 앞잡이라는 비난을 받지만, 진보적인 사
람들로부터는 자유주의, 민주주의의 지지세력으로 칭찬을 받는다.
교회가 자본주의를 찬양하면 공산주의·사회주의로부터 반동이란
칭호를 받고, 자본주의를 비판하며 사회정의나 개혁을 주장하면 정
부나 지배세력으로부터는 용공이라는 오해를 받고 자본주의 비판세

력으로부터는 민주주의나 자유주의를 가진 집단으로 인정을 받는다. 이데올로기적으로 분열된 오늘의 세계 속에서 교회는 이데올로기적인 입장을 피할 길이 없다. 가령 일제강점기 한국의 기독교가 정부나 일제 통치에 항거하면 민족주의 세력이 되고, 지지하고 아부하면 제국주의 세력이 되었던 것과 마찬가지다.

따라서 교회는 자기가 처한 나라와 민족의 역사적 조건과 정치적 정황에 따라 각기 특수한 이데올로기와 만나고 대결하고 공존하는 경험과 운명을 갖게 되었다. 그래서 아프리카의 기독교는 오랜 백인 통치와 식민지 생활 속에서 식민주의와 인종차별주의에 항거하는 민족주의 이데올로기를 갖는 경험을 하게 되며 남미와 아시아의 기독교는 제국주의와 종속적 자본주의에 도전하는 민족주의·사회주의·공산주의 등을 경험하게 된다. 그래서 기독교와 이데올로기의 관계를 논할 때도 교회는 그 역사적 경험과 정치적 정황에 따라 이데올로기를 보는 눈이 같지 않은 것을 우리는 보게 된다. 그것은 독일이나 일본사람들이 보는 민족주의와 폴란드나 한국인이 보는 민족주의가 같지 않으며, 니카라과나 탄자니아에서의 사회주의 이데올로기가 베트남이나 북한에서의 사회주의와 다르다는 데서도 확실하게 알 수 있다. 그러므로 우리는 기독교와 이데올로기를 논할 때에도 그 역사적 경험과 정황을 무시하고 이데올로기를 막연한 개념과 이론적 정의만을 가지고 논해서는 안 된다는 것을 인식할 필요가 있다고 본다.

2. 기독교도 이데올로기인가?

기독교와 민족주의라든가 기독교와 사회주의 같은 문제에서도 우리는 항상 교회와 국가사회의 역사적, 이데올로기적 경험을 토대로 해서 논해보아야 한다. 그러나 어떤 환경과 경험 속에서 기독교가 이데올로기와 관계를 맺게 되는지 혹은 그 관계가 적대적인 것이든 우호적인 것이든 간에 항상 물어지는 본질적인 문제가 있다. 그것은 기독교가 과연 하나의 이데올로기냐 하는 것이다. 기독교는 신앙이요 기껏 사회 윤리지 정치적 이념이나 이데올로기는 될 수 없다는 입장이 있는가 하면 역사 속에 존재하는 기독교는 불가피하게 이데올로기가 될 수밖에 없다는 입장도 있다. 이것이 오늘날 현대 기독교의 교회와 신학이 안고 있는 난 문제 가운데 하나인데, 한편에서 '기독교가 지향하는 사회의 이념이 무엇이냐, 민주주의냐 사회주의냐, 사회민주주의냐 아니면 아무것도 아니냐' 하는 문제이고, 다른 편에서 '기독교가 민족주의나 공산주의 같은 이데올로기가 되어서야 되겠느냐' 하는 문제들이다. 현대 신학의 한 경향이라고 볼 수 있는 남미의 해방신학, 아시아의 민중신학, 아프리카의 흑인신학 그리고 혁명의 신학, 제삼세계의 신학 등이 근본적으로 질문하고 나서는 문제가 곧 기독교와 이데올로기가 어떤 관계에 있느냐 하는 것이라고 말할 수 있다.

기독교와 이데올로기의 관계를 알기 위해서는 무엇보다도 이데올로기에 관한 개념 정의가 분명해져야 한다. 용어의 개념을 명확히 하지 않고 쓸 때에 많은 혼란과 불필요한 논쟁과 오해가 생기게 되는 것을 우리는 흔히 본다. 오늘날 이데올로기라는 말이 보편적으로 쓰이고 있지만, 모두 다 같은 뜻을 가지고 쓰는 것은 아니다. 이데올로기라는 말은 처음 쓰이기 시작한 프랑스 혁명 당시로부터 이중적인 의미로 쓰였다. 이 용어를 처음 쓴 드 뜨라시(Destutt de Tracy)는 이데올로기란 말을 "사상의 과학", "사상의 논리"라는 뜻으로 썼고, 매우 긍정적이며 과학적이고 논리적이라는 의미를 부여했다. 드 뜨라시나 그 밖의 자유주의적 사상과 이념을 가진 프랑스 혁명의 이론가들과 처음에는 동조했지만 나중에 이해관계가 달라서 이들과 갈라진 나폴레옹은 오히려 자유주의 혁명사상가들을 이데올로그(Ideologues)라고 불렀는데 이때 이데올로그란 "현실을 잘 모르는 이상론자들"이란 뜻으로 부정적인 의미를 붙여 썼다. 이데올로기에 오늘과 같은 강한 부정적 의미를 결정적으로 부여한 사람이 칼 맑스와 엥겔스였다고 볼 수 있다. 의식이 존재를 규정하는 것이 아니라 존재가 의식을 규정한다고 본 이들은, 이제까지의 잘못된 사회적 물리적 관계가 표현된 잘못된 의식이 이데올로기라고 보았고, 이것은 지배계급에 오도된 의식이며 억압받고 착취당하는 현실을 은폐하며 위장하려는 허위의식이라고 보았다. 맑스주의자들은 지배계급의 잘못된 사회의식과 이들에 의해 기만된 허위의식을 이데올로기라고 부르면서 이를 변혁시키려는 프롤레타리아의 혁명의식은 이데올로기라고 부르지 않고 과학적 사회주의라고 부르며 과학적 진리라고 생각했다. 이것이 그들이 말하는 유물변증법이며, 사적 유물론이다.

그러나 레닌은 맑스주의자들의 부정적인 이데올로기 개념을 수정하여 긍정적인 의미로도 쓰게 된다. 그는 이데올로기라는 것은 특정한 사회 안에서 특정한 계급들이 갖게 되는 정치적, 철학적, 종교적 관념과 신념들을 말하는데 지배계급의 이데올로기도 있고 압박

받는 프롤레타리아 계급의 이데올로기도 있다고 했다. 레닌에 따르면 부르주아의 허위의식은 나쁜 이데올로기며 프롤레타리아의 혁명의식은 참되고 정당한 이데올로기라고 규정되었다. 그러나 이와 같이 모두가 자기의 계급적 이해관계에 매달려 자기들만이 역사의 주체라고 하고, 자기의 이데올로기만이 옳은 것이라고 할 때 이데올로기의 개념은 어떻게 될 것인가? 과연 한 계급의 이데올로기만이 옳고 다른 계급의 이데올로기는 거짓된 허위의식이라는 것이 가능할까! 이 문제로 고민하며 이데올로기 문제에 새로운 조명을 해준 사람이 바로 칼 만하임이라고 할 수 있다.

만하임의 복잡한 이데올로기론을 여기서 다 소개할 수는 없지만 그가 이데올로기의 개념을 형성하는 데 이룩한 공적은 인정해 주어야 할 것 같다. 그러면서 그의 이데올로기 개념이 가진 한계와 약점도 알아야 할 것 같다. 만하임은, 어떤 특정한 집단이나 계층의 이데올로기만이 참일 수 있고 사회 전체를 바르게 이끌어나가는 정당한 이데올로기라고 보는 레닌과 루카치의 주장과, 어떠한 이데올로기도 계층의 이해관계에 매달리는 한 진리일 수 없으며 참된 인식은 당파성과 이해관계를 초월한 실증적이고 사실적인 것이어야 한다는 막스 베버의 가치중립론과 뒤르껭 같은 실증주의 사회학자들의 사이에 있는 중간입장이라고 볼 수 있다. 칼 만하임의 이데올로기 개념은 그것이 현실을 왜곡하는 허위의식이든 현실을 변혁시키려는 혁명의식이든 모두 현실을 자기에게 편리하도록 편파적으로 해석하는 가치관이며 이념이라는 부정적 의미로 사용되고 있다. 그러나 만하임은 인간의 인식이나 가치관이 이데올로기뿐만 아니라 불가피하게 그가 속해 있는 사회구조의 영향을 받고 있으며 자기의 이해관계를 우선시키는 이데올로기적인 편파성을 갖도록 되어 있다고 하면서 이를 완전히 제거하는 것은 불가능하지만 지식사회학적인 비판 작업을 통해 편파성이나 당파적인 이해관계를 비판하며 제거하는 작업이 가능하다고 보았다. 그래서 그는 이데올로기는 비판되어야 한다는 이데올로기 비판론을 제기하였다. 그러나 맑스나 레닌처럼 지배계급의 이데올로기뿐만 아니라 모든 사람, 모든 계급, 모든 민족이 가진 당파적이며 현실 왜곡적인 이데올로기를 비판해야 한다는 것이다.

그러나 인간이 가진 모든 의식이 편파적인 이데올로기라고 한다면 올바른 의식이나 정당한 가치관은 없다는 것인가, 있다면 어디에 존재하는가? 여기서 이데올로기 개념 정의에 관한 긴 논의를 전개할 수가 없다. 단지 우리의 관심사인 기독교와 이데올로기의 관계를 알아보기 위해서 필요한 이데올로기의 개념을 얻는 것이 문제기 때문에 본인은 이데올로기의 개념을 부정적이거나 긍정적인 의미에서가 아니라 중립적인 의미에서 다음과 같이 쓰려고 생각한다.[1]

즉 이데올로기란 인간이 사회를 유지하고, 질서를 세우며 인간의 욕구와 희망을 실현하면서 살아가는 데 없어서는 안 될 불가결의 요소라고 볼 수 있는데, 그 개념은 "인간이 자기가 사는 사회에 대한 이해와 자기가 바라고 실현하고자 하는 사회에 대한 이념과 이상을 체계적으로 전개해 놓은 것"이라고 정의할 수 있다. 그런데 이러한 이데올로기의 사회적 기능은 기존의 사회구조를 유지하기 위한 것일 수도 있고 변화시키기 위한 것일 수도 있다. 따라서 어떤 이데올로

---

1) 이삼열, "현대 기독교와 이데올로기", 「기독교사상」 1983년 11월호 참조.

기가 부정적이냐 긍정적이냐 하는 것은 이데올로기가 지향하는 바가 현실체제의 유지냐 변혁이냐에 따라 결정되는 것이 아니라, 그 현실이 어떻게 된 것이냐에 따라서 판가름할 수 있게 된다. 즉 나쁜 현실을 개혁하자는 것은 긍정적 이데올로기라고 할 수 있으며 나쁜 현실을 그대로 유지하려는 이데올로기는 부정적이라고 할 수 있다. 그러나 현실의 좋은 상태를 나쁘게 변혁하자는 것은 부정적 이데올로기일 것이며 그대로 유지시키려는 것이 오히려 긍정적 이데올로기라고 할 수 있을 것이다.

따라서 모든 이데올로기는 이데올로기이기 때문에 비판되어야 하는 것이 아니라 그 이데올로기가 분석하는 현실과 지향하는 가치관에 따라서 평가되기도 하고 비판되기도 해야 한다고 본다. 그래서 모든 이데올로기는 일단 비판적 검토를 거쳐야 한다고 보는데 다음 두 가지 관점에서 평가해 보는 것이 중요하다.

첫째는 그 이데올로기가 분석하고 있는 사회구조와 현실이 사실과 진실을 말하고 있는가? 아니면 사실을 은폐하고 왜곡하고 있는가? 둘째는 그 이데올로기가 지향하는 이념과 가치가 그 사회에 속한 모든 성원들에게 바람직한 것이며 그들이 동의한 이데올로기인가 아니면 강요되거나 억압적으로 부여된 이데올로기인가?

그러므로 우리는 이데올로기라면 무조건 거부하는 그래서 결국 지배 이데올로기를 받아들이는 우를 범할 것이 아니라 모든 이데올로기를 그 내용의 진실성 여부와 가치관의 지향성에 따라 분석하고 비판해야 긍정적인 면과 부정적인 면을 분간해 내는 지혜가 있어야 한다고 생각한다. 이것은 우리가 대항해 싸우는 이데올로기에만 적용시켜야 할 비판일 뿐만 아니라 우리가 지키고 있고 지켜가려고 하는 이데올로기에 대해서도 마찬가지로 비판적 검토를 적용시켜야 한다고 생각한다.

3. 이데올로기의 비판·긍정·초월

그러면 이제 이처럼 역사적으로 불가피하게 주어지는 이데올로 기의 세계와 사회구조적으로 불가피하게 형성되는 이데올로기와 사회 속에서 존재하는 기독교가 과연 이데올로기와 어떤 관계 속에 있으며 있어야 하겠는가? 이 커다란 문제와 고민은 간단하게 몇 마디 이론으로 해결되지 않는다고 생각한다. 기독교 교회와 신학은 우선 이 문제를 심각한 본질적인 문제로 받아들여야 하며 이를 연구하고 가르치며 토론하는 기구와 제도를 만들어서 여기에 적극적으로 대처해 나가야 한다고 생각한다. 더구나 이데올로기로 분단된 나라 속에 살며 이데올로기 문제의 해결 없이 통일을 기대할 수 없는 처지에서 그리고 민주화나 정의, 사회 발전 등이 모두 이데올로기 문제와 밀접히 관련이 되고 있는 상황에서 교회가 이 문제를 진지하고 신중하게 논의하며 대처해가는 자세가 무엇보다 중요하다고 본다. 왜냐하면 이것은 우리 교회의 장래뿐만 아니라 민족의 장래와 사활이 달린 문제이기 때문이다. 특히 오늘의 교회가 여러 가지로 이데올로기적인 비난과 비판을 당하는 상황일수록 용기를 가지고 적극적인 자세에서 민족주의 문제도, 맑스주의 문제도, 공산주의 문제도, 자본주의 문제도 그리고 통일의 문제도 논의하며 다루는 태도가 필요하다고 생각하며 특히 이 점에서 신학계와 신학 교육의 사명이 중대하다고 생각한다.

　기독교와 이데올로기 문제에 대해서는 여러 가지로 연구되고 논의되어야 하겠지만 본인은 우선 다음의 세 가지 차원의 관계를 생각해 보는 것이 필요하다고 생각한다. 이것은 기독교와 민족주의라든가 기독교와 공산주의 같은 특정 이데올로기와의 관계에서가 아니라 도대체 이데올로기라는 것과 일반적인 관계에서 기독교가 생각하고 또 신학적으로 정리해야 할 문제라고 생각하기 때문이다.

　첫째는 기독교가 자기 것이든 남의 것이든 이데올로기 비판적인 과제와 사명을 갖는다고 생각한다. 예수의 말씀과 선교행위는 하나님의 나라와 뜻을 전파하며 실현하려는 것이었는데, 하나님의 뜻인 진리와 자유와 정의 그리고 인권에 어긋나는 사회현실이나 그릇된 가치관과 이데올로기에 대해서는 예수는 가차 없이 비판을 가했다. 예수가 로마제국의 카이사르나 헤롯왕의 체제에 아부하거나 동조하지 않고 비판적 태도를 가졌음은 성서를 통해서 분명하게 드러난다. 헤롯을 "여우와 같은 놈"이라고 욕한 걸 보아도 알 수 있다. 율법과 바리새인들의 가치관과 이데올로기를 항상 비판하셨다. 세례 요한은 왕권과 체제를 향해 광야에서 큰 소리로 비판했다. 왕이 잘못할 때 교회는 가만히 충고할 것이 아니라 소리를 지르며 당당하게 충고하고 비판해야 한다. 초대 기독교인들이 순교를 당했던 것은 지배이데올로기에 비판적이었기 때문이다. 나치 독재하에서 고백교회는 국가사회주의 이데올로기를 비판했고, 아프리카의 흑인교회는 인종차별주의 이데올로기에 저항했으며, 식민지 시대의 아시아의 기독교는 제국주의 이데올로기를 비판하며 싸우다 순교를 당했다. 오늘날 라틴아메리카의 독재국가에서는 국민들의 생존권과 민족 경제의 자립을 지키지 못하는 종속적인 자본주의와 신식민주의적인 이데올로기에 대하여 많은 기독교인과 가톨릭 신부들이 저항하며 목숨을 걸고 싸우고 있다. 아시아의 여러 군사독재 국가에서 기독교인들이 민족주의나 경제 개발의 명목으로 진행되는 억압과 수탈의 독재주의 이데올로기에 비판적인 것이라든가, 폴란드나 체코의 일부 신학자, 기독교인들이 공산주의의 경직된 체재와 이데올로기에 비판적인 것들이 다 이런 맥락에서 이해되어야 할 것 같다.

그러나 기독교는 국가나 사회의 이데올로기나 적대국의 이데올로기만 비판해서는 안 된다. 기독교는 자기 자신이 가진 그릇된 이데올로기도 비판해야 한다. 역사 속에 존재하는 기독교는 불가피하게 이데올로기성을 띠고 있다. 그리스도의 복음의 뜻에 맞지 않는 그릇된 이데올로기를 교회나 기독교 신앙이 가지고 있다면 이를 과감히 비판해야 할 것이다. 예수는 자기가 속한 유대교의 잘못된 이데올로기를 날카롭게 비판했다. 안식일이 주인이 되어서는 안 되고 사람이 주인이 되어야 한다고 하면서 인간을 억압하는 제도와 가치관에 대해서는 종교라도 비판했다. 오늘의 기독교는 역사를 거울삼아서 기독교가 가졌던 잘못된 이데올로기를 비판해야 한다. 기독교가 가졌던 봉건적 이데올로기, 제국주의적 이데올로기, 부르주아적 이데올로기, 인종차별적이며 성차별적인 이데올로기를 비판하며 스스로를 정화할 때에 교회가 교회 구실을 할 수 있고 참된 종교가 될 수 있다.

둘째는 기독교가 역사 속에서 역할과 사명을 가지려 할 때 과감히 이데올로기를 긍정하며 이데올로기를 가지는 차원에 있어야 한다고 생각한다. 오늘과 같은 이데올로기의 시대에서 기독교 복음이 가진

정의나 자유, 구원과 해방의 이념을 구체적으로 실현하려고 하면 세상의 여러 가지 이데올로기들과 만나게 되고 또 불가피하게 이데올로기적인 결단을 해야 할 필요가 있다. 기독교와 이데올로기를 동일시할 수는 없지만 기독교가 구체적 상황에서 이데올로기를 피할 수는 없다. 식민주의 노예냐 민족주의 자립이냐의 선택의 기로에서 교회는 중립을 취할 수가 없다. 자유 민주주의냐 독재냐의 기로에서, 사회정의냐 부정의냐의 갈래에서, 교회는 결코 중립을 취할 수가 없다. 가난한 자를 해방시키려면 이를 위한 이데올로기가 필요하고 자유와 인권을 원한다면 이를 보장할 수 있는 이데올로기를 실현하는 것이 구체적인 길이 된다.

교회가 정치적인 입장과 이데올로기적 태도를 취할 수밖에 없는 것은 정치권력을 장악하기 위해서가 아니요 선지자들과 복음의 길을 따라 진리와 정의의 말씀을 선포하는 선교적 사명을 구체적으로 감당하기 위해서이다. 그러나 기독교는 이런 경우에도 자기 이데올로기가 독단성에 흐를 가능성을 살피며 경계하고 자기비판과 반성을 게을리하지 않는 훈련을 해야 한다고 생각한다. 이런 점에서 기독교는 평소부터 다른 이데올로기와 대화하며 남에게서 배울 것은 배우고 자기의 오류는 시정을 하는 작업을 계속하는 것이 중요하다. 기독교가 과거에 가졌던 제국주의적인 이데올로기인 인종차별적 이데올로기, 성차별적인 이데올로기 그리고 부르주아적인 이데올로기를 과감히 비판하고 반성하는 작업이 신학적으로 신앙적으로 수행되어야 한다. 유럽 교회들이 진행시킨 기독교와 맑스주의의 대화는 이 점에서 중요한 발전이며 기독교와 이데올로기의 관계개선에 크게 공헌했다고 생각한다.

3) 그러나 셋째로 기독교는 이데올로기를 초월하는 면이 있다는 것을 항상 명심해야 한다고 생각한다. 기독교는 이데올로기를 비판하며 이데올로기를 선택해야 하지만 또한 이데올로기에만 매달리지 않는 영원을 내다보는 종교라는 것이 중요하다. 이 점에서 본인은 기독교가 이데올로기이며, 이데올로기여야 하지만, 이데올로기만일 수는 없다는 생각을 갖고 있다. 이것은 예수의 겟세마네 동산의 기도가 잘 보여준다고 생각하는데, "내 뜻대로 마옵시고 당신의 뜻대로 하옵소서"라고 하는 신앙적 태도가 있어야 한다는 것이다. 이데올로기는 아무리 비판을 거친 완전한 것이어도 내 뜻이요, 내가 생각하고 판단하고 믿는 것이다. 이것을 위해 최선으로 노력할 것이지만 그러나 인간의 역사와 세계는 내 뜻대로만 되는 것이 아니다. 내 뜻이 다 보지 못하는 하나님의 뜻과 섭리가 있다는 것을 믿는다. 그래서 이데올로기를 가지고 내 뜻을 따라 최선을 다해 노력하지만 그러다가 안 되더라도 예수가 십자가의 길을 받아들인 것처럼 실패와 고난과 십자가의 길을 받아들이지 않으면 안 된다. 그래서 기독교인은 이데올로기를 갖더라도 이데올로기를 절대적인 것이라 믿어서 갖는 것은 아니다. 폴 틸리히는 1953년에 쓴 "기독교와 맑스주의에서의 인간"이란 글에서 기독교와 맑스주의가 가진 유사점이 많지만, 기독교는 하나님과의 수직관계가 하나 더 있다는 것이 다른 점이라고 했다.

이데올로기에만 충실한 혁명가나 투사는 십자가를 지는 순간에도 원수를 사랑할 수가 없다. 원수를 증오하며 저주하는 것이 보통이다. 저의 죄를 용서해 달라고 비는 그리스도의 사랑의 정신은 곧 이데올로기의 한계를 넘어서는 초월성이 아니면 불가능한 일이다.

그러나 이러한 초월적 사랑이 기독교가 불의를 옹호하고 두둔하며 타협한다는 말이 아니다. 잘못된 체제나 이데올로기와 싸우면서도 그 인간을 미워하거나 죽이지 않고 살리려는 정신이다. 같은 정신으로 기독교는 공산체제와 이데올로기를 비판하면서도 그쪽 인간들을 저주하고 미워하는 이데올로기적 태도에 동의할 수 없는 것이 기독교와 반공 이데올로기의 차이점이다.

기독교와 이데올로기의 관계는 이처럼 부정적 관계, 긍정적 관계, 초월적 관계의 세 가지 차원에서 생각해 볼 수 있다고 여겨지며, 이것은 전부일 수는 없지만 항상 함께 고려되어야 할 점이라고 생각한다. 중요한 것은 어떤 경우에 이데올로기를 비판하며 부정하고 어떤 경우에 이데올로기를 선택하며 긍정하고 어떤 경우에 이데올로기를 넘어서며 초월해야 하는가를 아는 것이라고 생각한다. 이것은 지혜의 문제며 양심의 문제요, 용기의 문제일 뿐 아니라 신앙의 문제이다. 과거의 기독교가 비판해야 할 이데올로기를 옹호하고, 긍정해야 할 이데올로기를 부정하고 초월해야 할 문제를 초월하지 못하는 데서 많은 실수와 오류를 범했다. 오늘의 기독교는 그리고 앞으로의 기독교는 이 문제를 잘 가려서 신중하고 성실하게 해결할 때에 그 역사적 사명과 선교적 과제를 충실히 다할 수 있다고 본다. 이 점에서 신학의 역할이 중요할 것으로 보이며, 교회의 지도자를 양성하는 신학교의 임무가 크다고 생각한다.

3장
맑스주의와 기독교의 갈등과 대화

　맑스주의와 기독교의 문제는 한반도의 우리 민족에게도 운명적인 문제가 되었다. 양자가 모두 19세기와 20세기에 와서야 전래된 외래의 종교와 사상이지만, 남한의 1천만 명 이상의 기독교 신자와 북한의 적어도 1천만 명 이상의 공산주의자들이 신봉하는 기독교와 맑스주의는 남북한의 정치·경제·문화·사회를 이끌어가는 주도적인 가치관 가운데 하나가 되었고, 남북한을 적대적 관계로 대립시키고 단절시키는 데 결정적으로 이바지한 사상적 원인이 되었다. 한반도에서의 평화와 민족통일문제도 기독교와 공산주의의 적대관계를 해결하지 않고서는, 1천만 명의 기독교 신자와 1천만여 명의 공산주의자들이 화해를 이루지 않고서는 해결되리라 기대해볼 수 없기 때문에 6천만 우리 민족의 삶과 장래를 결정하는 중요한 운명적인 문제가 되었다고 해도 과언이 아닐 것이다.

　그러나 맑스주의와 기독교의 대립과 적대관계는 한반도에서 비롯된 것이 아니라 이미 공산주의가 태동했던 19세기 유럽에서 생겨난 문제이며, 20세기에 들어와 러시아의 볼셰비키 혁명과 공산화 과정에서 더욱 격화되어 마침내 유혈적인 박해의 관계로까지 악화되었고, 2차대전이 끝난 후 스탈린 치하의 소련을 구심점으로 동구권의 공산화와 중국과 북한의 공산화가 이루어지자, 소련에서 악화된 기독교와 공산주의 관계가 그대로 파급·확산되는 과정을 형성하게 되었다고 하겠다.

따라서 한반도에서 1945년 분단 이후에 이루어진 기독교와 공산주의의 적대와 박해 관계는 가장 격렬하고 악화된 형태를 띠게 되었으며, 특히 미소 양대 진영으로 나누어진 냉전체제 속에서 일어난 남북한 간의 전쟁으로 인해 더할 나위 없이 잔인하고 악랄한 모습으로 나타날 수밖에 없는 운명적인 것이었다.

전래된 지 오래되지도 않은 기독교와 공산주의가 낯선 한반도에서 세계적으로 유례를 찾기 어려운 격렬한 적대관계, 무자비한 박해와 탄압 관계를 이루었다는 것은 역사의 한 아이러니가 아닐 수 없다. 한반도의 기독교인과 공산주의자들은 천여 년의 전통을 가진 유럽의 기독교와 150여 년의 역사를 가진 세계 공산주의운동의 모든 갈등과 대립·모순의 짐을 한꺼번에 짊어지게 되었으며, 그러므로 세계사의 오랜 역사와 전통 속에서 얽히고설킨 복잡한 문제들을, 정치경제적으로, 철학적 가치관의 면에서 풀어내지 않고는 우리 자신의 생존과 민족의 장래 문제마저 해결할 수 없는 굴레 속에 매이게 될 것이다.

따라서 맑스주의와 기독교의 적대관계를 풀고, 적어도 서구와 동구에서 혹은 다른 제삼세계에서 일어나고 있는 대화와 공존의 관계만이라도 회복시키는 것은 이 땅의 기독교인들과 공산주의자들이 민족의 역사 앞에 짊어진 사명과 책임이며, 오늘날 평화와 공존, 자율과 개방성을 향해 변천하는 세계사의 물결 속에서, 우리가 해결하지 않으면 안 될 시대적인 과제라 하겠다.

한반도에 존재하는 가장 극단적으로 반공적인 기독교와 가장 극단적으로 반종교적인 공산주의의 적대관계의 극복과 갈등의 해소는 민족의 화해와 통일의 길을 여는 열쇠가 될 뿐 아니라 세계사적인 문제들을 해결하는 데도 중요한 실마리가 되리라 믿는다.

기독교와 맑스주의의 갈등문제는 정치체제와 사회경제제도의 문제를 넘어서 신이나 인간, 역사의 본질에 관한 철학과 세계관의 문제를 내포하기 때문에 자본주의와 공산주의의 대립문제보다는 훨씬 더 복잡하고 어려운 모순을 내포하고 있다. 이 점에서 기독교와 맑스주의가 가진 사상적 대립과 가치관의 갈등을 해결하지 않고는 좀처럼 화해의 길이나 대화의 길이 열리지 않게 된다. 우리의 현실적인 민족 내부의 모순을 해결하기 위해서도 이제 사상적인 적대관계와 단절적 관계를 극복하는 작업이 이루어지지 않으면 안 된다. 이 점에서 숭실대 기독교사회연구소가 주최한 '맑스주의와 기독교사상'이라는 학술 심포지움은 우선 기독교와 맑스주의가 가진 사상적 대립과 모순의 정체가 무엇인가를 밝히고, 이를 극복하려고 노력한 신학자들과 사상가들의 이론과 비판적인 견해를 알아보려는 데 목적이 있다.

기독교의 신학사상이나 윤리사상 중에서도 특히 현대 기독교 사상의 핵심적 뼈대를 만들었다고 할 수 있는 틸리히, 바르트, 니이버의 사상 속에 이해되고 있는 맑스주의의 문제를 살펴보고, 기독교의 자기반성과 맑스주의와의 대화와 접근의 시도를 살펴보려고 하는 것이다. 남미 해방신학자들의 맑스주의 수용의 문제는 이번에 다루지 못하지만 앞으로 준비가 되는 대로 논의해 볼 계획이며, 우선은 20세기 초의 종교사회주의 운동에서부터 1960년대의 기독교와 맑스주의자의 대화에 이르기까지 기독교 사상과 신학 속에 나타난 반성의 면모들을 살피는 것으로 만족하고자 한다.

개별 신학자들에 관한 논의에 들어가기에 앞서 맑스주의와 기독교의 사상적 대립과 대화의 관계가 어떻게 전개되어 왔는지 대별(Überblick)해 볼 필요가 있다. 필자는 그 관계의 발전과 양상을 다음과 같은 세 가지 시대적, 범주적 틀 속에서 간단히 살펴보고자 한다.

1. 맑스주의의 종교비판과 적대관계

맑스주의가 종교에 대하여 적대적 관계를 갖고 있다는 것은 일반적으로 인정된 사실이지만 얼마만큼 적대적이며 얼마나 본질적으로 반종교적인가 하는 것은 판단하기 쉽지 않다. 맑스주의가 종교를 부인하고 반대하기 때문에 종교인은 맑스주의를 반대할 수밖에 없다는 주장은, 그 반대의 근거와 정도를 확실히 규명하지 않고 하는 것이라면 너무 단순한 논리에 불과한 것이다.

맑스주의가 종교에 대해 갖는 적대적 태도를 확인하는 데 있어서 어려운 점은, 맑스주의의 정체를 밝히는 어려움에서와 마찬가지로 맑스주의가 하나가 아니며, 여러 가지 맑스주의들은 서로 상당한 차이를 가지고 있다는 사실에 있다 하겠다.

맑스 자신은 이미 1877년 미하일로프스키(Mikhaillovsky)에게 쓴 편지에서 "나는 맑스주의자가 아니다"고 말한 적이 있지만, 오늘날 일반적으로 이해되고 있는 맑스주의가 맑스의 사상과 여러 모로 거리를 가지고 있다는 것은 주지의 사실이다. 이것은 레닌, 스탈린으로 이어지는 정통 맑스주의에서나 혹은 수정주의 맑스주의에서나 마찬가지이다.

맑스 자신의 사상은 체계적으로 완성된 것이 아니었고, 엥겔스를 포함한 그 후계자들이 여러 가지로 부연하고 발전시킨 것이 맑스주의를 형성하였기 때문이다. 따라서 우리는 맑스주의자라고 할 때 모두 통째로 묶어서 넘길 것이 아니라, 창시자인 맑스나 엥겔스에게서 보는 맑스주의와 독일 사회민주당의 카우츠키나 룩셈부르크에서 보는 맑스주의 그리고 러시아의 혁명적 상황에서 나온 레닌·스탈린에서 보는 맑스주의, 그 밖에도 동구와 서구에서 나타난 여러 가지 네오맑스주의들을 구별해서 보아야 하리라 생각된다.

이들 여러 맑스주의사상가들이 종교를 부정적인 요소로 비판한 것은 보편적인 사실이지만, 인간해방이나 사회주의 혁명을 위해서는 종교를 없애거나 억압해야 한다고 모두가 주장한 것은 아니며, 종교에 대한 관심이나 이해도에 있어서도 크게 차이가 나타난다고 할 수 있다.

물론 맑스주의가 가진 종교관은 대체로 맑스가 표현했듯이 민중의 아편(opium of people)으로 대표되고 있지만, 과연 이러한 것이 모든 종교에 대해 타당한가, 또 종교의 본질과 양상이 크게 변하고 있는데도 어느 시대나 영원히 종교는 민중의 아편이라고 할 수 있는가 하는 점은 맑스나 맑스주의자 자신에게서도 의문이다. 맑스나 엥겔스는 다른 곳에서 기독교를, 특히 원시기독교의 저항정신(Protest)을

찬양하기도 했고, 루터나 프로테스탄티즘의 진보적인 역할을 긍정적으로 보기도 했다.[1]

맑스의 사상이 무신론(Atheism)이라는 사실을 부정할 사람은 없겠지만, 그 무신론이 신에 대한 존재론적 부정인지 방법론적 회의인지는 분명하지 않다. 학자들 간에는 레딩(M. Reding)처럼, "맑스의 무신론은 맑스주의 세계관의 본질적인 모습이었다기보다는 역사적 우연(Historical Accident)이었다"[2]고 보는 사람도 없지 않다. 종교를 허구적인 것이라고 비판한 것은 사실이지만, 오늘의 많은 공산주의자들이 주장하는 것처럼 맑스는 반종교적인 투쟁을 벌여야 한다고 주장한 적은 없다.

맑스는 오히려 종교란 허구적인 환상(illusion)이기 때문에, 투쟁을 해서 없앨 것이 아니라 저절로 없어지게 된다고 생각했다. 맑스나 엥겔스에 있어서 종교를 비판하고 반대하는, 반대하기보다는 오히려 무관심해지는 이유는 주로 두 가지라고 할 수 있는데, 첫째로 종교가 잘못된 인간사회가 만들어내는 관념적인 환상이기 때문이요, 둘째는 종교가 계급사회의 반영이요 이데올로기이기 때문에 계급적 지배에 봉사하는 기능을 갖는다는 것 때문이다. 이러한 맑스의 종교관은 분명히 맑스에게 영향을 주었던 당시의 지배적인 지적 분위기와 사상에 의해서 형성되었음을 알 수 있다. 직업적인 이유 때문에 유대교에서 프로테스탄트 기독교로 억지로 개종한 맑스의 아버지는 종교인이라기보다는 볼테르나 루소를 더 좋아하는 계몽주의의 신봉자였으며, 맑스는 어린 시절에 특별한 종교적인 교육을 받지 못하고

---

[1] K. Marx, *Theories of surplus values*, Vol. 3 (Moskow, 1968), 527-55.

[2] M. Reding, *Der politische Atheismus* (Graz, 1958).

자랐다. 대학에 들어와 그가 깊이 영향을 받은 것은 헤겔철학과, 강한 반종교적 색채를 띤 헤겔좌파의 사상가들이었다. 헤겔 스스로는 루터교의 신봉자였지만 이미 종교를 역사화하고 상대화시키는 데 크게 공헌하였으며, 헤겔좌파 사상가인 다비드 슈트라우스(David Strauss)나 브루노 바우어(Bruno Bauer) 등은 기독교 복음의 신성화를 부인하고 인간주의(Humanism)적 해석을 심화시켰다. 특히 청년 헤겔파(Junghegelianer)에 속하는 포이에르바하(Feuerbach)는 유물론적 입장에서, 신이란 인간의 심리적인 투사(Projection)에 불과하다고 주장하면서, 신이 인간을 만든 것이 아니라 인간이 신을 만들었다고 주장했다. 이와 같은 1830년대 독일의 지적인 분위기와 영향 속에서 성장한 맑스는 이미 20대 청년 시절에 종교에 관해 결정적으로 부정적인 결론을 내렸으며, 그의 사회주의적인 사상이나 경제학적인 분석이 무르익기도 전에 종교를 민중의 아편이라고 규정해버렸던 것이다.

그는 26살(1844년)에 쓴 『헤겔법철학 비판서론』에서, "독일에서는 이미 종교의 비판은 끝났다. 종교비판은 모든 비판의 전제이다"라고 주장하면서 "인간이 종교를 만든 것이 사실이더라도 인간은 곧 구체적인 사회관계를 의미하기 때문에, 종교란 곧 이러한 잘못된 사회와 세계가 만들어내는 정신적 향기(geistige Aroma)에 불과하다"고 한다. 그는 종교가 한편으로는 현실세계의 비참함의 표현이요, 다른 한편으로는 이런 비참한 현실에 대한 항거이기도 하지만 결국 현실적인 만족(wirklichen Glück)을 주는 것이 아니라, 환상적인 만족(illusorischen Glück)을 주기 때문에 민중의 아편(Opium des Volkes)이라고 간단히 결론짓고 만다.

맑스는 이러한 청년기의 단순한 종교관을 크게 더 발전시키지 못했으며 체계적으로 논하지도 않았다. 그는 대체로 이런 입장에서 일생 벗어나지 못했지만, 후기에 와서는 종교를 소외된 인간의 관념적 환상으로서보다는 계급사회의 유지에 봉사하는 이데올로기로서 더 많이 비판하고 있다.[3] 즉 포이에르바하의 유물론적 종교비판을 사회현실의 비판과 정치의 비판으로 옮겨 놓고 있는 것이다. 여기서 주목해야 할 것은 맑스에 있어서 종교란 인간사회가 만들어 놓은 필연적인 산물이며, 현실적인 인간의 비참함과 고통이 있는 한 없어지지 않는 요소라는 것이다. 따라서 종교에 대한 비판을 아무리 해봤자 소용없으며, 결국 인간의 비참함을 만들어내는 현실적인 사회의 잘못을 고치게 될 때 종교는 필요가 없게 되어 사라지게 된다는 것이다. 이러한 맑스의 생각을 뒤집어 해석하면, 인간 세계가 잘못되고 비참하게 있는 한 신이나 종교의 관련이 생기는 것은 당연하며, 아무리 없애려고 노력을 해도 세계가 바뀌지 않는 한 없앨 수가 없다는 말이 된다. 이것은 어떻게 보면, 종교의 정당성을 옹호하는 생각이라고 볼 수도 있다.

그러면 맑스나 맑스주의자들은 종교가 과연 언제 없어질 것이라고 생각하는가? 맑스나 엥겔스는 종교의 역기능과 부정적인 면을 비판하기는 했지만 적극적으로 종교를 타도해야 한다든가 반드시 언제 없어질 것이라고 예언한 적은 없다. 단지 그들은 사회가 바뀌게 되면 종교가 필요 없게 되어 사라지게 될 것이라고 표현했다. 즉 종교는 병들고 소외된 사회와 세계의 산물이기 때문에 이 세계가 혁명

---

3) Devid Mclellan, *Marxism and Religion* (New York, 1987), 31.

을 통해 건강하게 회복되면, 즉 완전한 사회가 되면 필요가 없기 때문에 사라지게 된다는 것이다. 또 한 가지 특히 엥겔스에게서 나타나는 생각은 종교란 자연이나 사회에 대한 무지에서 오며, 인간이 다 파악할 수 없고 조절할 수 없는 그 힘에 대한 환상적 생각에서 오기 때문에, 과학이 발전되어 인간이 세계와 우주의 모든 운행을 밝히 알게 되면, 그런 무지에서 온 신이나 종교적 신비에 대한 신앙은 사라지게 될 것이라는 것이다.[4] 따라서 맑스주의가 생각하는 종교의 소멸은, 첫째로 과학이 완전히 발전해서 신비적인 요소가 없이 자연과 세계, 인간의 역사를 확실하게 밝혀줄 수 있고, 둘째로 사회나 세계가 완전히 혁명이 되어 소외된 인간이나 비참한 현실이 없어지게 될 때라고 할 수 있다.[5] 이러한 생각은 현대의 어떤 종교인이나 기독교인도 받아들이는 데 크게 어려움이 없으리라 생각된다. 단지 이러한 과학과 혁명의 완성이 맑스나 엥겔스와 많은 이상주의적 사상가들처럼 쉽게 올 수 있다고 생각지 않는 점이 다른 점일 것이다.

그러나 이러한 맑스·엥겔스의 종교비판은 레닌·스탈린에 이르게 되면 매우 거칠고 격렬하게 되며, 종교비판이 아니라 종교 타도의 사상으로 변질하게 된다. 대체로 레닌은 무신론에서는 맑스나 엥겔스와 같았으나 그들보다 훨씬 더 반교회적(Anti-Clerical)이었다고 할 수 있으며, 따라서 혁명을 위해서는 종교를 타도해야 한다고 신랄하게 주장했다. 그는 1905년에 쓴『사회주의와 종교』에서 다음과 같이 주장한다.

---

[4] Engels, *Anti-Dühring*, MEW, XX, 294.

[5] Nicholas Lobkowicz, "Marx's Attitude toward Religion," *The Review of Politics*, July 1964, 319-352.

종교란 타자를 위한 영구적 노동과 결핍과 고독에 시달리는 인민대중을 어디서나 무겁게 억누르는 정신적 억압의 형태들 중 하나이다. 마치 야만인들이 자연과의 대결에서 느낀 무능력함으로 인해 귀신이나 기적에 대한 믿음을 가지게 되는 것처럼 수탈당하는 계급들은 수탈자와의 대결에서 무능함을 느끼게 되자, 불가피하게 죽은 뒤의 좋은 삶에 대한 신앙을 갖게 된다. 종교는 일생동안 고역과 결핍 속에 사는 사람들에게 세상에 사는 동안 참고 순종하라고 가르치며, 그리고 하늘의 상급을 받는 희망 속에서 위로를 받으라고 가르친다. 그러나 타자의 노동으로 살아가는 자들에게 대해 종교는 세상에서 자선을 베풀라고 가르치며, 그래서 수탈자로서의 자기존재를 정당화하는 값싼 방법과 천당에 가서 복락을 누리는 입장권을 싸게 구입하는 방법을 제공해준다. 종교는 인민에게 아편이다. 종교는 자본의 노예들이 그들의 인간상과 인간으로서의 가치 있는 삶에 대한 요구를 망각케 하는 정신적인 도취에 불과하다.[6]

그는 이 반동적인 종교에 대항하여 프롤레타리아트가 일어나는 사회주의를 대안으로 세울 것을 주장한다. 즉 "오늘의 프롤레타리아트는 사회주의의 편에 서야 하는데 사회주의야말로 종교의 혼미(안개)에 대항해서 과학을 확립하며 죽은 뒤의 복된 삶을 믿고 있는 노동자들을 해방하여 단결시켜서 세상에서 현재의 삶을 보다 낫게 만들도록 투쟁하게 하는 것이다."

왜 맑스와 엥겔스의 종교비판이 레닌과 스탈린에 와서 격렬한 반종교투쟁과 교회의 타도로 바뀌었는가? 이는 맥레란의 지적처럼 맑

---

[6] V. Lenin, "Socialism and Religion," *Collected Works*, Vol. 10, 83f.

스·엥겔스가 생각한 종교는 루터교나 개신교였고 레닌이 생각한 종교는 가장 타락하고 부패하며 차르 독재 군주 체제의 어용종교였던 러시아정교였기 때문이다. 당시의 러시아정교회는 타계적 심령주의(otherworldly Spiritualism)와 차르 전제정권에 대한 무조건적인 복종과 종속주의에 철저하게 물들어 있었다.[7] 레닌이 기독교를 '중세적 곰팡이' 또는 '말할 수 없이 불결한 것'이라고 격한 어조로 표현한 것은 이런 상황에서 이해될 수 있으며, 그의 인식론적 주저인『유물론과 경험비판』(Materialism and Empirio-Criticism)에서 기계적 유물론을 방불케 하는 소박하고 단순한 유물론을 전개한 것도, 이러한 형이상학적이며 관념적인 어용종교에 대한 극단적인 반발에서 나온 이론이 아니었을까 생각해 볼 수 있다.

물론 맑스주의의 반종교투쟁은 러시아에서만 일어난 것은 아니다. 그러나 그와 같은 격렬한 형태의 유례는 다른 곳에서 찾아보기 어렵다. 맑스주의가 유포되고 노동자와 사회주의정당이 조직되어 활성화되고 있던 19세기 말의 독일에서도 맑스주의자들과 기독교는 긴장과 갈등 관계에 있었지만 노골적인 적대관계에 들어갔다고는 할 수 없다. 기독교를 당황하게 만든 것은 유물론적 무신론이었으며, 자연과학의 발전과 다윈주의를 무기로 기독교의 창조설과 신관의 허점을 찌르는 데 있었다. 과학적 실증주의와 유물론적 형이상학에 깊이 물든 독일 사회민주당의 맑스주의자들은 종교를 공격하기보다는 무관심한 태도를 보이는 편이었고, 그래서 1875년 고타(Gotha) 프로그램에서는 종교를 사적인 문제(private matter)로 선언

---

7) David McLellan, op. cit., 90f.

하게 된다.

물론 기독교에서 무신론과 유물론 때문에 맑스주의나 사회주의에 대한 격렬한 비판과 반대투쟁이 있었지만, 이 비판과 반대는 이론적, 문화적 차원이었을 뿐, 20세기에 넘어와서도 정치적 물리적 투쟁과 적대관계에까지는 나아가지 않았다. 그러나 기독교와 맑스주의자들 사이에서 상당한 증오심과 적대의식, 경쟁관계가 존재했던 것은 사실이다.

1차대전과 2차대전 이후 동구와 중국, 북한에서 일어난 공산화 혁명과정에서는 맑스주의의 정통성과 권력이 소련으로 넘어가 있었기 때문에 기독교와의 관계에서는 철저하게 러시아의 모델이, 그나마 동구에서는 기독교의 오랜 역사와 전통으로 독일에서와 같은 모델이 병존할 수 있었으나, 역사적 경험과 이론적 준비가 없었던 중국과 북한에서는 무자비한 대결의 형태로 러시아의 모델이 더 나쁘게 적용된 것이 아닌가 생각된다.

2. 기독교의 자기비판과 맑스주의와의 대화

맑스주의 사상이 독일의 노동운동과 사회주의운동에 영향을 미치기 시작한 것은 1860년대부터라고 할 수 있다. 1863년 라살(Lassalle)에 의해 독일 노동자총연맹(ADAV)이 결성된 이래 사회민주당(SPD)의 모체로 발전한 독일의 노동운동은 꾸준히 성장일로를 걸었으며, 비스마르크의 탄압정책, 불법화조치에도 불구하고 1870-80년대에 와서는 대중 정당으로 발전하고, 노동자의 절대다수를 점유하게 되었다. 초기에는 모제스 헤스(Moses Hess)나 로드베르투스(Rodbertus), 라살, 뷔히너(Büchner) 등의 시민적 사회주의나 인도주의적 사회사상이 지도적 이념의 역할을 했으나 점차 맑스의 사상이 영국으로부터 밀입되면서 지도 노선으로 정착되었고 맑스주의자들이 정치적으로나 대중운동에서 막대한 영향을 미치게 되었다. 1890년대에 와서는 맑스주의 정당으로 정착된 사회민주당(Sozialdemokratie)이 합법화되었고 상당한 의회 세력으로 군림하면서 보수정당과는 물론, 이들의 지지기반이었던 기독교와 갈등, 마찰이 생기게 되었다.

그러나 1890년대 이후에 맑스주의적 사회주의운동이 고조되면서부터 노골적으로 사회주의운동에 가입하는 목사나 신학자들이 생기게 되며, 심지어는 사회민주당에 가입하는 목사들도 나오게 된다. 이들이 곧 종교사회주의 운동에 선구적인 역할을 한 블룸하르트(Blumhardt), 괴레(Göhre) 등 이었는데, 이들은 사회주의에서 기독교 정신이 더 잘 구현된다고 주장하면서 유물론적 역사 파악이나 계급투쟁의 필요성도 부분적으로 인정했다. 그리하여 이들은 보수적인 제도권 교회들과 충돌하게 되었고, 이들을 교회에서 축출하려는 재판도 벌어졌다. 그러나 이들은 맑스주의 정당에 가입하기는 했지만 기독교적인 신앙이나 신관을 버리지 않았고 오히려 맑스주의를 윤리적으로 보완할 필요가 있다고 생각하여 기독교와 사회주의를 양립시키려는 노력을 보이게 된다. 이들은 사회민주당 안에서 극좌그룹으로부터 소시민적 계급의식을 가져오고 개량주의 · 수정주의를 강화시킨다는 비난을 받았지만 다른 한편 기독교와 사회주의의 장벽을 무너뜨리고 사회민주주의 세력을 강화해서 보수적 지배세력을 약화시키는 데 기여했다는 평가도 받고 있다.

특히 노동자 대중에 대한 기독교의 영향력이 점차 감소되고 노동자들이 교회를 떠나서 노동자계급의 해방과 인간화, 과학적 실증주의와 자연관을 가르쳐주는 사회주의적 노동교육과 조합운동 그리고 정당으로 몰려들자 기독교의 일부 신학자들과 성직자들은 교회의 보수성과 노동자 빈민에 대한 무관심을 반성하면서 기독교적인 노동운동이나 사회주의를 주장하고 나서는 현상이 벌어지게 되었다. 마인츠(Mainz)의 주교인 케틀러(Kettler)와 개신교의 비헤른(Wichern), 스토커(Stocker) 등의 목사들은 상당히 초기부터 노동자 문제에 관심을 보이면서 기독교적 사회주의 이념을 제기하고, 교회의 보수성을 비판하기도 했다. 이들은 사회주의를 악마라고 지칭하고 노동자들을 물질의 노예로 만든다고 비난하는 제도권 교회와는 달리, 예수의 복음이 가난한 자를 해방시키는 데 관심을 가졌다고 주장하며, 노동자를 위한 복음 운동과 사회개혁정책을 제시하기도 하였다. 이러한 운동에 대해 맑스는 이미 1869년 엥겔스에게 보낸 편지에서 케틀러 같은 신부들이 노동자들에게 아부하면서 관심을 끌려고 하는 것을 경계해야 한다고 시니컬하게 비판하고 있다. 스토커 목사 등은 1878년 기독교사회주의노동당(Christliche Sozialistische Arbeiter Partei)을 결성하여 정치적인 영향력까지 행사해보려고 했지만 별 성과를 거두지 못하고 말았다. 초기에 나타난 기독교의 노동자나 사회문제에 대한 관심은 아직 자본주의 체제에 대한 비판이나 사회주의적인 신념에서가 아니라 노동자들이 교회를 떠나는 데 대한 반성과 반종교적인 사회주의자들과의 경쟁적 자세에서 나타난 것이라 해도 좋을 것이다.

블룸하르트와 함께 스위스에서 사회주의적 복음과 노동운동을 주장하고 실천한 신학자는 레온하르트 라가츠(Leonhard Ragaz, 1868-1945)와 헤르만 쿠터(Hermann Kutter, 1863-1931)였다. 그들은 예수 그리스도가 억눌린 자의 편에 섰으며, 사회주의운동은 인간의 인간화를 추구하며, 하나님의 나라가 오는 징표라고 하면서 참된 기독교인은 이 운동에 참여해야 한다고 주장했다. 이들은 1920년에 종교사회주의운동(religious-socialist Movement)을 전개하였다. 라가츠는 보다 더 정치적이고 기성 교회에 반대하며, 사회민주당과 노동운동에 밀접히 가담하는 종교사회주의운동을 벌였고, 쿠터는 보다 더 교회중심적이며 정신적인 운동으로서 일반 정당운동과는 다른 교회적 방식을 택하려고 하였으므로 내부적으로 차이와 갈등이 있었지만, 이들은 모두 종교사회주의운동을 통해서 사회주의 없는 종교도 잘못되었고, 종교 없는 사회주의도 옳지 않다는 논리를 전개하려 했다.[8]

종교사회주의운동은 1차 대전과 러시아 혁명을 전후로 유럽에 사회주의운동이 크게 고조되면서 특히 사회민주당이 의회의 다수당이 되는 1920년대의 바이마르공화국에서 크게 발전하게 된다. 이 운동은 기독교의 복음과 교회를 부르주아적인 의식에서 벗겨내고, 사회주의운동과 의식을 확산시키며 맑스주의와의 접근, 대화를 촉진시키는 데 크게 기여한다.[9]

우리는 현대 기독교신학의 거장이라고 할 수 있는 칼 바르트와 폴 틸리히 그리고 라인홀드 니버가 모두 일찍이 종교사회주의운동과

---

[8] John C. Cort, *Christian Socialism* (New York, 1988), 206.

[9] Richard Sorg, *Marxismus und Protestantismus in Deutschland* (Köln: Pahl-Rugenstein, 1985).

접맥되고 있음을 주목할 필요가 있다. 물론 이들의 신학사상이 종교 사회주의운동으로만 일관하지 않았고, 또 이들 사이에는 적지 않은 이론적 차이와 대립이 있었던 것도 사실이지만, 이들이 모두 어떤 형태든 기독교적 사회주의를 형성하려고 이론적으로나 실천적으로 정열을 가지고 노력했다는 점에서도 맑스주의가 현대신학에 미친 영향을 결코 과소평가 될 수 없는 것이라 생각된다. 라가츠의 권유로 1915년에 스위스 사회민주당에 가입했던 칼 바르트는 다음과 같은 주장을 했다고 전해지고 있다.

> 참된 사회주의는 오늘에 있어서 참된 기독교이다. 예수는 사유재산개념을 반대했다. 이점에는 의심의 여지가 없다(그런데 그런 의심이 계속 아직도 있다). 참 크리스천은 진지하게 기독교를 개혁하려고 한다면 사회주의자가 되지 않을 수 없으며, 참 사회주의자는 그가 사회주의를 진실로 개혁하려고 한다면 기독교인이 되지 않을 수 없다.[10]

틸리히가 한 때 Kairos Circle을 중심으로 종교사회주의운동의 잡지인 「사회주의 저널」(New Journal of Socialism)을 편집한 것이라든가, 『사회주의적 결단』(sozialistische Entscheidung)이란 저서를 낸 것 그리고 니버가 사회당에 일시 가입했던 사실은 모두 이들이 기독교 신앙과 사회주의를 이론적으로뿐만 아니라 실천적으로 결합시키려는 노력을 했음을 보여주고 있다. 그러나 종교사회주의운동이 목표로 한 기독교와 맑스주의의 접근과 융화는 1930년대의 파시즘의 등

---

10) George Hunsinger (ed.), *Karl Barth and Radical Politics* (Philadelphia, 1976), 19.

장과 스탈린주의 전제정치의 양극화 속에서 현실 정치의 토대를 잃어버리고 말았다. 히틀러의 나치 하에서 공산당이나 사회민주당은 불법화되어 무자비하게 탄압되고, 스탈린 독재하에서 수정주의나 기독교가 발붙일 곳이 없게 되면서 종교적 사회주의를 매개로 기독교와 맑스주의를 절충하고 공존시키려는 노력은 수포로 돌아가고 만다. 파쇼화하는 자본주의를 선택하든지 전체주의적 공산주의를 선택하든지 택일을 강요당한 상황에서 이들은 궁지에 몰리게 되었고 각자의 위치와 신념에 따라 흩어지거나 망명의 길을 택할 수밖에 없었다. 그리하여 파쇼나 독재에 대한 비판만이 그리스도의 복음을 증거하는 길이라고 생각하는 크리스천이 많아지게 되었다.

2차 대전이 끝난 후 동서로 갈라졌던 공산주의와 자본주의의 냉전체제가 어느 정도 풀리고 기독교와 맑스주의가 다시금 대화를 가질 수 있는 분위기가 형성된 것은 1960년대에 들어와서였다. 1957년 소련공산당의 제20차 전당대회를 계기로 스탈린 시대가 청산되고 후르시초프 시대가 오면서 평화공존정책이 실시되게 되었다. 서방에서도 냉전정책을 교류정책으로 바꾸면서 동서의 무역교류가 증대되었고 동서의 긴장이 완화되는 기류 속에서 냉전시대의 반공주의를 반성하고 전환시키는 움직임이 일어나게 되었다. 때맞추어 1982년/83년에 열린 가톨릭교회의 제2차 공의회에서는 공산주의에 대한 적대관계를 해소시키는 여러 가지 변화들이 일어났는데, 특히 이태리, 프랑스의 공산당들이 반식민지 해방운동에 연대하여 대중들의 신뢰를 받고, 체코를 비롯한 동구에서 보다 더 '인간적이며 자유로운 사회주의'를 지향하는 움직임들이 일자 서구 기독교의 신학자들과 맑스주의자들이 동구의 신학자나 맑스주의자들과 대화를 하는 획기적 사건이 생기게 되었다. 마침 맑스주의 사상에는 블로흐, 아도르노, 루카치 등 네오맑스주의가 활기를 띠고 다시 나타나게 되었고, 동구권에서도 유고의 실천(Praxis) 철학자들을 중심으로 폴란드, 체코 등에서 상당히 인간주의적인 맑스주의가 태동하게 되었다. 기독교 사상에서도 역사신학, 정치신학, 혁명의 신학 등과 함께 몰트만의 희망의 신학이 나와서 맑스주의와의 대화를 훨씬 수월하게 해주었다.

가톨릭의 파울루스 게젤샤프트(Paulus Gesellschaft)가 조직한 1965년의 잘츠부르크(Salzburg) 모임, 1966년의 헤른샤임 제(Herrenscheim See) 모임 그리고 체코의 학술원과 함께 공동 주최한 1967년의 체코 마린바드(Marienbad) 모임은 기독교 신학자와 맑스주의자들이 한자리에 앉아서 체계적인 대화를 나누었다는 점에서 전무후무한 독특성을 가진다고 할 수 있다.[11] 물론 기독교의 진보적 신학자 일부와 맑스주의자들 중 정통 맑스주의의 경직성에서 벗어나려는 수정주의자 일부가 참여한 대화였지만 분위기는 서로를 비판하기보다는 상대방을 포용하면서 자기를 비판하려는 자세를 보인 것이 특색이었던 것 같다. 여기에 참가한 몰트만 교수의 증언에 따르면, "대화는 진실하였고 프로파간다가 전혀 없었으며, 상대방의 강점을 신중하게 받아들이려는 자세였다"고 한다. 체코의 맑스주의자 밀란 마코비치(Milan Machovec)는 "정치투쟁을 위해서는 맑스의 『자본론』을 읽지만, 죽을 때는 시편을 읽고 찬송가 노래를 듣겠다"고 했으며, 프랑스의 공산당수였던 로저 가로디(Roger Garaudy)는 맑스주의도 초월과 사랑의 의미를 배워야 한다고 주장하였다. 한편 기독교 신학자들은

---

[11] Jürgen Moltmann, Der Christlich-Marxistische Dialog in Europa, Vortragstext.

교회가 사회문제에 등한시했음을 반성했으며, 맑스주의로부터 인간주의적인 사회와 개혁에 대한 자극과 대안적 방안을 암시받는다고 고백했다. 특히 서구 교회가 전투적인 반공주의를 탈피케 하는 데 이 대화는 크게 공헌했다고 할 수 있다.

많은 신학자와 크리스천들이 이 대화를 계기로 다시금 스스로를 사회주의자로 혹은 비판적 맑스주의자라고 부르는 데 주저하지 않게 되었다. 스스로를 사회주의자 혹은 비판적 맑스주의자라고까지 부르는 신학자 헬무트 골비처(Helmut Gollwitzer)는 "복음은 인간의 형제적 공동체를 만들도록 요구하며, 교회는 이를 모범적으로 수행해야 할 의무가 있다. 그리고 인간을 비형제적 관계로 강요하는 사회구조를 제거하기 위해 투쟁해야 한다. 따라서 복음은 실질적인 사회민주주의나 사회주의를 지향하게 된다"[12]고 했으며, "신학과 사회주의의 연결은 사회주의적인 실천을 하는 기독교인과 비판적으로 실천하는 사회주의자를 만들어낸다"고 했다.

그러나 기독교 신학자들은 대체로 맑스주의가 가진 사회이론과 분석은 받아들이되 맑스주의 세계관이나 유물론은 거부하는 경향을 보였다. 그들은 맑스주의가 독단주의를 배제하고 보다 인간화되어야 한다고 주장했으며, 기술문명사회에서 인간의 고독이나 소외문제 등을 종교를 통해 해결해야 한다고 주장하기도 했다. 사회경제체제에 관한 문제가 나오면, 서방측 신학자들은 구체적인 대안을 제시하지 못했으며, 막연한 수렴이론(Konvergenz-Theorie)이나 제3의 길을 주장했지만 그 실현 가능성과 구체적 내용에 관해서는 별로 깊이

---

12) Richard Sorg, op. cit.

언급되지 못했다고 한다.[13] 이 대화는 기독교와 맑스주의의 공존의 토대 위에서 자본주의와 공산주의의 공존 내지는 수렴시키려는 의도를 가졌지만, 사회경제적인 문제의 토론이 충분치 못했으며, 거의 철학적, 종교적, 인간학적인 문제의 토론들에 관한 대화에만 치중했다는 비판을 받기도 했다. 실천적 프로그램이 없는 외교적 행사나 평화공존 시대의 문화교류에 불과했다는 비판을 듣기도 했다.[14] 이 대화는 물론 양체제의 정치적 현실성에 실제적 토대를 둔 대화가 아니었다. 정치현실은 훨씬 더 냉혹했으며, 마침내 1968년 가을 소련군이 체코에 진주함으로써 대화는 중단되고 말았다. 인도주의적 사회주의를 지향했던 체코의 철학자와 신학자들은 해직되거나 축출되고 체포되었고, 프랑스 공산당에서마저 소련의 입김으로 가로디(Garaudy)를 당에서 축출하게 되어 냉전 기류가 다시금 엄습하게 된다. 그러나 한 번 놓여진 다리는 통행이 차단되었다고 해서 무너지는 것은 아니었다. 동서 유럽의 대화 통로는 일시중단 되었으나 이 대화는 여러 지역에서 여러 가지 형태로 계속되었으며, 오늘날까지 발전되고 있다고 할 수 있다. 1970년대 이후에 나타나는 여러 가지 기독교 사회주의운동이나, 공산주의 안에서의 종교의 자유가 보다 확대되고 넓어진 양상은 이러한 대화의 관계가 다른 차원에서 발전한 것이라고 보아야 할 것이다.

---

[13] Heinrich Werner (hrsg.), *Christen und Revolution. Konvergenz und Theologie* (Köln, 1971), 90.

[14] Peter Brückner, "Zum Dialog Christ-Marxist," in: Dorothee Sölle (hrsg.), *Christentum und Sozialismus* (Köln, 1977), 54.

3. 기독교와 맑스주의의 상호비판과 연대 가능성

기독교와 맑스주의는 과연 대화를 통해서 적대관계를 완전히 해소하고 새로운 관계로 들어갔다고 할 수 있는가? 아니면 본질적인 차이와 대립이 너무 심각해서 갈등과 모순의 관계를 계속 유지하고 있는가? 60년대 이후의 접근과 대화를 통해 볼셰비키 혁명이나 전후 냉전기의 적대관계를 많이 해소한 것은 사실이지만 아직도 기독교와 맑스주의자들 사이에는 사회경제적인 방안이나 세계관, 종교관에 있어서 현격한 차이와 대립을 서로 확인하고 있는 것이 사실이다. 이러한 차이와 대립을 가진 기독교와 맑스주의가 서로 관계하며 공존하는 양식은 오늘날 나라와 지역에 따라 크게 다르게 나타나는 것 같다. 기독교의 타도를 외치며 활동을 금지시키는 나라도 있고, 이태리나 프랑스, 남미에서와 같이 기독교 목사가 자유롭게 공산당원이 되고 맑스주의자가 동시에 기독교인이 될 수 있는 나라도 있어서 다원적인 형태가 존재한다고 하겠다.[15)]

그러나 대체로 맑스주의와 종교가 모두 허용되고 자유롭게 대화를 나눌 수 있는 나라에서는 양자는 상당한 정도에까지 깊은 공감대를 형성해가고 있으며, 서로 협력과 연대의 관계에까지 발전해가는 모습을 볼 수 있다. 동구나 공산권의 기독교들은 이미 "사회주의 안에서의 기독교"라는 전제조건하에서 존재하기 때문에 나름대로 협력과 연대의 관계를 가지고 있겠지만, 서구 자본주의권에서나 남미, 아시아, 아프리카 등 제삼세계권에서는 특히 1970년대 이후 기독교

---

15) Nicholas Piediscalzi & Robert G. Thobaben (eds.), *Three Worlds of Christian Marxist Encounters* (Philadelphia, 1985), 8.

와 맑스주의자들이 여러 가지 구체적인 정치문제나 국가의 문제를 놓고 협력과 연대를 심화시켜가는 현상을 목격할 수 있게 되었다.

기독교와 맑스주의는 신의 문제나 인간의 가치, 역사의 발전에 관해 분명히 다른 세계관과 철학을 가지고 있는 것이 사실이지만, 사회주의의 실현이나 민족해방 그리고 핵전쟁과 공해를 막는 인류의 과제들을 향해서는 함께 협력할 수 있고 연대할 수 있다는 것이 많은 나라의 경험과 실험에서 실증되고 있는 것이 사실이다. 특히 이런 현상은 남미나 아프리카와 같은 제삼세계에서 잘 이루어지고 있는 것을 볼 수 있다.

세계관의 차이에도 불구하고 남미 같은 데서 기독교와 맑스주의자가 쉽게 연대관계를 형성해서 함께 투쟁에 나설 수 있는 것은 군사독재나 민중의 수탈, 인권유린과 같은 함께 해결해야 할 긴박한 공동의 과제가 있기 때문이다. 이미 까밀로 토레스(Cammilo Torres) 신부 같은 개별 기독교인들이 1960년대에 공산주의자들과 함께 연대하며 공동투쟁을 벌였다. 1972년 4월 칠레에서 조직된 기독교사회주의연맹(Chrisian for Socialism)에는 400여 명의 신부, 목사, 평신도, 수녀들이 참여했고, 오늘날 남미의 전 지역에 확산되어 있다. 이들은 볼리비아, 과테말라, 아르헨티나 등 여러 나라에서 군사독재 정부에 항거해서 맑스주의자들과 함께 투쟁했으며, 투옥되고 죽기도 했다. 니카라과에서는 산디니스타 해방군과 함께 혁명에 가담하여 에른스트 카디날(Ernest Cardenal) 신부 등 많은 기독교 지도자들이 혁명 후의 사회주의 정권에 참여하고 있다. 아프리카의 짐바브웨에서도 기독교도와 맑스주의자들이 함께 백인 독재정권을 물리치고 사회주의 정부를 만들어 협력하는 모습을 볼 수 있다. 이미 피델 카스트로(Fidel Castro)가 1980년대에 와서야 고백한 것처럼 "남미에서의 혁명은 맑스주의자와 기독교의 협력과 연대 없이는 불가능한 것이 되었다"고 할 수 있다.

그러면 기독교-맑스주의자의 연대관계가 남미나 아프리카에서 더 잘 이루어지고 있는 것은 급박한 상황과 공동의 과제 때문만인가? 이들은 세계관과 철학의 차이를 어떻게 해결하고 있는가?

해방신학자 호세 미그네즈 보니노(Jose Mignez Bonino)는 남미의 기독교와 맑스주의자는 이론적인 대화를 통해서가 아니라 소수의 독재적 지배자들에 의해 수탈되고 억압되는 다수의 민중을 살리기 위해 실천적으로 참여하는 과정을 통해 서로 만나고 동지가 되었다고 증언하였다.16) 여기서 기독교인들은 불의한 사회구조와 모순을 해결하는 데 어떤 이론보다도 맑스주의자의 이론이 타당한 분석과 해답을 주기 때문에 맑스주의자들과 연대하게 된 것이며, 맑스주의자들은 기독교인들이 같은 목적과 일에 참여하고 희생적으로 투신하기 때문에 함께 일하게 되었다고 한다. 기독교인들은 현실의 변화를 위해 필요해서 맑스주의를 받아들였기 때문에 맑스주의를 도그마로서 수용하는 것이 아니라 유연성을 가지고 상황에 따라 변형시키고 있으며, 따라서 맑스주의적 분석과 맑스주의 존재론을 구별해서 전자만을 수용한다고 한다.

한편 맑스주의자들도 남미의 이런 상황에서는 변증법적 유물론이나 종교에 대한 적대적 태도를 수정할 수밖에 없게 되었다고 한다. 종교적 신앙이 반혁명이거나 지배자의 이데올로기가 아니라 대

---

16) Bonino, *Christians and Marxists*, 16-29.

단히 혁명적이며, 해방의 힘이 될 수 있음을 실증적으로 인식하게 되었기 때문이다. 맑스주의는 반드시 무신론이라야 한다는 이론은 제삼세계에서는 통하지 않는 것 같다. 19세기 유럽의 진보적 지식인이었던 맑스주의자들에겐 유물론과 무신론이 생명과 같은 문제였을지 모르지만, 오늘의 제삼세계에서는 이런 세계관이나 철학을 따르지 않고도 얼마든지 맑스주의의 사회경제 분석과 해방과 혁명의 이론을 따를 수 있다고 주장한다. 이미 체 게바라(Che Guevara)는 혁명에 참가한 기독교인들에게 이렇게 말한 적이 있다.

> 기독교인은 혁명적 투쟁에 참가하면서 맑스주의자들에게 자신들의 교리를 강요하거나 개종시키려 해서는 안 된다. 그들은 또한 맑스주의자들에게 적응하기 위해서 자기들의 신앙을 비겁하게 부인할 필요도 없다. 오직 기독교인들이 혁명가가 되겠다는 결심을 가슴 깊이 할 때에만, 라틴아메리카의 혁명은 패배하지 않고 승리하게 될 것이다.[17]

그러나 기독교인으로서 맑스주의자나 사회주의자가 될 수 있느냐의 문제는 제삼세계의 혁명과정뿐 아니라 서구의 신학자들에게서도 오래전부터 생각되어왔던 문제다. 참 기독교인은 사회주의자가 되어야 하고, 참 사회주의자는 기독교인일 수밖에 없다는 생각은 칼 바르트(Karl Barth)뿐 아니라 니콜라스 베르자예프(Nicolas Berdyaev), 에른스트 블로흐(Ernst Bloch), 골비처 등이 하고 있으며 충분한 이론적 근거를 제시하고 있다.[18]

---

[17] Shlußdokument der ersten Lateinamerikanischer kongreß Christian for Socialism, S. 23~30, 1972, Sandiago, Chile.

원래 기독교는 공산주의적 소유형태와 무관한 것이 아니다. 초대 교회의 재산공유제는 말할 것도 없고 가톨릭의 수도원이나 개신교의 형제단들이 모두 소유질서로서의 공산주의를 찬양하고 실천하고 있다.[19] 이 점에서, 오늘의 공산주의는 맑스주의라는 무신론적 유물사관에 담겨 있기 때문에 기독교 정신을 가지고 사회정의와 인간해방을 실현하려는 자들에게 장애가 되고 있을 뿐, 사회적 실천을 위한 근본이념에서는 기독교와 공산주의자가 대립되고 모순을 느낄 필요는 없다고 해방신학자 미란다(Miranda)는 주장하고 있다.[20]

그러나 우리는 유일한 장애로 여겨온 유신론과 무신론의 문제도 오늘날의 기독교 신학사상의 발전과 네오맑스주의(Neo-Marxism)나 동구의 더 자유로운 맑스주의의 변화를 본다면 그렇게 큰 장애나 문제가 되지 않을 수도 있음을 감지하게 된다. 기독교 신학은 오늘날 신의 문제에 대해서도 과거와 같은 도그마틱한 철학적인 신 존재증명을 고집하지 않았다. 역사신학, 세속신학, 토착화신학은 마침내 신의 죽음의 신학(Dead of God Theology)을 만들어내었고 블로흐는 "무신론자라야 참 기독교인이 될 수 있고, 기독교인만이 참 무신론자가 될 수 있다"는 역설적인 주장도 폈다.[21] 아이러니컬하게도 기독교 신학은 무신론과 사신론을 주장하는데, 체코의 네오맑스주의자 비트스라프 가르도스키(Vitezslav Gardosky)는 『신은 아직도 죽지 않았다』(God is not dead)라는 책을 썼다.[22]

---

[18] Rene Coste, *Marxist Analysis and Christian Faith* (New York: Orbis, 1985), 11.

[19] Konrad Farner, *Theologie des Kommunismus* (Frankfurt, 1969), 218.

[20] Jose Miranda, *Communism in the Bible* (New York: Orbis, 1982).

[21] Ernst Bloch, *Atheismus in Christentum* (Frankfurt, 1968).

[22] Vitezslav Gardosky, *Gott ist nicht ganz tot* (München, 1971).

오늘날 맑스주의와 기독교는 사회정의나 인간해방 등의 실천 과제를 놓고 대화와 협력을 유지하고 있을 뿐 아니라 신앙이나 신의 문제를 놓고서도 서로의 독단적 주장을 고집하지 않으며 대화를 모색하고 있다. 맑스주의자들과 대화를 해본 바르트나 몰트만, 골비처, 도로테아 쬘레(Dorothea Sölle) 등은 이구동성으로 맑스주의자와의 토론과 논쟁을 통해 기독교 신앙의 본질을 보다 더 깊이 있게 이해하게 되었다고 고백하고 있다. 서로의 비판과 대화를 통해 기독교와 맑스주의가 이제까지 배우고 얻는 것이 많았다는 것이 경험이요 사실이라면, 한반도에 있는 기독교인과 맑스주의자들도 대화와 교류를 통해 서로를 비판하고 반성해서 민족의 통일과 민주사회의 건설이라는 공동의 과제를 향해 협력하고 연대할 수 있는 길이 열리게 될 수 있다고 생각한다.

4장
기독교와 회교도의 갈등과 화해
― 인도네시아의 사례 연구

21세기는 문명 간의 충돌과 전쟁의 세기가 될 것이라는 예견과 진단이 냉전체제가 끝난 1990년대 초부터 있어 왔지만, 21세기의 문턱에 채 들어서기 전부터, 세계 각처에서 터져 나온 종교, 문화, 종족 간의 전쟁과 유혈폭동들은 평화의 새 시대를 희구해 온 세계시민들을 매우 실망케 했으며, 불안과 좌절감 속에 빠트리고 있다. 19세기가 민족 간의 전쟁, 20세기가 이데올로기의 전쟁 시대였다면, 21세기는 종교와 문명 간의 갈등과 전쟁의 시대가 될지 모른다는 역사가들의 경고가 사실로 드러나는 것 같아서이다. 발칸반도의 보스니아와 코소보 전쟁, 아프리카의 르완다와 수단, 중동의 아프가니스탄과 이라크, 팔레스타인, 아시아의 인도 카슈미르와 스리랑카, 인도네시아, 필리핀 등지에서 끊임없이 일어나는 테러와 폭동, 전쟁들은 모두 종교와 문화가 다른 종족들 간의 갈등과 대결에서 발생하고 있으며, 많은 경우에 종교 간의 대립이 갈등의 원인을 제공할 뿐만 아니라, 전쟁과 폭력을 정당화하고 조장하는 세력이 되고 있음을 볼 수 있다.

평화로운 세계를 만들어가려는 평화운동과 평화교육이 20세기에는 동서 대결과 이념의 갈등을 해소하는 것을 핵심 과제로 삼았다면, 21세기에 와서는 종교와 문화가 다른 국가와 인종·종족 간의 갈등을 해소하고, 종교 문화적 다양성과 다원적 구조 속에서 서로를 인정하며 함께 사는 세계를 만드는 것이 핵심 과제가 되는 것 같다. 특히 아시아·태평양 지역에서 '평화의 문화'를 창달하는 사명을 가지고 설립된 유네스코의 아시아태평양 국제이해교육원은 평화교육과 운동을 발전시키기 위해 아시아의 종교 문화적 갈등 지역을 조사 연구하는 프로젝트를 학술진흥재단의 지원을 받아 진행시켰다.

1. 인도네시아 종교 갈등 연구의 필요성

아시아의 다양한 인종과 문화, 종교와 전통의 나라들 가운데서도 인도네시아의 종교·문화적 갈등을 조사 연구하려는 데는 중요한 이유가 몇 가지 있다.

우선 인도네시아는 인구 2억 5,000만의 세계에서 네 번째로 큰 나라이며, 1만 7,000개의 섬으로 이루어진 가장 넓고 긴 바다를 가진 광역의 국가인데다 가장 다양한 종교 인구의 분포를 가진 나라이다. 인도네시아인들은 회교도이든가, 기독교 개신교 혹은 가톨릭교도든가, 힌두교 혹은 불교도이지 무종교인은 거의 찾아볼 수 없으리만큼 종교인들의 나라라고 할 수 있다.

거기다 인도네시아는 다종교 국가이면서도 어느 한 종교가 절대적으로 지배하는 종교국가가 아니라, 모슬렘이 다수이지만 5대 종교를 국가적으로 공인하면서 화합의 원칙(Pancha Sila) 아래에 공존케 하는 종교 다원화가 제도적으로 보장된 나라이다. 이미 역사적으로나 정치적으로 다양한 종교를 받아들일 수밖에 없었고, 인도네시아를 한 나라로 통합해 유지해 가자면 종교 다원성을 기본으로 전제하지 않으면 안 되는 사회에서, 종교 간의 갈등이나 대립은 국가나 민족 통합을 해치는 위험요소가 될 뿐 아니라, 심각해지면 나라의 해체와 분열에까지 이르게 된다.

또한 인도네시아는 지역에 따라 종교인구의 분포가 달라 회교도가 절대다수인 지역이 있는가 하면, 기독교의 개신교나 가톨릭이 절대다수인 지역들도 있어 종교문화의 구조와 습관이 매우 다양하다. 이런 나라에서 지역 간의 평화와 균형발전을 이룩하려면 종교 간의 화합과 협력이 필수적으로 요구되며, 종교의 차별은 곧 지역의 차별로 이어져 분리와 독립을 부추기게 된다. 이런 나라에서 종교와 정치의 혼합은 매우 위험하다. 어느 특정한 종교의 지배는 곧 다른 종교의 소외와 억압이 될 수 있기 때문에 정치는 종교에서 엄밀히 독립해야 하며 종교는 정치적 권력이나 영향력을 탐하지 말아야 한다. 그럼에도 인도네시아의 정치는 종교와 뗄 수 없는 밀접한 관계를 갖고 있다. 따라서 종교의 갈등은 곧 정치의 갈등과 대립을 불러 나라의 위기로 이어질 수밖에 없다.

인도네시아의 종교적 갈등의 해결과 화합은 인도네시아의 평화와 국가발전을 위해서 필수조건이 될 뿐 아니라, 아시아의 이웃나라와 세계 평화를 위해서도 매우 중요하다. 우리는 2001년 9.11테러 참사 사건이 갖는 세계사적 의미를 잘 알지만, 그 1년 뒤 인도네시아의 발리 섬에서 일어난 테러 참사 사건의 의미는 과소평가하기 쉽다. 우리는 세계에서 회교도 인구가 가장 많은 나라 그리고 이미 회교적 열광주의자들이 라스카르 지하드(Laskar Jihad)와 같은 유사 군대조직을 만들어, 무장투쟁과 폭동에 개입되고 있다는 사실에 주목할 필요가 있다. 필리핀의 민다나오섬의 무장 게릴라들도 인도네시아의 회교도 민병대(Militia)의 지원을 받는다는 소문이 여기저기에서 흘러나온다.

이런 점에서도 인도네시아의 수하르토 정권 몰락 이후 급격히 일어난 회교도와 기독교도들의 유혈폭동 사태는 한 나라와 지역의 안전과 평화를 위해서 뿐 아니라 세계의 평화와 발전에도 중대한 의미를 갖는 사건이었다고 할 수 있다. 이 점에서 인도네시아의 종교 문화적 갈등과 폭동 지역의 연구가 필요하며, 특히 아체(Ache)나 파푸아(Papua)와 달리, 술라웨시(Sulawesi)와 말루쿠(Maluku)는 종교적 갈등과 분쟁이 폭동과 시민전쟁의 뿌리가 되고 있다는 점에서 면밀하게 관찰하고 분석해 볼 필요가 있다.

2. 종교폭동과 살육의 현장과 원인

인도네시아의 서쪽 지역에 있는 군도인 술라웨시와 말루쿠에서는 1998년부터 3~4년간 회교도와 기독교도들 간에 살육과 방화, 파괴라는 유혈 폭동사태가 일어났으며, 한때는 시민전쟁을 방불케 하는 믿을 수 없는 사건들이 벌어졌다. 33년간의 독재권력을 유지해 오던 수하르토(Soeharto) 정권이 1997년 IMF 경제파탄과 함께 몰락의 길을 걷다가 권좌에서 물러난 1998년 5월 이후, 온갖 정치·종교·시민단체와 학생들이 요동을 치는 정치적 불안기에, 아체와 파푸아, 삼쁘리뜨(Samprit), 말루쿠, 뽀소(Poso) 등지에선 지역·종교·인종 갈등들이 노출되면서 유혈 폭동화하는 사태가 벌어진 것이다.

1998년 10월부터 2001년 9월까지 만 3년 동안 이들 폭동에 의해 죽은 사람은 1만 8,910명으로 집계되고 있다.[1] 그중에서도 종교적 집단 간의 갈등과 폭동으로 성격이 판명되는 말루쿠 군도에서만 9,753명이 죽은 것으로 나타나, 말루쿠섬은 회교도와 기독교도의 전쟁 지역으로 일약 세계적으로 유명하게 되었다.

인구 130만 정도밖에 안 되는 말루쿠섬에서 (그것도 인구 30만의 도시 암본에서 대부분의 희생자가 나왔는데) 1만여 명의 사람들이 살해되고, 수백 개의 교회와 회교사원(Mosque)을 불태워지고, 수천 호의 집들에 불을 지르고 파괴했으며, 폭력과 살해 방화가 무서워 집을 떠나 다른 지역으로 도망간 피난민이 30여만 명(말루쿠 인구의 약 4/1)이라면,[2] 이것은 단순한 폭동사태가 아니라 시민전쟁이라고 보아야 한다.

역시 종교집단 간의 갈등에 뿌리를 두고 있는 중부 술라웨시의 뽀소의 경우는 말루쿠보다는 피해인구 수가 적지만, 갈등의 성격과 강도의 면에서는 말루쿠 못지않은 심각한 종교 간의 전쟁처럼 보인다.

---

[1] Ichsan Malik, *Bakubae: the Community based movement for reconciliation process in Maluku* (June 2003, Jakarta), 6.

[2] Report on Maluku Conflict Reconciliation by Coornating Ministry for People's Welfare (Jakarta 2003).

뽀소는 여러 개의 마을과 동네로 이어지는 군과 같은 곳인데 인구는 23만여 명으로 이중 회교도가 56%, 개신교도가 42%, 가톨릭이 0.5%, 힌두교가 1.7%, 불교 0.07%로 되어 있다.[3] 그런데 1998년 12월부터 3년 동안의 폭동과 전쟁으로 300-800명이 죽었고, 수백 개의 교회와 회교당이 불탔으며, 수천 호의 가옥들이 불탔고, 집을 떠난 피난민(IDP, Internally Displaced Persons)이 8만여 명에 이르러 인구의 약 30%가 폭력과 살상이 두려워 다른 곳으로 이주했다. 아예 술라웨시 주를 떠나 자바(Java)나 수마트라(Sumatra)로 간 피난민도 있지만, 같은 주(Province)나 군(District) 안에 있는 다른 동네로 떠난 경우도 많다. 피난과 이주의 원칙은 기독교도는 기독교도들이 다수가 사는 지역, 즉 마나도(Manado)나 텐테나(Tentena) 쪽으로 가고, 회교도들은 회교도들이 절대다수가 사는 마카사르(Makassar)나 팔루(Palu)로 피난을 간다는 것이다. 같은 종교인들끼리라야 안전을 느끼기 때문이다.

필자가 2004년 4월 1-3일에 현지조사차 뽀소를 방문했을 때, 뽀소시 경찰서 정보과장인 루디(Rudy) 씨는 뽀소와 그 주변 마을까지 폭동이 일어난 지역의 주민들은 약 40만 명인데, 이중 7만 명이 집을 떠나 피난 갔다가 이제는 안정이 되어 거의 대부분 돌아왔다고 하며, 아예 재산을 처분하고 다른 도시나 지역으로 가버린 사람들은 3천여 명에 이른다고 했다. 뽀소 방문에 이어 필자는 말루쿠섬의 암본시를 방문했는데(4월 4-6일) 두 곳의 거리와 동네엔 아직도 시커멓게 불에 타고 파괴된 집들이 수백 채나 보이고, 판잣집으로 임시 숙소를 지어 사는 주민들이 곳곳에 보였다. 큰 성당과 모스크가 뼈

---

3) Report on Poso Conflict Reconciliation by Coordinating Ministry for People's Welfare (Jakarta 2003).

대만 덩그렇게 남아 불탄 재와 함께 을씨년스럽게 있었으며, 암본시의 유일한 대학인 빠띠무라(Pattimura) 대학의 건물들은 수십 채가 모두 타고 파괴되었으며, 몇 동만이 지금 한창 수리와 재건축 중에 있었다. 마치 6·25전쟁 후에 폐허가 된 도시를 보는 것 같았다.

도대체 종교갈등이 뭐길래 이처럼 처참한 파괴와 살상, 폐허를 인간의 도시에 남긴단 말인가? 수백 수천 년을 함께 살아온 같은 인도네시아인들이 어떻게 이렇게 잔인하게 서로를 죽이고 파괴할 수 있단 말인가? 말루쿠에는 비교적 사망자와 상해자의 정확한 통계가 나와 있지만, 뽀소에서는 경찰서에서도 시청에서도, 교회나 NGO 단체들에서도 정확한 사망자의 통계를 알 수 없었다. 사망자 300~800명도 어림잡아 하는 말이지 확실한 근거가 없다. 외지에서 온 불량배(Ninjas)와 회교민병대(Laskar Jihad)도 많이 죽었기 때문에 아무도 정확한 수를 파악할 수가 없었다고 한다. 집단으로 살해해서 땅에다 묻기도 하고, 시체를 조각내서 불태우기도 했으며, 심지어는 뽀소강가에 수백 구의 시체들을 잘라 던지는 바람에 희생자 수 파악은 영원히 불가능할 것이라고 한다. 한때 "뽀소강의 물고기들은 사람을 먹고 큰다"는 말이 떠돌았다고 한다.[4] 어떤 낚시꾼이 고기인 줄 알고 건졌더니 사람의 팔뚝이 걸려 올라왔는데 손가락에는 금반지를 낀 채였다고 한다.

필자는 파괴의 현장을 보고, 현지인들의 당시 이야기를 들으면서 21세기의 문명사회와 종교국가에서 일어난 이 처참한 종교전쟁의

---

[4] Sorraine B. Aragon, Commuanl Violence in Poso, Cenrtal Sulawesi: where people eat fish and fish eat people. Ithaca 2001: ISSN 00197289 (Cornell Southeast Asia Program).

원인을 밝혀, 함께 사는 세계를 만드는 평화교육의 자료를 만들어야 겠다는 결심을 더욱 굳게 해보았다. 우선 무엇보다 유혈폭동과 종교 전쟁의 경위와 현황을 파악하는 것이 중요할 것 같다.

1) 술라웨시 지역 종교갈등의 역사적 뿌리와 원인

뽀소는 중앙 술라웨시의 동쪽 해안에 있는 작은 무역항 도시이다. 동쪽 해안을 따라서는 교역이 발달하고 서쪽으로 40-50km 들어가면 고산지대가 시작되며 점점 높은 산맥을 만나게 된다. 전통적으로 고 산지대에 사는 사람들은 술라웨시 산에서 많이 나오는 향료(Clove) 와 코코아(Cocoa) 커피 등을 재배해서 사는 농민이나, 목재를 재배 하는 사람들이고, 해안가 저지대에 사는 사람들은 고기를 잡거나 고 산지대인(Highlander)들이 재배한 농산물들을 사다가 파는 상인들이 었다.

종교적 갈등의 역사적 뿌리는 수백 년 전 식민지 시대로 거슬러 올라간다. 인도네시아의 역사는 다른 많은 아시아 국가들과 마찬가 지로 식민지의 역사이다. 9세기 이전의 인도네시아의 많은 섬들은, 자연부락과 원시적인 공동체들이 산재해 있었으며 일부 힌두교나 불교가 전파되어 있는 정도였다. 9세기에서 12세기 사이에 회교 세 력이 들어와 종교와 문화를 확산시켰고, 네 개의 큰 회교 왕국(Sultan) 을 건설하였다. 서구인들의 항로 개척과 선교와 무역이 시작되는 16 세기까지는 모슬렘들이 지배하는 회교 국가들이 있을 뿐이었다.

인도네시아의 특수한 목재나 향료 등에 눈독을 들인 서구인들이 아시아 항로 개척 후 들어오기 시작하면서 기독교 선교가 시작되었다. 제일 먼저 들어와 식민지를 개척한 나라가 포르투갈이었으며 16세기경부터 200여 년간 가톨릭 국가를 세워 지배했다. 18세기에는 네덜란드 사람들(Dutch)이 와서 포르투갈인을 몰아내고 네덜란드(Netherlands)의 식민국가를 만들었으며, 네덜란드 개혁교회(Dutch Reformed Church)를 전파했다. 오늘날 인도네시아의 기독교가 대부분 네덜란드 개혁교회의 신도들이 차지하고 있는 것은 이러한 이유에서다. 물론 그 이후 선교를 시작한 독일의 루터교(Lutheran Church)나, 영국의 구세군(Salvation Army)도 있었지만 인도네시아의 식민지 근대화는 대체로 네덜란드의 기독교 문화의 영향 아래 이루어졌다고 볼 수 있다. 18세기부터 20세기 후반 인도네시아가 독립하기까지 3세기 동안을 정치, 경제, 교육, 문화 거의 모든 면에서 네덜란드가 지배했기 때문이다.

그러나 네덜란드인들은 모슬렘이나 포르투갈인과는 달리, 처음부터 절대적인 개신교국가를 만들려고 하지는 않았다. 작은 나라 네덜란드가 넓은 인도네시아의 수천 개 섬들을 다 지배할 수도 없었고, 이미 수백 년 동안 굳게 세워진 회교국가를 정치적으로는 식민지화했지만, 이들의 종교까지 모두 기독교로 개종시키는 것은 불가능했다. 그래서 회교와 공존하면서 한 공동체를 이루는 펠라 간동(Pela Gandong)[5] 정책을 썼으며, 단지 식민지 지배에 편리하게끔, 몇 개의 도시와 지역에다 집중적인 개신교 선교를 해서, 기독교 문명의 도시와 지역을 만들어 놓았다. 개신교 선교의 거점을 마련하기 위한

---

[5] Pela Gandong은 네덜란드 식민지 시대부터 종족과 종교가 다른 마을들을 묶어 연대케 하는 사회제도로서, 특히 회교도 지역(Negeri Salam)과 기독교도 지역(Negeri Sarani)이 조약을 맺어 서로 협력하고 싸우지 않겠다는 약속을 맺는 제도를 말한다.

몇 개의 전략 지역과 도시에는, 네덜란드인들이 집중적으로 기독교 교회와 학교 병원을 세우고 현대적 시설을 만들었으며, 여기에서 배출된 인재들을 고급 관리, 교사, 기업인으로 채용했기 때문에 이 전략 지역의 주민들은 거의 100% 기독교 신자가 되었다.

이러한 네덜란드 식민지의 전략 지역이 풍부한 목재와 향료 등 무역자원이 있는 술라웨시와 말루쿠에도 세워졌으며, 이 기독교적인 전략도시들은 회교문명이 그대로 있는 다른 지역이나 도시들과 긴장, 갈등관계에 놓이게 되었다. 이러한 지역에서 오래 살아본 땀린 (Tamrin Tomagola) 교수는 자기 동네에서 사람들 이름이 바뀐 것을 보면, 식민지 종주국이 바뀌는 역사와 같다고 말했다.[6] 즉, 13세기 이슬람교가 지배하는 시대의 아이들은 대부분 알파리지(Alfarigy)라는 페르시아의 이름과 성을 갖게 되고, 16세기 포르투갈의 가톨릭 지배 시대가 되면 대부분의 성이 뻬레즈(Perez)라는 가톨릭 이름으로 바뀌고, 18세기 네덜란드인의 지배 시대에는 뻬에르(Pieres)라는 개신교의 이름으로 바뀌었다고 한다. 이렇게 이름과 종교와 생활습관이 다른 사람들이 섞여 사는 인도네시아의 여러 도시 지역들은 이미 역사적으로 주민들 간에 갈등과 긴장이 생길 수밖에 없었다는 설명이었다.

술라웨시 주에 종교인구의 분포가 복잡하게 된 것은 바로 네덜란드 식민지 시대의 종교정책과 통치구조에서 온 것임을 통계를 보면 쉽게 알 수 있다. 18세기에 술라웨시섬으로 무역과 선교를 목표로 들어온 네덜란드인들은 우선 북쪽 끝의 항구도시 마나도를 전략지

---

[6] Prof. Dr. Tamrin, Faculty of Social Political Science, Department of Sociology, Jakarta University.

구로 택했으며, 여기에 집중적인 선교사업을 벌였다. 북부 지역에 거점을 마련한 네덜란드인들은 동해안의 중부 지역 항구도시인 뽀소를 전략지구로 선정해 집중적인 선교사업을 벌이게 되었다. 그러나 뽀소의 해안가에는 이미 이슬람교가 강하게 자리잡고 있었으며 저항도 심했다. 그리고 네덜란드인들이 노리는 것은 산악지대에서 나오는 향료와 코코아, 목재 등이었기 때문에 해안가보다는 고산지대의 농민들과 자연부락을 집중적으로 공략하기 시작했다. 마침 뽀소 호수가 있는 서쪽 고산지대인 텐테나에는 회교도를 믿지 않는 원시자연종교의 부락들이 있었고, 이들에게 기독교 선교를 집중적으로 실시하여 기독교 지역을 만드는 데 성공했다.

그래서 술라웨시의 종교지도를 살펴보면 북부 지방에는 마나도를 중심으로 기독교인들이 다수인 도시와 지방들이 회교도가 다수인 지방들과 혼재해 있고, 남쪽 지방에는 마카사르를 중심으로 회교도들이 절대다수 살고 있고, 중부 지방에는 뽀소처럼 기독교인 절반 회교도인 절반이 사는 도시와 동네들이 혼재해 있다. 원래 네덜란드 식민지 시대에는 기독교도들이 절대다수였고 지배층에 있었으나, 2차 대전 후 인도네시아가 독립하고 다수의 회교세력이 정치의 주도세력이 되자, 점차 회교도들이 기독교 도시로 이주해 오면서 인구분포가 절반씩 나뉘어지게 되었다고 한다. 뽀소의 종교 인구분포가 회교도 56%, 개신교 42%라는 것은 2001년의 통계며, 전에는 개신교도가 훨씬 더 많았다가 점차 줄어들어 이젠 소수가 되었다는 것이다.

2) 뽀소의 종교폭동(1998~2001) 네 단계

뽀소의 종교폭동과 시민전쟁은 매우 우연적인 사건에서 시발된 것처럼 보인다. 뽀소의 도심지엔 회교도와 기독교도들이 섞여 살며 모스크와 교회당들이 함께 서 있지만, 도심을 벗어나면 여러 마을로 나뉘어지는데, 여기엔 회교도가 다수인 마을과 기독교도가 다수인 마을로 구분이 된다. 문제의 발단은 기독교 동네인 롬보기아(Lom bogia)에 사는 청년 하나와 이웃한 회교도 동네인 까야마냐(Kayamanya)에 사는 청년 하나가 술에 취해 싸우다가, 기독교 청년이 회교 청년의 손을 칼로 찌르는 데서부터 시작된다. 이날은 바로 1998년 12월 24일 크리스마스 전날 밤이었다. 칼을 맞은 모슬렘 청년은 이웃 회교성당(Mosque)으로 뛰어 들어가 기독교인이 나를 죽이려 했다고 소리를 질렀고, 이에 흥분한 회교도 청년들이 다음날부터 거리로 나와 기독교인들의 상점과 기물들을 부수기 시작했다. 이를 방어하려는 기독교 청년들과 싸움이 붙으면서 집단 간의 투쟁으로 번지게 되었다. 양측은 서로 자기 측 청년들을 응원하고 술을 먹이고 숨겨주고 자극했다. 누군가가 뽀소의 교회당들이 불타고 있다는 소문을 퍼뜨렸다. 그것은 사실이 아니었는데, 이 소문을 듣고 흥분한 기독교 동네의 청년들이 12월 27일 일요일에는 칼을 들고 트럭을 탄 채 뽀소로 몰려왔다. 이들은 대부분 기독교 중심지역인 고산지대 텐테나와 근방에 사는 사람들(Pamona인)이었으며, 교회당을 지키겠다고 뽀소 시내의 기독교 동네로 몰려든 것이다. 그다음 날인 월요일 아침에 무장한 기독교도들과 회교도의 그룹이 시내 뽀소 경찰서 앞에서 일대 전투를 벌였다. 칼과 몽둥이와 집에서 만든 무기로 닥치는 대로 치고 부수고 불지르고 파괴했다. 양측은 서로 무장인력을 증원했으며, 결국 수천 명의 시민들이 폭도화해서 상점과 교회당과 회교당 주택들을 닥치는 대로 파괴하고 불질렀다. 전투와 파괴는 한 주간이나 계속되었고, 인근 지역까지 확대되어 200여 명의 부상자와 400여 채의 가옥과 건물이 파괴되었다. 주로 기독교 측이 많은 피해를 입었다. 시내 터미널 근처에 있는 중국계 개신교인과 가톨릭 신자들이 운영하는 상점과 식당, 호텔, 자동차들은 모두 깡그리 불에 탔다. 개신교 측 사람들은 이때 외부에서 온 무장폭도들이 파괴공작에 가담했다고 증언하고 있다.

제1단계

뽀소의 종교폭동(1998-2001)은 대체로 네 단계를 거쳐 진행되었다고 보인다. 1998년 크리스마스 이브에 시작된 폭력적 갈등이 12월 27일부터 30일까지 4일 동안 시민전쟁을 방불케 하는 수천 명의 집단 폭동과 방화 파괴로 이어지는 것이 1단계이다. 폭동이 멎게 되는 것도 정부나 경찰의 노력에 의해서가 아니라 갑자기 쏟아지는 비가 뽀소 시를 진흙 구렁텅이로 만들어버리면서, 기독교 신도들은 고산지대로 돌아가고 회교도들은 해변 동네로 후퇴하면서 전투가 멈추게 된 것뿐이었다. 중부 술라웨시 주지사인 팔류주(Paliudju)가 뽀소에 와서 종교와 정치지도자들과 협상을 벌였지만, 회교도들은 기독교도들이 먼저 폭력을 휘둘렀으니 기독교 지도자인 파리모(Parimo)와 빠띠로(Patiro)를 체포하라고 야단이고, 기독교도들은 뽀소시의 행정관(시장급)인 모슬렘측 아리프 파땅가(Arief Patanga)가 사주하고 방관했으니 그를 처벌하라고 소리질렀다.

뽀소의 종교집단 간 갈등의 뒷배경에는 정치적 싸움도 있었다. 특히 시장 선거에서 개신교 측은 빠띠로를 밀었고, 회교도들은 현 시장 파땅가를 지지했는데 삐라(전단)와 현수막, 대자보 등을 통해 정적을 비방하고 비난함으로써 감정적 대립이 격화되었다고 한다. 이런 벽보와 낙서를 통한 싸움은 크리스마스 폭동 이전에도 있었지만, 특히 폭동 이후에는 심하게 확대되었다. 개신교 지도자인 파리모와 빠띠로를 사형시키라는 선전 포스터가 까야마냐의 회교당(Mosque) 안에 한 달 이상 붙어 있었다고 한다. 이런 선전 캠페인이 개신교와 모슬렘 측 그룹들을 더욱 자극하고 흥분시켰다.

1998년 12월 30일에 술라웨시 주둔군 사령관인 회교도인 소장 마라사베시(Marasabessy)는 이번 폭동의 원인이 종교적인 것도 종족적(Ethnic)인 대립도 아니라, 단지 정체불명의 선동분자들(Provoca-teurs)의 잠입과 폭동으로 일어났는데, 이들을 체포했으므로 폭동은 진압되었다고 발표했다. 그러나 며칠 뒤인 1999년 1월 2일에 그는 TV에 다시 나와 발표하기를, 폭동에 책임이 있는 선동분자들은 8명의 개신교 측 사람들이므로 이들을 체포 구속했다고 했다. 회교도 측에서는 폭력과 방화범으로 아무도 체포된 사람이 없었다. 개신교 청년들의 지도자인 파리모는 폭동의 주범으로 체포되어 재판 없이 7개월이나 구금당했다. 1999년 7월에 감옥에서 4일간 항의 단식투쟁을 벌이자, 8월 30일에 팔루 법정으로 옮겨져 재판한 결과 14년 징역형을 받았다. 항소재판을 진행하던 중 64세인 파리모는 병이 들어 마카사르의 병원으로 옮겨 치료를 받았으나 2000년 4월에 사망했다.

분개한 기독교도들은 폭동의 책임이 회교도 시장인 아리프 파땅가에게 있다며 비난했고, 그의 동생 악파르 파땅가(Agfar Patanga)가 폭력을 선동하는 벽보와 전단의 배후인물로 드러났다고 고발했다. 결국 재판에 붙여져 악파르(Agfar)가 2년형을 선고받았지만, 감옥생활은 않고 계속 밖에서 활동했다고 한다. 아리프 파땅가 행정관은 이 사건의 연루책임으로 99년 6월에 해임되었지만, 회교도 지배세력들의 편파적인 처리에 대한 기독교인들의 불만과 분노는 더욱 높아만 갔다.

제2단계

제2단계 폭동은 바로 이 시점에서 일어났다. 2000년 4월 16일, 버스터미널 앞에서 또 술에 취한 기독교도와 회교도 청년이 칼부림을 했다. 칼에 찔린 회교도 청년이 회교 동네인 까야마냐로 가서, 외지에서 온, 아마도 마나도인 같은 개신교 청년이 나를 죽이려 했다고 흥분시켰다. 그다음 날 회교도들은 그 개신교 청년의 집으로 몰려가 칼질을 하고 집에 불을 질렀다. 겁이 난 기독교도들은 거의 도망치다시피 기독교 동네인 롬보기아나 텐테나로 달려갔다. 뽀소의 경찰과 팔루에서 급송된 폭력진압 특공대(Brimob)가 회교도들이 개신교도들의 집과 교회당을 불태우는 것을 제지했으나 통제 불능이었다. 어디선가 증파된 회교도들은 교회당뿐 아니라, 친 개신교 정당인 민주투쟁당(PDIP) 당 본부도 불태웠다. 기독교인들을 잡아내기 위해 신분증 조사도 했고 회교도들끼리는 머리에 하얀 띠를 해서 서로 보호하기도 했다. 마카사르에서 600명의 군대가 뽀소에 들어와 진압했지만, 성난 군중들의 폭동을 막기 힘들었다. 진압특공대가 실탄을 발사해 회교도 3명이 죽었지만 회교도들은 더 흥분해 날뛰었다.

2단계에서는 기독교도들의 피해가 막심했다. 개신교도 7명이 사망, 38명이 중상을 입었으며, 700여 채의 개신교 및 가톨릭교도의 집들이 불탔고, 네 개의 교회당과 3개의 기독교 계통의 학교, 경찰서, 기숙사 한 동이 불에 탔다. 주지사 팔류주는 개신교 피난민들에게 돈으로 보상해 주겠다고 하면서도 절대 보복하지 말라고 명했다. 그는 복수는 하나님만이 하신다며, 폭동자들을 잡아 처리할 생각을 하지 않았다. 증인들만 20명 불러다 조사를 하는 척하고, 몇 명만 구금하는 시늉을 하고는 폭동 2주 만인 5월 3일에 술라웨시 경찰은 2단계 폭동이 진압되었다고 발표해버렸다.[7]

제3단계

그러나 바로 3주 뒤인 5월 23일에 엄청난 제3차 단계의 폭동이 일어났다. 이번에는 기독교도들의 조직된 보복전투가 벌어진 것이다. 지난 1년 반 동안 회교도들에게 당했다고 생각한 기독교도들이 분개한 나머지, 테러와 폭력단을 조직해 회교마을로 쳐들어가 닥치는 대로 회교도들을 죽이고 불지른 것이다. 수십 명의 검은 복면을 한 폭력단이 회교촌인 까야마냐로 밤중에 쳐들어가 수백 명의 회교도들 목을 자르고 경찰관도 죽이는 등 치고 달아나는 수법으로 많은 사상자를 냈다.

이 폭력단이 뽀소인들인지 외지에서 들어왔는지는 분명치 않으

---

[7] Loraine Aragon의 조사보고서.

나, 기독교도 측의 티보(Tibo)에 의해 지휘된 것은 사실이었으며[8], 개신교 측 정치지도자였던 라테카(Lateka)의 지원도 받은 것으로 드러났다. 이 조직된 전투에서 많은 사람들의 목과 팔이 잘려 뽀소 강물에 내던져지고 집단으로 구덩이에 파묻어 필자가 방문했던 2004년 4월까지 정확한 사망자 통계조차 내지 못하고 있었다. 대략 300명에서 800명 사이의 사람들이 죽었다고 보고 있으며, 대부분의 희생자들이 회교도들이었다고 판명되었다.

가장 치열했던 전투와 살상이 5월 28일에 있었는데, 티보와 가톨릭 신자 다 실바 소아레스(Dominggus da Silva Soares)가 지휘하는 폭력단이 뽀소 시의 남쪽, 회교도들의 촌인 신뚜와 롬바(Sintuwa Lomba) 마을을 습격하여 잔인하게 주민들과 부녀자들을 학살했다. 이 마을은 특히 자바에서 이민 온 회교도들이 카카오 재배에서 번 돈으로 기독교 원주민들의 땅을 자꾸만 사서 회교촌을 만든 곳이었다. 이웃한 파노마(Pamona)족의 기독교도들과는 경제적으로 경쟁과 질투의 관계에 있었다. 티보의 폭력배들이 마을로 쳐들어가자, 어른·아이·부녀자들이 숲속으로 도망치고 회교 계통의 학교 기숙사로 피신했는데, 이들을 추격해서 수십 명씩 잡아다가 인질을 삼으면서 고문하고 죽이고 시체들을 잘라 뽀소강으로 던져 버렸다. 부녀자와 아이들은 죽이지 않았으나 오래 동안 감금했고 부적을 조사한다며 여성의 성기 속(Vaginas)까지 검사했다고 한다.

이번 개신교 측의 공격은 우발적이 아니었으며 오랫동안 준비되

---

[8] Fabianus Tibo 는 1945년생으로 청년시절 뽀소로 와서 고무나무 등 삼림재배를 하다가 사람을 죽여 5년간(90-95년) 감옥살이를 했다. 가톨릭 신자였으며, 교회당이 불타는 데 분개해 검은 복면을 쓴 폭력단을 조직했다고 한다.

고 조직되었던 것으로 드러났다. 주지사 팔류주는 기독교 정치인 라테카가 주모자였다고 발표했고, 신문들은 그가 반회교도 전투에 3천만 루피아를 지원했다고 썼다. 나중에 밝혀진 것이지만 티보는 텐테나 가까이에 있는 카일리(Kelei) 마을에서 700명의 민병대(Militia)를 한 달 이상 훈련시켰다고 한다. 퇴역군인 장교들과 외부인들이 와서 군사훈련을 시켰다는 것이다. 무기로는 집에서 만든 칼과 화염병·폭탄 등이었고, 군대가 사용하던 총탄을 사용했다는 소문은 있었으나 명확한 증거는 없다고 한다. 기독교도들의 공격전투는 여러 마을로 번져 갔으며, 6월 2일에는 회교도들과 까야마냐 근처에서 심한 전투가 있었는데, 이때 기독교 지도자인 라테카가 총에 맞아 죽었다. 회교도들은 그의 시체를 회교 지도자의 집에다 옮겨놓고 조각조각 잘라냈다고 한다. 흥분한 양측은 서로 무차별 살상에 들어가 잔혹한 학살이 이루어졌으며, 수천 호의 가옥과 상점들이 불에 타버렸다.

많은 회교도들이 살상되었다는 소문은 술라웨시주 전체의 회교도들을 격분시켰으며, 회교청년단, 학생군(Student Mililtia)이 자원해서 뽀소로 들어왔고, 주정부는 경찰만으로 치안 유지가 안 되자 마카사르(Makassar)에 주둔한 군인 1,500명과 탱크 10대의 전투병 대대를 뽀소로 보냈다. 결국은 기독교 민병대와 회교 정부군의 전투양상이 벌어졌다. 6월 6일 붉은 띠를 두른 기독교 부대(Red Group)가 경찰군과 전투하면서 60여 명의 사망자를 냈고, 7월까지 산발적인 전투를 벌이다가 7월 중순경에는 120여 명의 기독교군 지도자가 모두 잡히고, 드디어 7월 25일에 티보마저 뽀소의 동남쪽 꼬롱딸로 지역에서 체포되어, 팔루의 감옥으로 이첩되었다. 이렇게 3단계 전투와 폭동은 가장 치열하고 잔인하게 진행되었다.

제4단계

2000년 8월에는 중부, 북부, 남부 술라웨시 주의 지사들이 텐테나에 모여 "평화협정에 서명하고, 피난민들을 원 거주지에 안전하게 복귀시키는 조치와 재정지원 등을 발표하면서 본격적인 사태 수습에 나섰다. 8월 22일엔 와히드(Wahid) 대통령 자신이 뽀소에 와서 회교와 기독교 지도자들을 만나고 전통적인 민족 화해 축제인 신투부마로소(Sintuwu Maroso)에 참여한다.[9] 그러나 기독교도와 회교도들의 분노와 반발은 쉽게 가라앉지 않았다. 티보의 재판이 열리는 동안 회교도들은 기독교 폭력단 주모자들의 사형선고를 요구하며 집단 시위를 벌였고, 기독교 측에서는 "회교도 폭력배도 함께 처벌해야 공정한 재판이 된다"고 요구했다. 집이 불탄 수천·수만 명의 피난민과 이주민들의 불만도 거셌다. 식량, 물의 지원이 떨어지면 소요가 일어났다. 공설운동장과 공원에 판잣집을 급히 지어 피난민 숙소를 마련했지만, 다 털리고 나온 혹은 가족을 잃은 이들의 생활은 처참했다.

티보와 그의 공범 다 실바 소아레스와 돈마리누스 리부(Don Marinus Riwu)의 재판은 2000년 12월에서 2001년 4월까지 진행되었고, 사형이냐 아니냐를 놓고 공방전을 벌였다. 결국 사형이 선고되었지만 이를 둘러싼 소요와 폭동 반발은 계속되어, 종교 건물과 주택이 불타

---

[9] 이 축제는 싸우던 양측이 함께 물소(Buffalo) 한 마리를 잡아 머리를 잘라 땅에다 묻고 화해를 하는 전통의례이다. Sintuwu Maroso 는 "단결하면 강해진다"는 뜻이다.

는 일들이 산발적으로 벌어졌다. 회교도와 기독교도 주민 간의 갈등은 치유되기는커녕 점점 더 불신과 불만, 불안으로 가득 찼다. 피난민들 보호와 복구사업의 우선순위에서마저 차별과 편파성이 드러나면서 또한 고산지대 기독교도와 저지대 회교도들 간의 경제적 교역이 끊어지면서, 두 집단은 서로 게토화(Ghettoization)하는 현상도 보였다. 2001년 1월경에 이르러서는 뽀소 군내의 여러 지역에서 산발적인 폭동과 소요 방화가 일어나면서 사태가 더욱 심각해질 것 같은 징조마저 보였다. 2000년 8월부터 2001년 7월경까지 간헐적인 폭동과 소요가 지속되는 뽀소의 종교 간 갈등과 분쟁을 네 번째 단계로 규정한다. 이 기간에 회교 측에서는 회교의 진리 수호를 위해 목숨을 바치자고 결의한 종교 전위대인 라스카르 지하드가 조직되어 파견되는 등, 사태는 더 험악한 시민전쟁으로 발전할 것 같은 분위기였다. 그러나 정부의 개입과 말리노(Malino) 협정, 민간 측의 화해와 대화운동 등에 의해 사태는 더 악화하지 않고 진정 국면으로 접어들게 되었다.

3) 말루쿠섬 종교갈등의 역사적 뿌리와 원인

뽀소의 폭동과 거의 같은 시기에 일어난 말루쿠섬의 종교 폭동사태는 뽀소와 아주 비슷한 형태와 과정을 띠고 있으나, 사태의 규모와 영향 면에서 훨씬 더 중대한 내용과 성격을 갖고 있다. 우선 희생자 수에서도 열 배가 넘는 1만여 명의 사망자와 40만여 명의 피난자와 이주자가 생겨난 큰 사건일 뿐 아니라, 인도네시아 중앙 정부와의 관련에서도 군대와 경찰이 개입하는 등 정치적 연관성이 두드러지게 드러나는 종교 간 폭동과 시민전쟁 이었다고 할 수 있다. 뽀소의 경우엔 라스카르 지하드의 파병이나 군부의 개입이 마지막 단계에서 좀 드러났지만, 외부의 선동분자들이 있었다 해도 주로 뽀소 주민들 간의 갈등과 폭력이 핵심이었다.

그러나 말루쿠섬의 경우에는 시작은 종교적 그룹이 다른 종족(Ethnic) 간 갈등의 폭발로 일어났지만, 결국엔 중앙정치의 세력 간 투쟁과 대립이 영향을 미쳐, 내전 사태로까지 확대된다. 더구나 노골적으로 나라의 군부(TNI)와 경찰(Polri)이 개입하고 민병대원(Militia)들에게 무기와 탄약을 공급한 흔적이 있어, 정치적 갈등이 종교적 갈등과 분쟁을 이용하고 부채질한 모습을 감출 길이 없다.

다른 한 가지 중요한 차이는 뽀소의 경우, 산맥을 넘어 교통이 불편한 벽지에 있어서 폭동사태가 뽀소 바깥에는 잘 알려지지 못했다. 필자가 방문했을 때도 뽀소는 비행기 여행이 불가능했고 중부 술라웨시의 수도인 팔루에 비행기로 가서 자동차를 세내어 타고 산맥을 넘어 5시간 반을 가서야 도달할 수 있었다. 거리로는 230km 정도밖에 안 되지만 높은 산맥이 가로 놓여 있고 도로가 잘 닦여 있지 않아 산중의 원시 부락촌들을 찾아가는 느낌이었다. 더구나 뽀소에는 지방 신문도 라디오도 없고 기자도 주재해 있지 않아, 사건의 보도가 제대로 이루어지지 못했다. 팔루의 기자들이 현장에 가보지 않고 피난민들의 소문만 듣고 기사를 쓰는 경우가 많았다고 한다.

여기에 비해 말루쿠섬은 130만 명의 주민들이 주로 도시에 밀집해 사는 작은 섬인데다, 수도 암본에는 인구의 4/1에 해당하는 30만여 명이 밀집해 살고 있고, 암본은 자카르타와 비행기 직항로가 있을 뿐 아니라, 온갖 통신 언론 매체가 있어 폭동의 내용이 소상하게 전파를 타고 전국으로, 세계로 퍼져 나갔다. 뽀소는 당시에 잘 알려지지 않았으나, 말루쿠는 종교 폭동사태로 주목을 받았고, 그것은 인도네시아의 정치정세를 판가름할 수 있는 사태였다. 공식 통계로는 사망자가 9,753명으로 되어 있으나 현지에서는 1만 5,000명 이상으로 추산하고 있다.[10]

그러면 말루쿠섬의 암본시에서의 종교폭동은 왜 그렇게 많은 인명의 피해를 보았으며 심각한 사태에 이르게 되었는가? 과연 종교적 갈등이 이토록 심하게 시민전쟁 상태까지 발전될 수 있는 것인가? 어떤 요인들이 복합적으로 작용해서 종교적 갈등이 전쟁상태로까지 가게 되는지를 보여주기 때문에, 말루쿠 사태는 여러 가지 문제와 교훈을 던져주는 사건이라 하겠다.

종교폭동이 일어나게 된 갈등의 뿌리는 뽀소의 경우처럼 역사적인 변천과 이에 따른 정치적 및 사회경제적 조건의 변화에 있다고 볼 수 있을 것 같다. 인도네시아의 많은 섬나라들과 마찬가지로 18세기에 네덜란드의 식민지가 되기까지는 대부분 여러 종족(Ethnic)들이 모여 사는 작은 왕국 내지는 원시 촌락 사회였다. 암본 시는 예로부터 여러 종족들이 다양하게 모여 살았는데 중심을 이룬 종족은 루마타우(Rumahtau) 씨족으로, 이들이 우꾸-우꾸(Uku-Uku) 족으로, 헤나-헤나(Hena-Hena) 족으로, 울리-울리(Uli-Uli) 족으로 계승해나갔으며, 네덜란드의 식민지배가 시작되었을 때는 소아-소아(Soa-Soa) 왕과 그 씨족들이 주로 득세하는 형국을 이루었다고 한다.[11]

---

10) 현지에서 평화운동을 하는 Bakubae(Bridge for Peace) 단체 간부 Titrian Perdamaian 씨의 증언.

11) Lambang Trijono, "Religious Communal Conflict and Multi-Track Resolution:

이전에 포르투갈의 가톨릭이 영향을 준 씨족(Clan)과 마을이 있고, 대부분 회교도가 중심인 씨족과 마을이 있었는데, 네덜란드가 지배세력으로 들어오면서 개신교가 중심문화를 이루는 씨족사회와 부락들이 생겨나게 된다. 네덜란드인들은 자연히 이들에게 더 많은 교육과 혜택을 주게 되고 이들 가운데 인재를 뽑아 행정관료나 학교 교사, 군대 장교로 삼게 되고, 이들이 주로 사는 마을과 도시에는 기독교 문화가 번창하게 된다. 반대로 회교도들이 개종을 않고 중심세력을 이루는 씨족사회(Clan)나, 부족사회(Tribes), 마을(Villiages)이나 지역에서는 네덜란드인과 식민지 정책에 대한 저항과 반발이 일어나곤 했다. 자연히 기독교 마을(Negeri Sarani)과 회교 마을(Negeri Salam) 사이엔 긴장과 갈등이 생겨나기 마련이었다. 기독교 마을 사람들은 네덜란드인들의 신뢰를 얻어 좋은 자리들을 차지하고 있었으나, 회교 마을에 사는 회교도들은 네덜란드인들에게 '믿음이 없는 사람들'(Infidel Kafir)로 여겨졌으며, 공직에 쉽게 나아가 수가 없었기 때문에, 주로 농사를 짓거나 장사를 하며 생활했다. 직장과 일터에선 이런 문제 때문에 종종 종교 간, 종족 간 갈등이 일어나곤 했다.

그런데 상황은 1950년대에 와서 네덜란드의 식민지가 끝나고 인도네시아로 독립하게 되면서 급변하게 된다. 이번엔 회교도들이 오히려 기를 펴고 살게 되고 기독교도들이 식민지 종주국에 대한 아부세력으로 찍히면서 수세에 몰리게 된다. 여기서 말루쿠섬 같은 데서는 인도네시아에 병합하지 말고 기독교 국가로 분리 독립하자는 운동마저 일어나게 된다. 그래서 1950년대 말루쿠섬에는 네덜란드에

Lesson from Ambon, Indonesia," a paper presented at Center for Security and Peace Studies, Gadjah Mada University (2004).

연결된 독립공화국(RMS, Republik Maluku Selatan = South Maluku Re-
public, 남부말루쿠공화국)을 만들자는 파와, 독립된 인도네시아에 가담
해야 한다는 파로 나뉘어 심각한 싸움이 벌어지기도 했다.

1950년대의 말루쿠는 분리주의 운동으로 인해 거의 혁명과 내전
사태로까지 갔지만, 인도네시아가 독립을 이룬 다음에는 분리주의
운동은 표면에서 사라지고 조용하게 되었다. 특히 1970년대 초에 수
하르토 정부가 새로운 질서(New Order Regime)의 체제를 강하게 수
립하자 잠재적 갈등마저 밑으로 잠복해 버린다.[12] 30여 년간 표출된
적이 없던 분리 독립주의와 통합주의의 갈등이 수하르토 정권이 무
너지는 시점에서 다시 불이 붙게 된 것이다.

말루쿠섬의 종교폭동의 뿌리는 이러한 역사적 변천과 정치적 상
황에서 찾을 수 있으나, 더 직접적인 동기는 사회경제적 요인에 있
다고 보여진다. 우선 수하르토 정부의 통치 기간(1965-98)에 새로운
질서의 체제수립이라는 정책 아래 인구이동과 이주가 대규모로 일
어났다. 특히 네덜란드 식민지 치하에서 기독교도들이 득세했던 암
본 시에는 많은 회교도들이 유입되어 인구 분포에 상당한 변화를 일
으켰다. 외부에서 새로 들어온 이주민들은 주로 부뜬(Buton)과 부기
스(Bugis), 마카사르 지방에서 왔기 때문에 이들을 흔히 BBM이라고
부른다. 인구조사에 의하면, 말루쿠섬 밖에서 출생한 암본 시의 인
구가 1971년도에는 전체 인구의 5.2%였는데 1995년에는 14.1%로 늘
어났다고 한다. 이것은 곧 종교인구 분포의 변화를 의미해서, 1971
년에 회교 인구 49.9%는 1985년에 와서 54.8%로 증가하며, 기독교 인

---

12) 위의 논문, 12쪽.

구 46.8%는 같은 기간에 44.1%로 감소한다. 물론 암본 시의 외곽지대까지 포함하는 이 통계는 암본 시내 중심지의 인구분포와는 차이가 있다. 땀린 또마골라(Tamrin tomagola) 교수에 의하면 암본 시내 중심지의 기독교 인구는 식민지 시대에는 60% 이상의 압도적 다수였다가, 최근에는 49% 이하(회교도 51%)로 밀렸다고 하며, 말루쿠섬의 다른 지역과 달리 암본 시는 양측이 수적으로나 세력 면에서 팽팽하게 맞서 있는 데 문제가 있다고 했다.[13]

이러한 인구이동과 분포의 변화는 자연히 사회경제적 구조와 지배관계에 변화를 가져왔다. 식민지 시대에 기독교도들이 차지하던 공무원이나 무역업 등은 회교도들이 점점 차지하게 되었고, 암본 토박이들이 점점 밀려나는 형세가 되었다. 정치적 관료나 행정업무에 종사하는 인구도 회교도들이 점차 많아지게 되어, 1999년에는 하위직 공무원에 회교도들이 74%, 중위직에는 69%, 상위직에는 53%나 차지하는 결과를 나타냈다. 이것은 자연히 암본 시의 종족과 종교 그룹 간에 높은 경쟁과 긴장관계를 만들어 놓게 되었다.

그럼에도 불구하고 회교 세력 중심의 신질서 체제가 강한 통제력을 행사했을 때는, 불만이나 갈등이 잠재되어 있을 뿐 터져나오지는 않았다. 90년대 후반에 와서 정치, 경제적 상황이 흔들리고, 지배세력이 붕괴하는 틈이 생기자 갈등이 폭력화하게 된 것으로 보여진다.

1997년의 아시아 외환위기는 인도네시아의 경제를 치명적으로 강타했으며, IMF에 의한 구조조정과 환율, 이자의 급등은 많은 폐업과

---

13) Tamrin 교수에 의하면, 북쪽 말루쿠에는 회교도 87%, 기독교 13%의 분포, 중부 말루쿠에는 회교도 65%, 비회교도 35%이고, 과거 포르투갈 식민지였던 남동쪽 말루쿠에는 아직까지 80%가 가톨릭 신도라고 한다.

실업자를 양산했다. 암본의 경제는 중앙정부의 개발원조 프로젝트의 영향을 크게 받는데,[14] 외환위기로 타격을 입게 되자 더욱 청년 실업자가 늘고, 거리의 노숙자와 불량배들이 헤집고 다니는, 위험한 사회분위기가 생기게 되었다. 더구나 1998년에 수하르토 대통령과 군부세력들이 쫓겨나면서 권력다툼이 벌어지고 정치권이 흔들리자, 질서를 잡을 만한 행정력이 유지되지 못했다. 더욱이 회교 세력과 기독교 세력이 팽팽히 맞서 있는 암본에서는 지방정부나 중앙정부도 제대로 통제력을 발휘하지 못했으며, 신뢰를 받지도 못했다.

살기가 어려워지면 경쟁관계, 갈등관계에 있는 상대방을 더욱 경계하고, 곡해하며 적대시하게 된다. 폭동이 일어나기 얼마 전부터 나쁜 소문들이 비 온 뒤의 독버섯처럼 번져 나갔다고 한다. 기독교 주민들 사이에선, 회교도 BBM족들이 기독교 원주민들의 토지를 전부 사들여 생업을 빼앗으려 한다느니, 이미 모두 빼앗겼다느니, BBM들 때문에 못살겠다는 등 소문이 퍼졌다. 회교도 주민들 사이에선 기독교 세력들이 RMS(남말루쿠공화국)를 건설하려는 분리주의자들과 손을 잡고 말루쿠의 이슬람화를 막고 다시 기독교화하려고 한다는 소문들이 돌아다녔다고 한다.

필자가 암본의 회교수호를 위한 군대인 라스카르 지하드의 최고지도자며, 이슬람 대학의 총장인 무함마드 아타미미(Muhamad Atamimi) 씨를 면담했을 때, 그는 종교갈등과 폭동의 원인이 기독교도들이 말루쿠 분리주의 운동에 가담했기 때문이라고 했다. 폭동사태가 가장 격렬했던 2000년에 동부 자바에서 8,000명의 회교 군대, 라스카르 지

---

[14] 1990년대는 암본 경제 총수익 중 19.4%가 중앙정부의 지원에서 왔다고 한다.

하드를 조직하고 훈련시킨 우마르 야파르 탈립(Umar Jafar Thalib)와 함께 회교 측 무장폭동의 배후인물이기도 한 아타미미는 "신체적으로도 장님인 와히드 대통령이 사태를 제대로 보지 못했기 때문에 종교폭동이 격화되었고, 회교군대를 조직할 수밖에 없었다"고 필자에게 와히드 대통령에 대한 불만을 털어놓았다.

그러나 수하르토 독재정권이 몰락한 뒤 민주적 절차에 의해 선출된 대통령이며 민주화운동의 지도자였던 와히드에게 무슨 책임이 있었을까? 종교폭동이 일어났던 시기는 1998년 5월 수하르토의 하야 직후, 학생들과 시민들이 민주화 개혁을 요구하는 시위와 소요가 계속되고, 정부와 집권당은 힘을 잃고 갈피를 못 잡고 있는 상황이었으며, 군대와 경찰은 군사독재 시절의 세력과 영향력을 만회하려고 눈치를 보며 안간힘을 쓰는, 정치적 혼란기와 행정의 공백기였다. 수하르토에게 충성했고 온갖 특권을 누렸던 군부(TNI)와 집권당 골까르(Golkar)는 민주세력의 집권을 두려워하며 와히드 대통령마저 무력화시키려고 했다. 이들은 총선을 앞두고 혼란과 폭동소요가 증대하면 안정을 희구하는 국민이 불안해서 과거의 집권세력에 향수를 갖게 되어 쉽게 재집권하거나, 권력행사를 할 수 있으리라 계산했던 것 같다. 이러한 정치적 야욕과 음모가 말루쿠의 종교폭동에 기름을 부어, 시민전쟁 상태로까지 확대시켰다고 보여진다.[15]

정부의 조사보고서는 전혀 이런 언급을 하지 않지만, 대부분 이러한 짐작을 하고 있음이 여러 인터뷰를 통해 드러났다.

말루쿠의 종교폭동과 시민전쟁이 전개된 과정을 자세히 살펴보

---

15) Ichsan Malik, *Bakubae: The community based movement for Reconciliation process in Maluku* (Jakarta: TIFA, 2003), 6.

면 이러한 점이 더욱 분명해진다.

4) 암본 종교폭동(1999-2002)의 네 단계

암본의 폭동사태를 설명하는 데 중요한 논쟁거리의 하나는 이 종교 간, 종족 간 집단폭력이 어떻게 시작되었느냐의 문제다. 1만여 명의 인명을 죽이고 수천 호의 건물을 태운 말루쿠의 종교폭동은 우습게도 1999년 1월 19일 오후 3시에 기독교 청년 하나와 회교도 청년 하나가 싸움을 벌인 데서 시작되었다. 이것은 뽀소의 경우와도 비슷하지만, 양측이 주장하는 이야기는 서로 다르다. 그리고 아직까지도 모두가 수긍하는 정설은 없다.

기독교도 측이 주장하는 설은 제이콥 라우어리(Jacob Lauhery)라는 기독교 측 소형버스(Minibus) 운전사인 청년에게(Yopi라는 별명을 가지고 있음) 회교 측 부기스(Bugis) 족의 청년 두 명이 돈을 내놓으라는 협박을 하자 거절하다가 싸움이 벌어졌고, 이 싸움이 바뚜메라(Batumera)의 회교 청년들과 마르디카(Mardika)의 기독교 청년들의 패싸움으로 번지면서 집단 간의 폭동으로 번졌다는 것이다. 반대로 회교도 측의 설명은 바뚜메라의 한 회교 청년이 요피(Yopi)가 운전하는 소형 합승버스의 조수로 일했는데, 운전사와 요금을 나누자고 요구했더니 요피가 거절해서 싸움이 났으며, 양측 청년들의 패싸움으로 번졌다는 것이다.[16]

그러나 필자가 암본의 기독교 측 위기관리센터(Crisis Center) 소장

---

16) Lambang Trijono, 위의 논문, 4.

인 제키 마누뿌띠(Jackey Manuputty) 목사로부터 들은 증언은 또 좀 달랐다. 기독교 측 택시 운전사인 35세 가량의 청년에게 술에 취한 회교 청년이 나타나 돈을 강요하니까 거절하다 못해, "더 이상 괴롭히면 칼을 가져다 찌르겠다"고 협박했더니 회교 청년은 자기 동네로 가서 기독교 청년이 나를 죽이겠다고 하니 도와달라고 소리를 질렀고, 수백 명의 동네 청년들이 몰려와 집단 폭력이 시작되었다는 것이다. 기독교 청년은 택시 안에서 나오지도 않았다는 것이다. 그 후 문제를 일으킨 회교도 청년은 술라웨시 남쪽으로 도망가서 있다가, 경찰에 붙잡혀 6개월의 징역에 처해졌다는 것이다.

1999년 1월 19일은 이둘 피뜨리(Idul Fitri)라는 회교의 최대의 명절로 라마단이 끝나고 새롭게 시작하는 축제일이었다. 뽀소의 폭동이 크리스마스 이브에 시작되고 암본의 폭동이 이둘 피뜨리 축제일에 일어났다는 것이 우연이 아닌 것 같다. 이날은 종교인들이 집단의식을 갖고 감정적 대응을 하기가 쉬운 날이다. 말루쿠섬에서 종교적 싸움과 폭력이 터진 것은 이날이 처음은 아니었다. 이미 한 달 전인 1998년 12월 12일에 말루쿠 남동쪽 와일레떼(Wailete) 마을의 회교도들과 하띠브 베사르(Hative Besar) 마을의 기독교도들이 싸움을 하다가 한 군인(TNI)의 개입으로 8명이 죽고 불을 지른 사건이 일어났었다. 그러나 싸움이 더 확대되지는 않았다. 1월 19일의 사소한 청년들의 싸움이 폭동과 전쟁으로 불길이 붙은 것은 우발적이라 보기엔 석연치 않은 점이 있다.

그 이튿날인 1월 20일 아침 8시에 마카사르에 주둔하고 있던 코담 위라부아나(Kodam Wirabuana) 군대 2개 대대가 암본에 급파되어 집단폭동을 저지시키려 했지만, 실제로는 방관만 했으며, 살인과 폭동은 더 불길처럼 번져 나갔다. 싸움은 주로 기독교 토착민들과 회교도 이주민(Immigrants from BBM) 간에 일어났으며, 이들이 많이 거주하는 부락과 부락 간의 전투로 번졌다.

공격을 받은 BBM 이주민들 가운데는 짐을 싸들고 원고향으로 돌아가는 회교도들도 많았다. 암본에서 터진 폭동은 말루쿠섬 안의 다른 마을로도 쉽게 번져 갔다. 종족 간의 분쟁과 폭력은 쉽게 종교간의 폭동으로 번졌으며, 이는 특히 종교적 상징물인 회교당(Mosque)과 교회당들이 불탐으로써, 더욱 심각한 종교 간 싸움으로 부각되었다.

제1차 폭동은 1999년 1월에서 4월 초까지 계속되다가 5월의 총선거가 있으면서 잠잠해졌다. 암본에서는 과거 기독교 정당인들이 이끄는 PDIP가 압승을 거두었고, 회교도 정당들은 열세로 밀려났다. 선거 국면에서 두어 달간 휴전 상태에 들어갔던 폭동은 7월에 가서 제2차 폭동으로 무섭게 재연되었다. 암본 시내 중심가에는 회교도 마을과 기독교도 마을이 경계를 이루고 있는데, 이 경계선 양측의 상점이나 시장, 식당 등 건물들은 거의 모두 불타고 파괴되었다. 사람들은 이를 암본의 '가자지구'(Gaza strip)라고 불렀다. 폭동은 암본 시 외곽으로 무섭게 번져 나갔다. 처음엔 남쪽으로 번지더니, 1999년 10월경부터는 북 말루쿠로 번져 떼르나떼(Ternate), 띠도르(Tidore), 할마헤라(Halmahera)에서 많은 피해를 내게 되었다.

1999년 12월 말까지 지속된 2차 폭동은 종교 간 갈등의 성격이 짙은 폭동으로, 거의 맹목적으로 말루쿠 전지역으로 확산된다. 1차 폭동 때에는 집에서 가지고 나온 칼과 창, 도끼 등의 무기로 싸웠지만, 이번에는 총기가 사용되었다. 탄약과 무기는 군부(TNI)와 경찰(Polri)이 공급했다고 한다. 와히드와 메가와띠(Megawati)의 민주화

연합세력이 승리한 선거 후 정치적 상황은 더욱 복잡하게 되어, 군부와 경찰도 서로 파벌 간 분열이 생겼다. 암본에 파견된 군부와 경찰도 분열되어, 회교 측 장교와 병사들은 회교 마을에 집결하고, 기독교 측 장교와 병사들은 기독교 마을에 주둔해서 음성적으로 폭동을 지원하는 웃지 못 할 상황이 벌어지게 된다. 말루쿠섬에 24개 대대의 군대가 있었고, 암본에만 17개 대대가 주둔했지만, 주민 간 살상과 방화 폭동은 오히려 더 확대될 뿐이었다. 1999년 12월 26일 크리스마스가 오면서 암본의 2차 폭동은 절정에 이르렀다. 종교 간 폭동이 일어난 지 1주년이 되는 크리스마스와 회교 명절이 다가오면서 상대방이 보복 공격해 올 것이라는 경계심에서 선제공격들이 과감하게 추진되었기 때문이었다. 12월 26일에 암본의 '가자지구'로 불리는 중심가에 있는 안누르(An-Nur) 회교당과 실로(Silo) 교회당이 불에 타면서 종교 간 대립과 폭동이 극에 달했다.

1999년 말까지 암본과 주변 마을에서 희생된 사망자는 1,500명으로 추산되었고, 10만 명 이상이 집을 떠나 타지역으로 이주했다. 회교도인 BBM들은 마카사르나 자바 등 회교 지역으로, 기독교도들은 술라웨시 북쪽 마나도 등 기독교 지역으로 피난을 떠난 것이다.

제3차 폭동기로 지칭되는 2000년도에 들어와서는 말루쿠섬에서 가장 잔인하고 비참한 살육전이 벌어지게 되며, 피비린내 나는 전투가 곳곳에 확대된다. 그리고 이제는 회교도와 기독교도 주민들 간의 전투라기보다는, 회교도를 지지하는 군부(TNI)와 민병대, 기독교도를 감싸는 군부와 경찰 특공대 간의 전투와 유혈폭동으로 변질되었다. 2000년도 1, 2월에 북 말루쿠 지역의 할마헤라(Halmahera), 또벨로(Tobelo), 갈렐라(Galeia)에서 엄청난 회교도 학살전이 벌어진다. 짧은 기간 동안에 1,500여 명의 회교도들이 살해되지만, 이 지역 기독교도들이 한 짓이라고 볼 수는 없다. 나중에 밝혀지지만, 자카르타에서 친기독교 측 군부 지도자들이 뒤를 돌봐주는 폭력배 갱단이 파송되어 한 짓이었다.[17]

원래 자카르타에는 쁘레만(Preman)으로 불리는 깡패 폭력 조직들이 있는데, 모슬렘 측도 있고, 기독교 측도 있다. 이들은 평소에는 도박장이나 나이트클럽, 사창가나 혹은 기타 영업소에 경호원으로 일하다가 유사시엔 군부 지도자들에 의해 동원되곤 했던 폭력조직이었다. 이 북 말루쿠의 참사는 인도네시아의 종교폭동의 역사상 단일 사건으로서는 최대의 희생자를 낸 사건이었다.

이 사건이 일자, 회교도들의 생명을 보호한다는 명분으로 말루쿠의 강경파 장군인 수야이디 마라사베시(Suaidi Marassabessy) 소장은 술라웨시 주에서 800명의 회교 병사들을 차출하여 기독교 촌락의 공격에 나섰다. 외지에서 들어온 폭력배와 군인들이 동네마다 흥분해서 복수심에 차 있는 젊은이들을 선동하여 폭동에 가담케 했다. 이런 살육전이 전개되는 와중에 회교 의용군인 라스카르 지하드가 조직되며 자바 섬에서 군사훈련을 마친 지하드 병사 2,000-3,000명이 2000년 4-5월경에 말루쿠섬으로 들어오면서 상황은 걷잡을 수 없이 전쟁 상태가 된다. 기독교 측 폭력배들을 말루쿠에서 박멸시킨다는 목적으로 조직된 라스카르 지하드 병사들은 회교도들 편에 가담해서 기독교도들 마을과 가택을 습격하고 닥치는 대로 부수고 불지르고 죽였다.

---

[17] TAPOL, "Kopassus and the Maluku Crisis," *Bulletin* 169-170 (Jan.-Feb. 2003). https://www.tapol.org/bulletin/169-170-january-2003.

수천 명의 지하드 병사들이 성전을 외치면서 말루쿠섬으로 무기를 들고 쳐들어온 것은, 국기를 문란케 한 엄청난 사건이었는데도 정부나 군의 대응은 몹시 미약했다. 비밀리에 서부 자바에서 8,000-1만의 청년들을 군사훈련시킨다는 소문이 있었는데도 전혀 막지 않았다. 이들의 훈련과 무기 공급에는 정부의 군부(TNI) 장교들이 개입되었다는 소문이 나돌기도 했다.

라스카르 지하드가 2000년 초에 결성되어 군사조직까지 감행하는 데는 정치적 배경과 상황이 있었다. 1998년 5월의 수하르토 실각 이후, 보수파 회교 정당들과 정치인들은 급격히 영향력을 상실하게 되었다. 1999년 6월에 있은 민주적 선거에서도 보수파 회교 정당인 PBB(Cresecnt and Star Party)는 겨우 2%의 표를 얻고 말았다. 메가와띠 수카르노뿌뜨리(Megawati Sukarnoputri)가 이끄는 민족주의 정당 PDIP가 37.4%를 얻고 압드라만 와히드(Abdurrahaman Wahid)가 이끄는 개혁적인 회교 정당 PKB가 17.4%를 얻은 것을 보면서 과거 막강한 힘을 가졌던 보수적 회교 정치인들이 위협을 느끼게 되었고, 민주화 과정과 정치적 변화에 절망과 불안을 갖게 되었다. 이런 판국에 1999년에 터진 말루쿠의 종교폭동은 좋은 구실을 주었다. 특히 기독교 측 폭력조직이 회교도들을 살해하고, 회교당을 불지른다는 것은 회교국가를 수호하려는 보수파들에게는 있을 수 없는 일이었다. 더구나 말루쿠의 기독교도들은 옛 네덜란드 식민지 시대를 그리워하며 분리독립파들과 연대한다는 소문이 돌았다. 말루쿠 기독교도들의 폭동에는 외국의 기독교 세력들, 특히 네덜란드의 지원이 있었다는 소문도 있었다. 보수파 회교 정당은 동티모르의 예를 들며, 결국 기독교도 분리주의자들이 외국의 힘을 끌어들여 인도네시아의 국가통합을 파괴하며 분열시키려 한다고 선전했다. 이들은 인도네시아의 분열 위기를 막기 위해서도 말루쿠의 분리독립주의자들을 격퇴할 무장세력이 필요하다고 주장했다.

특히 1999년 말과 2000년 초에 북말루쿠에서 많은 회교도들이 학살된 것을 기화로 보수파 회교도들은 2000년 1월 7일에 자카르타에 수만 명을 모아 시위를 했고, 여기서 말루쿠에 가서 이슬람교를 위한 성전 지하드를 감행해야 한다고 외쳤다. 이 궐기대회를 주관했던 회교 지도자들은 이미 일 년 전에 목적이 불분명하게 조직되어 FKAWJ (Sunni Communication Forum)에 속한 사람들이었으며, 여기엔 인도네시아 회교도 학생연맹의 한 파인 HMI-MPO도 가담했고, PBB 정당 KISDI의 활동가들이 연계되어 있었다. 이 조직 FKAWJ는 매우 배타적인 이슬람교의 노선을 추구하는 단체이며, 이슬람의 샤리아(Shariah) 법을 전 인도네시아에 시행토록 해야 한다고 주장했다. 이 조직을 근거로 라스카르 지하드를 만든 지도자는 야파르 우마르 탈립(Jafar Umar Thalib)이란 회교 성직자인데, 아프가니스탄에서 반소련 운동을 하던 단체 무자헤딘(Mujahidin)의 회원 경력을 가진 자였다. 말루쿠의 회교도들을 방어하자는 명분으로 조직된 라스카르 지하드는 공식적으로 2000년 1월 30일에 출범했으며, 보고르(Bogor, 서부 자바) 군사훈련과 말루쿠 투입작전은 4월에 시작되었다. 정부는 이들이 자바를 떠나 말루쿠로 투입되는 것을 막겠다고 공언했지만, 몇 주일 안에 2,000명 내지 3,000명의 지하드 병사들이 말루쿠로 이송되어 기독교도들을 쳐부수는 작전에 투입된 것이다.

붉은색을 상징으로 하는 기독교 폭력단과 흰색을 머리띠와 깃발로 내건 회교도 폭력단의 전투, 대체로 군부(TNI)는 회교도를 지원하고, 경찰(Polri)은 기독교도를 엄호하는 시민전쟁, 여기다 구원의 전사들인 라스카르 지하드의 무장투쟁으로 암본의 2000년 여름은 도시 게릴라들이 판을 치는 뜨거운 전쟁터였다. 이들이 들고나온 무기도 칼과 도끼, 화염병이 아니라, 권총과 폭탄, 심지어는 기관총이 발사되는 시가전이었다. 암본의 기독교 병사들의 거점인 빠띠무라 대학에서는 이공계통 실험실에서 사제총과 폭탄이 만들어져 공급되기도 했다고 한다. 그러나 결국 수천 명의 훈련된 라스카르 지하드의 지원을 받는 회교도들이 판세를 장악하게 되고, 기독교도들은 학살되거나 쫓기어 산으로, 외지로 도망치게 된다. 암본의 유일한 대학인 빠띠무라의 수십 채 건물들이 불에 탄 채, 필자가 방문했던 2004년 4월까지 전혀 복구되지 못한 것을 보면 살인, 방화, 파괴의 정도가 웬만한 전쟁은 비웃을 만큼 심각했음을 짐작케 한다. 도시 전체가 전쟁터가 되자, 개발사업을 돕기 위해 암본에 와 있던 외국 원조기관의 직원들 16명마저 도시를 떠나게 되었다.

사태가 여기에 이르자 기독교 지도자들은 정부의 치안능력을 믿을 수 없기 때문에 국제기구들에다 구원을 호소하게 되었다. 마라나타(Maranatha) 개신교 지도자들과 암본 가톨릭 주교 등은 UN평화군의 개입을 요청하기도 했다. 그러나 정부는 이를 거부했다. 결국 여론의 압력으로 와히드 대통령은 6월 27일에 긴급사태를 선포하고, 군대와 특공대를 말루쿠로 증파했다. 암본에 투입된 군인들은 10여 개 대대 6,000여 명에 이르렀고, 기동특공대(Brimob)도 2개 대대 1,200명에 달했다고 한다. 3차 폭동사태는 긴급사태 선포 이후에 점차로 진정되며, 라스카르 지하드도 철수하게 된다. 라스카르 지하드의 두목 야파르 우마르 탈립(Jafar Umar Thalib)은 이미 5월 4일에 체포되어 감금되지만, 감금 중에도 군부 지도자들을 만났다고 하고, 몇 달 있지 않아 곧 석방되어 풀려났다.

말루쿠 사태가 이처럼 심각하게 되었으나, 정부의 대응이 미약하고 신속하지 못했던 것은 새로 집권한 와히드 대통령과 메가와띠 부통령이 아직 권력기반이 허약해서 단호한 결단을 내리지 못한데도 원인이 있는 것 같다. 수하르토의 실각 후 새 정부가 수립되는 권력 이동기에 수많은 과제와 정치적 문제가 복잡하게 얽힌 마당에, 수천 개의 섬 중 하나인 동쪽 끝 말루쿠에서, 인구의 1%에 불과한 국민 간의 내전에 큰 관심을 쏟을 수 없었던 것 같다. 정치 싸움이 복잡하게 얽히면서 와히드 대통령은 부정부패 사건에 대한 책임으로 2000년 8월에 탄핵을 당하게 된다.

비상사태 선포와 정부군의 개입으로 2000년 후반부에 이르러서는 전쟁상태는 종료되고, 곳곳에서 테러와 폭동 방화가 계속되지만, 대규모의 집단적 전투행위는 진정된다. 2001년 초에는 종교폭동에 가담했던 군부와 경찰에 대한 조사가 시작되고, 몇몇 장교와 간부들이 암본 회교도들의 폭력사태에 가담했다는 이유로 구속되기도 했다.[18] 다른 한편에선 회교와 기독교의 지도자들 사이에 대화와 화해 운동이 시작된다. 처음엔 성난 극단주의자들이 일체의 만남을 거부했지만, 점차 온건한 종교인들의 주동으로 평화와 질서를 찾기 위한 만남과 대화가 시작된다.

2000년 2월 11~12일에는 마침내 정부의 주선으로 양측 종교와 집단 지도자들이 말리노에서 회담을 갖고 정전(Ceasefire)과 무장해제,

---

[18] 2001년 1월 24일 BBC 방송보도.

외부의 병사들 철군 등을 합의하는 협정문에 서명하게 된다. 물론 급진파들은 일체 협상을 거부하고, 협상에 나선 자들을 배신자로 몰기도 했다. 라스카르 지하드의 지도자 야파르 우마르 탈립은 "평화협정은 무효이며 말루쿠의 모든 모슬렘은 기독교 집단을 향해 새로운 전쟁을 선언해야 한다"고 선포했다.[19]

그 뒤로 라스카르 지하드의 강경파 병사들에 의한 기독교 마을 습격이나, 인명살해 등이 간헐적으로 있었다. 그러나 정전과 화해기에 해당하는 제4기(2001-2002년)에는 그 이전의 2년 동안과 같은 큰 폭동과 살해는 일어나지 않았다. 정확한 통계는 아직도 없지만 대체로 2001년의 사망자는 40명 내지 100명 미만일 것으로 보이며, 2002년도의 사상자는 주로 암본에서 30-50명으로 추산되고 있다.[20] 그러나 한 달에도 여러 차례 폭탄을 던지거나 불을 지르며 테러하는 행위들은 계속되었다.[21]

3. 종교 간 대화와 화해의 전망

그러면 이러한 종교폭동과 수난의 와중에서 막상 두 종교의 지도자들은 무엇을 생각하고 있으며, 어떠한 대화와 화해의 노력을 하였

---

[19] BBC News 2002년 4월 8일.
[20] Armed Conflicts Report 2003, "Molucca Islands," 암본의 기독교 Crisis Center 제공.
[21] 2001년 12월 7일에는 800여 명의 회교군들이 남쪽 Bury의 Desa Ewiri에서 100여 채의 주택과 성당을 불태우며 주민 2명을 죽이는 폭동사태가 벌어졌다. Report on Maluku Conflict by Coordinating Ministry for People's Welfare, Jakarta 2003.

는가? 이를 알기 위해 뽀소와 암본에서 기독교와 회교의 지도자들을 만나 인터뷰를 가졌다. 이미 폭동은 수습되고 정부의 개입으로 협정이 맺어졌으며, 2001년부터 많은 대화와 화해 과정이 있은 뒤이기 때문에 2004년 4월에 만나본 종교 지도자들은 모두 기독교도와 이슬람교도 사이에 화해와 친선협력이 이루어져야 한다고 강조했다. 그러나 폭동 시기의 많은 피해와 희생을 이야기하면서 상대방에 대한 불만과 비판이 없지 않았다. 그러나 갈등과 긴장이 있어도, 화해와 평화를 위해서, 오해와 곡해를 풀고 함께 사는 사회 분위기를 만들어야 한다는 데는 이견이 없었다.

회교도나 기독교도들 모두 수백 년을 함께 살아온 종교인들끼리 어떻게 이런 폭력과 파괴를 행할 수 있느냐고 놀라워했다. 회교도의 과격파 지도자인 무함마드 아타미미(Muhamad Atamimi) 총장도,[22] 인도네시아는 다원종교 사회이기 때문에 식민지 시대건 독립 후 시대건 회교도와 기독교들은 서로 인정하며 함께 잘 살아왔다고 했다. 단지 네덜란드 식민지 시대가 끝난 후 1955년경에 옛 식민지 시대에 향수를 느끼는 분리주의자들이 독립운동이라는 반란을 일으키면서 문제가 생겼다고 했다. 1999년 이후의 폭동은 기독교도들이 분리주의 독립운동(RMS)에 가담했기 때문에 생겨났다고 했다. 라스카르 지하드의 무력개입도, 기독교도 탄압이 아니라 분리주의자들의 격파를 위해서라고 변명했다.

다른 한편, 암본의 개신교회 지도자인 헨리케(I. W. Hendrike) 주교도 [23] 왜 폭동이 이렇게 크게 일어났는지 도무지 이해하지 못한다

---

22) Islamic Religious School의 President며 Umar Jafar Thalib와 함께 회교 의용군인 라스카르 지하드를 창설한 지도자.

고 했다. 역사적으로 펠라 간둥(Pela Gandong)의 구조 속에서 평화롭게 지냈고, 99년 이전에도 갈등은 항상 있었지만 쉽게 풀어질 수 있었고, 이렇게 폭력화할 이유가 없다고 했다. 외부의 개입이 없이는 말루쿠 사람들끼리는 도저히 있을 수 없는 사태였다는 것이다. 그럼 누가 했느냐고 물으니까 그는 "누군가가 보이지 않는 손(Invisible Hand)이 한 것 같다"고 했다. 그는 정부가 아직도 말리노 2차 협정에서 약속한 국가조사위원회의 보고서를 발표하지 않는 것이 의심스럽다고 했다. 정부가 원인을 밝히지 않고 있다는 것이다.[24]

아띠미미(Atamimi) 총장의 RMS와 관련된 기독교 비판에 대해서도, 헨리케 주교는 1950년대 RMS 분리독립주의가 나왔을 때는 말루쿠에 살던 기독교도뿐 아니라 회교도들도 가담했고, 이를 기독교도들의 운동으로 종교화시키는 것은 말이 안 된다고 했다. 실제로 1999년 이후 폭동에서 RMS의 흔적은 미약하다는 것이다.

화해와 통합은 바라면서도, 또 가끔씩 대화와 토론을 진행시키면서도 아직 근본적인 오해와 갈등은 종교지도자들 간에 풀리지 않았다는 것을 느꼈다. 공존·화해·통합을 외치면서도 서로 RMS나 라스카르 지하드와 같은 폭력조직을 통해 한편은 기독교화(Christianization), 다른 편은 이슬람화(Islamization)하려고 하지 않았는가. 기독교 측은 폭동사태를 일으킨 주범이 외부에서 왔다는 것을 확신하고 있었고, 회교 측은 RMS나 기독교 측 폭력단도 외부의 지원을 받거나,

---

[23] Handrik 주교는 네덜란드 개혁교회의 Malukn 주 감독으로 암본 시 Maranta Church 의 담임목사로 20년 이상 목회했다. 1973년에 목사안수를 받았고 부부가 목사다.

[24] 암본 사태의 대통령 조사위원회에 참여했던 Judo Powogdado 박사도 정부가 세력 갈등에서 불안하니까 조사보고서를 공개 않고 있다고 했다.

심지어 네덜란드의 무기 공급을 받았다고까지 주장했다. 진정한 대화와 화해는 사실을 정확히 밝히는 데 있을 것 같은데, 조사도 철저하지 못했을 뿐 아니라, 조사한 보고서도 공개치 못하는 것이 문제로 보였다.

말루쿠 개신교회 총회는 2001년 3월 4~16일의 총회에서 폭동사태에 대한 성명서를 발표하고 "말루쿠의 갈등과 폭력은 수평적 연계(Horizontal)뿐 아니라, 수직적 연계(Vertical)에서 작동(Engineer)된 것이며, 군부와 경찰의 음모와 개입이 있는데, 정부는 사실을 은폐시키며 이중적 태도를 노골화시키고 있다"고 비판했다.[25] 그리고 기독교를 RMS 조직과 연관시킨 소문을 퍼뜨리는 것은 기독교인들에 대한 모독(Blasphemy)이라고 질타했다.

암본의 기독교 측 위기관리센터(Crisis Center) 소장인 제키 마누푸띠 목사는, 개신교 측이 '보이지 않는 손'이라고 보는 세력은 인도네시아의 군부(TNI)인데, 그 가운데는 모슬렘 측 군부와 기독교 측 군부가 있었다고 했다. 기독교인들이 인도네시아의 독립 후에 세력을 잃었고, 특히 1992년 이후로는 많은 회교 측 이주민들이 경제권을 확대해 가게 되자 사회경제적으로 주변화한 것이 사실이지만 폭동을 일으킬 정도는 아니었다고 한다. 종교 간의 갈등을 외부세력이 폭동과 소요에 이용했을 뿐 아니라 RMS 분리 독립운동은 초기엔 기독교도와 회교도가 같이 있었으나, 회교 세력의 압력으로 회교도들은 빠져나가고 지금은 기독교도들만 있는 상태라고 한다. 그런데 군부 세력(TNI)의 기독교 측 인사들은 RMS를 지원하기도 했다고 증언했다. 2

---

25) The decree of the Synod XXXIV, Mollucas protestant church, regarding the comprehension of Mollucas protestant church on the humanitarian tragedy in Maluku.

차 말리노 협정 때 정부는 분명히 RMS와 군부나 민병대(Militia)와의 관련성을 조사해 밝히겠다고 했는데, 지금까지 밝히지 않고 있다.

수하르토 시대의 군부(TNI)는 온갖 특권을 누린 막강한 세력이었다고 한다. 그러나 예산은 30%만 정부에서 얻고 나머지 70%는 정치적 개입이나 불법적 경제행위 등으로 조달해 썼다는 것이다. 이제 민주화로 그 특권을 누릴 수 없게 되고 학생들은 데모를 통해 계속해서 군인들은 군대 막사로 돌아가라고 외치니까, 군대의 필요성을 느끼게 하려고 폭동과 소요를 증폭시키는 역할을 한 것 같다고 했다. 문제는 지금 RMS와 기독교 측 민병대원(Militia)이 163명이나 감옥에 갇혀 있는데, 회교도 폭력단이나 군인들은 하나도 투옥되지 않은 데 있다고 했다.

뽀소와 말루쿠에서 회교도와 기독교도 간에 화해와 상생을 이루어야 한다는 목소리는 높다. 종교 지도자들 가운데는 이제까지 다른 종교 사람들에게 관심을 두지 못한 것을 반성해야 한다는 목소리를 내는 분들도 있었다.[26] 많은 시민단체들과 학계 인사들이 주도해서 대화와 화해 운동을 일으킨 바꾸바이(Bakubae) 운동의 공헌과 노력도 평화운동의 한 모델로 높이 평가받고 있다. 그러나 인도네시아의 종교 폭동사태의 평화적 해결과 화해는 진실을 밝히고, 진실의 토대 위에서 이해와 상호존중 그리고 평화를 세우려는 노력이 없이는 어려울 것 같다.

---

[26] Ichsan Malik et al., *Bakubae: Breaking the violence with compassion* (Jakarta: Civil Society Alliance for Democracy, 2003).

뽀소 시의 파괴된 공공 빌딩 앞에 선 필자

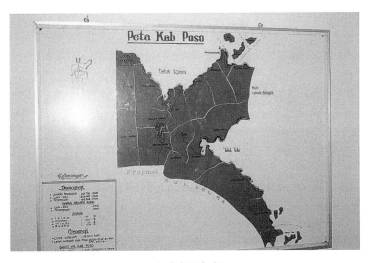

뽀소 시와 군의 지도

뽀소 시 경찰서의 상황판 앞에서 피해를 설명하는 정보과 형사와 통역한 민다와티
파랑긴(Mindawati Perangin) 목사

암본의 이슬람 대학교 총장 무함마드 아타미미(Muhamad Atamimi)에게 설명을 듣는
필자

암본의 기독교 측 위기관리센터 소장 제키   암본의 기독교 주교 헨리케(Hendrike) 목사
마누푸띠(Manuputty) 목사

바꾸바이 화해운동을 주도한 이치산 말릭(Ichsan Malik)

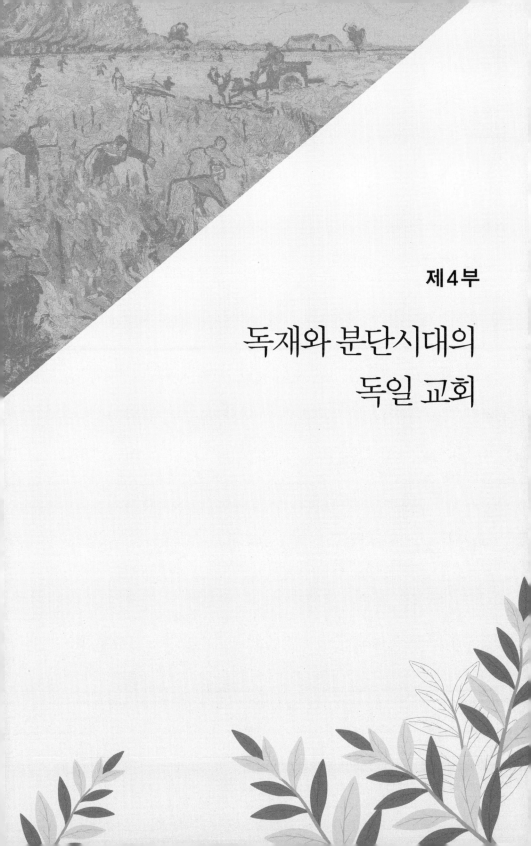

제 4 부

독재와 분단시대의
독일 교회

1장
나치 독재와 고백교회 운동

머리말: 카이사르의 것과 하나님의 것

　교회와 국가의 관계에 대한 문제는 기독교 신앙과 교회의 기원만큼 오래된 것이다. 동전 한 닢을 손에 들고 "카이사르의 것은 카이사르에게 돌리고 하나님의 것은 하나님께 돌려라"고 은유적으로 가르친 예수의 교훈 이래로 2천 년 동안의 기독교 역사는 하나님의 것을 관리하고자 했던 교회와 카이사르의 것을 대표했던 국가 간의 협력·대립·갈등·지배의 관계가 불연속적으로 이어진 역사라 할 수 있다. 교회와 국가의 관계가 항상 긴장 속에 있었던 것은 카타콤(catacomb) 속에서 박해를 받던 초대 교회 시대나 기독교를 국교화하고 타종교를 금지시켰던 기독교 전성기에서도 마찬가지였다. 교회와 국가가 밀월을 즐기던 중세나 근세에서도 황제의 대관식에 교황이 참석해야 하느냐, 아니면 황제가 로마에 가서 기름을 받고 와야 하느냐로 시비가 그치지 않았으며, 교회가 주장해온 세금을 받을 권리, 포교와 종교 교육을 시킬 권리, 도덕적·정신적 영향력을 행사하려는 요구 등에 대해서 국가 권력은 때로는 마찰을 느끼고 위협을 받으며 위축되었는가 하면, 때로는 교권에 대해 간섭하고 억압하며 종속시키는 관계에까지 나아가기도 했다. 서로 영역이 다르다고 주장하면서도 교회와 국가가 완벽하고 이상적으로 분리됐던 적은 한 번도 없었다고 사가들은 보고 있다. 그것은 과연 어디까지가 카이사르의 것이고 어디서부터가 하나님의 것인지 구별하기가 모호했으며, 또 그 구별의 기준도 시대와 역사의 환경에 따라 끝없이 변천해 갔기 때문일 것이다.

독일 나치스 치하(1933-45)에서 교회와 국가의 관계는 나치 독재체제가 하나의 돌연변이적 양태였던 것과 마찬가지로, 독일이나 유럽의 교회사 속에서도 그 연속성을 찾기 어려운 변태적인 것이었다. 그 변태성을 이해하기 위해서 우리는 바이마르(Weimar) 공화국에 이르기까지 독일의 교회와 국가의 관계를 알고 넘어갈 필요가 있다.

로마 제국에서 중세를 거쳐 근세의 절대 왕조에 이르기까지 서양의 기독교 교회는 대체로 국교의 위치에 있었으며 가톨릭과 신교, 정교 등의 교파적 투쟁은 있었으나 어느 교파든 그중의 하나가 국가 권력과 밀착된 '국가교회'였다는 기본적 입장에는 변함이 없었다. 그러다가 계몽사상의 대두와 과학 기술의 발달로 종교적 세계관이 그 절대성을 잃게 되자 국가와 종교는 분리되어야 한다는 주장이 드높아졌으며, 이러한 인식은 마침내 정치적 변혁의 시기를 통해서 현실화되는데, 근세사에서 그 결정적 계기를 이룬 것이 미국의 독립과 프랑스 혁명이었다.

미국의 독립은 청교도들의 신앙의 자유를 보장하고 오히려 국가

권력에 접근시키는 방향에서 교회와 국가의 분리를 성취시켰지만, 프랑스 혁명은 가톨릭교회를 국교의 위치에서 폐위하고 교회의 사회적 경제적 특권을 포기시키는 탈권적 방향에서 교회를 국가에서 분리시켰다. 혁명기에 교회의 재산이 몰수당하고 교회가 반혁명 세력으로 간주되어 많은 사제들이 피를 흘렸으며, 탈기독교화 운동이 번졌던 것은 불가피한 역사적 사건이었지만, 혁명을 진압하고 나선 나폴레옹은 1801년 7월 18일 교황 비오(Pius) 7세와 맺은 합의서(Konkordat)를 통해 혁명의 와중에서 당한 교회의 수난을 회복시키고 ─ 국교의 위치는 버리게 했으나 국민의 다수가 믿는 종교로서 교회의 사회적·법적 지위를 확보시켜 주고─ 교회를 국가의 유지와 사회적·정치적·도덕적 결속에 주요한 매체로서 보호하는 새로운 국가와 교회의 관계를 수립하였다. 교황은 그 대가로 1804년 나폴레옹의 황제 대관식에 직접 파리로 가서 축복해 주었다.

그러나 나폴레옹 전쟁이 끝나자 프랑스를 패배시킨 전승국들은 모두가 기독교 국가들임을 자부하면서 1815년 9월 26일에 신성 동맹(Heiligen Allianz)을 맺고 다시 교회와 국가의 결속 관계를 강화하기로 했으며 프랑스 혁명의 반기독교적 유산을 청산하고 교회를 다시금 국가 교회로 승격시키는 데까지 가게 되었다. 신성 동맹에 속한 국가들은 정교를 믿는 차르(tsar)에서부터 오스트리아의 가톨릭 황제, 프로이센(Preussen)의 신교를 믿는 왕에까지 다양하며 비엔나 회의에서 국가 교회를 수립시키려던 노력은 이루어지지 못한 채, 각 나라의 사정에 맡기기로 하였고, 독일 연방 제국들의 프랑크푸르트(Frankfurt) 연방 회의에서는 역시 국가교회의 설치 문제를 각 연방 국가들의 소관 사항으로 일임하였다. 신성 동맹 국가들의 이러한 국가교회에 대한 관심은 교황청의 환심을 삼으로써 신성 동맹의 정당성을 인정받으려는 목적 이외에도 교회를 국가의 지배와 통제하에 두면서 교회의 정신적 도덕적 힘을 강화시켜주고 그 힘을 정치적으로 이용하겠다는 의도가 다분히 있었다.

독일 연방의 제국들은 1817년에서 1827년 사이에 교황청과 합의서를 맺으며 계약에 의한 국가교회 내지는 국가와 불가분의 관계로 맺어진 준 국가교회의 형태를 보장하게 된다. 프로이센은 물론 루터교를 국가교회로 갖게 된다. 이러한 국가교회의 형태는 그 뒤 여러 가지 모양의 갈등과 충돌을 수반하지만 독일의 경우에는 대체로 1918년 제1차 대전이 끝나고 바이마르(Weimar) 헌법이 수립될 때까지 기본 골격이 변함없이 유지된다.

1. 바이마르 헌법에서 교회의 위치

교회와 국가의 관계 변화는 항상 국가의 정치적 체제의 변화와 함께 일어나곤 했다. 독일에서 교회와 국가의 관계가 늦도록 분리되지 못했던 것은 시민 혁명이나 민주화가 성공하지 못하고 봉건적 왕권과 제국이 제1차 대전까지 지속되었기 때문이다. 뒤늦게 일어난 독일의 시민혁명(1848년)은 일시 민주화를 이룩하였으며, 그때 프랑크푸르트의 '파울 교회'에 소집된 연방의회가 처음으로 민주적 헌법을 통과시켰는데, 여기에서 민주주의자·자유주의자들의 요구가 관철되어 독일 역사상 처음으로 국가와 교회의 분리가 헌법상 명시되게 되었다. 즉 모든 종교 단체는 국법이 정하는 바에 따라 독자적으로 자기의 일을 관장하며, 어떤 특정 종교의 특권이나 이익을 인정하지 않는다는 것이다.

그러나 이 헌법은 혁명이 실패로 돌아가고 정치 정세가 반동화됨에 따라 가톨릭 국가 오스트리아의 강한 주장에 의해 무효가 선언되고 말았다. 그렇지만 프랑크푸르트 민주 헌법은 민주적 체제의 표준과 규범의식을 독일 역사 속에 심어 놓았다는 의미에서 그 중대성을 갖게 되며 1918년 황제국이 멸망하고 공화 체제가 수립될 때, 바이마르헌법의 한 모델로서 역사적 의미를 갖게 된다. 바이마르공화국에서 비로소 실시된 국가와 교회의 분리는 실로 1848년에서 그 역사적 원류를 찾을 수 있다고 보아도 좋을 것 같다. 물론 1850년의 반동화된 정치 상황 속에서도 민주화운동과 노동운동은 끊임없이 맥을 이어 갔고, 1960년대 이후에 형성된 사회민주주의 정당과 자유민주주의 정당들의 당 정책 속에서는 국가와 교회의 분리 원칙이 항상 포함되어 있었다.

제1차 세계 대전의 패배로 팽창 일로에 있던 독일 제국이 최후를 맞게 되었다. 전후의 폐허와 경제적 파탄·사회적 혼란이 겹친 가운데 빌헬름(Wilhelm) 3세는 퇴위(退位)를 선언하고 정국은 민주공화국이냐, 사회주의 혁명이냐, 제국의 반동화냐의 갈림길에 서서 독일 민족의 운명을 판가름할 위기에 이르게 되었다. 1918년 11월 혁명을 통해 소비에트(Soviet) 공화국을 건설하려던 공산주의자들의 기도는 실패로 돌아갔고, 사회민주당은 이미 제1차 대전을 계기로 다수 사민당(MSPD)과 독립사민당(USPD)으로 갈라져 있어 단독 집권이 불가능했으며, 결국 다수 사민당이 민주적 정당들과 가톨릭 중심의 중앙당(Zentrum)과 손을 잡고 극좌 세력을 물리치는 방향에서 소위 바이마르공화국이 형성된다. 황제국의 해체와 새 공화국의 수립 과정에서 누구보다 그 위치가 불안해진 것은 이제까지 독일 제국의 국교로 군림했던 개신교였다. 교회의 지도자들은 곧 새 정부의 주도 세력이 될 다수 사민당의 지도자들과 새 공화국에서 교회의 위치를 보장받기 위한 협상에 들어갔으며, 가톨릭은 그들의 기관이나 다름없는 중앙당을 통해, 이제까지의 교회의 위치와 이권이 국민의 대다수층을 차지하는 기독교인들의 이해와 동의가 없이 급격하게 손상되는 일이 없도록 로비 활동을 했다. 이미 기독교에 대해 적대 감정을 가지고 있던 공산당이나 교회 세력을 달갑게 여기지 않는 사회민주당에서는 교회의 특권을 포기시키는 방향에서 정책 수립이 이루어지고 있었다. 당시에는 이미 1918년 11월 프로이센의 문교 장관이 된 호프만(Adolf Hoffmann)은 독립 사회민주당 출신으로 학교에서 의무적인 예배와 기도회를 금지시키고, 종교 교육을 시험 과목에서 제외시키는 조치를 취했으며, 학교 교육에서 기독교적 요소를 제거시킬 정책을 만들고 있었다.

결국 바이마르헌법의 제정에 이르러서는 다수 사민당이 중앙당(Zentrum)과 손을 잡고 타협을 하는 선에서 교회 정책을 결정하게 되었는데, 여기서는 보수 세력이 희망하던 국가교회도 아니요, 중앙당 쪽에서 제시한 교회와 국가의 협력 관계도 아니요, 사민당이 당 정책에서 주장했던 교회와 국가의 엄격한 분리도 아닌 선에서 타결을 보았다.[1]

바이마르헌법에서 교회의 새로운 위치는 한 마디로 국민의 교회

---

[1] Heribert Raob, *Kirche und Staat* (München, 1966), 125.

(Volkskirche)라고 규정지을 수 있었다.[2] 1919년 8월 11일 다수 사민당 · 중앙당 · 민주 정당의 동의와 독립사민당 · 독일국민당(Dentsche Volkspartei) · 독일민족당(Deutsche Nationalen)의 반대로 결의된 바이마르헌법에서는 135조에서 141조에 이르기까지 국가와 교회의 관계를 자세히 규정했으며, 국가교회에서 국민의 교회로 전환시킴으로써 교회가 누리던 국가적 차원의 특권은 줄어들었지만, 오히려 교회가 국가에 지배되고 예속되었던 관계에서 벗어남으로써 독립적인 위치와 자유를 획득하는 이점(利點)을 얻게 되었다.

다시 말하면 바이마르헌법에서 교회의 새 위치는 두 가지 원칙 위에서 있다고 볼 수 있다. 하나는 교회와 국가의 분리 원칙이요, 다른 하나는 교회와 국가의 역사적 관계와 다수 국민이 기독교인이라는 교회의 사회적 위치를 국가가 인정해 주자는 현실 원칙이다. 이제 교회는 더 이상 국가적 기관은 아니며 단지 공법이 인정하는 법인체에 불과하게 되었지만, 교회의 지도자를 국가의 간섭 없이 선출할수 있으며 제도와 운영을 스스로 결정하는 자결권을 획득하게 되었다. 그럼에도 교회세(稅)를 받을 수 있는 특권이 인정되어, 회비와 헌금에 의존하는 자유 교회나 사설 단체로 전락할지도 모른다는 교회 측의 가장 큰 염려가 해소되게 되었다. 각 지방정부(Land)의 소관 사항으로 일임하기는 했지만 종교 교육이 학교에서 시행될 수 있도록 보장했고, 교역자를 양성하는 신학 대학을 국가 비용으로 유지하는 제도가 계속 보장되었다. 바이마르공화국은 결국 교회에 유리한 쪽으로 교회의 위치를 재정립했으며, 이것은 아마 새 공화국이 교회

---

2) Karl Kupisch, *Kirchengeschichte*, 제4권 (Köln, 1975), 81.

를 공산주의화를 막을 수 있는 도덕적 정신적 힘으로 간주했다는 의미에서 이데올로기적 맥락에서 내려진 한 역사적 결정이었다고 보아도 무리가 없을 것이다. 그러나 바이마르 시대(1919-1933)의 교회와 국가의 관계는 이전의 군주국·황제국 시대처럼 밀착되지 못했으며 서로 소원해진 중립적 감정으로 유지되었고, 곳곳에서 종교 교육 문제나 교회 관리 임명절차 문제로 약간의 긴장들이 있었던 것은 당연한 역사적 귀결이었다 하겠다. 국민의 교회로서 새 모습을 띤 교회는 자체 내에서 민주화의 길을 걷게 되었고 교회의 단일 군주적 대표권은 타락하고 대의 제도가 교회 조직을 지배하게 되었으며 1922년에 조직된 독일교회연합(Dentsche Kirschenbund)은 각 지방 교회들의 통일 조직이 아닌 협의체로서 3년에 한 번씩 교회 총회(Kirchentag)를 모여 국민의 교회로서 교회의 총의를 규합하고 공표하는 민주적 교회로 발전하게 되었다. 기본적으로는 나치(Nazi, 국가사회주의)가 독재하던 '제삼제국'도 바이마르헌법의 형식적 기초 위에서 온갖 불법과 변태·만행이 이루어진 것이기 때문에, 나치 하의 교회와 국가 관계는 바이마르헌법에서 규정한 관계가 연장되는 선에서 관찰되어야 올바른 역사적 인식에 이를 수 있을 것 같다.

2. 나치스 교회 정책 — '긍정적 기독교'

1) 긍정적 기독교

히틀러와 나치스의 전체주의 독재 기간(1933-45)은 독일 국민이

잊어버리고 싶은 악몽과 같은 역사의 한 장이다. 어떻게 그와 같은 끔찍한 역사가 있을 수 있었는지 여러 각도에서 원인을 찾아보지만 사가들의 견해도 일치되어 있지 않다. 제1차 대전 패망 후의 민족적 긍지에 대한 국민의 열망, 민주화의 훈련과 경험이 없는 바이마르공화국의 의회 정치의 혼란과 난맥상, 20년대 말(末)의 세계적 경제 공황에서 허덕이며 600만의 실업자와 천문학적인 인플레를 두고 속수무책이었던 경제 파탄 등, 파시즘(Fascism)이 등장할 수 있는 역사적 조건이 성숙했다는 점에서는 인정할 수 있다 하더라도, 어떻게 그런 극단적인 형태, 게쉬타포(Gestapo)·기동타격대(SA)를 통한 요인 암살, 유대인 학살 등 만행, 조작·기만·불법을 무기로 전체주의 독재 체제를 구축하며 전쟁으로 패배할 때까지 테러 정치를 유지해나갈 수 있었는지에 대해서는 아직도 충분한 해답을 찾기 어려운 것 같다.[3] 나치 독재를 역사적 조건에서 생긴 당연한 결과라고 보는 견해에 반대해서 브라허(K. Dietrich Bracher) 같은 사가(史家)는 일종의 역사 발전의 논리로 설명키 어려운 변태적인 '민족적 사고 운행'(事故運行, Betriebsunfall)이었다고 보고 있다.[4]

나치스 독재가 독일 역사를 무대로 나타난 파시즘의 하나의 특수한 양태인 것은 분명하지만, 그토록 전대미문의 잔악한 독재국가 체제를 등장시킨 데에는 히틀러 개인이나 나치 당과 같은 무뢰한들에

---

[3] 나치 독재의 성립 조건에 대한 사가들의 논쟁 경향에 대해서는 Hans Mommsen, "Nationalsozialismus," *Soujetsystem und Demokratische Gesellschaft*, 제4권 (Freiburg: Enzyilopädie, 1971), 695-714.

[4] Karl Dietrich Bracher, *Die Auflösung der Weimarer Republik* (Villingen: 1971)과 동저자, *Die Deutsche Diktatur Entstehung, Struktur, Folgen des Nationalsozial- ismus* (Köhn, 1969).

게 책임을 묻기보다도 어느 시대, 어느 역사에나 등장할 수 있는 정신병자 같은 그런 무리를 '독일 민족과 역사는 어째서 이를 저지시킬 수 없었는가' 하는 데에 질문과 책임이 돌려져야 한다고 역사가들은 논한다.

교회와 국가의 관계에서도 마찬가지다. 전 국민의 95%를 신도로 가지고 국가교회, 국민의 교회로 성장한 독일의 기독교, 바이마르공화국에서도 특권적 지위를 잃지 않고 견지했던 교회가 어떻게 히틀러와 나치스의 기만전술에 넘어가 초기부터 고비를 쥐이고 물리는 항복과 참패를 당해야만 했느냐는 데에 핵심적인 물음이 던져져야 한다고 생각한다. 전통적으로 왕권의 보호와 국가교회로서의 특권을 누리고, 친기독교적 정치체제와 세력 안에 안주할 수 있었던 독일의 교회는 이름 없는 몇몇 야심가들이 만들어낸 뿌리 없는 국가사회주의 정당이나 이념에 대해 너무 방심한 듯하였고 나치스 정책이나 이념이 가진, 반기독교적 본질마저 제대로 파악하지 못하고 있었던 것 같다. 1919년 9월 16일 혁명기의 와중에서 독일 노동당 (Deutsche Arbeiter Partei)이란 명칭을 내걸고 창당된 당은 곧 '국가 사회주의 독일 노동당'(Nationalsozialistische Deutsche Arbeiter Partei)이라 개칭하고 히틀러의 민족 지상주의적, 반유대주의적, 반민주적인 경향의 이념들을 중심으로 1920년에 25개 항목에 달하는 당 정책 (Parteiprogramm)을 발표했다. 여기에는 독일 민족이 민족 자결권에 의해 하나의 대민족국가로 통합해야 된다는 것과 베르사이유(Ver-sailles) 평화 조약이 굴욕적이므로 폐기해야 한다는 것, 독일 국민은 독일 핏줄을 받은 사람만이 자격이 있고, 유대인들은 독일 국민이 될 수 없다는 것 그리고 고리대금을 없애고 토지 개혁을 하고 대기업을 국유화하며 중산층을 육성한다는 등 민족주의적 · 사회주의적 여운이 담겨 있는 주장들을 내놓은 뒤에 24번째 항목에 가서 교회와 국가의 관계를 논하는 대목을 집어넣었다.

> 우리는 모든 종교적 신앙의 자유를 국가 안에서 요구한다. 단지 종교가 국가의 존립을 위협하지 않고, 게르만 민족의 풍속과 도덕 감정을 해치지 않는 한에서 우리 당은 어떤 특정한 교파나 신앙에 구애됨이 없이 '긍정적 기독교의 입장'(Standpunkt eines positiven Christentums)을 취한다. 당은 우리의 안과 밖에 있는 유태적 · 물질주의적 정신과 싸우며, 우리 민족의 앞날의 회생(回生)이 자기의 이익보다 공동의 이익을 우선시키는 기초 위에서만 이루어질 수 있다는 것을 확신한다.

나치스의 당 정책이 발표되고 히틀러가 집권하기까지 10여 년 동안, 교회가 나치의 종교 정책에 경계적 태도를 취한 흔적은 별로 없으며 '신앙의 자유 보장'과 '긍정적 기독교의 입장'이란 친절한 용어들이 가끔 기독교와 나치즘의 관계를 묻는 이들에게 안심을 시켜주는 구실을 하게 된다. 물론 1930년까지 겨우 12석의 의원수를 차지했던(전체 의원 수 647명) 한 군소 정당에 일반 국민들이나 교회의 관심이 미칠 여유가 없긴 했지만 '국가 사회주의 독일 노동자의 당'(NSDAP)이라는 매우 아리송하며 모호한 긴 이름의 정당을 주의 깊게 관찰했더라면, 이 당의 중심인물들이 보통의 정당과는 다른 속성을 갖고 있었다는 것을 간과하지 않았어야 했을 것이다. 이들은 이미 바이마르공화국 초기의 혼란한 정국을 이용해 1923년 11월 8일에 뮌헨(München)에서 쿠테타를 일으켜 정권을 잡으려다 실패한 경력을 가진 자들이다. 독일 제국 군대에 모두 체포되어 국가 반역 죄목으로 히틀러는 5년 형을 받았고, 나치스는 해체되었으나, 히틀러는 1년 만에 감옥에서 석방되었고, 그 사이에 『나의 투쟁』(*Mein Kampf*)이라는 책을 써서 다시금 당을 재건하여 대중 조직과 선전을 통해 당세를 신장시켜 나갔다.

1925년에서 29년까지 정치·경제적 안정기에 나치스는 10만 명 이내의 당원과 100만 표 이내의 득표수 그리고 15명 내외의 의원수 정도로 원내 세력 열 번째 정도의 군소 세력에 불과했다. 사정은 1929년의 경제 공황으로 달라져 100만 정도였던 실업자 수가 600만으로 증가하고 인플레가 엄청나게 높아지며, 경제생활이 궁핍해지자 아직까지 민주주의의 확고한 정신적·정치적 기초가 없던 정국과 민심이 흔들리며 민주 제도를 부정하고 극단적 이념과 해결을 찾는 분위기로 전환되었다. 히틀러와 나치스가 1929년에서 1933년 사이에 급성장하여 30년에 40만 당원, 31년에 80만 당원, 32년에 140만 당원으로 당세가 눈덩어리처럼 커지면서 32년 여름 총선에서는 37% 득표율을 얻는 데까지 이르렀다.

히틀러는 더 이상 폭력적인 정권 탈취의 꿈을 꾸지 않고 합법적인 의회 민주적 방법으로 권력을 잡을 자신이 생겼다. 그러나 그는 국가권력을 일단 잡고 나서는, 자기 생각대로 국가의 체질을 완전히 뜯어고치겠다고 생각했다. 이러한 그의 생각은 이미 30년대부터 노골적으로 발표되었고 신문에도 그렇게 보도되었다.

헌법은 우리에게 방법만 제시할 뿐 목표를 가르쳐 주지는 않는다. 우리는 헌법이 제시하는 방법에 따라 의회의 절대다수를 획득할 것이며, 이것이 이루어지는 순간 우리는 국가를 우리의 이념에 맞는 형태에다 새로 부어 만들 것이다(in die Form gießen).[5]

이렇게 히틀러는 연설하곤 했다. 그는 권력을 잡는 형식적 절차만 합헌적으로 따를 뿐, 집권 후에 국가를 새로이 주조(鑄造)하기 위한 방법은 온갖 불법적·폭력적·기만적 수법과 술책을 쓸 차비를 미리부터 하고 있었다. 그는 대중의 선동과 조직, 때로는 기만을 위해 프로퍼갠더(propaganda)의 중요성을 인식했고, 나치당의 집권에 방해되는 자들과 반대자들을 위협하며 제거하기 위한 도구로서 돌격대(Sturmabteilung, 약칭 SA)라는 것을 만들어 정치 공세에 집중적으로 사용하였다.

2) 기독교에 대한 히틀러의 두 얼굴

나치스가 성서처럼 여겼던 히틀러의 『나의 투쟁』이나 알프레드 로젠버그(Alfred Rosenberg)의 『20세기의 신화』 등이 반기독교적인 내용들을 담고 있었고, 나치스의 중심 인물들, 히믈러(Himmler)·괴벨스(Goebbels)·헤스(Hess) 등이 모두 기독교를 혐오하는 인물이었다는 것은 집권 초기까지 별로 주목되거나 인식되지 않았다. 히틀러는 가톨릭의 세례를 받았고 가톨릭 학교를 다녔으며 형식적으로 교회에 등록되어 있었지만 내심으로는 이미 기독교 신앙을 버린 지 오래였다. 그의 사상은 주로 니체(F.W. Nietzsche)와 다윈(Darwin) 사상

---

[5] Konrad Winter, *Leben in Dritten Reich* (Freiburg, 1982).

으로 차 있었고, 기독교는 이미 시대에 뒤떨어진 낡은 교리요 쓸모 없는 종교라고 생각했다. 더구나 그의 반유대적 사상은 기독교를 유대교와 뿌리가 같은 이민족의 종교로서 경계하였고, 민족주의를 종교화하는 데 장애가 된다고 생각하였다.[6]

당시에 나치 당원들의 감정(sentiment)은 독일 민족이 1차 대전에서 패배한 원인이 바로 독일을 굴복시키려는 맑스주의자(Maxist) · 유대인 · 가톨릭교회의 연합 전선 때문이었다는 것으로, 여기저기 나치스의 집회에서는 반기독교적인 구호와 주장들이 간혹 들리곤 했었다. 그러나 정치적 야심과 정략을 가졌던 히틀러는 창당에서부터 (1919년) 집권 초기까지(1933~34) 기독교회에 대해서 철저한 이중 정책을 썼다. 이미 창당 프로그램에서 '긍정적 기독교'의 입장을 취한다는 묘한 어구로 공산당이나 사회민주당 · 자유 민주주의 정당들의 반기독교적인 구호와 정책에 공포를 느끼는 교회 세력에 안도감을 주며 관심을 불러일으키는 데까지 성공했다. 국가사회주의 운동과 민족주의에 끌려 히틀러의 지지자가 된 많은 기독교인들 중에는 바로 이 표출된 당 정책에 매료되어 공산주의의 반기독교 정책을 막을 수 있는 힘이 히틀러와 나치스에 있다고 믿는 자들이 많이 생겼다. 간혹 나치 당원들이 반기독교적 발언을 해도 히틀러는 그렇지 않다고 생각했으며, 히틀러는 아주 능숙한 작전으로 기독교인들의 지지와 환심을 사려고 노력했다.

로젠버그의 반기독교적 저서 『20세기의 신화』에 대해서 히틀러는 자신이 읽은 적도 없고 나치스하고는 상관이 없는 개인적 생각이라

---

6) John S. Conway, *The Nazi Persecution of the Churches, 1933~1945* (1968). 독일어번역 *Die Nationalsozialistische Kirchenpolitik 1933~1945* (München: Kaiser, 1969), 27.

고 은폐시켜 버렸다. 이런 의도에서 히틀러의 『나의 투쟁』은 반유대주의와 반민주사상 등 기독교 사상과 충돌되는 구절들이 많았으나 교회를 직접 공격하는 것만은 피했다.

그러나 나중에 알려진 것이지만 히틀러는 사석에서는 항상 기독교를 혐오하고 멸시하는 그의 진의를 곧잘 폭로했다. 반기독교적 프로퍼갠더를 노골적으로 하고 나섰던 루덴돌프(Ludendorff) 장군에게 히틀러는 이렇게 말했다.

> 나도 당신과 꼭 같은 생각이고 기독교는 없어져야 한다고 생각하지만 나의 정치적 운동을 달성하기 위해서는 바이에른의 가톨릭 교도와 프로이센의 신교도들의 힘이 필요하오. 교회를 치는 것은 그 다음에 할 일이오.[7]

나치스 정책이 내 건 '긍정적 기독교'가 무슨 의미냐는 질문이 많았지만, 히틀러나 나치스는 한 번도 여기에 분명한 답을 해준 적이 없다. 히틀러는 줄곧 교회 지도자들의 공산주의에 대한 공포와 반공의 센티멘트를 잘 파악하여 "국제 공산주의의 침투를 막고 민족적 대혁신을 하기 위해서는 가톨릭이나 개신교가 나치스를 지지해 주어야 한다"고 호소하며 다녔다.

이 정략에 넘어간 일부 기독교 지도자들은 히틀러와 나치가 기독교를 박멸시키려는 공산 혁명의 위협에서 교회를 보호하여, 국가와 교회가 소원해진 바이마르헌법 시대보다 교회를 국가에 밀접하게 만들 것이라는 망상까지 하면서 히틀러 집권 초기 나치스의 폭행과

---

[7] John S. Conway, 같은 책, 29.

불법처사들마저 혁명 초기의 일시적 현상일 뿐이라고 변호하게까지 되었다. 흔히 당시의 기독교인들 사이에는 "히틀러는 비스마르크(Bismarck)와 같이 경건한 사람이다", "강한 지도자가 필요한데 그는 국가와 민족을 위해 헌신하는 사람이다", "국가사회주의는 잘못한 것도 있으나 어쨌든 볼셰비키(Volsheviki)혁명으로부터 우리를 구했다" 등과 같은 말들이 자주 입에 오르내렸다. 히틀러는 기독교인들의 환상을 깨지 않기 위해 조심스럽게 겉과 속이 다른 행색을 했다. 교회 세금도 잘 내고 집권 초기엔 가끔 가톨릭 예배에 출석도 했다. 그는 마침내 1933년 1월 30일 힌덴부르크(Hindenburg) 대통령에게서 수상으로 지명을 받고 이틀 후인 2월 1일에 행한 새 정부의 시정 연설에서 특히 힘을 주어 교회와 기독교인들의 신뢰와 환심을 살 만한 정책 발표를 했다.

정부는 기독교가 독일 민족 전체의 도덕적 기초라고 믿으며 민족의 힘의 소산인 이 바탕을 굳게 지켜나갈 것이다.

그러나 국가권력의 완전 장악만이 목표였던 히틀러는 바로 그 날로 국회를 해산하고 3월 5일 자로 총선거를 발표하고 의회 세력을 완전히 독점할 공작을 꾸몄다. 프로이센의 내무 장관이 된 괴링(Göring)은 수십만의 나치 돌격대(SA)를 보조 경찰로 쓰면서 다른 정당의 선거 운동을 방해하고 정적에게 테러를 하며 특히 공산당 · 사회민주당 · 유대인 계통의 지식인 언론인을 잡아 가두며 고문을 하는 무법천지를 벌였다. 2월 27일에 국회 의사당이 불에 타자 정부는 공산당원이 방화했다고 정신병자이며 폴란드 계통의 전 공산당원인

반 루베(Van Rube)를 범인으로 체포하고, 공산당 본부의 지령이 있었다고 선전하며 공산당과 사회민주당을 탄압하는 구실로 삼았다. 마침내 2월 28일자로 '국민과 국가를 보호하기 위한 긴급 조치'를 발동하여 헌법이 보장하는 국민의 기본권을 무효화시키고 영장 없는 체포와 구속·정당의 금지·우편 검열·재산 몰수·반국가 행위자에 대한 사형 등 온갖 불법과 위헌을 자행할 수 있는 토대를 구축했다.

테러와 긴급 조치 하에 시행된 3월 5일의 선거에서도 나치스는 유효 투표의 43.9%밖에 얻지 못하여 기도했던 과반수 의석의 점령에 실패했다. 3월 21일 새 의회 개원식을 포츠담(Potsdam)의 가니슨 교회에서 장엄하게 열고 기념 예배에서 디베리우스(Diberius) 감독에게 축복 설교를 하게 하는 등 히틀러는 나치스의 혁명적 폭동적 성격을 보수주의자와 기독교인들의 제스처로 부드럽게 보이게 하는 데 세심한 신경을 썼다. 마치 교회와 국가가 전에 없이 일체감에 싸여 있는 듯 한 인상을 주려는 것이었다. 그는 이날 정부 정책에 관한 시정 연설을 하면서 잔뜩 기독교 측을 추켜올렸다.

정부는 우리 사회에서 정치적·도덕적 독소를 제거하기로 결심했으며 정말로 깊고 내(內)적인 종교가 설 수 있는 전제 조건을 확보하고자 한다. 무신론적 조직들과 타협을 한다면 나 개인 정치적으로는 이점이 있을지 모르지만 종교적·도덕적 기본 가치가 파괴된다는 결과를 내다보게 된다면 그런 이점은 문제가 되지 않는다. 우리나라 정부는 기독교의 양 교회가 민족의 유지에 중요한 요소를 간직하고 있다고 본다. 따라서 정부는 교회와 국가 간에 맺은 계약들을 존중할 것이며, 회의 권리를 침해하지 않을 것이다. 정부는 동시에 정부가 목표로 내건 우리 민족의 민족적·도덕적 고양을 위한 정부의 노력이 인정과 평가를 받을 수 있기를 희망한다. 학교 교육에 대한 교회의 영향력을 보장할 것이다. 교회와 국가가 솔직하게 서로 협력할 것을 바란다. 유물주의적 세계관을 물리치고 올바른 민족 공동체를 산출시키는 것은 독일 민족의 이익이요, 또한 기독교 신앙의 이익이 될 것이다. 또한 기독교가 우리 민족의 도덕적 생활의 기초를 간직하고 있다는 점에서 정부는 교황청과 우호적 관계를 돈독히 하는 데 최선의 가치를 둘 것이다. 교회의 권리는 축소되지 않을 것이며 국가에 대한 교회의 위치는 변하지 않을 것이다.[8]

오히려 교회 쪽에 지나치게 양보하지 않았나 싶을 정도로 아부를 했지만 이미 3월 18일에 독일 가톨릭 주교회 의장인 베트람(Betram) 대주교가 파펜(Papen) 부수상을 찾아가 나치스가 곳곳에서 반기독교적 발언과 행동을 하고 있다고 항의했다는 점에서 교회 지도자를 대폭 안심시킬 필요가 있었으며, 일단 정치권력을 공고히 잡은 뒤엔 교회 측에 양보를 되돌려 받을 수 있다고 생각한 데에 히틀러의 계산이 있었다. 히틀러의 속셈이 전혀 다른 데 있었다는 것은 집권한 직후에 라우슈닝(Rauschning)과 한 대화에서 분명히 드러난다.

교파가 이것이든 저것이든 나에겐 아무 상관이 없다. 기독교는 아무런 장래가 없다. 적어도 독일에선 그렇다. 파시즘은 하나님의 이름으로 교회와 우선 평화롭게 지낼 것이다. 나도 그렇게 할 것이다. 왜 안 되겠는가? 그러나 결국은 독일에서 기독교를 뿌리째 뽑아 버리는 일을 아무도 막지 못할 것이다.

---

8) Aus Regierungserklarung Hitlers, 1933년 3월 21일 자.

… 기독교인이든가 독일인이 되든가 둘 중에 하나이지, 둘 다 일 수는 결코 없다.[9]

히틀러는 독일 민족이 유대교나 기독교의 연약한 동정적 도덕을 믿어서는 안 되며 자연과 민족, 민족의 운명 그리고 민족의 핏속에 들어 있는 신에 대한 영웅적 신앙을 가져야 한다고 이야기했다.

3. '독일적 그리스도인' 운동과 히틀러 찬양

히틀러와 나치즘의 등장으로 독일의 신교는 분열의 운명에 빠진다. 원래 독일의 신교는 루터(Martin Luter)의 강한 영향으로 루터교가 주류를 이루고 있었으며 곳곳에 장로교 제도의 영향을 받은 개혁교(Reformierte)가 있었다. 중세 로마 교황청의 엄청난 교권·정치권과 대결했던 루터는 교황에게서 분리된 교회의 보호를 위해 지방 영주와 왕들에게서 피난처를 찾았고 교회는 세상에서 존재하는 동안 국가 권력 아래에 종속될 것을 약속하여 세상의 권력도 하느님이 허락해 주신 것이라고 인정하게 되었다. 결국 독일의 군주국이나 황제국 시대(1918년까지)의 교회는 국가가 주는 돈으로 살고 왕이나 황제가 뽑아 주는 교회의 지도자를 섬기며 흔히 국가권력의 통치 수단의 하나로 전락된 모습을 띠었던 적이 허다했다. 그래서 교회는 시민혁명에도 노동운동에도 항상 뒷걸음을 치는 운명에 처해야 했다. 비

---

9) Hermann Rauschning, *Gespräche mit Hitler* (1940), 50.

엔나회의(1815)에서도 독일 제국회의에서도 어떤 교파를 국교로 인정하고 어떤 교파를 금지시키느냐 하는 권리가 교권에 맡겨진 것이 아니라 전적으로 왕권에 속했다.

1차 대전으로 군주제가 폐지되고 나서야 비로소, 교회는 국가에서 독립을 얻었고 신앙고백이나 교회 조직 제도에서 자결권을 얻었다고 볼 수 있다. 바이마르공화국의 헌법에 따라 재편성된 교회는 28개의 독립된 지방 교회(Landeskirche)로 분할되었고 중앙 집권적인 행정조직이 아닌 각 신앙의 공동체가 중심이 되는 자율적·민주적 교회의 모습으로 발전하게 되었다. 지방적 분할과 자율성을 얻은 교회들은 신앙고백과 신학적 견해의 차이로 분열과 갈등을 겪기 마련이다. 자유주의 신학·종교사회주의·신개혁주의 등 온갖 사조와 학파가 교회와 신학계를 휩쓸며 논쟁과 분열을 거듭했다. 당연한 역사의 귀결이겠지만, 민주적이고 자율적인 교회의 모습을 히틀러나 나치스가 달갑게 여길 리 없었다. 영도자에 절대복종하며 일사불란한 전국민의 통제를 새로운 국가 형태의 이상형으로 생각한 이들은 교회의 체질 개선을 시도할 필요를 느껴, 이미 1932년 6월 6일에 나치당원으로 베를린에서 주(州) 의원인 쿠베(Kube)를 시켜 '독일적 그리스도인 신앙 운동'(Deutsche Christen Glaubensbewegung)이란 것을 조직했다. 나치스의 조직 원칙에 준하여 이 운동은 전국 지도자(Reichsleiter)를 당에서 임명받으며 일사분란한 지도 체계를 만들어간다. 베를린의 호센펠더(Hossenfelder) 목사가 이 운동의 지도자가 되며 이들은 곧 각지에 퍼져 독일 민족 교회를 형성할 것과 28개의 지방 교회를 하나의 제국 교회로 통일시킬 것을 추진하는 대중운동을 벌인다. 이들은 각지에 뿌린 성명서 전단을 통해 "우리는 긍정적 기독교의 토대 위에 서서 긍정적인 기독교 신앙을 고백한다. 긍정적 기독교 신앙이란 독일적인 루터의 정신과 영웅적인 경건성에 나타난 신앙을 말한다. 우리는 우리의 민족과 혈통과 국가가 하나님이 주신 선물이요 질서라고 생각한다"[10]고 당의 구호를 반복했다.

'독일적 그리스도인' 운동은 히틀러와 나치스에 절대 복종하고자 했던 교회 사람들로 구성되었고 이들은 기독교와 국가사회주의 이념을 거의 동일시하는 데까지 나갔다. 그리고는 신문 방송 등 나치스의 선전 도구가 된 매스컴들이 전해 주는 이데올로기들을 아무 비판 없이 퍼뜨리며 기독교 나치 당원들 같은 모습을 보였다. 이 운동의 지도자 호센펠더는 "'독일적 그리스도인'들은 예수 그리스도의 돌격 부대(SA)와 같다. 육체적·사회적·정신적 궁핍을 물리치기 위해 우리는 돌격 부대로 나섰다. 우리 민족은 제삼제국을 건설해야 하는 역사적인 과업을 갖고 있으며 '독일적 그리스도인'들로 된 교회가 참여해 줄 것을 필요로 하고 있다. 결혼·가정·혈통·민족·국가 그리고 권세(Obrigkeit)는 하나님이 주신 창조의 질서이며 우리는 이를 성스럽게 받들어야 한다"[11]고 역설했다(당시의 *Süddeutsche Zeitung* 신문에도 보도됨).

이 운동에 소속되어 세도깨나 부리던 목사들은 점점 기독교 진리와는 상관이 없는 별의별 해괴한 소리를 다 하게 된다.

---

[10] "Positives Christentum"을 '긍정적'이라고 번역할 때 불충분함을 느낀다. 實證的·實定的·現實的이라는 뜻도 있겠으나 적절한 표현이 없어 현실 긍정적이란 의미에서 '긍정적'이라 번역한다.

[11] Fritz Lieb, *Christ und Antichrist im Drittenreich* (Paris, 1936), 29.

히틀러가 곧 우리의 구세주다. 히틀러를 통해서 하나님과 예수가 우리의 구원자요 우리를 돕는 자가 되신다. 고로 국가사회주의(나치즘)야말로 긍정적 기독교의 실체다.

이들은 총회 모임(Kirchentag)이나 집회에서 '독일적 그리스노인'들이라는 찬송가라는 것도 만들어 불렀다.

우리는 독일적 방식으로 믿으려 하네
우리는 로마적 모습을 싫어하네
우리는 루터에게 충성을 바치네
그는 골수에까지 깊이 독일적이었네.[12]

찬송가 가사는 아무렇게나 막 지었다.

유태인의 하느님은 바보스러워,
유태인의 신앙은 짐스럽도다.
우리는 독일인의 하느님을 믿나니,
독일인의 그리스도를 빼앗지 말라.

독일 땅에선 독일적 그리스도인들이,
히틀러와 함께 그리스도를 향해 전진한다.
하느님의 손아래 있는 민족만이,

---

12) 같은 책, 31.

영원히 앞날에 살아가리라.

히틀러는 권력의 장악과 전국민과 국가를 독재 체제화시키는 데 시간을 놓치지 않았다. 1933년 3월 21일 새 국회를 개원하고 23일에 비상 대권을 히틀러에게 위임하는 특별 법안을 내놓았다. 온갖 협박과 테러로 공포 분위기를 만들어 이를 통과시키고는 이제부터 국회의 의결 없이 아무런 조치나 법률을 마음대로 만들 수 있게 했다.

이날부터 히틀러는 온갖 기성의 정치조직을 파괴하고 독재 권력을 장악하는 데 혈안이 되었다. 5월 2일 노동자의 날이 지난 다음 날, 노동조합 본부를 습격해 간부들을 체포하고 노조를 해체한 뒤 독일 '노동자 전선'(Arbeiter Front)이란 어용 조직을 만들었다. 공산당은 이미 3월에 금지시키고 6월에는 70년의 역사를 가진 사회민주당마저 금지시켜버렸다. 다른 군소 정당들은 슬금슬금 눈치를 보며 스스로 해산해 버렸고 가톨릭을 배경으로 한 중앙당(Zentrum)마저 7월 5일에 자진 해산했다. 히틀러는 7월 14일에 '국가사회주의 독일 노동자의 당'(NSDAP, 나치스)이 독일에 유일한 정당이 되었다고 선포하고 과반수 의석도 못 되었던 국회를 해산하고, 10월에 나치스 하나만 놓고 총선거를 실시한다. 여기에는 히틀러의 외교 정책을 지지하느냐 반대하느냐의 국민 투표도 함께 결부시켜 가·부만 묻는 식의 선거 방식을 만들어 놓고서 결국 온갖 대중 동원·테러 수법을 이용해 95%의 지지율을 받아낸다. 정부·의회·정당·군대·노조 등 합법적인 권력 기구를 완전히 장악한 뒤에 정적들과 라이벌이 될 만한 인물들을 숙청하고 제거하는 작업에 들어간다.

그 중에도 가공할 만한 사건이 이제까지 히틀러의 권력 장악에 가장 핵심적 역할을 했던 나치스의 돌격대(SA) 두목 룀(Röhm)을 암살하는 사건이었다. 이미 300만의 부대원을 가진 SA 돌격대는 사실상 10만 명밖에 안 되는 국군을 훨씬 능가했다. 간혹 군대와의 충돌도 없지 않았던 터라 히틀러는 이 세력이 불안했다. 히틀러는 충복 히믈러(Himmler)를 시켜 경호대(Schutzstaffel; 약칭 SS)를 조직하고 비밀경찰부대(Geheimstaats Polizei, 약칭 Gestapo)를 장악 통솔하게 한 뒤에, 34년 6월 29일 밤 휴양 중인 룀(Röhm)을 습격 살해하고, 이날 밤 돌격대(SA)가 혁명을 기도했다가 실패했다고 공표하고서는 정적이 될 만한 요인들도 함께 죽여버렸다. 전 수상이었던 슐라이허(Schleicher) 장군, 스트라서(Strasser), 파벤 부수상의 참모들 등 요인들이 이날 밤 안개 작전에 이슬처럼 사라졌다.

8월 2일 힌덴부르크 대통령이 별세하자 히틀러는 그 날로 수상직과 대통력직을 겸한다는 법을 만들어 공표하고 제국 군대의 충성을 선서 받았다. 실로 바이마르공화국의 수상이 된 지 1년 7개월 만에 그가 예언했던 것처럼 국가를 자기 마음에 드는 형틀에다 새로 부을 수 있는 독재 권력을 거머쥐게 되었으며 '제삼제국'의 수립이 완성되었다. 이러한 범죄적 권력 탈취의 과정을 지켜보면서도 국가 권력에 종속되었고 권력 비판의 경험이 없었던 독일의 기독교는 국가와 정부에 대한 선지자적 목소리를 발하지 못했다. 한편에서는 히틀러의 교묘한 친 기독교적 전술이 기독교인들을 혼미케 했고, 다른 편에서는 나치 돌격대와 '독일적 그리스도인' 조직들이 교회 조직을 분열시키며 기독교를 나치화하는 데 박차를 가했다.

4. 가톨릭의 '합의서'와 개신교의 '제국교회'

히틀러는 국가사회주의 이데올로기를 독일 민족의 새로운 종교
로 만들고, 스스로가 교주가 되어 국가권력뿐 아니라 종교적 · 정신
적 권위와 숭배마저 한 몸에 지니고 싶었다. 종교적인 힘까지 동원
해서 온 국민을 열광시키는 신화를 만들어놓지 않고는 독일 제국뿐
아니라 세계를 제패하려는 야심을 실현시키는 길이 없다고 믿은 것
이다. 종교와 정치를 분리시키는 것이 목적이 아니라 종교를 정치권
력의 예속 하에 두어 절대적 독재 권력의 수단과 시녀로 삼자는 데
근본 의도가 있었다. 이런 점에서 히틀러는 나치스의 일부 간부들이
교회를 정치와는 무관하게 만들어 영혼 사업이나 하게 놓아두자는
생각에 만족스럽지 못했다.

같은 파시즘이면서도 이탈리아의 무솔리니(B. Mussolini)는 가톨
릭교회와 손을 잡고 교회 세력을 등에 업고 효과적으로 독재 정치를
구축해 살 수 있다고 생각했는데 히틀러는 기독교를 분열시키거나
무력하게 만들어 독재 체제 구축에 평탄 대로를 만들고 나서는, 어
용 기독교나마 세력을 키워주고 싶은 생각이 없었다. 이탈리아처럼
되면 국민의 충성이 국권과 교권에 나누어지게 되어 절대적 지배와
통치에 방해가 된다고 생각했다. '독일적 그리스도인 운동'이 나치스
에 의해 조직되었을 때도 히틀러는 별로 탐탁하게 여기지 않았다고
한다. 이 운동의 지도자 호센펠더 목사는 그토록 충성했는데 히틀러
는 한 번도 그를 개인적으로 영접해 주지 않았다. 히틀러는 나치스
내부에 기독교를 적대하는 편의 의견을 더 신뢰했으며 교회를 통제
는 하되 큰 세력으로 키우는 데는 반대했다.

그러나 교회 조직과 기독교인을 완전히 지배하는 것은 히틀러에게도 간단치 않았다. 의회나 정당·노조 등은 통째로 잡아먹을 수 있었지만, 별 쓸모도 없다고 생각한 교회를 어용화시키는 데는 귀찮을 정도로 많은 정력이 소비되고도 별 효과가 없었다. 그것은 한 편에서 로마 교황청이 버티고 있고 신앙의 자유를 믿는 신교 교인들이 히틀러의 교회 통합 안에 반대하고 나섰기 때문이다. 집권(33년 2월) 후에 히틀러는 곧 다른 모든 조직과 마찬가지로 기독교 세력과 교회 조직을 재편성할 계획을 세웠다. 이 계획은 신교와 구교의 성격상 다르게 나타날 수밖에 없었는데, 신교는 '독일적 그리스도인'들을 중심으로 지도 체계를 만들어 다시금 국가교회 형태인 '제국교회'를 구성해 한 사람의 제국 주교(Reichsbischof) 아래 통합시키는 방안이었고, 가톨릭교회는 로마 교황의 세력 때문에 일단 교회 합의서(Konkordat)를 맺게 하여서 안심시킨 뒤 슬금슬금 가톨릭교회를 침식해 들어가자는 전략이었다.

이러한 계획은 급속도로 추진되었다. 우선 각 지방 정부의 관리들과 나치 돌격대의 힘을 빌어 양심적인 교회 지도자를 후퇴시키고 나치 당원이나 '독일적 그리스도인' 운동에 참가한 목사들로 교회 기구를 개편하는 작업이 진행되었다. 프로이센의 교회 담당 관리로 들어선 예거(August Jäger)는 "교회도 민족의 한 일부분이므로 민족 공동체의 조직이 되어야 하고, 따라서 국가의 질서와 조직 형태에 맞게 개편되어야 한다"고 주장하고 "이제 통일된 하나의 제국 아래에 여러 개의 지방 교회가 있을 필요가 없고 하나의 제국교회로 통합되어야 한다"고 했다. '독일적 그리스도인'들은 33년 4월 3일에 제국 총회를 열고 "독일인에게 교회는 기독교적인 독일을 위해서 투쟁하는 신도들의 집단이어야 한다. 독일을 위해서 전쟁에 참여하는 것은 기독교적 양심에 위배될 수 없다. 우리는 하나의 통일된 제국교회를 원한다"고 외쳤다.

나치스의 선동에 의해서뿐만 아니라 지방 분권적 교회 운영이 가져오는 비효율성과 분열·갈등의 문제성도 인식해서 신교 교회는 마침내 28개의 지방교회를 하나의 제국교회로 통합하는 데 동의하게 된다. 문제는 통합된 제국교회의 우두머리인 제국 주교(Reichsbishof)가 누가 되느냐 하는 점이다. 히틀러는 이 자리에 호센펠더를 천거하지 않고, 동프로이센의 군목으로 있던 뮐러(Ludwig Müller) 목사를 지목하여 밀었다. '독일적 그리스도인' 운동의 극단적인 면이 일반 기독교인들의 비위를 거스르고 있다는 점을 파악한 히틀러의 포석이었다.

그러나 교회 조직과 지방 교회 대표들이 그렇게 호락호락하지 않았다. 5월 27일의 선거에서 '독일적 그리스도인' 운동에 반대하는 세력들이 연합해서 베델 봉사원의 원장인 보델슈빙(Bodelschwingh) 목사를 절대다수로 선출했고 히틀러가 선택한 뮐러는 낙선하고 말았다. 그러나 히틀러는 선출된 제국 주교 보델슈빙 목사를 만나주지 않았고 압력에 못 이긴 보델슈빙은 사퇴하고 말았다. 7월 14일에 히틀러는 내각 회의를 열어 새로운 교회법을 통과시키고 7월 23일에 각 지방 교회의 선거를 하게 하여서 '독일적 그리스도인'들이 중심이 된 조직 개편을 단행하고, 정부 기관과 경찰, 돌격대(SA) 등의 힘과 원조를 빌어서 마침내 뮐러를 9월 4일에 프로이센 지방 교회의 주교로 선출하고 —이때 총회에 참석한 대의원 대부분이 나치 당원의 복장을 하고 참석했다고 한다— 호센펜더를 브란덴부르크 주교로 선출했으며 9월 27일에는 드디어 뮐러 목사를 제국교회 주교로 선출해 앉히게 된다. 미미했던 교회의 저항마저 히틀러는 쉽게 까 뭉기고, 공식 교회 조직을 완전히 정권 아래 예속시켜 버렸다.

가톨릭교회를 다루는 것은 교황청과의 국제법적 관계 때문에 간단치 않았다. 히틀러는 일단 교황청과 가톨릭교회 지도자를 달래면서 이용해야 한다고 생각했다. 33년 3월 23일에 비상 대권을 통과시키고 나서 곧 부수상과 파펜을 4월에 로마로 보내 교황청과의 합의서(Konkordat) 작성을 서둔다. 원래 바이마르공화국에서도 교황청은 가톨릭교회의 자유와 재산·사회·교육 활동 등을 보장하기 위한 합의서를 체결하는 데 관심을 갖고 있었고, 몇 번 시도를 했으나 독일 측의 복잡한 지방분권 제도와 지방별로 다른 교파적 형편 때문에 합의가 어려웠다. 교황청 쪽에선 독일에 교황청 대사를 지낸 적도 있는 대주교 파셀리(Pacelli, 후에 비오 12세로 교황이 됨)가 전권을 가지고 조약 문서를 작성하는 협상에 나섰다. 합의서는 대체로 가톨릭 측에서 얻어낸 것이 많았다는 평이다. 바이마르헌법의 민주적 종교 규정에 따라 교회의 공법적인 지위와 사제 임명·종교 교육·재산 보호·가톨릭 학교 운영·사회 복지 사업 등의 권한이 보장되었다. 신교를 나치 이데올로기로 무장시키고 제국교회로 예속시키려는 정책과는 전혀 다른 모습으로 가톨릭을 대한다. 독일적 가톨릭이 되어야한다든가 '긍정적 기독교'와 같은 나치즘의 이념을 합의서에 삽입시키는 일을 하지 않았다. 단지 31조에 가서 가톨릭 신부들과 수도원의 소속원들은 정당에 가입할 수 없다는 단서를 붙인다. 일단 가톨릭을 정치에서 손 떼게 하자는 데 의도가 있었다. 7월 8일에 합의서 초안이 완성되자 7월 14일에 히틀러는 각의를 열어 합의서를 통과시킨다.

이날 내각의 회의록에는 히틀러가 가톨릭과의 합의서를 통과시키는 데 세 가지 이점이 있다고 설명한 대목이 기록되어 있다. (1) 나치 정권이 반기독교적이라는 의혹과 불신을 제거한다. (2) 바티칸 교황청의 승인과 지지를 획득한다. (3) 가톨릭의 정당 활동이나 노조 활동을 못 하게 못 박는다.[13] 바티칸 측에서는 물론 반대 의견이 없지 않았다. 히틀러와 합의서를 체결함으로써 나치의 테러 독재 정치를 공인해 준다는 것과 이미 가톨릭 정당(Zentrum)이 해산된 것, 7월 5일 가톨릭 노동조합 운동이 폐지된 것(5월 3일) 등을 교황이 모두 승인하는 꼴이 되기 때문에 체결의 보류를 주장하는 의견도 있었으나 교황이나 파셀리 대주교는 나치 정권의 반기독교적 성향과 독일의 정치 위기를 보면서 빨리 이만한 합의서라도 체결해서 교회의 지위와 재산·권리를 보호해야 한다고 믿고 조인을 서두른다. 가톨릭교회의 오랜 정치적 경험과 —살아남아야겠다는— 정치적 현실주의가 합의서를 추진시키는 쪽으로 결정한다.[14]

그러나 일반 가톨릭 교인들은 대부분 히틀러의 전술에 넘어가며, 교황청과의 합의서를 서둘러 처리하는 것을 가톨릭에 대한 존중으로 인정했다. 많은 가톨릭 간행물들이 나치스와 히틀러를 칭찬하고, 신도들이 멋모르고 나치스나 돌격대에 가입하며 교회당 안에 마침내 나치 깃발이 들어와 놓여지게까지 된다. 그러나 히틀러는 합의서

---

13) Walter Hofer, *Die Diktatur Hitlers* (Wiesbaden: 1965), 77.

14) 제삼제국에 대한 가톨릭 측의 태도에 대해서는 Dieter Albrecht, *Katholische Kirche im Drittenreich* (Mainz: 1976)나 또는 J. Nevhäusler, *Kreuz und Hakenkreuz* (München: 1946)를 참조하시오.

체결을 교황청의 공인을 받는 데 이용했을 뿐, 합의서 내용을 지키는 데에는 하등의 관심이 없었다는 사실이 얼마 안 가서 노골적으로 드러나게 된다.

5. '긴급목사동맹'과 '고백교회'의 저항

히틀러는 교황을 중심으로 일원적 지도 체계를 가졌던 가톨릭교회를 쉽게 굴복시키거나 분열시킬 수 없었던 데에 비해, 지방 분권적 민주적 제도를 가졌던 신교는 쉽게 분열시켰고, '독일적 그리스도인' 운동과 제국교회 확립으로 나치의 손아귀에 통째로 잡힌 듯이 보였다. 그러나 신교의 이와 같은 약점이 바로 다른 편에서는 나치화된 교회 조직을 거부하는 프로테스탄트들의 저항운동을 야기시키는 조건이 된다. 이미 33년 7월 제국 교회법에 의한 교회 선거가 있을 때부터, 곳곳에서 새 교회법과 나치스의 간섭, 영도자(Führer) 숭배, 아리아 조항(Arier, 교회법에서 유대인의 목사직을 거부키 위해 아리아족만이 성직을 맡을 수 있다고 규정한 조항)에 대한 신앙적 양심에 따를 수 없다는 비판의 소리가 높아 갔다.

여기에 첫 봉화를 든 사람이 베를린 달렘 지역 목사이자 신개혁주의 운동(Jungreformatorische Bewegung)의 총무였던 니묄러(Martin Niemöller) 목사였다. 그는 1933년 9월 21일자로 전국의 신교 목사들에게 공개 편지를 보내 성서와 신앙고백에만 충실히 따르겠다고 생각하는 목사들이 '긴급목사동맹'(Pfarrernotbund)에 가입해줄 것을 호소했다. 1주일 이내에 2천 명의 목사들이 가입 신청을 했고, 10월에 가서 긴급

목사 동맹을 조직하고 아리아 조항에 반대하는 성명서를 발표했다. 1933년 크리스마스 무렵까지 '긴급목사동맹'에 가입한 목사의 수는 6천 명, 1934년 1월엔 7천 명을 헤아리게 되었고, 겨우 2천 명의 목사 회원을 가지고 있던 '독일적 그리스도인' 운동을 능가하게 되자 제국교회 총주교 뮐러는 큰 도전과 더불어 통솔에 어려움을 느끼게 되었다. 당시의 독일 개신교 목사의 총수는 1만 7천 명이었다.

가입자가 늘어난 '긴급목사동맹'은 뮐러 주교의 사퇴 운동을 벌였다. 이에 맞서 뮐러 제국 주교는 1934년 1월 4일 목사들에게 설교나 공개편지 혹은 각서 등을 통해 교회 정책을 비난하는 일을 금지시키는 금지령(자갈을 물린다고 해서 Maulkorberlass라고도 함)을 내렸다. 이에 굴하지 않은 긴급동맹의 목사들에게 인사조치와 협박 등 보복 조치가 가해진다.

히틀러가 직접 교회 지도자를 불러(1월 25일) 니묄러 목사에게 불호령을 내리고 그날 밤 게슈타포가 니묄러의 가택을 수사하고 며칠 뒤에는 그의 집 마루에서 사제 폭탄이 터진다. 1월 27일 자로 니묄러 목사는 교직을 빼앗기며, 2월 10일부로 목사직을 은퇴당했다. 제국 주교 뮐러의 통솔이 신교의 지도자들과 목사들에 의해 거부되자 히틀러는 노골적으로 반기독교적 본색을 드러내기 시작했다. 34년 3월 13일에 남부 독일의 주교인 마이저(Meiser)와 부름(Wurm)과 만난 자리에서 기독교에 대한 협박을 가했다.

기독교는 러시아에서처럼 독일에서도 사라지고 말 것이다. 기독교는 아무리 해도 프랑스 혁명이나 볼셰비키 혁명, 맑스주의, 1918년의 혁명을 막을 수 없었다. 나(히틀러)는 교회에다 가장 큰 기회를 주었다. 교회가 이를 받아들이

지 않으면 교회가 파멸해버릴는지도 모른다. 독일 민족은 기독교가 존재하기 전에도 존재했으며 기독교가 사라져도 계속 존재할 것이다. 신앙 문제는 나에게 흥미가 없다. 단지 교회는 민족과 혈통의 교훈에 순응해야 한다.

200여 명의 '긴급목사동맹'에 속한 목사들이 징계를 받고 해직이되고, 수용소에 끌려가기도 했다. 탄압은 가혹해졌으나 양심적 기독교인들은 저항 의식을 잃지 않았다. 1934년 1월 3일과 4일에 바르멘 게마르크(Barmen Gemarke)에서 167개 교회 대표가 참석한 가운데 개혁 교회 총회가 열렸다. 신학자 칼 바르크(Karl Barth)도 참석해서 신앙고백의 올바른 이해를 선포하는 선언문이 채택되었다. 4월 22일에는 울름(Ulm)에서 모인 교회 총회(Kirchentag)에서 바이에른 주(州)와 뷔르템베르그 주(州) 교회 감독이 올바른 교회를 새로이 수립하겠다고 선언했다.

드디어 5월 29~31일에 바르멘에서 최초로 전국적인 고백교회(Bekennende Kirche)의 총회가 소집되며 53명의 평신도를 포함한 140명의 총회원(1명의 기독교 노동자 연맹 대표 포함)들이 모여 바르트(Karl Barth) 교수가 기초한 바르멘 신학 선언을 채택하고 12명의 형제위원회(Bruderrat)라는 지도부를 구성하여 교회와 신앙의 순수성을 수호하기 위한 결의를 하게 되었다. 6개 조항으로 된 바르멘 선언의 핵심은 제1조에 명시된 선언, "성서에 증거된 예수 그리스도만이 우리가 믿고 따를 수 있는 하나님의 말씀이며… 다른 권세가 하나님의 계시가 될 수 있다는 그릇된 가르침을 단호히 거부한다"는 것이었다. 바르멘 선언은 결코 정치적인 내용을 담지 않았다. 오히려 신앙과 종교의 영역을 그릇된 정치적 힘으로부터 침해당하지 않게 구별하며,

보호하려는 데 관심을 썼다. 종교와 정치의 분리는 신학적으로도 많은 문제가 있지만 당시의 독일 교회의 형편과 정치 정세에서는 역시 저항의 한 형태였다고 보아야 할 것이다.

그러나 고백교회는 나치 독재에 대해 직접적으로 정치적인 저항이나 반대를 하지 않았다. 그 많은 폭력 · 살인 · 유대인 학대 · 강제 수용소 그리고 불법 독재에 대해서 비판하는 성명서를 내지 못했다. '독일적 그리스도인'들이 히틀러 숭배의 나치 기독교를 가지고 교회와 신앙을 오염시킨 데 대해 신앙고백의 순수성을 지키고 교회를 어용화에서 보호하는 데 주된 목표가 있었다. 고백교회를 나치에 대한 정치적 반대 운동의 터전으로 삼으려던 일부 기독자들은 다수의 반발에 부딪쳤으며 실망하고 떠날 수밖에 없었다. 1934년 8월 이후 히틀러가 대통령직까지 겸하게 되자 목사들에게도 '영도자며 제국 수상인 히틀러에게 충성을 맹세하는 선서'가 법으로 강요되었다. 800명의 목사들이 제국 주교로부터 징계 조치를 당하고 지방 교회 두 주교가 연금 상태에 들어가자 1934년 10월 19~20일에 베를린 달렘에서 고백교회 2차 총회가 모였다. 143명의 대표들은 더 이상 '제국교회'를 인정치 않고, 고백교회의 기구를 교회 지도부로 삼을 것을 결의했다.

이때부터 고백교회의 지도부인 '형제위원회'를 '임시 교회 지도부' (VKL)라고 불렀다. 이것은 기존의 제국교회가 정상화되면, 다시 합쳐 공식 교회를 따르겠다는 여유를 보인 조치였다. 그러나 이 기대는 이루어지지 않았다.

탄압은 점점 심해지며 많은 양심적 교회 지도자가 해직되고 쫓겨났다. 본 대학 교수였던 바르트는 히틀러에게 맹세하라는 서약을 거부했다. 그는 "내가 그리스도인으로서 책임질 수 있는 한에서…"라는 단서를 붙여 선서하겠다고 조건을 제시했으나 이는 거부되고 징계 위원회에 회부된다. 결국 교수직에서 면직되고 발언 금지령까지 받게 된 바르트는 1935년에 스위스로 떠나 버린다. 고백교회에 속한 목사, 신학 교수가 수천 명에 달했으나 바르트처럼 히틀러에 맹세하는 것을 거부하고 초연히 직책을 버린 사람은 극소수에 지나지 않았다.

고백교회는 신앙고백을 중심으로 모였으나 제국교회에 대한 태도, 루터교와 개혁교의 교리상의 갈등, 지방색의 차이 등으로 의견이 같지 않았으며 종종 분쟁도 있었다. 개중에는 강경파도 있었고 온건파도 있었다. 그 중에도 고백교회의 구 프로이센 연합노회(Altpreußen Union)는 강경파에 속했다. 1935년 3월 4-5일에 이 노회는 나치즘의 종교화를 규탄하는 성명을 낸다.

> 우리는 우리 민족이 죽음의 위기에 직면했음을 본다. 이 위기는 바로 제일 계명을 거역하는 새로운 종교에 있다. 새 종교는 혈통적, 민족적 세계관을 신화로 삼고 민족과 인종 혈통을 우상으로 삼으며 구주 예수 그리스도의 영원한 나라 대신에 영원한 독일을 믿도록 강요한다. … 교회는 세상의 권세를 위해 기도하고 감사함이 진리 가운데서 행해져야 하고 세상의 권세를 종교화하는 일이 일어나지 않도록 깨어 경계해야 한다. … 모든 맹세는 하느님 앞에서 하는 것이며 하느님의 말씀만이 절대적인 구속력을 갖는다는 점에 맹세의 한계가 있다.[15]

---

[15] Walter Hofer, 앞의 책, 82.

고백교회의 성립과 확대는 개신교를 하나의 제국 주교 아래에 묶어 자갈을 물리려던 나치의 계획을 실패하게 만든다. 제국 주교 뮐러는 곤경에 빠지며 나치스로부터도 무능한 자로 경원을 당한다. 더욱이 고백교회를 탄압하는 데 대한 외국 교회들의 항의가 외무성에 쇄도하자 외무 장관은 뮐러를 불러 "교회 통합을 조용히 수습하지 못하면 더 이상 지원하지 않겠다"는 히틀러의 경고를 전달하게 된다.

제국 주교 뮐러는 각종 법안과 명령을 만들어 고백교회 목사들을 제재조치하면서 질서를 세워 보려고 하나, 교회 안의 뮐러에 대한 반발은 점점 심해진다. 해직을 시켜도, 감옥과 수용소에 보내도, 그칠 줄 모르는 교회의 저항에 당황한 히틀러와 나치스는 '제국교회'에로의 통합이 불가능해진 것을 깨닫고, 다른 대안을 마련했다. 더 이상 뮐러를 써먹을 수 없다고 생각한 히틀러는 35년 7월 16일자로 새로운 법령을 만들어 교회 문제를 전담할 장관 자리를 설치하고 한스 켈(Hanns Kerrl)을 교회 장관에 앉힌다. 명목은 혼란해진 독일 개신교회에 질서를 회복하기 위해서 정부 조직 속에 새 장관 부서를 둔다는 것이다. 교회 장관으로 취임한 켈은 교회 분열을 수습하기 위해 새로운 정책을 썼다. 지금까지 '제국 주교' 중심의 운영을 무시해 버리고 교회 운영 위원회(Kirchenausschüss) 제도를 도입해 여러 파의 대표들을 함께 위원회에 포함시키는 작전을 썼다. 최고 지도 위원회인 제국교회 위원회에는 고백교회에 속해 있던 죌러(Zöller) 목사를 의장으로 앉혔다.

이러한 새 정책은 고백교회 측에 새로운 문제를 가져 왔다. 교회 위원회에 참여해야 하느냐, 거부해야 하느냐로 의견이 갈라진 것이다. 고백교회의 강경파들은 "교회 장관을 이용한 국가 교회 정책에 말려들 수 없다"고 참여를 한사코 반대했으나 온건파들은 고백교회의 임시 지도부만으로 버틸 수 없으니 참여하면서 개혁하자고 주장했다. 임시 지도부인 형제 위원회에서 투표를 한 결과 찬성 11, 반대 17로 참여하지 않기로 되었다. 그러나 이 문제로 고백교회 안의 분열상이 심각해지자, 1936년 2월 18-22일에 오이엔 하우젠(Euenhausen)에서 제4차이자 마지막인 총회가 모였다.

결국 고백교회가 두 파로 갈라지게 되었다. 교회 위원회 참여파는 '독일루터교협의회'(Rat der Evangelisch-Luterische Kirche)로 조직되고 반대파는 계속 '임시 교회 지도부'(VKL)를 만들어 더욱 강렬한 저항을 계속하게 된다.

6. 교황의 교서 '애타는 걱정으로'

히틀러나 나치스 간부들은 독일 민족의 국가사회주의와 기독교는 궁극적으로는 융화될 수 없는 것이라고 믿으면서도 현실 정치상 기독교를 외면적으로 적대화하는 일은 피하려고 했다. 국제 정치적 영향력이 큰 가톨릭교회와의 충돌은 나치 독일의 장래에 손해만 가져올 것이라는 계산과 당분간은 기독교 세력을 집권과 독재의 수단으로 이용할 수 있다는 전략에서였다. 그러나 당간부들이 지닌 반기독교적인 성격과 나치즘의 본질은 감출 수가 없었다. 그들은 형식적 교회는 인정해 놓고 교회가 국민의 사상이나 관념에 미치는 영향력은 속속들이 막거나 김을 빼서 무용지물로 만들어놓으려는 것이 본래 의도였다.

교회를 무력화시키는 작전으로 당 간부들 사이에 여러 가지로 다양한 계략이 있었다. 로젠베르그는 국민들의 세계관 가치관을 전면적으로 재교육시켜 나치의 영웅적이고 민주적인 세계관을 주입시켜야 한다고 주장했고, 시락(Schirach)은 독일 청소년들에게 철저한 사상 교육을 시켜서 나치의 이념으로 무장시켜야 한다고 했고, 농림장관 다레(Darré)는 국민들의 종교적 의식을 깨어버리기 위해 반기독교적 서적들을 널리 퍼뜨려야 한다고 했다. 경호대와 비밀경찰 대장 히믈러(Himmler)는 기독교인들에게 협박과 겁을 주는 작전으로 교회 활동의 자유를 제한하고 국민에게 미치는 영향력을 최대한 줄여야 한다고 했다. 히틀러는 원칙적인 기독교 혐오에서부터 친교회적 제스처를 쓰거나 관용을 보이는 전술에 이르기까지 그때그때 마다 실용적 계산에 의해서 편리한 방책을 써나갔다.[16] 그래서 히틀러의 종교 정책은 극에서 극으로 전혀 일관성이 없었다.

가톨릭교회와 합의서를 맺고 나서 몇 달이 안 되어 합의서의 위반 사항들이 생기기 시작했다. 가톨릭 정당이나 가톨릭 노동 단체가 이미 해산된 것은 교황청도 할 수 없이 받아들여야 했지만 합의서의 31조를 구실로 기타의 가톨릭 조직과 활동에 대해서도 감시와 탄압이 늘어나는데 가톨릭 주교들이 못 본 체 앉아 있을 수만은 없었다. 히틀러는 비밀경찰에게 가톨릭의 종교적 행사는 교회 건물 안에서만 하도록 하고 교회당 밖에서의 행사는 통제하라고 지시했다. 나치스의 관심은 교회 예배나 사제 활동이 아니라 첫째로 가톨릭의 평신도 조직·노동자·농민·학생·청소년 조직들, 둘째로 신문·방송·잡지·

---

[16] John S. Conway, 앞의 책, p.122.

출판물 등 언론 활동, 셋째로 교육기관 및 수도회 조직들의 활동과 영향력을 막는 데 주목적이 있었다.

가톨릭 청년 단체에 압력을 넣어서 가톨릭 청소년 단체가 모두 히틀러 청소년회(Hitler Jugend) 회원이 되도록 만들었다. 신교 청소년들은 이미 뮐러 주교의 충성으로 히틀러 청소년회에 모두 가입시켜 버렸다. 지방에서는 가끔 가톨릭 단체나 조직들의 재산과 장부가 압수되는 일이 생겼다. 33년 7월 20일 자로 이미 가톨릭이란 글자가 붙은 신문은 폐간시켜 버렸다. 종교는 종교적 일이나 하지 왜 신문까지 하느냐는 것이었다. 이런 소식들을 보고받은 1933년 11월에 교황청의 파첼리(Parcelli) 대주교는 공식으로 항의하겠다고 독일 외무성에 경고했다. 국제적 체면 손상을 염려해 히틀러는 내무부 고위 관리를 로마에 보내 항의를 멈추도록 설득하고 경찰에다 노골적인 탄압을 중지하고 가톨릭은 조심스럽게 다루라고 명령하지만 얼마 안 가서 다시 감시와 탄압이 계속된다.

1934년 6월 30일 나치 돌격대장 룀의 구테타 음모사건을 조작해 정적들을 암살하는 날 밤, 가톨릭의 평신도 지도자인 클라우제너(Klausener)가 괴한에게 총을 맞아 죽게 되고 나치의 비판자로 알려진 가톨릭 주간지 「바른 길」(Gerade Weg)의 편집자 겔리히(Gehlich)가 암살당했다. "교회는 영혼의 구제와 내세의 일에만 관심을 갖고 세상일과 사회 교육문제는 나치에게 맡기고 손을 대지 말라"는 것이 나치스의 태도였다. 정부의 선전 공보장관 괴벨스(Goebbels)는 1935년 8월 4일 에쎈(Essen)의 연설에서 "우리는 모두 자기 분수에 맞는 일을 해야 한다. 청소년들에게 종교적 교육을 시키는 것은 교회의 일이겠지만, 정치적 교육을 시키는 것은 우리의 일이다. 청소년들은 우리의 관할사항이고 아무에게도 이양해 줄 수 없다. 또한 종교적 언론 기관도 필요가 없다. 독일적 언론이 필요할 뿐이다. 평화를 위해서 교회가 봉사할 길은 한 가지뿐이다. 강단(Kanzel)으로 돌아가라! 교회는 하느님을 섬기고 우리는 민족을 섬길 것이다"라고 했다.

가톨릭교도와 사제들 사이에 비판의 소리가 높아가자 비밀경찰들은 예배도 감시하고 설교를 기록해 보고하며 정보원을 교회조직 안에 집어넣고 탄압과 위협을 더해 갔다. 1936년경에는 가톨릭의 출판물이 3분의 1로 줄었고 10월에는 사제들의 사목 편지(Hirtenbrief)가 불순하다고 해서 인쇄물에 싣지 못하게 금지했다.

독일 가톨릭 주교회 의장인 버트람(Bertram) 대주교는 여러 차례 수상실에 건의와 항의 편지를 보냈으나 답이 없었고, 마침내 1936년 말에 가서 로마 교황에게 사정을 호소하게 된다. 교황 비오(Pius) 11세와 파셸리 대주교는 의논 끝에 1937년 3월 14일 자로 교황의 교서(Enzyklika)를 작성해서 발표하였다. 〈애타는 걱정으로〉(mit brenender Sorge)라는 문구로 시작되는 이 교서는 인권과 교회 합의서를 근거로 해서 독일 정부가 하고 있는 양심과 신앙의 탄압, 반기독교적 투쟁 등을 분명하게 비판하는 교서를 만들었다. 이 교서의 인쇄물이 나치스가 모르게 비밀리에 독일로 전달되어 1937년 부활절 전 주일에 일제히 가톨릭교회 예배에서 낭독되었다. 여기서 교황은 "'독일적 그리스도인 운동'이 기독교 대신에 '살과 피'를 믿는 자의 종교로 대치시키려 한다"고 지적하면서 "혈통주의 민족주의의 망상"을 비판하며 예배와 종교 활동의 제약·방해를 규탄하고, 가톨릭의 신부·사제·청소년들에게 혈통·민족·국가를 우상화하는 데 반대하고 기독교 신앙과 도덕을 왜곡시키는 데 저항해야 한다고 주장하면서 신도들은 그리스도와 교회와 로마의 명령만을 따르라고 가르치며 교서를 맺는다.

히틀러는 대단히 화가 났다. 이것은 교황청의 선전포고와 같았다. 이런 선전포고가 교회당에서 공공연히 낭독되기까지 비밀경찰이 몰랐다는 것도 체면 손상이었다. 교서의 인쇄물을 압수하고, 알리는 자는 체포하고, 가톨릭 인쇄소를 폐쇄시키는 등 온갖 보복 조치를 노골적으로 감행했다. 교회 장관 켈은 버트람 대주교에게 이것은 국가 반역이라고 호통을 쳤다.

새로운 보복 조치로 가톨릭 신부와 수녀들에 대한 비윤리적 행위를 조사하도록 명령하여 체포의 구실을 삼고, 외환의 불법 소지 및 유통 여부도 조사해 처벌하게 했다. 가톨릭과 맺은 합의서를 폐기하자는 나치스 내의 의견도 있었으나 로마 가톨릭과 정면충돌해서는 별 이점이 없다는 고려에서 그대로 두기로 하고 교황의 교서는 무시해버리기로 했다. 화가 난 히틀러는 38년 5월에 로마를 방문하면서도 교황청을 들르지 않았다. 가톨릭 측과 공개적인 충돌은 피하면서 교회활동과 조직은 더욱 극심하게 탄압하는 쪽으로 정책이 세워진 것이다.

가톨릭교의 위신을 떨어뜨리기 위한 작전으로 연일 신문에다 신부와 수녀의 성 관계 스캔들 기사를 대문짝만하게 실었다. 공보부에 의해 철저히 통제된 신문들은 추문에 관계된 재판 기록을 계속적으로 싣고 이런 건수가 1천 건이 넘을 것이라고 예고하며 독자들의 흥미를 돋우려 했다. 그러나 결국 끝까지 밝혀진 건수는 얼마 되지 않았고 이로써 가톨릭 국민의 자기 교회에 대한 신뢰가 손상되는 기색은 별로 없었다.

7. 대결과 탄압의 관계

고백교회는 1936년에 들어서서 노선의 갈림과 함께 내분이 일어 내외로 큰 타격을 받았다. 교회 장관의 회유 정책에 말려든 교회 위원회 참여파 목사들은 고백교회를 떠나 정부 측에서 지원하는 교회로 합작해 버렸다. 1936년 11월에 그들은 다음과 같이 성명서를 낸다.

우리는 볼셰비키 공산주의를 막기 위한 독일 민족의 투쟁에서 제국교회 위원회와 함께 영도자의 뒤를 따른다.

니뮐러 목사를 중심으로 남은 달렘파(Dalemiten)들이 계속 고백교회의 임시 지도부를 버티고 타협을 거부한 채 저항도를 높여갔다. 이들은 비밀전단 〈여기 국가 교회의 모습이 있다〉(디베리우스 감독의 글이라고 함)를 만들어 배포했고 마침내 나치즘을 이론적으로 공격하는 문서를 만들 필요를 느껴 〈히틀러에게 사실을 고함〉이라는 공개서한을 만들어 히틀러에게 보내고 외국의 신문에 발표했다.[17] 여기서 고백교회 지도자들은 히틀러의 반 기독교정책 '긍정적 기독교'의 모순성, 교회 탄압 정책 비판, 교회 학교 · 방송 · 언론기관의 폐쇄에 대한 항의 등을 포함시키고 국민은 히틀러를 하느님과 민족의 중개자처럼 받들고 따르라는 주장을 받아들일 수 없다고 거부한다. 이 공개서한을 히틀러가 읽었는지는 분명치 않다. 나치스는 이를 모른

---

[17] Wilhelm Niemöller (Hrsg.), *Die Bekennende Kriche sagt Hitler die Wahrheit: Die Geschichte der Denkschrift der Vorläufigen Leitung von Mai 1936* (Bielefeld: Ludwig Bechauf verlag, 1954).

척 무시해버렸다. 정부 측 반응이 없자 공개서한의 요지를 줄여서 8월 23일자 예배 시에 고백교회 목사들이 광고 형식으로 전파했다. 이런 노골적인 행동에 나치들은 당황했지만 우선 내버려 두기로 했다. 히틀러의 명령으로 올림픽 기간 동안에는 교회에 손을 대지 말라는 것이었다. 이를 광고한 목사들을 전부 검거했더라면 1천 명은 넘었을 것이라 한다. 탄압은 올림픽이 끝난 뒤에 시작되었다. 이 공개서한을 외국에 내보낸 고백교회 본부의 간부 바이슬러(Weissler) 박사는 체포되어 강제 수용소로 갔다가 거기서 비참한 죽음을 당한다.

제국교회 위원회 밑에 '독일적 그리스도인'들과 '고백교회'를 연합시켜 보려던 교회 장관 켈의 시도는 2년도 못 되어 실패로 끝나고 말았다. 켈은 장관 자리를 맡으면서 2년 이내에 분열된 개신교회를 통합시키겠다고 히틀러에게 자신 있게 약속했었다. 켈은 사실 열심히 국가사회주의와 기독교가 잘 협력할 수 있다고 양쪽에 설득하느라 애썼다. 히틀러에게는 "교회가 제삼제국을 위해 긍정적 역할을 할 수 있게 하겠다"고 했고, 나치스 내부의 반기독교론자인 로젠베르그 등에게는 "국가사회주의도 하나의 종교 운동이며 기독교와 서로 보완 관계에 있을 수 있다"고 역설했다. 켈은 또한 고백교회를 향해서는 "예수 그리스도의 가르침이 국가사회주의의 이데올로기와 모순되지 않는다"고 하면서 "그리스도께서도 유대인들과 싸우지 않았느냐? 그래서 십자가에 죽기까지 하지 않았느냐", "나치 국가가 교회에 이렇게 많은 예산을 지급하고 있는데 어떻게 반기독교회적일 수 있는가? 교회가 단지 정치적인 관심에서만 손을 떼면 국가와 충돌할 아무런 문제가 있을 수 없다"고 주장했다.

켈 장관은 물과 기름과 같은 기독교와 나치 이데올로기를 융화시켜 보느라 제 나름대로 애를 썼다. 그러나 점점 심각해지는 교회 간의 대립과 게쉬타포의 무자비한 탄압, 나치스의 노골적인 반기독교적 구호들이 켈 장관의 말을 밑받침해 주지 않았다. 제국교회 위원회는 위원장 쵤러(Zöller) 목사의 여행마저 게쉬타포가 금지시켜버리자 모두 사퇴를 해버리고 교회위원회는 1937년 2월 12일에 스스로 해산하고 말았다. 고백교회의 참여파들이 체면을 잃게 된 것은 말할 것도 없다. 2월 15일에 히틀러는 수상의 이름으로 갑자기 공고를 내어 "제국 교회 위원회가 개신교의 여러 단체들을 규합하는 데 실패한 이상 교회는 자유스럽게 새로운 교회법을 만들고, 새 질서를 구성하도록 한다. 교회 장관이 새로운 교회 총회를 구성하는 선거와 제반조치를 마련할 것이다"라고 엉뚱한 조치를 제시한다. 그러나 나치 국가는 교회의 자유선거를 허락할 자신이 없었다. 선거 기간을 질질 끌어오다가 마침내 11월 23일에 가서 켈 장관은 "교회의 카오스(Khaos)적인 혼란 상태 때문에 선거를 할 수가 없어 무기한 연기한다"고 공고한다. 그 사이에 정부는 교회 예산에 관한 제한조치, 헌금의 용도 제한, 교회당을 선거 장소로 쓸 수 없다는 제한 등 각종의 금지령을 내리며 교회의 운영권을 점점 압축해 들어갔다. 그리고 고백교회와 저항 세력에 대한 나치의 대책이 그 사이에 무자비한 탄압으로 전환되었다.

1937년 봄 교황의 교서 사건이 계기가 되었는지도 모른다. 6월에 들어가서 디베리우스 감독이 붙들려 가고 6월 23일에 고백교회의 형제 위원회가 모인 회의장에서 8명의 지도 위원들이 체포되더니 7월 1일엔 니묄러 목사가 히틀러의 명령으로 구속되었다. 이 한 해 동안 800여 명의 고백교회 목사들과 신도들이 체포되어 감옥에 가고 수용소에 보내졌다. 잡혀가지 않은 목사들에게는 설교와 발언을 못하게 하는 금언령이 내려지고 시무하던 교회에서 쫓겨나고 월급 지급이 중단되었다. 고백교회가 경영하던 신학 교육 기관이 폐쇄되고, 교회 출판사들이 폐쇄되고 압수된다.

목사들이 잡혀가도 고백교회는 계속 예배를 보며 옥중에 있는 목사들을 위한 기도회가 계속 열렸다. 이 기도회가 고난을 당하는 동지들의 소식을 듣고 알리는 유일한 집회 수단이었고, 게쉬타포는 이 기도회마저 막지는 못했다. 니묄러 목사의 체포는 전 세계에 알려져 외국교회 그리스도인들이 항의와 기도회를 거듭했다. 외국의 여론 때문에 재판을 빨리 열지 못하고 준비만 하다가 8개월이나 지난 뒤인 1938년 2월에 가서야 재판이 열리게 되었다. 체포 당시의 죄목은 설교단에서 교회를 떠난 사람들의 명단을 알려 교회 장관의 명령(1937년 3월 20일자)을 위반했다는 것이었다. 기소에서는 외국의 반국가 여론을 일으킨 조국의 반역자라는 죄목까지 추가되었다. 그러나 법정은 7개월이란 가벼운 형을 내렸다. 이미 갇혀 있는 기간이 형벌 기간을 넘어 석방이 되었으나 히틀러의 직접 명령으로 다시 체포되어 집단 수용소로 보내졌다. 거기서 니묄러는 나치가 망할 때까지 8년간을 감금되는데, 그 사이 니묄러 목사는 박해당하는 기독교의 상징이 되어 매일같이 계속되는 외국과 독일 안의 기도회에서 그의 이름이 오르게 된다.

가톨릭 측에서도 탄압은 가혹해져 수많은 신부들이 잡히고 수용소로 끌려간다. 교회 단체에 대한 조사와 통제가 심해지고 특히 외국과의 연락을 추적하는 조사가 심해졌다. 로마와 제네바로 오가는 통신이 엄격히 검열되곤 했다. 콜핑하우스(Kollpinghaus) 등 가톨릭의 많은 복지 사업 기관이 폐쇄되고 학교에서의 종교 교육이 금지되며 성당 밖에서의 집회나 행사는 모두 경찰에 허가를 얻도록 만들었다. 집회 허가는 한 달 전에 행사 내용과 참석자 명단을 만들어 제출해야 하며 그것도 허가가 잘 내려지지 않았다. 그러나 이 박해와 수난기에 가톨릭과 신교의 교회는 오히려 부흥이 일어난다. 게쉬타포의 집계에 의하면 1937년에서 와서 교회의 집회 수와 참석인원이 1932년보다 4배나 많아졌다는 것이다. 탄압에 대한 소식이 궁금했던 교인들이 더 많이 예배와 기도회로 몰려왔던 때문이다.

8. 전쟁 속에 강요된 침묵

1939년에 전쟁이 일어나자 히틀러의 교회 탄압은 정전(停戰) 상태를 유지하게 된다. 내외로 적을 둘 수 없다는 전략 이외에도 전쟁 목적을 달성하기 위해 기독교의 도움이 필요했다. 나치스의 반기독교 정책에도 불구하고 1939년에 만든 인구조사에서 8천만의 독일 국민 중 95%가 기독교인으로 집계되었다. 3백만의 나치 당원 중 대다수가 교회에 등록하고 교회세(稅)를 내고 있었다.

히틀러는 국민의 지지와 단합이 필요했기 때문에 전쟁 기간 중 교회에 대한 감시나 조사 탄압을 일체 중지하라고 명령한다. 오히려 교회에다 전쟁의 승리를 위해 기도하고 교회 신문에 전황 보도와 전쟁에 나아가는 신도들을 격려해줄 것을 요구한다. 많은 교회 지도자들이 국가에 대한 충성과 평화에 대한 책임 사이에서 양심의 갈등을 느낀다. 그러나 아무도 감히 조국이 전쟁을 도발한 원흉이며 침략자라고 규탄할 용기가 없었을 뿐 아니라 의식도 못하고 있었다. 폴란드와 체코슬로바키아를 점령하고 지역에서 갖은 만행을 다했지만 가톨릭이나 신교의 감독과 목사들은 "하느님의 도우심으로 독일군이 승리했다"고 감사의 기도를 드렸고, "교회는 국가와 민족을 살리기 위한 전쟁을 지지하고, 신도들은 국민으로서, 군인으로서의 충성과 덕성을 가져야 한다"고 설교했다. 고백교회의 지도자들마저도 나치의 종교 탄압에는 항거했지만 히틀러의 대외 정책이나 전쟁에 대해서는 침묵하고 말았다. 민족이나 혈통을 우상으로 섬기지 않겠다고 고백한 기독교인들도 전쟁이 민족의 생존과 유지에 불가피한 수단이라는 논리에 항거할 다른 신앙고백이 없었다.

이러한 점은 유대인 추방과 학살 때도 마찬가지였다. 1938년 11월 유대인들이 수난을 당하는 날 밤(Kristallnacht) 2만 명의 유대인이 체포되어 수용소로 끌려가고 177개의 유대 교회당이 불에 탔어도 교회는 못 본 체 눈을 감아버렸다. 몇몇 소수의 성직자와 교인들만이 잡혀가는 이들을 위해 기도회를 열고, 유대인을 외국으로 내보내는 구호 사업을 벌이는 정도로 그친다. 물론 이들도 수용소로 끌려가 죽음을 당했지만 정신박약자 19만 명을 안락사를 시킨다는 소문이 돌 때(1941년)도 갈렌(Gahlen) 주교 등 극소수의 성직자만이 공개적으로 비판을 가할 용기를 가졌다.

전쟁을 목적으로 교회에 대한 탄압의 사슬을 늦추자 교회는 대부분 침묵으로 신앙 양심의 괴로움을 견디어 나갔다. 양심이 괴로워 견딜 수 없는 자는 소수였다. 이 양심이 괴로워 칼 바르트는 독일이 체코를 침공했을 때(1938년) 프라하(Prague)에 있는 흐로마드카(Hromádka) 교수에게 편지를 썼다.

이 전쟁에 나서서 싸우다 죽는 체코의 병사들은 바로 우리를 대신해서 죽는 것입니다. 그리고 분명히 말할 수 있는 것은 히틀러와 무솔리니의 기만에 넘어가 가소롭게 되어버리든지, 뿌리를 뽑히고 말든지 갈림길에 있는 예수 그리스도의 교회를 위해서 그렇게 당하는 것입니다.

이 양심이 괴로워 본회퍼(Dietrich Bonhöffer)는 2차 대전이 일어난 해인 1939년에 라인홀드 니버(Reinhold Niebuhr) 교수에게 다음과 같이 편지하고서 독일로 돌아와 저항운동에 몸을 던지고 목숨을 잃었다.

독일의 기독교인은 지금 독일이 전쟁에 이기면서 기독교 문명을 말살시키느냐, 독일이 패배하면서 그리스도교 정신을 살리느냐의 갈림길에 서 있습니다. 나는 어느 것을 선택해야 하는지 알고 있습니다. 그러나 나는 이 선택을 미국이라는 편안한 땅에 앉아서는 할 수가 없습니다. 그래서 저는 독일에 귀국하기로 결심했습니다.

독일 교회가 그리스도인들의 대부분은 이러한 양심의 갈등을 가슴에 안고서도 국가와 민족의 이름으로 강요된 전쟁 앞에 무기력하게 복종할 수밖에 없었다. 그러나 2차 대전으로 히틀러의 나치 국가가 패망하게 되자 나치즘에 복종하던 교회는 여지없이 허물어지게 되고, 교회는 새로운 기초를 찾아 재건되어야 했는데 여기에서 독일 교회는 칼 바르트와 본회퍼가 걸어간 고백교회의 전통을 그 신학적, 신앙고백적인 밑바탕으로 삼아 새로운 교회를 창건하게 되었다.

2장
동·서독 분단과 교회의 통일 논의

1. 동·서독과 남북한의 분단과 교회

그리스도께서는 우리의 평화이십니다. 그는 유대 사람과 이방 사람 사이에 막혔던 담을 허시고 둘을 하나로 만드시고 서로 원수 된 것을 자기 몸으로 해소시킨 분입니다(에베소 2:14).

독일 교회는 민족의 분단과 통일 문제에 대하여 어떤 태도를 갖고 있는가? 이것은 같은 분단 상황에 처한 한국의 교회와 신자들에게 퍽 중요하게 생각되는 관심사 중의 하나다. 2차대전 후 동·서양대 진영의 각축 속에서 분단의 운명을 짊어져야 할 나라들이 한국·베트남·독일이었다. 그중 베트남은 어쨌든 분단 문제를 청산했고, 독일은 두 개의 국가라는 공식을 가지고 통일은 이루지 못했으나 평화를 정착시켰다. 이제 한국의 분단 문제는 어떤 해결책을 보게 될 것인가? 전쟁에 의한 통일, 대화를 통한 평화와 공존, 전쟁과 긴장이 계속되는 공존, 아니면 대화를 통한 통일, 그 어느 것이 가장 바람직하며 실현이 가능한가? 이러한 과제를 놓고 우리는 자연히 독일의 해결 방식이 어떤 것이었으며 어떠한 정치적 역사적 맥락 속에서 그런 길이 주어졌는가에 주목하게 된다. 또 하나의 방식, 베트남식은 우리가 모두 피하고 싶은 최악의 길이기 때문이다.

우리에겐 가능하지도 않겠지만, 오늘 핵전쟁의 위협 속에서 전쟁을 통한 통일을 주장하는 자는 남에도 북에도 (적어도 명분으로는) 있지 않을 것이다. 그렇다고 독일식 해결책이 우리에게 적합하며 가능한 길인가 하는 문제에는 쉽게 해답이 나오지 않는다. 분단의 역사와 상황이 비슷한 것 같으면서도 한국과 독일은 그 역사적·정치 문화적·민족 사회적 특성이 너무나도 다르다. 그럼에도 우리는 같은 강대국과 이데올로기의 갈등 속에서 전쟁을 막고 평화적으로 민족 문제를 해결해 간 과정에서 무언가 배울 수 있지 않을까 생각하게 된다. 특히 독일 교회가 분단 극복과 통일을 위해 노력한 흔적에서 한국교회가 참고해야 할 것들이 있을 것 같다.

독일 교회와 통일 문제에 대한 연구에 필자가 관심을 갖게 된 직접적 동기는 1981년 6월 서울에서 열렸던 제4차 '한·독 교회 협의회'에서 얻게 되었다. 독일 교회 대표단에 끼어 13년 만에 조국 땅을 밟게 된 필자는 "분단 상황 속에서 교회가 할 역할이 무엇인가?"라는 문제를 놓고 토론하는 한국과 독일 대표들의 발언과 시각 속에서 너무나 서로를 모르고 있구나 하는 점과 너무나 서로 발상법이 다르구나 하는 점을 느꼈다. 독일 대표들은 통일이 왜 반드시 있어야 되느냐, 두 체제가 평화롭게 공존하고 교류와 대화를 통해 민족 문화를 유지해 가면서 서로 다른 이념과 체제 속에서라도 발전하며 살면 되지 않느냐 하는 것이었고, 한국 대표들은 우리의 상황 속에서는 통일이 없이는 평화도 없고 민주주의도 정착되지 않고, 경제 발전도 제대로 되지 않고 민족 주체성도 확립되지 않기 때문에 우선 통일을 지상의 과제로 추구하여야겠다는 입장이었다. 물론 서로 상황과 처지는 다르지만, 서로 차이점과 공통점을 잘 이해하기만 한다면 본받을 점을 서로 발견할 수 있지 않을까 하는 것이 그때 떠오른 생각이었다. 특히 독일에서 분단을 극복해가는 과정에서는 교회의 역할과 비중이 대단히 컸다고 평가되고 있다.

한국의 기독교가 물론 독일에서와 같은 역사적 정치적인 위치를 갖고 있지는 못하지만 그래도 마음만 먹으면 개화기나 독립 운동기에서 보여주었던 것처럼, 분단 극복과 평화 통일을 위해서 무슨 긍정적 역할을 할 수도 있지 않을까 생각해보게 되었다. 1945년 이후 독일의 분단 상황과 교회의 분단 극복을 위한 노력에 대하여 새삼스럽게 조사해보고 싶은 마음이 생겼다.

분단의 역사와 조건, 상황에서 한국과 독일은 커다란 차이점들을 갖고 있다. 우선 거시적 안목에서 볼 때 독일 민족은 통일된 국가에서 산 역사가 비스마르크의 통일 후 겨우 일백여 년밖에 안 되는데, 한국은 적어도 통일 신라 시대까지만 잡아도 일천여 년이 훨씬 넘는다. 그래서 필자는 두 나라의 분단 상황을 부부간의 싸움으로 별거하고 있는 상태에다 비유할 수 있다고 생각해본다. 한국은 약 10년쯤 살다가 헤어진 부부와 같다면 독일은 1년밖에 함께 살지 못하고 헤어진 부부다. 한 일 년쯤 살다 헤어진 부부는 이혼을 하기가 쉽지만, 10년씩 살다 별거하는 부부는 이혼이 쉽지 않다. 자녀라든가 재산이라든가, 생활 감정 등 공통적으로 얽힌 문제들이 너무 많아 쉽게 서로를 포기하지 못하는 처지에 있다. 역사적으로 오랫동안 소영주국으로 나뉘어 산 경험이 있는 독일 민족은 한 민족, 여러 국가라는 도식이 그리 불편한 것이 아니다. 사실 1870년에 비스마르크가 프러시아를 중심으로 통일은 했지만, 국내적으로는 강한 지방 분권적인 주(州)정부가 있어 정치적으로 문화적으로 종교는 분립주의가 많이 남아 있었다. 여기에 비해 한국은 통일 정부 아래서 중앙 집권적인 체제에서 살았고 그래서 언어·문화·종교도 하나의 단일한 형태를 계속 유지해 오고 있다.

또 한 가지 중요한 역사적 차이점은 독일 민족은 통일이 되고 나서 여러 번 전쟁을 일으키고 침략을 함으로써 이웃 나라들에 피해를 입힌 민족이다. 지난 한 세기 동안 30-40년을 간격으로 큰 전쟁을 세 번이나 일으키고, 통일해서 힘만 모아지면 이웃을 괴롭힌 죄과를 가진 민족이다. 오늘의 독일 분단도 어떤 의미에서는 합쳐 놓으면 또 무슨 짓을 할지 모른다는 유럽 인접 국가들의 염려 때문에 생겨진 결과라고도 볼 수 있다. 이렇게 보면 독일의 분단은 스스로의 죄과 때문이라고 할 수 있다. 분단된 민족의 고통은 안 되었지만 한 짓을 보면 그래서 싸다고 할 수 있다. 이놈의 부부는 합쳐 놓으면 못된 짓을 하니까 오히려 갈라놓아야 세계가 편안하다 해서 강제 별거를 시키고 있는 것과 마찬가지다. 그러나 한반도에서 강제 별거된 부부는 그렇지 않다. 평화롭게 잘 살았고 침략을 한 적도 없으며, 오히려 묘한 지정학적인 위치 때문에 주변 강대국들의 싸움에 말려들고 억울하게 피해만 보아 온 것이 우리 민족이다. 이웃에게 피해를 주기 때문에 갈라놓은 것이 아니라 이웃 강대국들의 갈등과 싸움에 업혀서 억지로 갈라져 인질로 잡혀 있는 것과 같다. 재결합을 시켜도 주변의 나라들에 결코 해를 끼칠 염려가 없는 것이 우리 민족이다. 그러므로 한국에서 통일의 당위성을 주장하는 것은 독일과 비교할 수 없는 당연한 권리와 호소력을 가진다고 할 수 있다.

그러나 이러한 당위성과는 달리 현실에 있어서 분단의 상황은 독일에 비교할 수 없으리만큼 비극적이고 참혹하다. 같이 살았던 기간에 비해 보면 분단 30여 년이란 것은 별거 기간 3개월 정도밖에 안되는데 왜 그렇게 서로 죽일 듯이 미워하고 있는지 모른다. 일 년밖에 살지 않다가 갈라진 동·서독은 주변 정세 때문에 할 수 없이 헤어졌어도 가끔 만나서 정을 통하고 편지도 주고받고 선물도 보내고 또 어려우면 돈이나 물자도 보태 주고 하는데, 십 년씩 살았던 남·북한의 부부는 만나면 칼을 들고 서로 죽이려고 하고 온 동네에 다니며 서로 쌍년, 죽일 놈 하고 욕지거리를 하며, 돈 많고 힘센 놈들하고 간통이나 하며 서로 독약이라도 보내서 없애지 못해 야단이다.

독일 사람들은 70년대 초에 브란트 정부의 동방 정책(Ostpolitik)으로 동·서독 관계의 정상화를 할 때 정치적인 통일이 불가능한 상황에서 한 민족, 두 국가라는 생각을 가지고 이산가족을 결합시키고 방문과 교류를 증대하고, 학술·종교·문화의 공동 작업을 통해서 민족의 단일성(Einheit des Volkes)을 유지해 가자고 했다. 즉 아직 살림은 합치지 못하더라도 아이들 교육문제, 제사 문제, 가문의 예절이나 체통 문제는 함께 이야기를 나누며 유지해 가자는 방안이다. 이렇게라도 하지 않으면 언어도 사상도, 습관도 감정도 너무 소원해져나중에는 전혀 합칠 수 없는 남남이 되어버리겠기 때문이다. 동·서독 방식이라는 것은 최종 목표로서는 우리에게 적합하지 않지만, 완전한 재결합을 위한 과정으로서는 꽤 지혜로운 것이라고 생각할 수 있지 않을까?

독일이 선택한 분단 극복의 방법에 대해서는 훗날 역사가 바른 평가를 하겠지만 일단 오늘의 시점에서 볼 때 앞서 언급한 분단 극복의 네 가지 해결안 중에서 최선책은 못 되어도 차선책은 된다고 판단할 수 있다. (1) 대화를 통한 통일보다는 못하지만, (2) 대화를 통한 평화의 공존은, (3) 전쟁과 긴장이 계속되는 공존이나 혹은, (4) 전쟁에 의한 통일보다는 낫다고 평가할 수 있으리라 생각된다. 사실 독일이나 한국이나 마찬가지로 분단의 대결은 민족 내부의 문제만이 아니다. 동·서독의 분단선은 곧 유럽의 분단선이요, 동·서 세계의 분단선이기 때문에 유럽 문제나 강대 진영이 지배하는 세계 문제의 해결 없이 독일의 분단만 해결될 수는 없는 상황에 있다. 이러한 점은 한반도에서 민족 전체의 통일에 대한 염원과 갈구에도 불구하고 현실적으로 통일에 대한 접근이 이루어지지 않는 이유가 미·소·중·일의 안보 경계선이 한반도의 휴전선을 긋고 있다는 상황에 있음과 마찬가지다. 이러한 현실을 인식하는 토대 위에서 분단 극복의 문제가 추구될 때 동·서독과 남·북한은 상당히 구조적인 유사성과 동질성을 갖고 있다고 해도 무리가 아니다.

그러면 유사한 배경과 동질적인 구조를 가진 분단이 어떻게 해서 독일에서는 차선책이지만 (2)의 안으로 일단 해결을 보았고, 한국에서는 아직 (3)과 (4)의 사이를 왔다 갔다 하는 불안한 정세 속에 있는가? 분단을 시킨 주변 강대국에만 책임이 있고 분단을 당한 당사국의 국민은 아무런 주체적 책임이 없는가? 이 점에서 우리는 솔직하게 분단을 당하고 나서 우리 양쪽 정치 지도자들 그리고 각계각층의 국민적 조직과 단체들이 취해 온 대응책과 노력이 무엇이었던가를 깊이 반성해 볼 필요가 있다. 여기서 특히 필자는 한국의 기독교가 분단과 통일 문제를 놓고 해 온 일들을 비판적으로 검토해보아야 한다고 생각하며, 이를 위해서는 독일의 기독교가 분단과 통일 문제를 놓고 해 온 논의와 주장 그리고 실천적 노력들을 알아보는 것이 자기를 보는 하나의 거울이 될 수 있다고 생각한다.

교회가 정치적 민족적 문제에 얼마만큼 영향력을 주며 기여하느냐 하는 문제는 그 나라의 역사적 정치 문화적 조건에 따라 다르게 나타날 것이다. 그럼에도 하나의 성서와 같은 신앙고백을 하고 있는 기독교 교회가 구조적으로 유사한 분단의 상황에서 어떻게 평화와 통일에 관한 문제를 인식하며, 어떤 방법으로 노력하느냐 하는 것은 그 교회가 가진 신학과 사회적 책임 의식의 질에 따라 차이를 갖게 된다고 볼 수 있을 것 같다.

이 점에서 한국과 독일의 교회는 분단과 통일이라는 문제를 놓고 비슷한 문제와 상황을 가졌다고 할 수 있다. 그러나 문제에 대한 인식과 상황에 대한 대응책이 같았다는 것은 아니다. 아마 이 인식의 차이점과 태도의 다른 점이 오늘 두 나라의 현실을 다르게 만드는 데 어떤 요소가 되었을지도 모르겠다는 생각이다.

독일 교회의 통일 논의를 살펴보면서 분단과 통일, 평화와 화해 등등의 정치적인 문제들을 교회가 다룰 때 그들이 성서적·신학적인 해석을 어떻게 설정하며 교회로서 해야 할 책임과 그 한계를 어디에 두느냐 하는 점에 특히 주목하게 된다. 결국 분단과 통일 문제에 대한 교회의 태도는 교회의 사회적 책임과 과제에 대한 신학적 이해와 관심에 따라 규정된다고 할 수 있기 때문이다. 이 점에서도 한국과 독일의 교회는 비슷한 역사적 진통을 겪고 시련을 당한 경험을 공유하고 있다.

독일 교회는 나치 하에서 어용이냐 저항이냐의 갈림길에서 헤매였고, 한국교회는 일제 치하에서 순응이냐 거부냐의 기로에서 역경을 겪어야 했다. 2차 대전 후 교회가 재건될 때 양쪽 편으로 갈라졌던 교회가 합치느냐 분리하느냐의 문제도 함께 겪은 진통이었다. 물론 독일의 교회는 통일되었고 한국의 교회는 분열에 분열을 거듭한 것이 커다란 차이지만 분단이나 이데올로기의 문제를 놓고서 논쟁과 대립이 있었던 것은 두 나라에서 마찬가지였다. 분단과 통일에 관해서도 교회 안의 교파적 갈등과 신학적 차이가 서로 다른 입장과 태도를 만들어 놓기 때문에 결국은 교회 내부적 구조와 질이 어떤 것이냐 하는 문제를 들여다보아야만 하게 된다.

교회라고 할 때 무엇을 말하느냐도 문제이긴 하다. 공식 교회 기구를 말하느냐, 영향력 있는 신학자·목사·지도자를 말하느냐, 아니면 다원적인 신도·교파·계층들의 복합적인 태도를 말하느냐에 따라 다르다. 그러나 독일의 경우 비교적 교회가 국가 교회의 전통을 안은 채 통일된 조직 속에 있고, 여러 교파나 신학적 입장들이 총회나 교회 기구에서 민주적으로 대변되기 때문에 공식 기구의 태도를 중심으로 해서 내부적 그룹들의 함수 관계를 함께 고려해보면 대체적인 입장이 파악될 수 있다. 이러한 것은 자유 교회의 형태를 띤 한국의 경우엔 전혀 다른 각도에서 파악되어야 하지 않을까 한다.

또 한편으로 분단과 통일에 대한 교회의 태도와 입장은 그 시대의 정치적 상황과 분위기에 따라서도 달라지고 있음을 보게 된다. 이것은 진리나 복음의 상황화라는 관점에서도 흥미로운 문제이며, 현실적 상황에 따라서 체제에 순응하기도 하고 항의하거나 거리를 취하기도 하는 행동의 양식이라는 점에서도 주목해야 할 국면들이다. 대체로 독일 교회의 분단과 통일에 관한 논의는 다음의 네 가지 시기를 구분해서 보는 것이 정당하지 않을까 생각한다. 그것은 객관적 상황의 변화를 파악하는 시기이기도 하며 문제의식의 변화를 포착하는 시대 구분이기도 하다.

(1) 1945~49: 전후 분단기의 통일 문제

(2) 1950~59: 냉전 시대의 통일 문제

(3) 1960~69: 평화 공존 시대의 통일 문제

(4) 1970~　: 화해와 교류 시대의 통일 문제

제1기는 분단이 확정되고 동·서독에 양쪽 정부가 수립되는 기간으로 교회는 전후에 독일 민족의 죄과를 참회하며 새로운 교회를 조직하고, 두 개의 정부가 세워지는 가운데서도 하나의 통일된 교회를 유지하며 평화와 통일의 원칙을 고수하는 태도를 보이는 시기다. 고백교회의 노선과 입김이 강하게 작용하고 양쪽 정부가 점령국들에 대해서도 과감한 비판과 거리를 취하는 태도를 보여 준 시기이다.

제2기는 한국 전쟁의 돌발로 냉전이 격화되고 독일의 재무장과 서방측의 반공 군사 동맹이 강화되는 시기로 전쟁과 재무장에 대한 이념적 논란이 심해지게 된다. 소련과 동구권에서도 군사 동맹을 강화하고 독일의 통일이라는 것을 비현실적으로 보고 분단 고정과 두 개의 독일 안을 추진한다. 서독 측은 할슈타인 원칙에 의해 하나의 독일을 계속 주장하며 자유선거를 통한 통일을 명분으로는 내걸지만 경제적 지리적 우세를 내세우며 나토와 서방 세계권에 편입됨으로써 동쪽과의 관계는 장벽이 두터워지고 악화가 된다. 이 시기에 교회는 재무장과 통일 문제를 놓고 의견이 엇갈려 나토 가입과 서방측 동맹을 지지하느냐, 중립과 통일을 모색하느냐에 대해 심각한 긴장과 갈등을 겪게 된다. 그러나 교회의 많은 토의와 결의문, 성명서들이 평화와 통일의 원칙을 강조하면서 재무장이나 나토 가입에는 중립을 지킬 뿐 찬성하지는 않는다. 오히려 많은 염려와 주저·반대 의사를 표명하게 된다. 분단이 심화되고 고정화하는 상황에서도 교회는 통일성을 지키며 끝까지 민족과 교회가 하나임을 선언하게 된다.

제3기는 유럽에서 차츰 냉전의 분위기가 가시고 데탕트 무드가 조성되는 시기로 평화 공존이 구호가 되는 때이다. 케네디와 후르시초프가 만나고 동·서의 경제 교류가 증대되며 동구권에도 자유의 바람이 불어 프라하의 봄이 오기도 한다. 동독을 인정치 않고 하나의 독일만 내세우며 자유선거를 통해 통일을 달성하겠다는 정책은 국제 정세의 흐름에 적합지 않은 비현실적인 것으로 차츰 드러나게 된다. 1961년 11월 6일에 튀빙겐에 모인 교회 지도자 8명이 정부의 정책 전환을 건의하는 소위 튀빙겐각서(Tübinger Memorandum)를 만들어 이제까지 터부시되어 온 동구권의 공산 국가들과의 관계 정상화를 제의하게 되었다. 서명인 가운데는 저명한 물리학자 하이젠베르그(W. Heisenberg), 철학자 바이츠재커(C.F v. Weizsäcker), 법학자 라이저(L. Raiser), 교육학자 피히트(G. Picht)와 같은 당대에 영향력이 큰 평신도들이 포함되어 있었다. 여기서 이들은 폴랜드의 영토권을 인정해 주어야 한다고 주장하여, 과거 독일이 빼앗아 차지했던 오더-나이스(Oder-Neiße)강 동쪽의 땅을 폴랜드 영토로 인정해 주면서 국교를 정상화해야 한다고 주장했다. 이 선구적 주장이 1965년에 가서 독일 교회가 발표하는 동방각서(Ostdenkschrift), 즉 '피난민의 상황과 독일 국민의 동방 인접국에 대한 태도'에 관한 독일 교회의 각서(1965년 10월 1일)의 골격을 이루게 된다. 실로 튀빙겐 각서와 동방각서는 서독 정부의 대외 정책을 전환케 하는데 획기적인 역할을 하게 된다. 1969년에 집권하는 사민당의 빌리 브란트 내각은 바로 이 각서의 제안들을 토대로 해서 동방 정책의 기본 체계를 만들게 된다고 해도 과언이 아니다. 1968년에는 '독일인의 평화적 사명'이라는 교회의 문서가 발표되어 화해와 평화의 정치를 촉구하게 된다. 독일 교회가 이러한 각서들을 통해 국민적인 여론을 바꾸어 놓지 않았더라면 사민당의 동방 정책이 성공할 수 있었을지 의문이 된다. 교회가 이런 제안을 했을 때도 국내의 보수 세력과 민족주의자들 그리고 동구에서 쫓겨 나온 실향민들이 고향의 권리를 주장하며 적지 않게 반발하고 민족 배신자로 몰아세우려는 어려움이 있었는데, 사민당이 이데올로기적인 오해까지 받으며 이런 정책을 혼자 감당해 갈 수는 없었을 것이다. 이 시기로부터 점점 독일의 정치와 교회의 관심이 통일에서 공존과 평화라는 분단 극복의 길로 돌려지게 된다. 통일은 오히려 보수적인 자유주의자들이 고집하는 낡은 구호가 되고 상호 접근과 교류라는 새로운 규범이 만들어지게 된다. 통일은 정복이나 지배가 아니라 함께 사는 것이라는 인식이 생긴다.

제4기는 브란트 정권이 수립되어 동방 정책이 실제로 실천되는 단계이다. 동·서독이 상호 국가 인정을 하고 유엔에 동시 가입하며, 할슈타인 원칙을 폐기하고 동구 여러 나라들과 화해를 하며 정상화의 관계를 맺는다. 동·서독 사이에 여행·방문·교류가 자유화되며 이산가족들이 합류하고 포로들이 돌아오고 그야말로 화해와 교류가 증대되는 시기이다. 이 시기에 독일 교회가 구체적으로 어떤 역할을 했는지는 아직 다 발표되거나 공개되어 있지 못하다. 동방과의 화해 정치는 많은 어려운 고비들을 넘겨야 했다. 동시에 미국의 눈치, 소련의 눈치, 영국·불란서의 눈치들을 살피면서 조심스럽게 살얼음처럼 걸어가야 했던 길이었다. 많은 밀사들과 연락원들이 비밀리에 혹은 공개적으로 왕래를 했다. 필자는 당시에 독일 교회의 중책을 맡았던 지도적인 인사한테서 그때 동·서독을 왕래하면서 여러 가지 비밀 협상의 전령사 노릇을 했다는 고백을 들은 일이 있다. 심지어 상호 체포해서 감금하고 있는 다른 쪽의 간첩들을 교환한다든지, 돈으로 보상해주고 옥에 갇힌 정치범을 풀어낸다든지 하는 일까지 정부가 직접 할 수 없는 구체적인 잔일들을 양쪽의 신뢰를 가진 교회 인사들이 나서서 비밀리에 수행했다는 말도 들었다. 동·서독의 국교가 맺어지면서 두 개의 국가가 확립되자 교회는 스스로 이제까지 고집스럽게 지켜 오던 통일성을 나누어 두 개의 조직 교회를 만들었다. 그러나 이제까지 어렵게 지켜 온 교회의 통일성은 갈라진 민족의 냉전과 장벽을 허는 데 중요한 구실을 하였다고 볼 수 있다.

그러면 이제 통일은 완전히 포기된 것인가? 독일식 해결 방식을 비판적으로 본다면 두 개의 독일로 영구 분단된 것으로 볼 수도 있을 것이다. 그러나 독일인들은 엄연한 동·서 대립의 현실 속에서 가능한 길을 모색하며 찾아간 것 같다. 서독(BRD)의 헌법 속에는 아직도 통일이 지상의 목표라고 설정해 놓고 있다. 단지 정치적 통일이 불가능한 상황에서 민족의 정신적 문화적 통일(Einheit)을 우선 확보하는 길이 현명한 방책이 아니겠는가 하는 것이 독일인들의 발상인 것 같다. 어차피 조급하게 될 것이 아니라면 자라나는 후손들에게 고향을 보여주고, 친척을 방문케 하고, 고적을 답사케 하여 민족적 동질성과 단일성을 유지해 가는 것이 먼 훗날을 위해 보다 착실히 통일을 이룩해 가는 길이라고 이들은 생각하고 있다. 이러한 독일인들의 모습을 보면서 한국의 분단 상황과 문제들을 볼 때 초조와 불안감을 금할 수 없다. 빨리 어떤 식으로든지 분단 상황을 극복하지 않으면 우리 후손들은 아주 남남이 되어버리지 않을까 하는 불안이다. 혹 전쟁이 터져 민족 전체가 파멸할지도 모를 일이다. 여기서 한국교회가 가진 사명이 없을까? 원수 관계를 헐어버린 화해와 평화의 복음, 둘로 하나를 만든 통일의 복음이 한반도에서 꽃을 피우는 데 그리스도인들이 앞장 서서 할 일이 없겠는가를 곰곰이 생각하게 된다.

이 조그만 연구는 이러한 관심과 동기에서 시도되었다. 그러나 자료와 능력의 부족으로 계획했던 바를 다하지 못했다. 우선 제2기까지만을 미흡한 대로 정리하여 발표하고 앞으로 자료를 보충해서 3, 4기의 것도 정리해 볼 생각이다. 그러나 그때에는 통일 논의가 아니라 화해와 공존·교류에 관한 논의 중심이 될 것이다. 뜻은 컸으나 변변찮은 것이 나오게 된 것을 부끄럽게 생각하며, 이 연구를 지원해 준 한국기독교사회문제연구원에 감사를 드린다.

2. 전후 분단기의 통일 문제와 교회의 태도(1945-50)

1) 독일 분단의 배경과 상황

독일의 분단은 전후 연합군의 분할 점령으로 그 씨앗이 심어졌지만 그 결정적 계기는 오히려 점령 이후의 연합국들 사이의 관계 발전에서 만들어졌다고 보아야 할 것 같다. 나치 독일의 무조건 항복으로 미·소·영·불의 연합국들은 독일과 베를린을 4개 지역으로 나누어 분할 점령하였지만 이들이 점령할 당시 독일의 장래에 관하여, 특히 분단이냐 통일이냐의 문제에 관하여 일치된 의견이나 정책을 가졌던 것은 아니다.

연합국들은 물론 두 번씩이나 세계 대전을 일으킨 독일이 다시금 중부 유럽의 강대한 국가로 등장하는 것을 원치 않았으며 이미 대전 기간 동안 있었던 모스크바 3상 회담(1943년 10월 19~30일)이나 테헤란 3정상 회담(1943년 11월 28~12월 1일) 및 얄타 회담(1945년 2월 4~12일) 등을 통해 분할 점령 및 전후 독일의 처리 문제에 관해 여러 가지 제안과 논의가 있었지만 1945년 6월 5일, 4개 연합국이 전후 독일의 통치권을 선포하면서도 사후 대책을 마련하고서 한 것은 아니었다. 이때의 4개국 합의 의정서 속엔 연합국의 군대가 독일을 분할 점령하는 것은 '점령 목적을 위해서'라고 못 박고 있으며 영구 분할에 관한 낌새는 찾아볼 수 없다.[1] 1945년 7월에 모인 포츠담 회담에서도 '독일의 단일성'이 인정되었고 특히 경제적인 단일성이 배상 문제와 관련해서 주장되었으며 합의에는 이르지 못했으나 '독일 중앙 행정기구'의 설치안이 토의되었다.

연합국들의 독일 정책은 분할 점령 초기부터 통일성이 없었으며 4개 점령국들이 국제 정치적 이해관계와 동맹관계에 따라 게임을 벌이는 데 불과했다.[2] 4개국의 분할 지역 안에서는 주별 행정부가

---

[1] John H. Backer, *The Decision to divide Germany* (Durham: Duke Univ. Press, 1978), ix.

[2] Tudyka P. Kurt (Hrsg.), *Das geteilte Deutschland: Eine Dokumentation der*

조직되었으나 중앙 행정부를 설치하자는 안은 연합국들 간의 의견 불일치로 이루어지지 못했다. 미국·영국·불란서 등 서방 동맹국 간에도 의견 충돌이 있었고 쉽게 합의에 이르지 못했다. 미국과 영국은 같은 앵글로 색슨족이라는 공통성 위에서 쉽게 타협을 보아 두 나라의 점령 지역을 경제적으로 통합시키는 조치를 취했으나 독일의 통일에 예민하게 반대를 하여 온 불란서는 경제 공동체로의 통합에도 반대하였다가, 소련 측이 점령 지역에 대한 이념적 통합을 강화한 뒤에야 미·영 지역에 함께 통합시키는 결정을 하게 되었다. 서로 이해관계로 각축전을 벌이던 4개국이 이의 조정을 위해 1946년 6월 15일부터 7월 12일까지 파리 외상 회담을 벌였으나 독일의 배상 문제, 중앙행정기구 설치 문제에서 합의에 이르지 못했다. 소련은 독일에 배상금 100억 불을 물리게 하고 루르 공업지대를 4개국이 공동 관리하자고 주장했으나 영국이 이를 거부했다.

파리 외상 회담이 실패로 돌아가자 독일의 분단이 영구화될 것 같은 위협이 노골적으로 왔다. 점령 지역 내에 설치된 주 정부들은 이미 점령국의 엄격한 통제를 받았으며, 전(全)독일적인 기구의 창설을 시도했으나 점령국들 간의 이해 상충으로 간섭을 받아 성공을 보지 못했다. 당시의 패전 독일과 피점령국이라는 입장에서 독일 국민들과 정치인들은 자결권이 없이 분할 점령과 분단으로의 발전을 방관하며 받아들일 수밖에 없었다.

독일의 분단은 전후 2년간 연합군의 분할 점령 하에서 급진전되고 고착되었다고 할 수 있다.[3] 나치 독일을 패망시킨 연합국들은 전

Meinungen (Stuttgart, Berlin, Köln: Kohlhammer, 1965), 14.

3) 같은 책, 11.

후 문제의 처리를 할 겨를도 없이 동·서 간의 냉전과 블록 형성에 혈안이 되었으며, 상호 경쟁과 대립을 강화해가는 상황 속에서 불가피하게 분할점령은 분단으로 고정화되고 말았다. 점령 지역에 대한 이념적 통치는 점령 초기부터 각 지역에서 발생했다. 소련 점령 지역에선 1945년 6월 10일에 이미 항복한 지 한 달 만에 반팟쇼 정당과 노동조합이 소련 군사 행정부의 비호 하에 조직되었고 그 뒤 한 달 안에 작센 등 5개 주에 주정부가 설치되었다.[4] 1946년 4월 21-22일에 이미 공산당(KPD)과 사민당(SPD)을 묶어서 "노동자 계급은 하나의 통일 전선 속에 뭉쳐야 한다"는 구호 아래 '독일 사회주의 통일당' (SED)이 병합 조직되어 지배 정당이 되었다.

독일 정치인들은 분할 점령 지역 내에 조직된 주 정부를 기초로 해서 전 독일적인 모임을 가지려고 시도했다. 1946년 늦가을에 브레멘 시장인 카이저(Wilhelm Kaiser)의 제안으로 전 독일 내의 주정부 대표자 회의를 소집하게 되었다. 그러나 소련 지역 내의 주 정부 수상들은 지방 선거가 있다는 핑계로 불참했고, 불란서 지역 수상들은 불 점령군 사령부의 허락을 받지 못해 오지 못했다.[5] 결국 한 절반쯤 모이게 된 이 회의에서는 독일 전체를 대표할 수 있는 기구를 설립하도록 연합국에 제안하기로 결정하는 정도에 그치고 말았다. 그 다음 바이에른 주 수상인 에르하르트(Hans Erhard)가 다시 1947년 6월 6-7일에 '전독 주 수상 회의'를 뮌헨에 소집하였으나 점령군의 간섭과 반대에 부딪쳤다. 미국 사령관 클레이(Clay)는 "경제 사회적 문제만 토론하고 정치적 문제는 다루지 않는다면 좋다"고 제한 허가를

---

4) 같은 책, S. 13.
5) 같은 책. S.14.

했고, 불란서 점령군 사령부는 관할 지역 대표의 참가 조건으로 독일의 통일 문제는 거론하지 말 것을 전제 조건으로 내세웠다.[6] 독일인 스스로 통일된 정부를 이루게 하는 것이 점령국들의 의사가 아니었음이 여실히 드러나게 되었다.

동독과 동구라파의 급격한 공산화와 소련의 팽창 정책이 노골화되자 미국의 유럽 및 독일 정책도 급변하게 되었으며 서방 측이 점령한 독일을 서유럽의 경제권에 묶어 반소련 블록을 강화한다는 방침을 세우게 되었다. 1946년 9월 6일 미 국무장관 번즈(Byrnes)는 슈투트가르트에서 한 연설에서 독일의 통치권을 독일인에게 돌려주겠다고 하면서 독일의 경제적 재건과 유럽과의 경제적 통합을 강조했다. 1947년 1월부터 미·영 두 점령 지역의 경제적 통합이 이루어지고, 1948년 런던 6개국 회담을 계기로 불란서 점령 지역까지 합친 3개 지역의 통합이 이루어지게 되었다. 1947년 3월 12일의 트루만 독트린의 발표, 1947년 6월의 마샬 플랜(군사 경제 원조) 발표로 서방측 점령 지역 독일의 친미적 통합이 급진전되면서 동·서독의 분단은 점차 굳어졌다. 미·영·불 3국과 서독의 밀착 협동은 역으로 동독과 소련의 밀착을 촉진시켰으며 서로 대립 감정을 격화시켜 두 개의 유럽과 두 개의 독일을 가르는 데까지 나아갔다. 소련 점령 지역에서의 공산화 추세는 미국·영국으로 하여금 서독의 정치적 경제적 통합을 재촉하게 만들었으며 독일의 분단을 의식적으로 정책적으로 추구하게 되었다.[7] 이러한 분단 정책의 결정적 계기가 1948년의 서독에서의 화폐 개혁으로 나타났으며, 양독 정부의 수립과 베를린 통

---

6) 같은 책. S.14.

7) Philip Windsor, "Deutschland gegen Deutschland," 같은 책, 35.

행 차단으로 발전하게 되었다. 동·서 냉전의 격화는 독일의 분할 점령을 영구 분단으로 몰아갔으며 통일은 고사하고 통행마저 차단하였고 경제적 영역의 분할이 정치적 분할과 재무장에 의한 군사적 대립에까지 나아가게 했다.

이 시기에 서독 안의 정치계에서는 분단과 통일 문제를 놓고 두 개의 의견이 대립되어 있었다. 그 하나는 기독교민주당(CDU)의 아데나워(Adenauer)가 대표하는 생각으로 서방측 점령국들과 협력하여 서독을 서유럽권에 통합시키며 그 대신 동·서독이 분단될 위험과 소련과의 관계 악화를 각오하는 태도이고, 다른 하나는 사회민주당(SPD)의 지도자 슈마허(Scumacher)가 대표하는 생각으로 보다 더 많은 정치적 자결권을 얻을 때까지 서방측과의 밀착을 보류하고 4개 점령국 모두에게 초연한 중립적 태도를 취하자는 것이다. 후자의 안을 따르면 자주적인 통일의 기회를 포기하지 않는 비전을 가진다는 점에서 통일 중심적인 장점이 있으나 서방측과의 거리를 멀리하는 대가로 소련 측의 압력을 더 받게 될 위험이 있다. 전자의 안을 따른 아데나워는 어차피 동·서독의 분단이 명약관화한 바에는 이를 빨리 재촉함으로써 서독만이라도 자결권과 자율성을 연합군에게서 찾아낸다는 현실적인 계산을 하고 있었다. 그러나 슈마허는 민족의 장래는 내다보면서 서방측과의 일방적 통합을 서두름은 민족의 영구 분단을 재촉할 뿐이라고 하면서 그 역시 친서방적이었지만 서방측과의 통합을 최소한도로 줄이자고 주장했다. 동·서 긴장의 냉혹한 현실 속에서 중립 지대를 확보하여 통일의 비전을 잃지 않으려는 슈마허의 태도는 비현실적이었다는 비판이 없지 않았으나 통일 지향이라는 민족의 요청에서 볼 때 널리 도덕적 호소력을 갖고 있었다.

2) 전후 교회의 재건과 정치적 책임 의식

연합군의 분할 점령으로 민족 분단의 싹이 트는 1945년은 기고만 장하던 나치 독일의 오만이 꺾이고 불안과 수치감 속에서 독일 민족 은 몸 둘 바를 모르고 전전긍긍하던 해였지만 역사적으로는 치욕에 쌓인 과거를 청산하고 새로운 시작을 도모하는 뜻깊은 해였다. 특히 독일 교회는 일찍이 역사에 없었던 심각한 반성과 혁신의 발돋움을 패전과 나치즘의 멸망을 계기로 하게 되며 종전 후의 교회는 여러 가지 면에서 전통적인 교회와는 체질이 다른 모습을 띠게 되었다. 신학자 틸리케(Helmut Thielicke)는 이 시기를 회고하면서 "1945년의 독일 패망이 정치인들과 신학자들에게 정치 윤리적으로 많은 새로 운 문제를 던져주었으며 특히 신교 교회는 정치적 윤리에 대한 많은 문제를 다루기 위해 정치인들과 만나고 정치적 논쟁과 의사표현을 서슴치 않고 하며 때때로 정치적 참여 활동을 보이는 등에까지 발전 하게 되었다"고 말했다.[8]

나치 독일의 멸망이 독일 교회에 가져다 준 소득은 무엇보다 교회 의 정치적 책임의식과 정치윤리에 대한 반성이었다고 할 수 있겠다. 1918년 1차 대전 말까지 독일 교회는 독일 제국이라는 군주 체제 속 의 국가 교회로서 군주나 왕을 '하나님이 보내신 자'라고 했으며 다 른 형태의 국가 체제나 정치에 대한 생각은 감히 할 수 없었던 보수 적 체질의 교회였다.

1933년 히틀러와 나치즘의 등장으로 정권에 반대하는 고백교회가

---

8) Hans Gerhard Fischer, *Evangelische Kirche und Demokratie nach 1945*, 15.

탄생하기는 했지만 이 시기의 독일의 기독교가 정치 문제로 인해 세 파로 나누어진 시기며, 역시 대다수의 교인들과 교회로 구성된 조직 교회는 대부분 국가와 정권에 복종하는 교회였다. 이 시기에는 저항 하며 탄압을 받는 고백교회와 수동적인 복종을 감내하던 조직교회 말고도 히틀러의 국가사회주의를 찬양하며 적극적으로 따르던 '독 일적 그리스도인 운동'이라는 어용 교회가 있었다.

나치 독일의 초기에 '바르멘 선언'과 '목사 긴급 동맹' 등으로 활발 히 저항운동을 벌이던 고백교회는 혹독한 탄압과 조직 교회의 어용화 작업으로 차츰 약화되었으며 지도자들이 대부분 투옥되거나 추방·감금되고 나서는 별다른 활동을 하지 못했다. 더욱이 1936년 이후로 는 고백교회 자체가 전략과 방법의 차이로 분열되어 극소수의 박해와 탄압을 각오하는 지사적인 지도자들만이 '형제 위원회'(Bruderrat)를 만들어 고백교회의 명맥을 유지하였을 뿐이다. 대부분의 교회들은 사회 정치적 문제에 무관심하였으며 루터교 전통의 '두 개의 왕국론' 을 믿고 개인 윤리적인 차원에 머물러 있었다.

그러나 전후 독일 교회의 재건에는 히틀러와 나치즘에 아부하던 교회 지도자들은 설 자리를 잃었으며 나치 독일에 저항했거나 박해 를 받았던 자들이 발언권을 가지게 될 수밖에 없었고, 적어도 수동 적인 협력을 했거나 침묵했던 자들이 함께 참여할 수 있었다. 새로 운 교회를 수립하면서 나치 하에서 박해를 당하던 고백교회의 신학 과 전통 위에 기초를 두려는 재건 초기의 움직임은 전후 독일 교회 의 역사를 질적으로 변환시켰으며 특히 교회와 국가와의 관계, 교회 의 사회적 정치적 책임의식, 교회의 대(對)사회적 발언과 영향력 등 에 있어서 커다란 진보와 발전을 보게 되었다. 우리가 고찰하려는 분단과 통일, 평화와 발전에 관한 교회의 태도와 영향에 관해서도 바로 이 시기가 사회 정치적 의식과 참여도를 높인 시기였기 때문에 교회사적으로뿐 아니라 사회 정치사적인 각도에서도 주목할 만한 가치를 갖게 된다.

전후 독일 교회의 재건과 새 교회의 초기 체질을 진단해 볼 수 있는 사건과 문서로서는 1945년 8월 27일에서 31일까지 모인 '트라이사(Treysa) 교회 지도자 회의(Kirchenführekonferenz)'와 1945년 10월 18-19일의 독일 교회 임시 이사회가 채택한 '슈투트가르트(Stuttgart) 죄 고백 선언'을 들 수 있다.

전후 교회 재건의 결정적 계기가 된 트라이사(Treysa) 교회 지도자 회의를 주동한 인물은 슈투트가르트의 주교 부름(Theophil Wurm, 1868-1953)이었다. 그는 전쟁 기간 동안 뷔르템베르크(Württemberg) 주 교회의 주교였으며 나치 정권에 강한 자세를 보여 고백교회를 변호하는 대변인 역할도 한 용감한 지도력을 가졌던 인물이었다. 이 때문에 그는 고백교회의 주류에 속하지 않지만 고백교회의 지도부로부터 신임을 받을 수 있는 인물이었다. 부름(Wurm)은 종전 직후 전쟁과 반나치 독재 투쟁 기간 동안 분열되어 버린 교회의 여러 그룹들을 '독일적 그리스도인 운동'에 참여했던 인사들을 제외하고 하나의 교회로 모아 화해하고 통합시키려는 노력을 기울였다. 고백교회는 1936년 밧 오인하우젠(Bad Oeynhausen) 회의를 마지막으로 체제 내 온건파인 '루터교 위원회'(Lutherrat)와 체제 극복적인 저항파이며 고백교회 임시 지도위원회인 '형제 위원회'(Bruderrat)로 분열되어 버렸다.

독일 제국의 무조건 항복으로서 4개 연합국이 분할 점령하여 1945

년 6월 5일 독일 전 지역의 통치권의 장악을 선포하자 부름 주교는 6월 23일에 프랑크푸르트(Frankfurt)로 미국 외교관 머피(Robert D. Murphy)를 방문하여 교회 지도자 회의를 허락해 줄 것과 독일 교회 재건에 협력하여 줄 것을 요청했다. 연합국의 점령 초기여서 모든 집회가 허가를 받아야 했고, 교통이 복구되지 못해 점령군의 협력이 없이는 여행을 마음대로 할 수가 없었고 더구나 전 독일적인 집회는 허락해 주지 않던 시기였다.

머피(Murphy)는 워싱턴 당국과 전보로 이를 협의한 뒤에 교회 재건을 위한 집회를 허가해 주게 된다. 미 군정이 부름(Wurm)을 교회 재건을 주도할 만한 인물로 인정한 것이다. 부름은 미 군사 당국의 도움을 얻어 8월 중에 베델의 보델슈빙(Bodelschwingh)과 고백교회의 뤼킹(Lücking)을 방문하고 고백교회의 형제 위원회와 기존의 교회 조직의 대표자들을 함께 모아 결합시킬 것을 협의하였다.

나치가 무너지면서 국가에 수동적이나마 충성했던 교회 조직이 더 이상 고백교회와 형제 위원회를 사적인 단체로만 볼 수는 없었으며, 고백교회와 협력하지 않으면 안 될 필연성을 느끼기는 했지만 박해를 당하고 나온 소수의 저항 인사들과 침묵했던 다수의 조직 교회 지도자들이 하나의 교회로 합치는 것은 간단한 일이 아니었다. 수적으로는 열세였지만 당당한 도덕적 호소력과 권리를 가지고 있었던 형제위원회를 중심한 고백교회 지도자들은 처음부터 새 교회의 재건이 고백교회의 전통과 노선 위에서 수립되어야 한다고 강하게 주장했다. 트라이사(Treysa)의 첫 교회 지도자 회의를 소집한 부름(Wurm)에게는 어떻게 교회를 분열시키지 않고 하나로 묶어 새로운 교회를 만드느냐가 최대의 관심사였다. 그래서 그는 형제 위원회

측 대표자들과도 사전에 만나 비타협주의로 인해 분파주의가 생겨나거나 교회 분열이 생겨 국민을 혼란에 빠지게 해서는 안 된다고 경고하며 은근히 타협 노선을 종용하기도 했다.

형제 위원회의 대표자며 고백교회의 상징적 인물로, 강항 도덕적 호소력을 가졌던 사람은 7년간이나 나치의 감옥과 수용소 살이를 하고 나온 니뮐러(Martin Niemöller) 목사였다. 미국 군사 행정부는 부름(Wurm)과는 별도로 니뮐러 목사를 접촉하여 머피(Murphy)는 니뮐러가 부름보다 더 직설적이고 공격적이라고 판단하며 장차의 관계가 마찰 없이 진행이 될지를 의심해 본다. 그들을 함께 45년 6월 18일에 만나본 나펜(Knappen) 소령의 기록에 의하면 "니뮐러는 교회 지도자요, 고백교회의 순교자이지만 또 한편에서는 정치적으로 생각할 줄 아는 전 해군 장교"라고 인상기를 적고 두 가지 니뮐러가 있다고 기록하였다.[9] "교회 지도자로서는 존경을 받을 만했지만, 이전 해군 장교로서는 자기 민족을 위해 필요하다면 정치적으로 봉사할 생각도 있는 인물이며 연합국과의 관계에서 말썽을 일으킬 수도 있는 인물이니 조심스럽게 관찰해보아야 한다"고 주를 달았다. 나펜 소령은 계속 독일 교회 정책에 관해 쓴 보고에서 "독일 교회(EKD)의 장래 문제에 관해 어떤 결정을 내릴 때는 니뮐러 목사의 의견을 조심스럽게 참작해야 한다. 그는 대중의 인기를 얻고 있으며 평신도들로부터 상당한 지지를 받고 있다. 그러나 독일 교회가 공적 업무를 다룰 때는 부름(Wurm)이나 마이저(Meiser) 주교가 계속 창구가 되어

---

9) Armin Boyens, "Die kirchenpolitik der amerikanischen Besatzungsmacht in Deutschland von 1944 bis 1946", in ders(hrsg.), *Kirchen in der Nachkriegszeit* (Göttingen: 1979), 36.

야 한다"[10]라고 당시의 교회 사정을 분석해 놓고 있다.

고백교회의 주류를 지켜온 형제위원회는 부름 주교가 소집한 트라이사 지도자 회의에 주도권을 가지고 참석하기로 작정하고 1945년 8월 21~23일에 프랑크푸르트에서 예비적 모임을 열었다. 니뮐러는 이때 칼 바르트(Karl Barth)를 바젤에서 불러 참석시켰다.[11] 이 예비 모임에서는 니뮐러 목사의 주장이 지도 노선이 되었으며 새로운 교회 재건의 지도부는 고백교회의 인사들이 차지해야 한다고 하였고 트라이사 지도자회의에는 약간의 불신감을 표시했다.

니뮐러는 "여기서 우리의 악한 과거를 미래에 더욱 악하게 만들지 않으려면 우리 교회는 전체적으로 고백교회의 라인에서 구축되지 않으면 안 된다"고 천명하였다. 이와 같은 니뮐러의 굳은 태도는 신학적으로나 교회 정치적으로 다른 그룹들과의 논쟁의 여지를 남겼다. 형제위원회는 트라이사 회의에 10명의 대표를 보내면서 칼 바르트를 여기에 포함시켰다. 동시에 초청자인 부름 주교에게 미리 형제 위원회의 결의문을 보내고 새로운 교회(EKD)의 이사회 구성 비율이나 의장 선거에 관한 제안 등을 미리 만들어 보냈다. 트라이사 회의를 주도하겠다는 의사가 분명한 이러한 움직임에 대해서 부름은 매우 당황했다고 후에 진술했다.

전후 교회 재건의 주춧돌이 된 트라이사 교회 지도자 회의는 부름의 뜻대로 여러 이질적인 요소들을 함께 모았기 때문에 난항이었다.

---

10) 같은 책, 37.

11) Barth의 초청에는 형제 위원회에서도 약간의 반대가 있었다. 1938년 체코슬로바키아 침공시 그의 동료 교수인 Josef L. Hromadka에게 보낸 편지 때문에 그와 고백교회 사이에는 서먹서먹한 감정이 존재하고 있었다.

부름은 회의 벽두에 오인하우젠(Oeynhausen)에서 모였던 고백교회의 회의에서 분열되었던 형제들과 그리고 체제에 복종했던 교회 기구의 지도자들을 결합시키기 위해 노력했다고 말했다. 그러나 이 회의 분위기는 형제 위원회가 도덕적 압력으로 주도해 갔으며 결국 논란은 있었지만 그들의 안이 관철되었다. 새로운 교회의 임시 지도부에는 부름(Wurm)과 니묄러(Niemöller), 릴리에(Hans Lilje)가 선출되었다. 형제위원회는 무엇보다 새로운 교회의 규약에다 "독일 교회(EKD)가 제국 형제위원회의 교회 지도적인 기능을 이양받는다"라고 못을 박는 데 성공했고, 새로이 구성되는 독일 교회 이사회는 새 헌장을 결의할 때 형제 이사회의 비준 동의를 받도록 규정했는데 실제로 1948년에 이를 실시하게 했다.

트라이사 지도자 회의는 전후 교회 재건의 골격을 만들었으며 고백교회의 전통과 신조 위에서 특히 사회적 정치적인 책임 의식과 파수꾼의 역할을 담당할 것을 굳게 다짐했다. 이러한 의식은 이 회의가 채택한 여러 가지 문서 중에서도 특히 '교회의 사회적 책임'에 관한 선언문이 잘 보여주고 있다. 히틀러 정권 하의 12년간의 끔찍한 역사가 독일의 기독교인들과 교회에 정치적 책임감과 각성을 할 수 있는 계기를 주었다고 이 선언서는 밝히고, 교회가 이 막중한 정치적 책임을 감당하기 위하여 신학자와 사회 각계의 전문가들로 구성되는 '사회적 책임 특별 위원회'를 만들어 사회적 정치적 문제에 대한 교회의 입장과 태도를 마련하여 발표하는 과제를 감당하도록 해야 한다고 결의했다. 또한 일반 평신도들도 사회 정치 문제에 책임의식을 갖도록 지역별로 연구 협의회를 만들어 참가시키고, 이들이 사회 각계와 정치 행정기구에서 그리스도의 정신에 입각한 활동을 할 수 있도록 교회가 도와야 한다고 주장했다.

그러나 전후에 재건된 독일 교회가 그 역사적 과오를 반성하고 새 출발을 다짐하는 획기적 계기로 삼는 문서는 '슈투트가르트 죄 고백 선언'이다. 이 선언은 트라이사에서 교회가 임시 조직된 직후 45년 10월 18-19일에 슈투트가르트에서 독일 교회(EKD) 임시 이사회가 모이면서 이 자리에서 채택된 선언인데, 특히 이 자리엔 '세계 교회 협의회'(WCC) 대표들이 초청되어 참석한 가운데 낭독되었기 때문에 세계 교회를 향해서 독일 교회가 참회하는 역사적인 선언이 되었다. 세계 교회 대표들을 오게 하는 데는 디벨리우스(Dibelius) 감독의 역할이 컸다고 한다.[12] 슈투트가르트 선언은 다음과 같은 요지로 되어 있다.

> 우리는 우리 민족과 함께 고통의 공동체 속에 하나로 있을 뿐만 아니라 또한 연대적 죄책감 속에 하나로 있다. 커다란 고통을 안고 우리는 말한다. 우리로 인해 수많은 민족과 국가들에게 무한한 슬픔이 가져와 졌다는 것을. 물론 우리는 오랫동안 예수 그리스도의 이름으로 나치의 폭력 정부가 가졌던 가공할 힘과 정신에 대항해 투쟁하였다. 그러나 우리는 더 용감한 신앙고백을 하지 못했고 더욱 진실 되게 기도하지 못했으며, 더 즐겁게 믿음 속에 살지 못했고 더욱 애타게 사랑하지 못했음을 스스로 고발하는 바이다.

이러한 선언에 대해서 물론 오늘에 와서 너무나 약한 참회였다는 비판이 없지 않지만 당시의 패전 직후라는 독일의 상황에서 교회가

---

[12] J. Vogel, *Kirche und Wiederbewaffnung*, 20.

이 정도의 죄책감이라도 가졌다는 것은 역사적 의미가 컸던 것으로 평가되고 있다. 패전 직후의 허무와 패배감 속에서 아무도 감히 어떠한 발언을 하지 못하고 있던 때에 교회 대표자들이 모여 처음으로 민족의 죄책을 고백하며 함께 연대감 속에서 책임 의식을 느낀다는 선언은 교회의 공적입장과 영향력을 크게 강화시켰다. 이 선언이 발표되면서 교회에 대한 국민의 반응은 아주 긍정적인 것으로 나타났다. 이 선언이 세계 교회를 향한 메시지처럼 되었고 연합국의 점령군 신문 방송에 보도된 바로는 마치 교회가 독일 민족의 이름으로 정치적인 사죄를 고백하는 것처럼 되었다. 그 후로 이 선언은 흔히 연합군 측에 의해 '독일 민족의 집단적 죄책'이라는 식으로 인용되어 말썽을 일으키기도 하였다. 루터교의 지도자인 아스무센(Asmussen) 주교는 영국 켄터베리 대주교에게 편지를 보내 점령군들이 교회 선언문의 '죄 책임 문제'를 정치적 프로파간다의 목적으로 쓰지 말라고 항의하는 서한을 띄울 정도로 문제가 되었었다.

그러나 이 선언은 독일 교회가 새로운 자기의식을 표명했다는 점에서 높이 살 만하며 세계 교회와 세계를 향해 화해의 시작을 만들었고 민족의 죄를 고백했다는 점, 나치 시대에 충분히 항거하지 못하고 침묵했던 죄를 고백한 점, 앞으로의 역사에는 교회가 진리의 파수꾼으로서 정치적 사회적 책임을 다하겠다는 새로운 각오를 보인 점 그리고 교파와 신앙 의식이 서로 다른 단체들이 함께 서명하여 교회의 연대성을 과시했다는 점에서 큰 의의를 갖는 역사적 문서라고 평가되고 있다.[13]

---

13) 같은 책, 22.

'트라이사의 사회적 책임에 관한 선언', '슈투트가르트의 죄 고백 선언' 등으로 새로운 역사의식을 재빨리 찾은 교회는 여러 가지 사회적 활동을 넓혀갔고 교회의 공보 활동과 사회적 발언이 증대되었다. 이러한 사회적 책임을 감당키 위해 아카데미 운동(Evangelische Akademie)이 일어났고, 거대한 규모의 평신도 대회(Krichentag)가 열려 교회의 대 사회적 활동과 발언이 강화되었다.

3) 동·서독 분단과 점령국에 대한 교회의 태도

　전후에 재건된 독일 교회는 역사적인 반성과 참회를 통해 과거 나치 시대와 같이 교회가 정치 사회적인 문제를 교회 밖의 문제로만 간주하지 않고, 정치 사회 질서가 악마의 유혹과 다스림에 빠지지 않기 위해 경각심을 가지고 파수꾼의 역할을 하겠다고 고백하며 선언했다.[14] 새로운 교회의 헌장을 만드는 데 고백교회의 남은 전통을 이어받아 확정시켰고 교회의 제도와 기구를 대폭 민주적으로 개편하였으며, 사회 정치적 문제를 다룰 수 있는 여러 전문 위원회들을 설치하고 아카데미 운동이나 평신도 대회를 통해 광범한 대중의 계몽과 의식화 작업에 나섰다. 이제 우리의 관심은 새로운 반성과 각성을 통해 재건된 독일 교회가 새롭게 부딪친 분단과 전쟁 위협이라는 냉전 상황 속에서 어떻게 복음의 뜻을 이해하며, 자기 민족이 겪는 분단의 고통을 어느 만큼 아프게 느끼며 이의 극복을 위해 어떻게 노력하는가를 살펴보는 데 있다.

---

14) Treysa 지도자 회의가 채택한 선언문과 각계에 보내는 글들, Stuttgart 죄 고백 선언 및 Darmstaat 선언 등을 분석해 보면 분명히 드러난다.

독일 교회뿐 아니라 독일인들 일반이 전후에 도래한 새로운 정치적 상황에 대해서 가지는 태도는 그 시기적 조건에 따라 조금씩 다르게 나타났다고 볼 수 있다. 이 장에서는 패전 후 4개국 연합국에 의해 분할 점령되어 동·서독의 두 정부가 수립되기까지 주로 점령군의 지배를 받던 1945년에서 1949년까지의 상황을 중심으로 살펴보고자 한다. 물론 분단과 냉전에 대한 교회의 태도를 측정해 보기 위해서는 1950년대 초반 즉 한국전쟁이 일어나기 직전까지를 이 시기에 포함시켜 보는 것이 그다음 변화된 상황과 대조해 보기 위해서 편리할 것 같다.

독일의 분단 상황과 배경은 한국의 경우와는 아주 달랐다. 독일 민족이 2차 대전 때 지은 침략적이고 야만적인 범죄를 생각할 때 연합국들의 분할 점령이란 아무도 감히 불평을 할 수 없는 당연한 대가였다. 연합국들의 공통된 목표는 두 번씩이나 침략적 전쟁광이 된 독일을 완전히 비무장·비군사화시키고 독일의 정치·경제·사회를 모두 비나치화시키는 데 있었다. 물론 전승국으로서 배상을 청구하고 전리품을 나누려는 연합국들의 이해관계가 분할 점령에 작용하였을 것은 당연하지만 이것은 반나치 연합 전선을 일으키게 한 독일 측의 잘못에 대한 대가이며 무조건 항복을 한 이상 나무랄 수 없는 일이었다. 이것이 일제 36년의 쇠사슬에서 해방이 되었다는 한국민의 감격과 기쁨 그리고 흥분과는 전혀 다른 종전의 분위기였다. 미군은 우리에게 해방자로 국민의 환호와 열광 속에 들어와 군정을 폈지만 독일인들에게 연합국들은 어제까지 적으로서 총부리를 맞대다가 승자로서 군림하기 위해 점령해 들어온 정복자였다. 그래서 해방과 독립 자주 국민으로서 꿈과 희망에 부풀었던 한국민들과는 달리 패배감과 절망감에서 적의 정복을 당하는 독일인들의 심정은 암담하고 침울하기 그지없었다.

이러한 폐허와 음울과 치욕의 상황에서 누구보다 먼저 일어나 자기 민족의 죄과를 고백하고 패전을 정당한 하나님의 심판으로 받아들이며 새로운 질서를 수립하는 데 이바지하겠다고 나선 것이 독일 교회였다. 따라서 종전 직후의 독일 교회의 태도는 대체로 연합국의 점령 정책에 순응하여 기본적으로 비나치화·비군사화라는 점령군의 정책에 동조하는 것으로 나타난다. 특히 서방측의 점령군인 미군 행정부와 독일 교회 지도자들은 점령 초기부터 마찰 없이 잘 협력하고 있음을 보게 된다.[15] 이것은 트라이사 교회 지도자 회의 같은 것이 미군의 협력으로 열릴 수 있었던 사정을 보아도 짐작할 수 있다. 전후의 교회를 재건하는 모임들에서는 우선 역사적인 반성을 통해 과거를 청산하는 데 심려했으며 분할점령이 독일 민족에게 가져다줄 문제에 대해서는 신경을 쓸 여유가 없었다. 더구나 1945-46년의 군정 시대 초기에는 점령군들 사이에 긴장 대립이 민족 분단에까지 이르리라는 위험이 뚜렷치 않았다. 점령군 사이에 그어진 경계선이 독일인들의 왕래와 경제적 생활에 불편을 준다는 것은 의식했지만 이것은 배상 문제와 전쟁 범죄자 처벌 같은 전후 처리들이 끝나면 해소될 수 있는 문제로 보았고, 또 연합국들은 계속 외상 회담을 열어 가면서 독일 문제를 협의했기 때문에 경계선의 해소는 시간문제일 것이라고 믿었다.

---

15) Armin Boyens, "Die Kirchenpolitik der amerikanischen Besatzungsmacht in Deutschland von 1944 bis 1946," in ders (hrsg.), *Kirchen in der Nachkriegszeit* (Göttingen: 1979), 7-57.

그러나 상황은 점차 통일의 가능성보다는 분단의 징조를 짙게 보였다. 미국의 대소 전략은 1945년 4월 루즈벨트 대통령이 죽고 트루만이 대통령이 되자 강경 노선으로 급변했다. 때마침 원자폭탄 실험의 성공으로 외교적인 우위를 차지했고, 8월에는 일본에 원폭을 투하해서 항복시킴으로 소련이 대 일본전에 참가할 틈을 주지 않았다. 1945년 7월에 열린 포츠담 회담에선 이미 미·소 간에 상당한 긴장이 있었고 1945년 9월 11일 런던에서 열린 외무장관 회의 때도 미·소의 대립은 노골화되었다. 소련은 재빨리 동구라파를 공산화하여 위성국가로 만드는 데 급급했고, 미국은 공산화의 물결을 막기 위해 자유 진영의 결속을 강화하는 정책을 쓰기 시작했다. 종전이 되기까지 미·영·불·소 연합국들 간에 의논되기로는 독일을 항복시킨 뒤에 완전히 비군사화할 뿐 아니라 탈공업화시켜서 농업 국가로 만들어야 다시금 전쟁을 못 일으킬 것이라고 했다고 한다. 그러나 종전과 함께 대두된 미·소 의 팽창전으로 사정은 달라졌다. 동·서독의 분할 점령은 미·소 양대 세력의 냉전과 함께 유럽의 분계선이 되었고 동·서방 세계의 경계선이 되고 말았다.

1947년에 와서 미·소의 대립은 격화되고 독일 문제를 놓고 합의점에 도달하기에는 이미 간극이 너무 크게 벌어진 상태가 되었다. 1947년 3월 10일에서 4월 24일까지 열린 모스크바 외상 회담 기간 동안에 미·소 두 세력권의 분열이 결정적으로 일어났다. 3월 12일 미국은 소위 '트루만 독트린'이란 것을 발표하여 터키·희랍·이태리 등에 반공 세력을 지원할 뜻을 분명히 했고, 유럽에 반소 라인을 긋겠다는 계획을 노골화시켰다. 47년 여름에는 마샬 원조 계획이 발표되고 서유럽의 국가들을 미국과 동맹 관계에 두려는 작전이 발동되었다. 처음엔 동구라파의 나라들에게도 마샬 원조를 공여할 뜻을 비쳤으나 체코에 군사 쿠데타가 일어나 티토주의자들을 숙청하고 소련의 위성 국가로 변모하자 대미 접근의 가능성은 소멸했다. 이러한 상황 속에서 독일의 분단은 점차 극복이 불가능한 것으로 보여지기 시작했다.

전후의 독일 교회가 독일의 정치적 분단에 관심을 갖는 데에는, 독일 국민 일반이나 다른 조직체들이 갖는 일반적인 관심을 넘어서 특별한 연유가 있다.

첫째, 독일신교교회(Evangelische Kirche in Deutschland)는 1945년 종전 직후에 재건될 때 동·서독의 교회를 모두 포함시켜 조직되었다. 독일 교회(EKD)는 루터교와 개혁교를 통합하여 하나의 독일신교교회로 만들었을 뿐 아니라 각 점령 지역에 분산된 지역 교회를 통합하는 데 성공하였다. 소련 점령 지역 안에 있던 동독의 교회들도 회의에 참석할 수 있었고 조직에 가입할 수 있었다. 점령군 소련도 1,000여 년의 전통을 가진 교회의 자유를 침해할 수는 없었다. 후에 와서 차츰 제한이 가해지지만 형태상으로는 50년대 말까지 하나의 교회 속에 동·서독의 교회들이 모두 속해 있었다. 교회의 총회나 이사회도 동·서독을 번갈아가며 집회를 열었고, 다른 목적의 여행은 제한되었으나 상당한 기간 동안 교회 지도자들의 방문 여행은 자유로웠다. 이와 같은 사정은 38선이 갈리면서 북한의 교회가 완전히 제거되거나 추방된 한국의 경우와는 너무나 다르다.

둘째는 가톨릭교에 비해서 독일의 신교는 그 지역적 분포 때문에도 분단이나 통일 문제에 훨씬 더 깊은 관심을 보일 수밖에 없다. 전통적으로 독일은 봉건 시대에 군주나 영주들의 종교에 따라서 그 지역이 신교 지역이냐 구교 지역이냐로 나뉘어 있었다. 남쪽의 바이에른 주(州)나 라인란드 지방이 전통적인 구교 지역인 데 비해 현재 동독이 위치한 지역은 프로이센 지역으로 오랫동안 신교가 지배해 왔던 지역이다. 바이마르 공화국 시대, 즉 동·서독이 갈라지기 전에 독일에서의 신·구교의 비율은 신교가 60%, 구교가 39%였다. 그런데 1961년도의 인구 조사에서 독일 연방 공화국(서독)에서의 비율은 신교가 50.2%, 구교가 45.5%였는데 이것은 전쟁 전보다 구교의 비율이 높아진 현상이다. 이 말은 신교의 비율이 높은 동독이 제외되었기 때문에 그렇게 되었다는 것이다. 독일 민주 공화국(동독)의 60년대 비율을 보면 신교가 80%며 구교는 10%에 불과하다. 동·서독을 통틀어 볼 때 전체 신교 신자의 43%가 동독에 거주하고 있다. 이런 이유 때문인지는 몰라도 가톨릭교회는 신교 측보다 통일 문제에 관심을 적게 가지고 있다는 주장이 있다.[16] 동독에 있는 구교 신도의 수가 적고 또 서독의 가톨릭교회가 동독의 교회에 대해 갖는 관심도나 연결이 신교의 경우보다 훨씬 약하다는 것을 의미한다. 통일 문제에 대한 서독 정치인들의 관심도와 열의를 보아도 가톨릭 측의 정치인들이 신교 측보다 약한 것은 우연이 아닌 것 같다. 가령 가톨릭 정치인이었던 아데나워는 통일 문제에 신교 정치인들 만큼 깊은 관심을 가지지 않았다고 한다.[17] 이러한 연유에서 독일의 신교 교회는 통일 문제에 관한 한 전 독일을 포괄하는 유일한 조직체였으며 또한 가장 중요한 민간단체였다고 할 수 있다.

---

[16] Ferenc A. Váli, *The Quest for a United Germany* (The Johns Hopkins Press, Baltimore: 1967), 122.

[17] Johanna Vogel, *Kirche und Wiederbewaffnung*, 71.

점령 연합국들 사이의 회담이 공전되고 독일 문제의 타결이 냉전으로 난국에 접어들자 독일 교회가 분단 문제와 관련하여 미약하게나마 태도를 보이기 시작한 것은 1947년 3월 27일자 성명서로 여겨진다. 물론 기독교 인사들이나 교회 안의 여러 단체 기관들이 태도를 표명한 것들은 많이 있지만 여기서는 독일 교회가 총회나 이사회 등 공식 기구를 통해서 표명한 것을 중심으로 보고자 한다. 이때는 모스크바에서 점령국 외상들이 독일 문제를 놓고 회담을 하고 있는 기간이었다(3월 10일-4월 24일). 독일 교회 이사회는 '모스크바 평화 회담에 즈음하여'라는 성명문을 작성하여 소속 전 교회가 주일 예배 시간에 낭독하도록 배부하였다. 매우 조심스럽게 작성되었지만 부분 부분에 점령국들에 대한 불만이 표현됨을 주의해서 볼 수 있다.

> 하나님의 은혜와 평강이 우리에게 임해 전승국 민족들이 아직 우리 독일 민족에게 하나님이 허락하신 삶을 부여해 주기 위한 공동의 방법을 찾지 못했지만 그들에 대한 멸시나 분노의 감정을 갖지 않도록 해야겠다. 모스크바에서는 지금 전승국들이 독일과의 평화를 맺는 기초를 마련하기 위해 회동하고 있다. 이 협상은 우리 민족의 생사를 결정하는 모임이다.

이와 같은 전문을 깔고,

> 우리는 수백만의 전쟁 포로들이 하루 속히 석방되기를 바라고… 우리는 외세와 외민족이 관리하고 있는 독일 땅을 속히 되돌려 받기를 바라고, 우리는 경계선이 빨리 철폐되어 상품 교역 등 경제 활동을 마비시키는 일이 없어져야겠고 파괴된 생활환경을 재건할 수 있어야 하겠다[18]

라고 매우 겸손한 표현으로 민족의 요구를 대변하고 있다. 정치적 상황은 물론 이보다 훨씬 심각했지만 전승국 사이에 팽배해진 긴장 감이나 '트루만 독트린' 같은 문제들에 노골적인 언급은 하지 못했다. 전쟁 포로 석방이나 독일 땅의 반환 요구는 주로 소련을 겨냥한 목소리였다. 소련과 폴란드가 점령한 옛 동프로이센의 땅을 돌려달라는 요구이다.

트루만 독트린이 선포된 1947년 3월 이후의 상황은 걷잡을 수 없는 분단 고정화의 길이었다. 미·영·불 점령 지역이 합쳐지고 화폐 개혁이 생기며, 동과 서는 서로 다른 나라처럼 되어갔고 48년엔 두 개의 독일 정부가 수립되는 데 이른다. 이미 아데나워가 이끄는 기독교 민주당이 서방측과 합작하여 서독을 서유럽의 세력권에 포함시키는 방향으로 정책이 추진되어 가고 있던 무렵에 독일 교회(EKD)는 다른 다섯 개의 자유 교단들과 함께 '독일 민족 분열에 반대하고 참 평화를 위하는 교회의 성명'을 1948년 3월 10일자로 발표했다.[19]

이제 우리는 독일이 영구적으로 경제적 사회적·정신적·형태가 다른 조각으로 나뉘어질 위험에 직면하게 되었다. … 민족이 서로 대결하고 수백만의 전사자를 만드는 것은 하나님의 뜻에 대한 배반이다. 지난번 전쟁의 헤아릴 수 없는 슬픔을 경험하고도 교회가 평화를 위해 할 수 있는 모든 것을 다하지 않는다면 우리 교회는 예수 그리스도의 교회가 아니다. … 평화는 민족들이 살

---

[18] Friedrich Merzyn (hrsg.), *Kundgebungen: Worte und Erklärungen der Evangelischen Kirche in Deutschland 1945~59* (Hanover, 1993), 50f.
[19] 자료편 참조.

고 있는 사회 관계가 정의롭고 건전하며 적어도 견디어낼 만한 것으로 느낄 수 있을 때에만 존재할 수 있다. 지구상에 어느 민족도 자기 땅에 외부 세력들이 제멋대로 경계선을 그어 놓는다면 가만히 있을 수 없을 것이다. 어머니는 조국의 다른 편에 있는 아들을, 딸은 그 아버지를 만나려 한다. 같은 언어를 말하고 같은 역사와 문화를 가진 민족은 자기 민족끼리 자유롭게 교류해야 한다. 동과 서에서 같은 찬송가를 부르고 같은 신앙고백과 예배 형식을 가진 우리 교회들은 수백 년 지녀온 종교 생활의 축복된 공동체를 유지하고자 한다. … 강제 분단은 항상 비극적 결과를 가져왔고 참 평화를 방해해 왔다는 것을 역사는 가르쳐 주고 있다. …[20]

이 성명서는 또한 분단이 가져올 윤리적 해독에 대해서 언급하며 특히 화폐 개혁을 비판하고 있다.

부자연스런 분단 관계는 사람들의 윤리적 태도에도 해롭게 작용할 것이다. 상호 이질적인 경제 제도와 정치 구조 및 화폐와 환율의 이질성은 분할된 다른 쪽과의 연락을 유지하기 위해서 많은 범법행위를 유발하게 될 것이다. 밀수와 암거래 등 불법 행위가 서글픈 결과로 나타난다. … 독일의 경제적 분단은 독일인의 솔직성과 진실성을 회복하려는 모든 노력을 불가능하게 만들것이다.

이 서명서는 감리교, 메노나이트와 같은 지극히 작은 군소 교단들 5개와 함께 발표한 것으로 보아 가급적 신교 교회를 총망라해서 국

---

20) Merzyn, 앞의 책, 54f.

민 전체의 목소리를 대변한다는 뜻을 표하려 한 것 같다. 보수와 진보 교단을 망라하여 성명서에 참여시킬 때는 그 어조가 날카로울 수만은 없다. 온건하고 약한 톤으로 조절되기 마련이다. 상황의 급박함에 비해 볼 때 분단에 대한 실망과 거부의 뜻은 표현되었지만 전체적으로 흐르는 분위기는 호소조이며 강대국 점령 국가들에 대한 스스로의 무력감을 나타내고 있다. 패전 국민으로서, 침략을 일으킨 전범 민족으로서 큰소리를 감히 칠 수 없기 때문에 점령 국가들의 정책에 대해 비난·항거하고 싶어도 자제하면서 쓴 것 같다. 분단이 심화하는 상황과 강대국 간의 긴장으로 인한 전쟁의 위협 등이 독일 민족의 평화와 통일을 위해 해로운 요소임을 인지하면서도, 승전국들인 강대국에 대해 노골적인 불만을 표시하지 못하는 것이 이 시기에 나온 교회 성명서들의 분위기였다.

공식 교회 기구가 낸 성명들이 완곡한 표현을 써서 무엇을 노리는 글인지 분명치 않을 때가 많은 데 비해, 고백교회 지도부인 '형제 위원회'(Bruderrat) 같은 동지들의 조직에서는 보다 날카로운 표현의 성명이 나왔다. 반드시 분단 상황의 인식 때문에 나온 것은 아니지만 1947년 8월 자로 발표된 형제위원회의 '우리 민족의 정치적 진로에 대한 선언'은 전후 독일 교회 역사상 중요한 이정표를 남긴 선언이었다. 일명 '다름슈타트(Darmstadt) 고백 선언'이라고도 불리어지는 이 선언은 '슈투트가르트(Stuttgart) 선언'을 한층 더 발전시키고 심화시킨 죄 고백 선언이며, 전후 독일의 상황을 인식하면서 교회와 민족이 나아갈 길을 신학적으로 정치 윤리적으로 제시하려고 시도한 문서라 하겠다. 이러한 선언문이 독일 교회 전체의 이름으로 나오지 못하고, 형제 위원회의 이름으로 나온 것은 이 선언서가 갖는 진보적 성격 때문이라 할 수 있다.

이미 약속한 바와 같이 전후 독일 교회의 재건에는 독일 전통의 루터교와 개혁교가 연합되었고 특히 고백교회의 전통과 노선이 중요한 역할을 하였다. 그러나 수적으로 열세인 고백교회는 도덕적 영향력을 행사하였을 뿐 이후의 교회 정치사에서 차츰 주류에서 밀려나게 된다. 이것은 고백교회의 대표 인물격인 니뮐러 목사의 교회 정치적 위치를 보아도 잘 알 수 있다. 이미 교회 연합의 초기부터 고백교회 동지들과 루터교 지도자들 사이엔 적지 않은 의견 차이와 갈등이 있어 왔다. 이런 맥락에서 보면 다름슈타트 선언은 고백교회 동지들 측에서 공식 교회 조직 이름으로 표현된 선언문이나 노선에 대해 불만스러움을 느낀 데서 나온 것이라 볼 수 있다. 한마디로 해서 너무나 온건하고 미지근한 데 대해 보다 분명하고 확실한 선언을 하고 싶어서 형제위원회가 따로 선언서를 낸 것 같다. 물론 이때까지 독일 기독교 연합회(EKD, 독일 교회로 약칭)는 임시 조직되었고, 완전히 헌장을 갖추고 통합되지는 못했기 때문에 형제위원회가 따로 독자 노선을 걸을 수 있는 여지가 있었다.

다름슈타트 고백 선언은 일곱 항목으로 되었으며 각 항목이 "우리는 잘못된 길을 걸었다"는 고백의 형식을 띠고 있다. 특히 민족의 정치적 진로에 대하여 교회가 책임을 느끼며 반성과 참회를 나타내고 있는 2, 3, 5항이 중요하다(자료편 참조).

이 고백 선언은 2항에서 히틀러 독재와 민족 지상주의를 옹호한 교회의 죄과를 신랄하게 비판하였으며, 3항과 5항에서는 교회가 사회 정의의 옹호자가 되지 못하고 초기 자본주의의 사회 구조 속에서 가진 자의 편에 섬으로써 가난한 자와 빼앗긴 자들의 사회적 문제를 등한시했음을 반성하며 노동자들을 교회에서 소외시킨 죄책을 고백하고 있다. "보수세력과 동맹을 맺음으로써 교회는 무거운 보복을 당했다"는 말은 독일 교회가 오래전부터 반성하고 있는 것으로 19세기 말엽부터 노동자층이 교회를 많이 떠나버린 사실을 지적하는 것이다. 교회가 일방적으로 지배 계급의 이익에 봉사하여 온 역사적 과오를 이 선언은 고백하고 있다. 다름슈타트 선언은 교회의 이데올로기적 비판과 반성을 서슴지 않고 표시했다는 점에서 여러 가지 의미와 문제점을 내포하는 문서가 되었다.

아직 분단 상황이나 냉전 문제에 대해서 이 선언은 명시적으로 언급하지 않았으나, 선언문의 4 ,6, 7항을 면밀히 분석해 보면 근본적으로 비판적인 자세를 읽을 수 있다. 4항에서 "우리는 모든 사람에게 주시는 하나님의 자유로운 은사를 하나의 정치적 · 사회적 · 세계관적인 전선을 형성함을 통해서 왜곡하였다"고 함으로써 교회가 한 쪽의 체제나 이데올로기에 일방적으로 밀착됨을 경계하는 태도가 조심스럽게 표현되어 있다.

교회가 어떤 정치적 세계관적 전선(前線)을 형성하는 데 가담하게 된다면 이는 모든 사람에게 은사를 베푸시는 하나님의 뜻에 대한 거역이라는 표현은 당시의 분단 상황과 아데나워의 정책에 대한 심각한 신학적 비판이었다고 볼 수 있다. 이 점을 들어 트루만 독트린의 비판이었다고까지 해석하는 학자도 있다.[21]

6항에서 "이웃을 향해 돌아서야 한다"라는 표현이나 7항에서 "전쟁이 올 것이라는 추측에서 벗어나자", "민족간의 화해와 복지를 위

---

21) J. Vogel, 앞의 책, 72.

해 독일 국민이 봉사해야 한다"라는 표현은 냉전과 긴장이 엄습하는 당시의 기류에 대한 노골적인 저항감을 드러낸 성명문이라고 해석할 수 있다. 이와 같은 해석은 고백교회의 지도자 니묄러 목사가 49년도에 분단 상황에 대해 언급한 인터뷰를 함께 연결시켜 보면 분명히 드러난다. 그는 "통일을 위해서 독일인들은 서방의 풍요와 자유를 포기할 수도 있어야 한다"고 하여 당시의 교회 안에 많은 이데올로기적 논란을 일으켰다. 어쨌든 다름슈타트 선언의 방향은 냉전과 분단을 지양하고 화해와 공존, 통일을 지향하는 좌표 위에 서 있다고 판단할 수 있다.

다름슈타트 선언이 형제위원회의 이름으로 된 선언이기는 했지만 독일 교회 전체에 준 영향은 적지 않았다. 그 이후에 나온 독일 교회의 성명서들이 어조는 다르지만 대체로 냉전적인 발상에 비판적이며, 이데올로기에 의한 민족 분단에 반대하고 통일과 평화를 지향하고 있다는 점에서 다름슈타트 선언과 고백교회 인사들의 영향이 적지 않게 있음을 주목해 볼 수 있다. 이러한 영향은 1948년 7월 13일에 발표된 '평화 선언' 속에 드러나 있다. 이 선언이 만들어지는 시기와 상황은 특히 민족 분단과 통일의 문제와 관련해서 중요하다. 첫째로, 이 선언은 1948년 7월 10일부터 13일까지 열렸던 독일 교회의 총회에서 채택되었는데 이 총회에서 비로소 독일 기독교회 연합회(EKD)의 헌법이 통과되어 명실공히 동·서독을 망라하는 하나의 민족 교회로서 모습을 드러내게 된다. 둘째로, 이 시기는 독일의 분단이 확정되어 간 시기다. 미·소의 냉전 무드는 독일 문제를 놓고 고조에 달해 서독에서 화폐개혁이 일어났으며, 동독 측은 베를린을 봉쇄하였고 양쪽에 두 개의 정부가 사실상 선 것이나 다름없이 분단 상황은 확정되어 갔다. 셋째로, 이러한 동·서 관계의 초긴장 속에서도 하나의 교회를 구성하는 총회의 모임이 동독땅 아이제나하(Eisenach)에서 열릴 수가 있었다. 4개국 점령군들이 나라를 분단시키는 판국에도 교회가 하나로 형성되는 것을 막지 못했다. 이러한 상황 속에서 냉전과 분단 정책에 반대하는 교회의 평화 선언이 채택된 것이다. 이 선언이 없이도 하나의 교회를 창설시키는 교회 총회의 모임이 동독 땅에서 열린 사실만으로도 교회는 통일과 평화에 대한 의지를 널리 선포했다고 볼 수 있다.

아이제나하 평화 선언의 어조는 물론 신학적이며 교회적인 테두리를 넘지 않고 있다. 그러나 이 선언에는 당시의 분단과 냉전의 상황이 문맥 속에 분명히 표현되어 있고, 현 정세의 추세가 교회가 희구하는 평화의 복음에 배치된다는 원칙적인 문제를 거론하고 있다.

끔찍스런 전쟁이 끝난 지 3년이 넘도록 독일 민족은 평화를 갈망했지만 오늘까지 평화는 오지 않고 세계 곳곳에서 전쟁과 피흘림만 계속되고 있다. 평화가 없이는 민족의 삶이 재건될 수 없고, 인간의 도덕적 건전성이 추구될 수 없으며 인간의 삶을 하나님의 뜻에 따라 형성할 수 없다. … 독일 민족이 자유를 빼앗기고 외세의 힘 속에 얽매인 채로는 결코 평화가 오도록 하는 데 공헌할 수 없다. … 우리는 어느 민족 누구이든지 원수로 대하지 말아야 하며 하나님 앞에서 함께 살아가야 할 형제 자매로 생각해야 된다. 우리는 우리 민족 동포들에게 다른 민족에 대한 증오심과 적개심에서 벗어나자고 부탁드리며 함께 맹세하고자 한다. 우리는 아무도 국가 간의 적개심을 조장하여 전쟁을 위한 무력 행위를 도발하려는 프로파간다의 도구가 되어서는 안 되겠다. 특히 우리는 우리의 곤경이 새로운 전쟁을 통해 제거될 수 있으리라는 망상에 빠지지 않도록 우리 민족 성원 모두에게 경고하고자 한다. 폭력에는 축복이 임하지 않는다. 전쟁은 고통과 증오와 참혹과 황폐만을 심화시킬 뿐이다.[22]

이 선언에서 특히 상황과 관련하여 주목되는 점은 "다른 민족에 대한 증오심과 적개심에서 벗어나자"는 호소와 "전쟁과 무력 행위를 도발하는 프로파간다의 도구가 되지 말자"는 절규이다. 이들 호소는 보통으로 보면 단순한 윤리적 요청에 불과하지만, 상황과 관련시켜 보면 분단과 대결로 몰아가고 있는 미·소 점령국들에 대한 강한 반발과 거부가 포함되어 있는 태도의 표명이다. 이 선언은 물론 동·서 냉전의 원인과 성격에 대해서는 일체 언급하지 않고 있다. 또한 강대국들의 정책에 대해서도 구체적인 논평을 하지 못하고 있다. 교회적인 성명서가 갖는 약점일 것이다. 그러나 냉전의 성격에 대해서 평가하지 않는 태도는 교회가 어느 편의 이데올로기적 싸움이나 편견에 말려들지 않으려는 조심성이 배경이 되어 있다고도 볼 수 있다. 또 한편 이 성명은 '다름슈타트 선언'의 영향을 받았다고 하나, 그만큼 명쾌한 주장과 분명한 태도와 비판을 표시하지 못하고 있다. 상황이 더 급박해졌음에도 어조상으로는 퇴보일 수밖에 없었던 이 평화 선언은 독일 교회(EKD)의 이념적 신앙 고백적 복합성의 구조에 기인한다고 볼 수밖에 없다.

비록 표현은 온건했지만 이 평화 선언은 독일 교회에 정치 윤리상으로 중요한 이정표를 남겼다. 두 가지 점에서 그 의미를 볼 수 있을 것 같은데 첫째는 전쟁을 정치적 해결의 수단으로 보는 생각에 대한

---

22) F. Mezyn, *Kundgebungen*, 58.

원칙적인 거부이다. 이것은 교회가 국가교회로 존속해 온 독일의 맥락 속에서는 대단히 과감한 주장으로 인식된다. 그래서 독일 교회는 오랫동안 평화와 전쟁에 관한 신학적 논쟁을 벌였지만 한 번도 전쟁은 무조건 악이라는 식으로 선언한 적이 없었다. 이것은 1차 대전이 끝나고 나서도 교회는 감히 거기까지 나가지 못했던 역사를 보아도 얼마나 어려운 결단인가를 짐작할 수 있다. 둘째로는 동·서 냉전의 한복판에 서서 교회가 어느 쪽에 치우치지 않는 자세를 가지려고 했다는 점이다. 교회는 평화와 이웃과의 화해의 원칙만을 강조하며, 이에 어긋나는 점령국들의 분단 행위와 냉전 격화 행위를 함께 비판하는 데에 이 성명은 두고두고 중요한 의미를 지니게 된다.

4) 두 개의 정부 수립과 교회의 태도

냉전의 격화와 민족 분단의 영구화를 반대하는 독일 교회의 태도는 도덕적 호소력 이외에 정치적 영향력은 별로 갖지 못했다. 독일인들의 여론이란 것 자체가 점령군들의 독일 문제를 처리하는 데 큰 힘을 발휘하지 못했던 때이다. 48년 봄에 이르자 냉전은 절정에 이른 것 같았다. 4개국 간의 런던 회담이 독일에 중앙 행정부를 두는 문제와 독일과 평화조약을 맺는 문제를 놓고 격론을 벌이다 아무런 결실이 없이 끝나게 되자 서방측 3개국은 서방측 점령 지역 안에서만이라도 중앙정부를 설치할 것을 결심하게 된다. 소련 측은 구호로는 독일의 통일을 외치면서도, 서방 측이 지역이나 인구로 보아 우세한 판국에 선거에 의한 통일이 아무런 승산이나 이익이 없을 것으로 판단하여 4개국 분할 점령 상태를 지연시키는 작전을 썼던 것 같다. 그 속셈으로 불란서와 이태리에 공산당 활동이 강화되면서 그곳에 공산 정권이 수립되기를 기다렸다고 전문가들은 분석하고 있다. 그렇게 되면 4개국 점령의 독일의 판도가 달라질 수 있다는 계산이었던 것이다.

소련과의 협상에 의한 독일 문제 해결이 불가능하다고 판단한 미국은 영국·불란서와 함께 서독 안에서의 정부 수립을 서두르기로 했다. 더 이상 점령 4개국의 합의를 기대할 수 없게 되자 1948년 전반기 동안 런던에서 미국·영국·불란서·벨기에·네덜란드·룩셈부르그의 6개국은 독일 문제 회의를 열고 독일 중앙정부를 수립하기로 결의했다. 소련은 이에 대해 1948년 3월 20일 "서방 측에서 이런 결정을 한 이상 4개 연합국 점령군 사령관들로 구성된 '독일 통일 위원회'는 해체된 것으로 간주한다"는 성명을 발표하여 분단의 책임을 서방 측에 밀고 통제 위원회가 해산된 이상 동독 안에 위치한 베를린 시는 서방측 점령군의 경비를 받을 필요가 없다고 위협을 가해 왔다.

이와 함께 소련은 보복책으로 서독과 베를린 사이의 교통과 통신을 방해하기 시작했다. 서독의 정부 수립과 경제 재건을 결심한 서방측 연합국은 화폐개혁을 단행하여 '제국 마르크'를 '독일 마르크'로 바꾸어 서독에만 통용시켰다. 서베를린 지역에까지 위기를 무릅쓰고 화폐 개혁을 단행했다. 소련 측이 교통 방해로 서베를린을 고립시키려 하자 서방 측에서는 공수 작전을 써서 식량과 석탄, 그 밖의 일용품들을 서베를린에 수송했다. 베를린 공수 작전은 마침내 성공적이어서 통행 차단은 얼마 뒤에 해제되었다.

서방 측이 결정한 서독 정부의 수립은 서방 측 점령 지역 안의 주정부 입법 기관의 대표들이 모여 제헌 의회를 구성함으로써 합법 절차를 밟았고, 제헌 의회는 1948년 9월 1일 본(Bonn)에서 첫 모임을 가졌다. 서독만의 정부 수립이 결정되자 정당·사회 단체 및 각종 엘리트 집단에서는 이것이 독일의 재통일을 영구히 불가능하게 만드는 비극이라고 반대하는 움직임을 일으켰으며 독일 분단의 영구화라고 규탄하는 여론들이 일어났다. 그러나 4개국 합의가 불가능한 상태에다가 자기 민족 문제 해결에 자결권을 갖지 못한 독일인들이 우선 서독만이라도 정부를 세워서 서독인들 자신의 자치적인 정부를 갖게 한다는 서방 측 동맹국들의 결의를 거절할 만한 뚜렷한 자신과 명분도 찾기 어려웠다.

그러나 각 정당·사회단체·교회 등의 민족 통일을 포기하지 않으려는 주장과 운동이 마침내 압력을 가해 '독일연방공화국'(Bundes-republik Deutschland)을 창립하는 데 앞으로의 통일에 대한 전망과 명분을 최대한으로 보장하는 테두리 안에서 정부 수립이 이루어져야 한다고 결론이 내려진다. 이러한 영향은 우선 런던의 6개국 회담이 결정한 서독에서의 '제헌 의회의 구성'과 '헌법 제정'이라는 용어가 독일 정치인들의 완강한 주장으로 보통 '의회의 구성'과 '기본법 제정'이라는 단어로 바뀌게 된다. 서독은 오늘까지 명분상의 차이뿐이긴 하지만 헌법 대신에 기본법을 갖고 있다.

드디어 1949년 5월 8일에 연방 의회는 기본법을 제정하고 본(Bonn)을 임시 수도로 결정하였으며, 8월에는 새 기본법에 의한 선거를 실시해 의회를 구성하고 대통령과 수상을 선출했다. 소련 측에서는 분단의 책임을 서방측에 지우기 위해 표면적으로는 단독 정부 수립의 기미를 보이지 않았다. 프로파간다와 전시 효과를 위해 인민 대회, '전 독일의 통일을 요구하는 인민의 청원' 등을 내세우며 서방측을 비난하고 있다가 서독 정부가 수립된 직후인 1949년 10월에 가서 기왕에 있던 '독일인민위원회'를 '독일민주공화국(Deutsche Demokratische Republik)의 임시인민회의'라고 개칭하고 헌법을 제정하게 하여 정부를 수립시켰다.

이렇게 수립된 두 개의 정부와 미·소 양 세력은 서로 타방의 정부를 합법적인 것으로 인정하지 않았다. 미 국무장관 애치슨은 곧 소련과 동독이 세운 독일 민주 공화국을 부인하는 성명을 발표했다.

미국 정부는 10월 7일에 베를린(Berlin)에 수립된 소위 독일 민주 공화국은 아무런 법적인 타당성과 국민 의지의 기초를 갖고 있지 않다고 간주한다. 이제 정부는 소련과 공산주의자들에 의해 만들어졌으며 자유로운 일반 선거에 의하지 않고 제멋대로 만들어진 '인민 회의'에 의해 구성되었다. 오래전부터 예기되었던 이 소련의 창조물은 합헌적이고 국민 의지가 기초를 이룬 본(Bonn)의 독일 연방 공화국과 철저한 대조를 이룬다.[23]

아데나워 서독 수상 역시 독일 연방 공화국(BRD)을 유일한 합법 정부로 천명하여 동독 정부를 인정하지 않겠다는 성명을 냈다.

독일 연방 공화국은 통일의 성취는 미결 상태이지만, 독일 민족의 유일한 합법적인 정치 조직이다. 독일 연방 공화국은 소련 점령 지대에 살고 있는 1천 8백만 독일인들의 운명에 대해서 책임감을 느낀다. 그들에게 충성하고 보살필 것을 보장한다. 독일 연방 공화국만이 독일 민족을 대변할 수 있는 권리를

---

23) Beate Ruhm von Oppen (ed), *Documents on Germany under Occupation 1946~1954* (London: Oxford Univ. Press, 1955), 424.

갖는다. 소련 지역의 성명서들이 독일 민족에게 어떤 구속력을 가진다고 인정하지 않는다.[24]

동독 정부에서도 자기들만이 유일한 합법 정부라는 주장이 나왔다. 동독의 수상 그로테볼(Otto Grotewohl)은 다음과 같이 천명하였다.

독일 민주 공화국 정부는 최초로 자립적이었던 독일 인민의 운동에 그 기원을 두며 따라서 최초의 독립된 독일 정부이다. 정부는 독일 통일을 위해서 최선을 다할 것이다. 우리는 서독에서도 우리의 역사적 계승을 갖는다고 확신한다. 왜냐하면 우리는 우리 민족의 존재라는 자연적이며 단순한 법칙과 일치해서 존재하기 때문이다.[25]

이렇게 해서 두 개의 독일 정부는 수립되었지만 서로 전체를 대표하지 못하면서도 유일한 합법 정부라고 주장했다. 두 개의 정부가 수립된 상황에서, 더욱이 서로가 합법성을 인정치 않는 상황에서 누구보다 곤란을 느끼는 단체가 독일 교회였다. 정당이나 사회 단체들은 아예 동·서독에 나뉘어 조직되어 있기 때문에 각자가 위치한 지역의 현실적 테두리 안에서 움직이면 되지만 교회는 통합된 조직체였기 때문에 설사 서독의 기독교가 주류를 이루었다 하더라도 서독 일변도의 입장을 취하기가 난처하였다. 그 밖에도 교회는 정당이나 정파성을 초월해야 하기 때문에 분단의 상황에서도 정치적으로 한편에 치우친 태도를 취해서는 안 되기 때문이다.

---

24) 같은 책, 432.
25) 같은 책, 430.

몹시 난처한 정치적 상황에서 독일 교회는 이사회의 이름으로 '독일의 정치적 분단에 즈음한 성명'을 1949년 10월 12일자로 발표했다.

서쪽에서 독일 연방 공화국(BRD)의 정부 수립과 동쪽에서 독일 민주 공화국(DDR)의 임시 정부 수립은 점령 세력 간의 불일치로 인한 독일의 두 쪽 분할을 더욱 분명하게 하였다.

동독과 서독의 기독교인들에게 같은 책임을 지고 있는 독일 교회(EKD)의 이사회는 소속 교회들에게 이 어려운 민족 분열의 운명을 당해 심판과 은총으로 나타나시는 하나님의 인도하심을 구하도록 촉구한다. 우리를 지배하고 있는 세상 권세의 모든 결정에도 불구하고 우리는 한 민족으로 존속하며 형제의 공동체 속에 함께 살며 형제의 관심 속에 함께 머무를 것이다. 서로를 위해 기도하기를 그치지 말며 서로를 위한 희생적 사랑에 헌신하기를 멈추지 말자!

일단 독일 교회는 양독 정부의 수립을 합법화하는 태도를 취하지 않고 어쩔 수 없이 이루어진 사실로서 받아들이고 있다. 또한 교회는 불가피하게 이루어진 분단이요, 분할 정부의 수립이지만 어느 한 쪽 정부에만 가치와 정당성을 주는 평가를 일체 하지 않는다. 그러면서 교회는 두 정부의 관할 지역에 있는 기독교인들의 통합된 조직체임을 강조하며 정치적 분단에 관계없이 독일 민족 전체를 위한 종교적·정신적·도덕적 의무를 다할 것이라는 점을 밝히고 있다. 정권이 나뉘어도 민족은 하나라는 원칙과 서로 미워할 수 없고 사랑하고 기도해야 할 한 형제의 공동체임을 강조한 것은 정치적 변화에 휩쓸리지 않는 교회의 의연한 자세라고 보아서 좋을 것이다.

그러나 성명서는 이와 같은 분열과 민족 분단을 신앙적으로, 역사신학적으로 해석하고 있는 입장을 보여준다.

우리가 당하는 분열의 고난 속에 우리의 잘못에 대한 하느님의 심판이 있음을 또한 알아야 한다. 이 고난은 우리가 모두 하느님의 명령을 따름으로써만 극복할 수 있음을 알아야 한다.

이것은 패전과 점령, 민족 분단의 역사를 하나님의 심판이라는 신학적 차원에서 해석하려는 신앙고백의 연속이라 할 수 있다. 이러한 운명을 감내하고자 하는 교회의 태도는 사실상 두 개의 정부와 독일을 인정해주는 태도와 연결되고 있다. 성명서는 이어서,

이제 정부의 책임을 짊어진 독일의 남녀 인사들은 하나님이 명하시는 진리와 정의에 따라 행동할 것을 촉구한다. 우리는 양쪽 독일 정부에게 모두 우리 민족에 대한 국가 질서의 통일성을 하루속히 회복시킬 것을 기대한다. 우리 민족의 남녀 동포들은 하나님 앞에서 책임을 지는 자유 가운데서 국가 질서에 충성할 것을 촉구하는 바이다.

라고 했다. 결국 현실적으로 양쪽의 정부를 인정하며 국민이 충성을 다할 것을 당부하고 있다. 물론 국가에 대한 충성은 하느님 앞에 책임을 질 수 있는 한도 안에서 하라고 조건을 붙이지만, 이것은 나치 국가에 대한 충성의 경험에서 나온 반성의 결과였다.

독일 교회의 공식 성명이 이렇게 설정된 데 비해 고백교회의 노선을 잇고 있는 형제 위원회의 1949년 10월 14일자 성명은 훨씬 날카로

운 비판의 자세를 보여주고 있다. '하나님께 의를 돌리라'는 이 성명은 다름슈타트 선언의 보완이라고도 할 수 있으며 분단과 냉전의 상황을 더욱 철저히 비판하는 상황적인 성명서라고 할 수 있다. 성명서는 노골적으로 양대 강대국 사이의 정치적 긴장이 두 개의 독일을 이데올로기적으로 세뇌(Indoktrination)시키는 데까지 몰고 갔다고 지적했다. 그리고 동쪽과 서쪽의 어떤 이데올로기에도 성급히 동화하지 말 것을 경고했고, 이러한 이데올로기적 태도는 '십자가의 신학'을 '십자군의 이데올로기'로 변질시키고 만다고 날카롭게 지적하고 있다. 동·서의 이데올로기 분쟁에 교회가 말려들지 말며 편파성을 갖지 말자는 '형제위원회'의 태도는 가톨릭교의 교황 비오 12세가 1949년 초에 공산주의자들과 대화를 단절시킨(요한 23세가 이를 나중에 해제시켰지만) 상황과 관련시켜 평가해 보아야 한다. 형제위원회의 니묄러 목사는 서방측 이데올로기와 체제에 편입되고자 했던 아데나워 정권과 바티칸 교황청에 날카로운 비판과 도전을 감행했다.

두 개의 정부가 서고 나서 두 개의 독일이 미·소 양대 세력권에 편입된 후로는 곧 강대국의 긴장과 갈등이 독일의 것으로 화했다. 군사적 안보의 문제가 등장한 것이다. 서독에서는 곧 병역의 의무와 재무장에 관한 논의가 나왔다. 아데나워 수상은 1949년 12월 16일 국회의 연설에서 조심스럽게 군의 필요성 문제를 꺼냈다. 서방측의 강한 반공 전선을 구축하기 위해서 서독이 군사적인 기여를 전혀 하지 않을 수 없다는 논리였다. 아데나워의 친 서방 정책이 경제적 군사적 동맹을 미국과 서유럽 국가들과 맺어야 한다는 데까지 이르자 과연 분단된 독일의 서쪽이 갈라진 유럽의 서부에 편입되어 민족 통일의 기회를 완전히 상실해도 좋은가의 문제가 대두되게 되었다.

이런 상황에서 아데나워의 친서방 정책에 노골적인 비판을 가한 것이 니묄러 목사의 1949년 12월 14일자 인터뷰 기사였다. 이 회견에서 그는 독일의 중립화 통일을 강하게 주장했다. 니묄러 목사의 주장에 의하면 독일 사람들은 통일을 위해서 서방 세계의 풍요와 자유를 기꺼이 포기할 수 있어야 하며 민족적인 공동선(共同善)을 위해서는 공산주의도 함께 고려에 넣어야 하고, 독일의 통일은 양대 세력권 사이에서 엄격히 중립을 지키는 가운데 유지되어야 하며, 연합국의 전략적 요새가 되지 말고 국제 연합(UN)에 의해 중립을 보장받아야 한다고 했다. 이러한 그의 인터뷰는 독일의 교회와 정치계에 적지 않은 논란과 물의를 일으켰다. 니묄러 목사의 반대파에서는 그가 공산주의와 동조하고 있다고 모략 선전했고 그를 비판하는 목소리가 여기저기서 적지 않게 나왔다.[26] 그의 통일 제안이 현실성이 없었던 것은 당시의 상황으로는 너무나 분명했으나 니묄러 목사는 통일의 원칙을 다른 무엇보다도 우선적으로 생각해야 한다는 주장을 하기 위해서 중립화 통일론까지 거론하게 되었던 것이다. 그를 비판하는 사람들은 그가 냉전 상황이 어떤 것인지 충분히 이해하지 못했다고 말한다.

니묄러 목사의 제안이 현실적이든 비현실적이든 간에 물의와 영향력은 대단했다. 그가 바로 가장 존경받는 독일 교회 지도자의 한 사람이기 때문에 교회 측도 맹렬해진 찬·반 여론에 당황하지 않을 수 없었다. 교회 측으로서는 통일 원칙의 우선성을 반박할 수 없었으며 더구나 유일한 동·서독 통합의 조직체로서 교회가 통일에 대

---

26) Johanna Vogel, *Kirche und Wiederbewaffnung*, 80.

한 의무를 소홀히 할 수 없었다. 따라서 니묄러 목사의 발언에 대한 비판은 원칙적인 면에서가 아니라 형식이나 방법적인 면에 대한 것이었다. 그러나 논쟁이 짙어지면서 독일 민족이 서로 총부리를 겨누고 싸울 수 없다고 하는 그의 민족적인 주장에는 아무도 감히 반론을 펴지 못했다.

통일에 관해서는 당시의 정치 정세에서는 현실적인 기대가 어려웠기 때문에 교회의 관심은 평화의 문제로 집중되었다. 1949년부터 독일의 재무장 논의가 나오게 되자 독일 교회는 평화의 원칙만은 포기할 수 없는 기독교의 사명이라고 생각하여 평화를 위한 여러 가지 캠페인을 벌이게 되었다. 1949년 부활절을 맞아 독일 교회 이사회는 프랑크푸르트(Frankfurt)의 역사적인 파울(Paul) 교회에서 평화 운동을 위한 대집회를 열었다. 여기에서는 디벨리우스(Dibelius)와 니묄러(Niemöller), 릴리에(Lilje) 주교 등이 연설하였고 이 집회는 전국에 방송으로 중계되어 큰 반향을 일으켰다. 이들 교회 지도자들의 연설 내용은 주로 평화에 대한 도덕적 호소였으며 정치적 구체성을 갖지는 못했다. 니묄러 목사는 1948년 암스테르담(Amsterdam)에서 세계 교회 협의회의 대회가 외친 "전쟁은 하나님의 뜻에 의하면 있어서 안 된다"는 구호를 반복했고, 디벨리우스는 "기독교인은 다른 민족에 대한 적개심과 전쟁을 용납할 수 없다"는 아이제나하(Eisenach) 선언의 원칙을 되풀이 강조했다.

동·서 냉전의 격화, 두 개의 정부 수립, 재무장 논의 등 위기적 상황이 독일 교회로 하여금 평화 문제에 몰두하게 만들었다. 평화 문제를 거론하는 뒷배경은 이러한 상황 속에서 서독이 아데나워 기민당 정권이 이끄는 대로 친서방 정책에 따른 블록 형성에 가담하여 민족 분단을 심화시키는 것이 과연 평화 유지와 통일에 대한 비전을 유지하는 데 도움이 되는 일이냐의 논란이었다. 니묄러 목사의 진보적인 발언과 중립화 통일론이 물의를 일으켜 교회가 여론이 분분하게 되자 약간 당황에 빠지기도 한 교회 기구가 입장을 밝혀야 할 책임을 느끼게 되었다. 1950년 1월 17일 모인 이사회에서 이 문제를 거론하고 짤막한 성명서를 발표하였다. '철의 장막을 인정하지 않으며'라는 성명에서 이사회는 니묄러 발언의 파동을 수습하려고 노력하였다.

지난 몇 주 동안 교회 인사들의 발언을 통해 사회 여론에 꽤 물의를 일으켰다. 우리가 확신하기로는 이런 발언들은 그 내용이 어떤 것이든 간에 독일 교회의 공식 태도 표명이 아니며 발언의 책임은 발언을 한 개인들에게 있는 것이다. 던져진 문제들에 대해서 교회는 다음과 같이 해명한다.

1. 인간의 자유와 존엄은 기독교 교리에 의해서 불가침의 것이다. 오늘 우리 민족 전체가 고민하고 있는 민족 통일의 문제도 결코 자유와 인간 존엄을 포기하는 대가로 해결될 수는 없다.

2. 독일 교회는 점령 국가들 간의 정치 문제로 발생한 철의 장막을 인정하지 않을 것이다. 그것은 평화를 위협하는 것이며 따라서 인간의 자유와 민족들의 자유를 위협한다.[27]

성명문의 톤에서 느낄 수 있는 바와 같이 통일 우선론에 대해 교회가 쐐기를 박은 것이라 볼 수 있으며 한편 냉전과 전쟁 위협의 상황을 인정하지 않겠다는 태도의 표명이었다고 볼 수 있다.

---

[27] Merzyn, *Kundgebungen*, 89.

이사회는 동시에 동·서의 냉전과 긴장 문제에 교회가 불가피하게 말려드는 상황을 인식하면서 이 문제에 관한 보다 근원적인 토론과 정책이 필요하다고 느껴 4월에 모이는 독일 교회 총회(Synod)에서 평화 문제를 철저히 다루어 보기로 결의하였다. 의견 대립과 격론이 예상되는 이번 총회는 1950년 4월 27일에 동베를린(Berlin - Weissensee)에서 모이기로 했으며 "평화를 위해 교회는 무엇을 할 수 있는가?"를 대회 주제로 설정하였다. 이 모임에 앞서 니묄러 목사는 헷센 낫사우(Hessen-Nassau) 주교회 감독으로서 헷센 주 정치인들을 불러 평화 문제에 관한 대화의 모임을 가지고 사건 준비를 했다. 1950년 3월 13일 다름슈타트에서 모인 이 정치인들과의 대화에는 헷센 주 교회 본부의 초청으로 기독교 민주당(CDU)·사회 민주당(SPD)·공산당(KPD)의 당원들이 왔으며 그 밖에도 많은 목사와 평신도 노조 간부 등이 모여 당면한 문제에 대한 열띤 토론을 벌였다. 여기서 니묄러 목사는 다시 한 번 냉전 상황과 독일 분단 문제에 관해 자기 입장을 밝히게 된다.

나에게 근본적인 문제는 철의 장막으로 갈라진 이 분열과 분단의 위험을 어떻게 제거하느냐의 관심이다. 독일에 두 개의 정부가 섬으로써 우리는 평화로부터 점점 멀어져 가고 있다. 이 철의 장막을 제거하는 길은 독일에 통일된 정부를 세우는 길이라고 생각해서 여러 나라로 분할 점령된 상태를 국제 연합군이라는 단일한 점령군으로 대체시키자는 안을 말했고, 예를 들어 연합국들이 물러가고 스웨덴 같은 나라의 군대 5천 명이 들어와 독일을 지키면서 독일의 통일 정부를 마련할 때까지 동·서의 차이와 긴장을 완화하는 데 노력할 수 있지 않을까 하는 생각이었다.

라고 거듭 긴장 해소책과 통일에 교회가 책임과 사명이 있다고 강조
했다.[28] 이어서

자꾸 교회가 정치 문제에 너무 간여한다고 비난하는데 우리 민족과 세계가
전쟁과 파멸의 위기로 들어가는 상황을 평화의 사명을 가진 그리스도인으로
서 어떻게 침묵하고 남의 일처럼 바라보고만 있을 수 있겠는가? 강도당한 사
람을 두고 그냥 지나갈 수 없었던 사마리아 사람처럼 파멸의 위기에 빠져 가
는 오늘의 정세를 그냥 볼 수만 없어서 평화와 통일을 주장하는 것이다.

라고 덧붙여 말했다.

이 헷센 주 교회의 정치인들과의 대화 모임은 교회가 사회적 정치
적 책임을 다해 가는 과제와 방법의 면에서 좋은 모델을 보여주었
다. 이 모임의 기록을 검토해보면, 정치인들과 기독교인들 모두에게
커다란 각성의 모임이 된 것 같다. "교회가 이와 같은 모임과 움직임
을 벌써부터 했더라면 아마 1차대전과 2차대전을 막을 수 있었을 것
이다"라는 반성도 나왔다. 평화의 원칙과 사명에 대한 결의가 한층
더 굳어져 갔다고 평가되었다.

막상 동베를린에서 평화 문제에 관한 교회 총회가 열려서는 격론
보다는 차분하게 문제를 정리해가는 연구 토론의 분위기가 되었다.
먼저 "교회가 평화를 위해 무엇을 할 수 있는가?"의 주제에 대해 세
계 교회 협의회(WCC) 총무인 후프트(Vissert Hooft)와 루터교 주교인
릴리에(Hans Lilje) 두 사람의 주제 강연을 듣고 교회의 평화적 사명

---

28) "Aufzeichnung über ein Treffen von Vertretern der evangelischen Kifche mit hessi-
schen Politikern am 13. März 50 in Darmstadt," J. Vogel, 앞의 책 부록, 231-248.

에 대한 신학적 정립에 많은 시간을 보냈다. 그다음 실제적인 문제로 들어와서 과연 독일 땅에서 전쟁이 날 경우 교회가 어떤 태도를 취할 것인가의 구체적 문제의 토론에 들어갔다.

여기에서는 독일 교회 전통의 두 신학적 주류인 루터교와 개혁교의 사상이 평화 문제에 대한 답변에서도 갈라져서 나타났다. 주로 보수적인 루터교 측의 태도는 퀸네트(Walter Künneth) 교수에 의해 대표되었는데 교회는 직접적으로 평화 문제에 관한 정치적인 영향력을 행사할 수는 없으며 설교와 말씀을 통해 평화의 복음을 선포할 따름이라는 태도였다. 다른 하나는 칼 바르트(Karl Barth)의 영향을 받아 주로 니묄러 목사가 주장한 의견으로 교회가 평화의 사명을 다 하려면 가능한 모든 수단을 동원해서라도 정치적 영향력을 행사해야 한다는 것이다. 동·서의 이데올로기적 긴장 대립에 대해서도 두 가지 태도가 있었다. 형제위원회를 중심으로 한 진보적 인사들은 동·서의 갈등이 인위적으로 과장 선전된 정치 프로파간다의 산물이라고 생각하며 민족 통일을 위해서는 독일이 엄정 중립을 지켜야 하며 교회는 이 방향으로 정치적 영향력을 행사하여야 한다는 주장이었다. 여기에 대해 다른 한편에서는 동·서의 대립은 두 개의 이데올로기의 대결인데 그 하나는 무신론적 맑스주의이며 인간성의 배반이라는 것이며 따라서 교회는 올바른 인간관을 가진 기독교적 문화를 구원하는 데 관심을 가진다는 것이다. 주로 릴리에(Lilje)가 대표하는 이 노선은 조심스럽게 표현되었지만 완전 중립을 반대하고 약간 친 서방적인 태도를 주장하고 있다. 이사회의 분위기는 대체로 후자의 태도에 다수의 지지를 보였다.

막상 전쟁이 터지게 되면 교회는 어떤 태도를 취해야 할 것인가의 문제에 대해서는 정의로운 전쟁과 불의의 전쟁을 구별하자는 주장도 있었고 종교 전쟁까지 들먹이는 사람이 있었으나 대체로 현재와 같은 정치적 상황에서 전쟁이 날 경우에 교회는 전쟁에 반대해야 한다는 의견이 지배적이었다. 그것은 독일 민족끼리 형제끼리의 전쟁이기 때문에 반대해야 한다는 것이다.

또 한 가지 이 회의의 소득이라면 신앙 양식에 의해 전쟁에 참여할 수 없는 자에게 거부할 수 있는 자유가 주어져야 한다는 원칙에 합의했다는 것이다. 독일 재무장에 관한 논의에서는 루터교파나 개혁교파나 할 것 없이 원칙적으로 반대하는 여론이 지배적이었다. 이것은 이미 독일 교회의 전후의 고백 선언과 성명의 태도가 분명하게 "독일의 패전과 탈무장은 하나님의 심판이었다"고 증언한 입장에 서 있었기 때문이며 전쟁이라면 진절머리가 날 정도로 시달린 독일인들의 당연한 태도라고도 볼 수 있을 것이다. 평화 문제에 관한 독일 교회의 다원적인 의견과 다양한 논의를 수렴한다는 '동베를린의 평화 회의'는 결국 한편에 치우치지 않는 타협되고 중화된 방향에서 결의문을 만들었다. 결의문을 만드는데 이미 각 계보별로 세 가지 안이 나와 있었다. 그 하나는 디벨리우스 감독의 안이고, 다른 하나는 고백교회 측에서 마련한 이반트(Iwand) 교수의 초안이고, 셋째는 총회 기구 자체가 마련한 안이었다. 물론 이 중에서는 진보적인 태도를 취하는 이반트 교수의 안이 가장 구체성이 있었고 현안 문제를 날카롭게 비판적으로 분석하였다.

이반트 교수의 안은 1부 평화의 사명, 2부 평화의 장애 요인, 3부 정의와 평화로 나뉘었으며 핵심은 독일 교회가 분단된 독일과 냉전 상황에서 평화를 위해 무엇을 해야 하는가가 구체적으로 제시되었다. 그는 전쟁에 대한 원칙적인 거부, 비무장 민족주의적 고립 극복 등을 기본 전제로 깔고 전승국들이 독일 땅 위에 긴장과 적대감을 심어 놓아 독일 민족 안에 간첩 행위, 이데올로기적 대립, 상호 비방과 적대 감정 등 반평화적인 요소들을 심었다고 했다. 독일 양쪽에서 모두 방어의 이름으로 증대되고 있는 군비와 무장화는 민족과 형제간의 전쟁 위협을 증대시키고 있다고 현실 분석했다. 이를 극복하는 방법은 독일의 분할 점령을 종식시키고 자유로운 선거로 통일을 달성하는 길이라고 했다. 제3부에서 정의와 평화는 상호 제약하는 관계에 있는데 분단된 독일의 핵심 문제는 동쪽에서 개인의 자유가 제한을 받고, 서쪽에서 사회정의가 방해를 받고 있다는 것이다. 그러나 이 문제는 평화적인 방법으로 해결할 수 있으며 이를 위해 전쟁이 필요하지는 않다고 주장했다. 그의 안은 독일의 분단 상황의 문제를 구체적으로 다룬 정치적이며 직설적인 주장이었다.

그러나 총회의 결의안은 디벨리우스의 안을 중심으로 교회적인, 신학적인 성격의 것을 만들었고 날카로운 정치적 발언은 슬쩍 무디게 일반화시켜 버렸다. 디벨리우스 감독은 결의문의 핵심으로 독일과 연합국 사이에 평화 조약 체결을 촉구하고 자유로운 삶과 고향의 권리 인정, 민주적 선거를 통한 통일, 국제적 협력을 통한 이데올로기적 세력의 분열을 극복할 것 등을 주장했다. 냉전의 정치적 원인과 독일 분단의 책임에 관한 내용은 빠져 있었다. 결국 채택된 결의문은 여러 주장들을 절충해서 나온 것임을 알 수 있다. 결의문은 또한 48년 아이제나하(Eisenach) 성명의 기조를 따르고 "증오심과 적개심에서 벗어나며 전쟁을 예비하는 프로파간다의 도구가 되지 말자"는 문구를 거듭 사용하였다.

우리는 동과 서에 있는 우리 교회의 교우들께 간곡히 호소합니다. 정치적 책임을 가진 분들께 간곡하고 꾸준하게 우리의 의사를 전합시다. 절대 독일인이 독일인과 싸우는 전쟁을 허용하지 말라고.

결의문은 또한 사회 정의와 평화가 상관관계에 있음을 강조하고 신앙과 양심 및 세계관의 자유를 정부가 보장하라고 요구했다. 또한 양심적인 이유로 전쟁을 거부하는 자에게 전쟁 참여를 거부할 자유를 줄 것을 촉구했다. 연합국의 점령 세력에 대해서는 속한 시일 안에 평화 조약을 맺어 전쟁을 종식시킬 것과 동·서를 나눈 경계선을 철폐하여 민족의 통일과 세계 평화를 이룩할 것, 독일 민족에게 통일을 이룩하여 새로운 법 질서를 마련할 수 있는 자유를 허락할 것 등을 요구 사항에 넣었다.

동베를린에서 모인 평화 문제 총회는 독일 교회와 정치계에 냉전이 격화되는 상황 속에서 그런대로 중요한 평화의 반향을 일으켰다. 점차 경직되어가는 상황에서 교회의 성명서 하나로 정치적 효력을 기대할 수는 없었지만 정당정치나 다른 사회단체들이 할 수 있는 것보다 훨씬 원칙적이고 윤리적인 호소와 주장을 보임으로써 서독 안의 여론 형성에는 중대한 역할을 담당했다고 볼 수 있다. 신문·방송들은 교회 안의 움직임을 소상하게 보도했다. 평화에 대한 이 정초 작업은 50년 6월에 한국전쟁이 터지면서 가열되는 서독 내의 전쟁 위협·재무장·평화적 통일 등의 논의에서 교회가 취할 태도에 중요한 이정표를 마련해 주었다고 볼 수 있을 것이다.

3. 냉전 시대의 통일 문제와 교회의 태도(1950-59)

1) 한국전쟁과 독일 교회의 통일 논의

1950년 6월 25일 북한 공산군이 38도선 이남을 침범하여 한국전쟁이 돌발하게 되었다는 소식은 서독의 정치계와 교회에 커다란 충격을 주었다. 한국과 독일은 거리도 멀 뿐만 아니라 역사적 관계도 깊지 못하고 독일인들에게 한국에 관한 지식이 별로 있었던 것도 아니다. 그러나 동일한 분단 상황이 충격을 주었다. 미·소의 냉전 때문에 민족이 분열되고 국토에 장벽이 생겼던 같은 분단국가에서 전쟁이 돌발했다는 것은 아무리 거리가 멀어도 남의 일처럼 생각할 수만은 없었기 때문이었다. 북한이 먼저 공격을 가했다는 것은 소련이 뒤에서 작용했기 때문으로 알려졌고, 냉전 하에 공산 측이 항상 평화 선전을 해 왔는데 먼저 군비를 확충하고 공격을 했다는 것은 서독이 같은 방식으로 공격을 당할 수 있다는 위기의식을 재빨리 일으켰다.

더구나 한반도의 경우 미·소의 협상이 결렬되어 통일 정부를 수립하지 못하다가 남·북한의 두 개의 정부가 서게 된 것도 서독의 경우와 비슷한 상황이었으며, 그 시기도 바로 한두 해 전으로 동일했던 것이다. 그런데 한국에서는 남·북한에서 미군과 소련군이 일단 철수한 직후에 전쟁이 터지게 되었는데 독일은 아직 미·소의 점령군이 주둔하고 있는 상태였으며 서로 방위와 안보 문제를 거론하고 있었던 참이었다.

긴급히 소집된 국제 연합 안보 이사회는 유엔군을 파견하기로 결의했고, 미국 군대의 사령관이 유엔군 사령관직을 맡아 공산군을 격퇴시킬 임무를 띠고 국제 경찰로 한국에 참전하게 되었다. 더욱이 기묘한 것은 이 참전 결정을 하는 데 소련이 참석하였더라면 거부권 행사를 할 수 있었을 텐데 참석지 않아 유엔군 파견이 가능해졌다는 사실이었다. 이를 두고 여러 가지 추측들이 오갔는데 소련이 의도적으로 미군을 한국에 참전시켜 유럽 전선을 약화시키려는 계략이 개재된 것이 아닌가 하는 추측들도 있었다. 29) 이와 관련해서 만약 공산 측이 한국전에 이어 유럽에서 침공해 온다면 미국이 과연 양쪽 전선을 감당해낼 수 있을까라는 가상과 불안감이 돌게 되었다. 안보에 관한 불안은 독일에서뿐 아니라 서유럽 전체에서 거론되었고 서방측이 유럽에 집단 안보 체제를 구축하며 나토를 강화해야 한다는 여론이 높아지게 되었다. 이렇게 되면 2차 대전 후 무장해제 시킨 독일을 다시 재무장시켜 서유럽의 안보 체제에 편입시킬 수밖에 없다는 주장들이 나돌게 되었다. 이런 주장을 제일 먼저 한 사람이 영국의 윈스톤 처칠이었는데, 그는 1950년 8월 11일에 서독을 유럽 안보 체제에 참가시켜야 한다고 제안했다.

서독에서는 한국전쟁으로 인해 갑자기 안보 문제가 가장 시급한 문제로 등장하게 되었고 유럽 안보 체제와 독일의 재무장 논의가 나오게 되면서 위기의식과 긴장이 고조되었다. 혹시 미 제국주의 지배에서 동포들을 해방시킨다는 같은 명목으로 동독의 공산군이 침략하지나 않을지, 스파이나 내란이 일어나지 않을지, 여러 가지 위험이 느껴졌다. 그러나 이런 위기의식을 가공적이라 보며 한국의 경우

---

29) David Horowitz, *Kalter Krieg* Bd. I (Berlin: Wagenbach, 1969), 106ff.

와 독일의 상황은 다르다고 하는 주장들도 있었다. 어쨌든 한국전이 몰아 온 안보 위기의식과 불안감은 친서방 정책을 추구하며 서독 재무장을 계획하던 아데나워 정권에게는 절호의 기회처럼 느껴졌다. 아데나워는 한국전쟁의 위기를 의식적으로 과장해서 이용했다고도 한다.[30] 아데나워는 유럽 안보 체제에 서독이 가입하고 기여하는 조건으로 서독의 재무장과 자결권을 연합국으로부터 얻어내려는 계산이었다 한다. 한국전쟁 돌발은 서독이 안보 문제와 재무장 문제를 논의할 구실을 주었다고 할 수 있다.

재무장 논의는 누구보다도 서독 교회로 하여금 곤란에 봉착하게 만들었다. 이미 "전쟁을 정치 문제 해결의 수단으로 인정할 수 없다"고 몇 차례 평화 선전을 한 독일 교회가 또한 "적개심과 증오심을 일으켜 전쟁을 예비케 하는 프로파간다에 넘어가지 말자"고 성명을 낸 교회로서 새로이 야기되는 전쟁 무드와 재무장 논의에 대해서 어떠한 입장을 취하느냐 하는 것이다. 더구나 고백교회 지도자들이 민족 통일의 우선성을 주장하며 동·서 냉전에 중립을 취하자고 강경하게 나서고 있는 마당에서 서독 재무장 논의는 교회의 여론과 태도를 분열시킬 것이 틀림없기 때문이었다. 이미 친서방 정책과 미국의 냉전 정책에 동조하는 아데나워 기민당 정권과 이를 비판하는 니묄러 목사 등의 태도는 상당한 대립 관계에 있었고, 교회의 공식 태도는 이 사이에서 원칙적으로 통일과 평화를 지향하며 전쟁과 적대 관계를 규탄하는 입장으로 표시되었던 것이다.

이러한 상황 속에서 아데나워의 안보 정책과 재무장 문제를 놓고

---

30) Arnulf Baring, *Aussenpolitik in Adenauers Kanzlerdemokratie* (Munich: Oldenbourg Verlag, 1969), 81.

정부의 내각 안에서 문제가 발생하였다. 기민당 내각에서 내무장관으로 있던 하이네만(Heinemann)이 아데나워의 재무장 정책에 반대하여 장관직 사표를 냈다는 것이다. 하이네만은 독일 교회의 주요 지도자일 뿐 아니라 고백교회 출신이며, 니묄러 목사와는 역사가 깊은 반나치 투쟁의 동지 관계에 있는 존경받는 인물이었다. 사표를 제출하게 된 직접 계기는 아데나워 수상이 1950년 8월 29일에 미국 특사에게 '독일의 내외 안보문제에 관한 각서'를 보내 연합국의 정부에다 재무장 문제를 제기했는데 내각에서 의논하지 않고 수상이 독단적으로 작성해 보냈다는 것이며, 내각에는 사후에 통고 형식으로 알렸는데 그나마 전문이 아니고 발췌 요약한 것만 알려 주었다는 것이다. 아데나워의 안보 메모 내용은 한국전쟁으로 독일 연방 공화국의 안보 문제가 시급해졌고, 서독의 경찰력으로는 만약의 사태에 대처할 수 없으며 서유럽의 국제적 연합군이 조직된다면 서독 군대가 기여를 할 수 있을 것이라는 내용을 골자로 하고 있었다.

하이네만은 그의 사퇴 이유를 밝히는 성명(1950년 9월 15일)에서 아데나워의 재무장 정책은 결국 독일의 통일을 불가능하게 만든다고 주장했다. 그의 생각으로는 독일이 재무장된다는 것은 곧 통일의 포기를 의미하는데 그 이유는 주변의 어느 나라도 독일이 무장되면서 통일되기를 원치 않기 때문이라는 것이다. 통일과 재무장은 상호 모순 관계에 있다는 것이다. 또한 재무장의 논의는 독일의 경우에 아직 시기상조라는 것이다. 즉 심리적으로나 사회적으로나 신학적으로 보아 때가 아직 이르다고 그는 주장했다. 교회의 배경을 가진 하이네만이 재무장에 대한 반대와 아데나워 내각에서의 사퇴 명분으로 신학적인 이유를 들고 있음은 특기할 만하다. 여기서 그는 독일 교회가 전후의 재건 과정에서 발표한 고백과 동일한 입장에 서 있음을 분명히 했다. 즉 하나님의 심판에 의해 우리가 무기를 놓았는데 다시금 무기를 손에 잡기는 아직 때가 이르지 않느냐는 역사 신학적인 표현을 그는 썼다.[31] 그는 또한 안보 문제에 관해서도 아데나워와 생각을 달리했는데 안보가 염려되기는 하지만 이를 재무장을 통해 해결할 수는 없으며 또 소련의 침공 위험을 과장해서 생각할 필요가 없다고 했다. 하이네만은 역시 친서방적이며 반공적인 태도를 가지기는 했지만 재무장은 안보와 관련해서 필요하지 않으며 독일의 통일 문제와 관련해서 볼 때 오히려 해로운 점이 많다고 주장했다.

고백교회 측과 가까운 하이네만의 사표 소동은 독일 교회의 여론에도 적지 않은 파문을 던졌다. 전후의 교회 재건 초기부터 전통적 루터교의 보수적 지도자들과 고백교회 출시의 정치 참여파들 사이에 긴장이 있어 왔는데, 창립 당시에는 대외적인 명분과 시대적 분위기 때문에 고백교회의 지도자들을 새로 구성된 독일 교회(EKD)의 지도부에 올려놓았으나 점차 상황은 이들의 세력이 약화되어 가는 경향이었다. 고백교회와 루터교파의 신학적이며 윤리적인 차이를 들어 본다면 고백교회가 교회의 예언자적 사명과 파수꾼의 역할을 강조하여 정치적 문제에도 가능한 수단을 동원해 발언하고 참여해야 한다고 보는 데 비해 전통적 루터교에서는 루터의 두 개의 왕국론(Zwei Reiche Lehre)을 근거로 해서 교회는 말씀으로만 복음을 증

---

[31] Heinemann의 이 같은 신학적 표현은 독일 교회 등 Berlin - Weissensee 평화 총회에서 논의된 내용과 비슷하다. "우리가 무기를 빼앗긴 것은 하나님의 심판이었다"는 발언들이 지배적이었고, 선언문에도 하나님의 심판에 관한 구절들이 많이 나타난다.

거하고 현실 정치적 문제는 정치인들에게 맡겨야 한다는 태도였다. 이러한 신학적 정치 윤리적 대립이 한국전쟁을 계기로 재연된 서독 재무장 논의를 중심으로 다시 격화되게 되었다. 교회 안에는 아데나워 수상의 서방 세계로의 편입 정책과 군비 강화를 지지하며 도와주는 세력이 있었는가 하면 냉전에 말려들지 않고 중립 노선을 걸으며 통일을 시도해야 한다는 주장도 있었고, 또한 용공적인 세력들도 있었기 때문에 이 여러 가지 파들을 하나의 태도 속에 수렴시키는 일은 불가능한 것처럼 보였다.

교회 안에서 이 논쟁이 처음 표출된 것은 한국전쟁이 터진 약 2개월 후인 1950년 8월 하순에 엣센(Essen)에서 모인 평신도 대회(Kirchentag)에서였다. 이 대회에 강사로 나선 두 기독교 정치인들이 현안 문제에 대한 두 가지 상반된 태도를 잘 대변해 주었다. 아데나워의 재무장론을 지지한 연사는 게르스텐마이어(Eugen Gerstenmeier)였고, 니묄러의 통일론을 주장한 연사는 알베르츠(Heinrich Albertz)였다. 게르스텐마이어는 전후에 독일 교회 봉사국의 총재를 지냈고 49년에 기민당 국회의원이 되었다가 1954년부터 1966년까지 국회 의장을 역임했던 인물이었다. 알베르츠는 고백교회 출신 목사로 전후에 정치계에 투신했으며 나중에 서베를린 시장까지 지낸 인물이다. 독일 교회 지도자며 정계의 거물인 두 인물이 엣센의 대회에서 서독 재무장론을 두고 대결하게 되었다.

게르센마이어는 유럽 안보 동맹에 서독이 참여해야 하며 따라서 재무장은 불가피하다고 주장했고, 이것은 기독교적 가치를 수호하기 위해서라고 안보와 교회의 관련을 시사하였다. 여기에 대해 알베르츠는 사회적 불평등과 부정을 제거하는 것이 전쟁을 방지하는 효과적인 대책이라고 하고 물리적 힘이 있다고 강대해지는 것은 아니라고 논지를 폈다. 이 모임에선 신학자 골비처(Gollwitzer)도 연단에 올라 재무장과 군사화가 던져주는 문제들을 검토하였다. 시기와 문제의 중요성을 감안해서 독일교회(EKD) 이사회는 이 기간 동안 회의를 열어 8월 27일자로 재무장 문제에 관하여 교회의 공식 입장을 밝히는 성명서를 발표했다. 이 성명서는 한국전쟁 돌발 사태가 일으킨 서독 정치계의 안보 논쟁에 대해 교회가 반응한 첫 공식 태도로서 교회가 침착하게 대응하고 있음을 보여주고 있다. 정치적으로는 재무장론이 득세해 갔으나 교회의 여론은 아직 평화와 통일의 원칙에 흔들리지 않고 서 있음을 이 성명서가 보여준다. 이 성명에서 교회는 "불안은 불신앙이다. 그리고 전쟁의 위험을 오히려 가까이 가져온다"라고 초연한 자세를 보였다.

한국전쟁의 원인이나 성격에 대해서는 논하지 않았지만 이것이 독일인들에게 무엇을 가르쳐 주는가 하는 의미에 대해서는 나름대로 해석하고 있다.

극동에서의 사태(한국전쟁)는 한 나라가 제멋대로의 경계선에 의해 분단되어 있을 때 무엇보다 평화가 위협을 당한다는 교훈을 보여주었다. 이 사태는 강대국들의 평화 공약이 과연 진실된 것인지 강대국들이 과연 강제적 분단을 종식시킬 것인지, 독일의 분단마저 종식시킬 자세가 되어 있는지를 시험해 볼 결정적인 계기가 될 것이다. 우리는 국제 연합이 속히 작용하여 사태의 해결에 실질적인 도움을 주어야 할 의무가 있다고 생각한다.

한국전쟁의 경우를 들면서 외세에 의한 강제 분단이란 이렇게 위

태로운 것이며, 세계 평화를 위협하는 것이기 때문에 분단은 빨리
종식되어야 한다고 독일 교회는 주장했고 아울러 분단국에서 전쟁
이 터졌을 경우에는 국제 연합이 개입하여 평화를 회복시켜야 한다
고 말했다. 그러나 일부에서 거론되던 서독 재무장론에 대해서는 이
성명서가 부정적인 반응을 보였다.

> 국가의 질서를 유지하기 위해서는 … 충분한 경찰력이 있어야 한다. 기독교
> 인으로서 하나님 앞에 책임감을 느끼고 이러한 일에 종사하는 자들은 양심의
> 위로를 받아도 좋다고 생각한다. 그러나 독일의 재무장에다 같은 논리를 적
> 용시킬 수는 없다. 이것은 서방 세계를 향해서도 동방 세계를 향해서도 그렇
> 다. 교회는 중무장을 한 강대국들에게 엄청난 군비 경쟁을 종식시키고 평화
> 적으로 정치 문제를 해결하도록 계속 촉구하여야 한다.

독일의 재무장에 대해서는 동·서독 어느 쪽을 막론하고 교회는
거부했다. 성명서는 교회의 평화적 본분을 재삼 강조하며 "교회는
증오심과 전쟁 공포증과 불안의 심리적 망상을 거부해야 하며 이를
조장하는 데 협조해서는 안 된다"고 호소했다. 특히 동·서독에 나뉘
어 있는 기독교인들에게 교회는 동족 간의 신뢰와 사랑을 버리지 말
고 조작된 증오심과 적개심으로 인해 서로 피 흘리는 일을 절대 방
지해야 한다고 호소했다.

> 독일의 형제 자매 여러분! 철의 장막을 넘어서 있는 동포들 상호 간에 서로
> 좋은 것만 이야기합시다! 서로를 신뢰하고 우리의 공동체를 함께 지킵시다!
> 독일인이 독일인을 겨냥하여 총을 쏘는 일은 생각할 수도 없는 일로 만듭시

다. 그리스도인들이 진실로 평화를 추구하는 곳에 하나님께서 그의 축복을 거절하지 않으실 것입니다.

한국전쟁에 대한 최초의 반응으로서의 '엣센 성명'은 평화 원칙의 고수와 민족 통일을 재강조하는 태도를 보여주었다. 전쟁 위협에 대한 해결책으로 군비 강화를 시도하려는 정부 측 태도에 대해 비판적인 반응을 보이고, 진정한 평화를 보장하는 길은 갈라진 민족을 재결합시키는 통일에 있다고 강조한다. 한국전쟁이 보여주듯 동·서 냉전의 위기가 심각해진 상황에서도 독일 교회가 재무장 정책에 반대하였던 힘은 교회 자체가 아직 분단되지 않고 전 독일을 포괄하는 하나의 교회로 존속했다는 사실에도 있을 것 같다. 민족의 통일도 중요했지만 교회의 통일을 유지하는 데도 커다란 관심이 있었다. 서독이 재무장하는 경우 동독은 역시 재무장하게 될 것이고 이렇게 서로 총칼로 대치하게 되는 경우 자신이 유지되어 온 교회의 통일성마저 깨어질 수밖에 없으리라는 염려가 교회 지도자들에게 적지 않게 있었다. 니묄러 목사는 "독일 교회(EKD)는 그 신도의 약 50%가 동독에 있음을 잊지 말아야 한다"고 지적한 적이 있다. 이것이 교인의 10%만 동독에 둔 가톨릭교회와 통일 문제의 이해에서 태도가 다를 수밖에 없는 차이점일 것이다.

2) 서독 재무장론과 교회의 통일 논의

정치 문제에 대한 기독교의 태도를 보여주는 교회의 성명서는 다시금 교회의 정치적 내막을 반영해 주곤 한다. 성서와 복음에 기초

하여 현실 문제를 비판하고 해석하며 의미 부여를 하는 것이 교회 성명의 본분이겠지만, 역시 교회 성명서를 만드는 일도 인간이 하는 것이며 교회라는 인간들이 모인 집단에서 이루어지는 것이기 때문에 인간적인 교회정치적인 요소가 개재되는 것은 불가피하다. 교회 성명이 교회 정치적 상황의 반영일 수밖에 없는 예를 우리는 바로 독일 교회가 재무장과 통일 문제에 대하여 취한 태도와 성명 내용의 변천 과정을 통해서 뚜렷이 보게 되는 것 같다.

한국전쟁이 터진 직후에 모였던 '엣센 회의'에서 낸 성명서(1950년 8월)가 아직 서독의 재무장론에 반대 의사를 표시하고 있지만, 1950년 가을 이후의 서독 정계와 교계의 상황은 안보 논의와 재무장에 관한 논쟁으로 복잡하여지며, 찬반 이론이 분분하여지자 재무장론에 대한 반대 의사를 뚜렷이 표명하는 일이 어려워지게 된다. '엣센 선언'까지만 해도 독일 교회는 '슈투트가르트 죄 고백 서언', '아이제나하 성명', '동베를린 평화 성명' 등으로 이어지는 '평화 원칙의 옹호'와 '전쟁과 무력의 규탄'을 주장하는 일관된 태도를 견지하여 왔으나, 한국전쟁으로 동·서의 무력 대결 가능성이 도래하고 서유럽의 집단 안보 문제가 거론되면서 독일 교회는 무척 갈등과 고충을 겪게 된다. 교회 안에 재무장과 안보론에 대한 여론의 분포가 달라져 갔기 때문이다.

서독 재무장론과 유럽 집단 안보론이 국제적으로 다루어지는 과정을 보면 당시의 안보와 통일에 대한 교회의 태도들이 상이하게 나타나는 배경을 보다 잘 이해할 수 있다. 한국전쟁이 일어난 직후 미국은 서방 세계의 집단 안보가 시급함을 절감하여 유럽의 나토(NATO) 동맹 기구를 강화할 것을 주장하며, 서독을 재무장시켜 나토 기구에 참여시킬 것을 제안하기에 이르렀다.

그러나 다른 나토 회원국들은 유럽 내의 세력 판도가 달라질 것을 염려하여 서독을 재무장시키는 것을 탐탁히 여기지 않았고, 특히 불란서는 서독이 다른 나라와 같이 동등한 자격으로 회원국이 된다는 안에 극력 반대하였다. 불란서는 그 대신 유럽 여러 나라들의 집단 안보를 위해 유럽방위공동체(Europäische Verteidigungs Gemeinschaft)를 결성하자는 안을 냈다. 이 안에 따르면 각 나라의 군대를 통합하여 '유럽군'을 만들어 집단 방어의 과제를 수행토록 하자는 것이다. 이 안은 1950년 11월 24일에 모인 '유럽 회의'에서 원칙적으로 가결되어 그 실시를 위한 구체안을 만들기로 하였다.

아데나워 수상은 이를 위한 협상 과정에서 서독이 유럽 방위 공동체에 가입하는 조건으로 서방 측 점령국들이 독일 점령을 종식하고 서독 정부에게 외교적 정치적 자결권을 완전히 넘겨줄 것을 전제 조건으로 내세웠다. 또 이 방위 공동체에는 서독이 다른 나라들과 동등한 자격으로 참여할 것을 끈질기게 주장하였다. 이러한 조건들은 다른 유럽 국가들에 의해 쉽게 받아들여지지 못해 협상은 꽤 오래 시간을 끌게 되었다. 불란서에서는 유럽군이 조직되더라도 독일 사령관이 관할해서는 안 된다는 조건을 붙이는 등의 까다로운 주문을 내놓았다. 1951년 내내 서독과 서방측 점령 3개국 간에 점령 상태를 종식하고 자결권을 서독에 부여하는 협상이 진행되었다. 어려웠던 협상 과정은 마침내 이를 속히 타결시키려는 미국의 압력과 아데나워 정부의 끈질긴 노력으로 1951년 11월 22일에 조약을 맺는 데 합의했고, 1952년 5월 26~27일에 가서는 '유럽방위공동체'(EVG)의 조약과 함께 조인되게 되었다. 그러나 협상은 이것으로 끝나지 않았다. 이제는 조인한 각 나라의 의회가 이 조약을 비준해야 효력을 발생할 수 있었다. 서독에서는 이 조약에 대한 찬반 논의가 열띠게 진행되다가 드디어 1953년 3월 19일에 의회는 세 차례 독회를 거쳐 이 조약을 비준했다. 다른 유럽 나라들도 많은 논쟁을 하면서 검토해 오다가 불란서를 제외하고는, 1954년 3월까지 거의 비준을 마쳤다. 전쟁을 통해 독일에 대한 국민감정이 극도로 나빴던 불란서 국민들이 공산권의 침략이 두렵다고 쉽게 독일과 동등한 입장에서 손을 잡으려 하지 않았다. 여론의 반대가 너무 심해 미루고 미루어 오다가 1954년 8월 30일에 국회에 내놓고 비준 동의를 받으려 했으나 결국 부결되고 말았다. 결국 4년간에 걸친 협상과 회담은 수포로 돌아가고 말았다.

결국 1950년에서 54년까지 서독 정치의 핵심 문제는 서유럽 안보 공동체 속에 편입되면서 정치적 자결권과 군사력을 얻어내느냐, 미·소 양대 세력에 등거리를 유지하며 중립적 길을 걸으면서 동·서독의 통일을 우선적으로 추구하느냐의 극과 극의 상반된 갈림길에 있었다. 아데나워 정부가 주장하는 친서방 군사력 강화로 냉전은 격화되지만 강자의 입장에 서서 우선 안보를 위하여 그다음 통일을 위한 유리한 협상 조건을 마련한다는 정책이 그 하나이고, 동·서로 나뉘어지고 양대 세력에 갈라져 점령을 당한 독일과 같은 상황에서는 통일이 우선 시급한 문제이며 통일을 위해서는 한쪽 세계에 편입되거나 군사 공동체에 가입해서는 안 되며 중립적인 지대와 입장에서 통일을 시도해야 한다는 것이 다른 하나의 주장이었다.

중립의 유지를 통해 통일에 더 가까이 갈 수 있다는 후자의 생각은 당시의 독일 상황에서 볼 때 전혀 비현실적인 생각으로만 보이지는 않았다. 한국의 경우와는 달리 동·서독 관계는 연합국의 수로나 갈라진 지리적 조건이나 인구·산업·경제면으로 보아 서독이 동독보다 훨씬 강대한 위치에 있었다. 한국에서 절반으로 나누어진 것과 미·소 2개국이 분할 점령한 것과는 상황이 달랐고 타협의 여지도 훨씬 많았던 것으로 보인다. 게다가 소련과 동독 측에서는 서독이 나토권 안에 들어가 재무장하게 될 기미를 보이자 이를 극력 저지하기 위해 그럴싸한 통일 방안을 내놓고 회유책을 쓰고 있었다. 통일을 우선적으로 생각하는 사람들은 이때가 민족 통일을 달성할 수 있는 절호의 기회라고 생각했다. 1950년 10월 21일에 소련은 독일의 통일과 독일과의 평화 협정 체결을 협상할 용의가 있음을 비쳤다. 이제까지는 거기에다 "서독이 민주화된 이후에…"라는 조건을 붙여 왔는데 이번에는 조건 없이 통일 협상을 제의해 온 것이다. 약 한 달 뒤인 11월 30일에는 동독 수상 그로테볼(Otto Grotewohl)이 아데나워 서독 수상에게 서한을 보내 통일안을 작성할 '전독 위원회'를 구성하자고 제안해 왔다.

이것은 물론 아데나워 측에서는 서독의 나토권 편입을 막고 서독 안의 야당과 종교인들의 통일 주장과 반아데나워 노선을 강화시켜 주기 위한 전술에 불과하다고 일축해버렸다. 1952년 3월에는 소위 스탈린 메모라는 것이 전해져서 서독이 유럽 방위 공동체에 가입하지 않는다면 중립화 통일을 보장하겠다는 제안을 해왔다. 이것도 서독 측에서는 진지한 안으로 받아들이지 않았으며 서방측과 동맹 강화를 위해서만 노력을 기울였다. 당시의 소련 측 협상 제안이 단순한 분열 작전이며 기만 술책이었는지 아니면 당시의 소련의 국내 정치적 상황으로 보아 독일을 중립 지대에 놓아두어야 할 필연적인 이유가 있어서 그랬는지는 판단하기가 어렵다. 호로비츠(David Horowitz)

같은 학자는 적어도 진지한 이유가 있었다고 주장한다. 소련의 계산으로 볼 때 대단한 저력이 있는 서독을 서방측에서 편입시켜 나토권을 강대하게 만드는 것보다는 차라리 동서독을 합쳐 비무장 중립 지대로 만드는 것이 소련과 동구 측에 오히려 유리한 상황이 아니냐는 고려가 진지하게 있었다는 것이다.[32]

이러한 국제적 국내 정치적 상황 속에서 서독의 정계와 지식인계 및 종교계에서는 통일 문제와 재무장론을 두고 의견과 여론의 대립이 첨예화되어 가는 경향을 막을 수 없었다. 특히 아데나워 내각 안에서 내무장관을 하던 하이네만(Heinemann: 1970년대에 와서 서독 대통령이 됨)은 수상의 재무장 정책에 반대하여 공개 성명을 내고 사퇴하였을 뿐 아니라 1951년 11월에는 '유럽의 평화를 수호하는 긴급 협의회'를 조직하여 정부의 외교 정책에 반대하는 원외 국민운동으로 확대시켜 갔다. 독일의 재무장 문제는 단순한 정치적 문제가 아니라 독일과 유럽의 운명을 좌우하는 역사적인 문제라는 것이며, 무기를 들고 국제적으로 망신을 한 독일이 2차대전의 평화 조약이 타결되기도 전에 다시 군사력을 길러 전쟁 준비를 한다는 것은 도덕적으로 기독교인의 양심으로 허락할 수 없으며, 더구나 이런 중대한 문제를 아데나워 수상이 독단적으로 미국 정부와 뒷거래를 하며 하고 있다는 것은 국민의 이름으로도 허용할 수 없다는 주장이었다. 그래서 하이네만은 "이 중대한 역사적 민족적 문제를 두고 국민 의지가 무시되거나 간과될 수는 없다"고 했다.

하이네만은 기성 정치인으로뿐 아니라 독일 교회 총회의 의장단

---

32) David Horowitz, *Kalter Krieg.*

에도 들어 있는 교회 지도자였다. 그래서 그의 비판과 반대는 아데 나워 수상에게도 큰 타격을 줄 수밖에 없었다. 소련의 협상 제안에 대한 평가에서도 하이네만은 아데나워와 차이를 보였다. 소련이 결코 서유럽을 침략하리만큼 강하지 못하다는 것이다. 소련의 평화 공세는, 군사적으로 서방 측에 비해 열세이기 때문에, 더욱 극성을 부린다는 것이다. 독일의 재무장과 서방측의 편입은 결국 독일의 통일 가능성을 무산시키고 말며 평화적으로 분단 문제를 해결한다는 일은 망상이 되어버리고 말게 된다고 했다.[33] 하이네만의 이 반론은 재무장론이 제기되는 이 시기에 중대한 대안 제시가 되었고, 재무장 반대를 위한 여러 가지 형태의 국민운동과 정치운동 및 교회의 태도 표명에 핵심적인 이론과 바탕을 제시하였다.

1950년 가을부터 독일 교회 안에서 안보 통일 문제에 관해 일어난 열띤 논쟁들은 한국전쟁 사태가 빚어 놓은 서독 정치계의 재무장 논쟁의 맥락 안에서 일어났다고 볼 수 있다. 아데나워 정부와 독일 교회 안의 고백교회파의 갈등과 대결은 1950년 9월경부터 노골화되어 갔다. 뉴욕에서 모인 서방측 국가 외상 회담이 발표한 9월 19일자 코뮤니케와 북대성양 협의 기구에서 발표한 9월 26일자 코뮤니케는 서유럽의 방위를 위해서 서독의 군대가 참여할 가능성이 있다고 발표했고 동시에 이러한 제안은 서독 정부 측에서 나왔다는 것이 알려지게 되었다. 재무장에 대한 고백교회 측의 추측과 염려는 이제 노골적인 것이 되었다. 여기에 대해 고백교회 측은 묵과할 수만은 없다고 생각하여 1950년 9월 29일자로 '재무장에 대한 형제위원회의 성

---

33) G. Heinemann, *Deutschland politik*, 18ff.

명'을 발표하게 되었다. 이 성명서는 동베를린(Weißensee)의 평화 선언을 중심으로 한 기존의 독일 교회의 선언의 기조와 테두리 안에서 서독 재무장을 경고하고, 통일 문제에 미칠 부정적 작용을 지적하였으며 서독은 서독 내의 해결되지 못한 사회문제를 해결해야 한다고 주장했다.

그러나 형제 위원회와는 별도로 고백교회 안의 가장 급진적이며 좌파적인 인사들이 니묄러 목사를 중심으로 행동적인 그룹을 조직하여 보다 과격한 성명서를 발표함으로써 교회 안은 벌집을 쑤셔 놓은 듯이 소란해지기 시작했다. 즉 '고백교회의 형제단'(Die Bruder-schaften der Bekennenden Kriche)이라는 급조된 이름으로 1950년 10월 4일자로 세 가지 투쟁 문서가 쏟아져 나온 것이다. 하나는 니묄러 목사가 서독 수상에게 보낸 공개서한이요, 둘째는 '고백교회 형제단'의 이름으로 서독 수상에게 보내는 공개서한이요, 셋째는 '고백교회 형제단'의 이름으로 전국 교회에 보내는 비라 형식의 문서로서 '재무장에 대하여 교회에 보내는 글'이라는 것이다. '형제 위원회'(Bruderrat)와는 별도로 급히 조직된 '고백교회 형제단'은 1950년 3월경부터 니묄러 목사의 반아데나워 라인을 지원하기 위해 고백교회 안에서도 진보적이고 조금은 좌파적인 인사들이 모여 조직한 그룹이었다. 특히 이들은 반나치 투쟁 시절에 고백교회 안에서 열렬히 투쟁했던 소장파 목사들이었고 비합법적인 지하 운동을 해 본 경험이 있는 일꾼들이었다. 이들의 수는 약 60여 명이었고 1950년 3월 15일에 첫 모임을 열어 정국의 위기를 검토하며 니묄러 목사의 노선과 태도를 지지하면서 다시금 "옛 고백교회의 투쟁 상황으로 돌아가야 하는가?"의 문제를 놓고 토론했던 액션 그룹(action group)이었다. 니묄러와 모잘스키(Mochalski)가 주동이 된 이 급진적 그룹은 10월 4일에 두 번째 모임을 열고 '재무장' 문제를 토론하다가 이러한 공개서한 등 대중 선전활동으로까지 발전하게 된 것이다.

이 그룹의 좀 과격한 행동에 대해서는 고백교회 측 안에서도 비판이 있었다. 형제위원회와도 성명서의 내용과 과격성 때문에 마찰이 있었던 것 같다. 골비처(Helmut Gollwitzer) 같은 신학자도 처음에는 이 '형제단' 모임에 참여하기로 했다가 당시 상황을 보아 참가를 거절했다. 형제단은 다시금 "총을 들다니 절대 안 됩니다"라는 전단을 만들어 대량으로 뿌림으로써 재무장에 대한 국민 반대 운동을 선동했다. 형제단에 가담한 급진파 목사들은 당시의 상황이 기성 교회 조직과 테두리 안에 머물러서는 신앙고백에 충실할 수가 없고 별도의 행동이 필요되는 상황으로 생각하였다. 1934년에 '긴급 목사 동맹'이나 '고백교회 총회'를 소집하던 상황과 비슷하게 생각한 것 같다. 이들은 공식적인 교회 기구가 태도 표명을 위한 성명서를 만드는 과정에서 여러 파의 의견들이 타협되어 뭉뚱그러진 표현으로 나타나는 것이 불만이었다. 엣센 성명이나 별다름이 없는 미지근한 것으로 불만족스럽게 생각하였다.

아데나워 정책에 가장 강경한 어조로 반대 운동을 편 '고백교회 형제단' 그룹은 공개서한, 전단 및 대중 지회 등을 통해서 격렬한 원외 투쟁을 벌였다. 그들의 재무장 반대 운동은 교회 기구들이 표현한 반대내지 비판보다 훨씬 강렬한 색체를 가진 것이었다. 재무장에 대한 반대 이유도 독일 교회(EKD)나 형제위원회 선언처럼 통일을 위해서라는 관점에서만이 아니고 서방 세계의 이데올로기에 대한 비판적 태도에서 나왔다는 느낌을 갖게 한다. 군비 재무장뿐만 아니라 도대체 무기를 잡는 일체의 무력 행위를 거절하겠다는 평화 주의적 태도를 나타내었다. 공개서한과 전단문들을 분석해 보면 엣센 성명이 "우리는 경찰력의 보호를 받는 것으로 충분하다"고 한 데 대해 '형제단'은 경찰력의 강화마저도 제삼제국 시절과 같이 국민의 자유를 억압하는 데 쓰여질 것을 염려하여 반대하고 있다. '교회들에 보내는 글'에서는 어떤 종류의 재무장이건 결코 반대한다고 단호하게 말했다. "우리는 예수 그리스도를 믿기 때문에 어떤 군사력이나 외국 군대에게서 우리 민족을 위한 도움이 온다고 생각지 않는다"고 했다. "무력은 그 자체가 사용을 하려는 성향을 갖는다"며 아예 무장을 하지 않아야 전쟁 같은 것이 없어진다는 태도였다. 니묄러 목사가 개인적으로 서독 수상에게 보낸 공개서한에서는 재무장안을 추진하기 전에 국민 투표를 실시하여 국민의 의사를 듣던가, 총선거를 다시 실시하여 국민의 신임을 물어야 한다는 정치적 요구까지 포함시켰다.

니묄러 목사와 형제단의 격렬한 반아데나워 투쟁은 마침내 독일 교회 안에까지 번져 심각한 대립에 이르게 되었다. 그러자 니묄러의 사상이나 신학 노선에 동조하는 사람들도 투쟁 방식이 정치화되고 격렬해지자 방법적인 면에서 비판하고 거리를 취하는 사람들도 많이 있었다. 그리고 보수적 편에서는 이 기회에 니묄러의 과격 노선을 교회에서 제거해야 된다고 생각하고 반니묄러 운동을 펴는 이들도 있었다. 특히 기독교 민주당의 신교측 대의원들이 니묄러 비판에 나섰고 하노버 루터 교회 본부와 바이에른 주 교회 본부에서는 심지어 니묄러의 교회 직책인 외무국 총재직(Außenamt Präsident)을 해제하라고 요구하게 되었다. 니묄러의 발언 행동은 교회 목사와 교회 직책을 가진 자의 범주를 넘어 선다는 것이다. 교회와 정치 활동을 구별하라는 비판이었다. 특히 1950년 10월 30일에 고백교회 대표들이 야당인 사회민주당(SPD) 대표들과 만나 함께 코뮤니케를 발표하게 되자, 니묄러가 아데나워 정권을 붕괴시키기 위해 야당과 연합전선을 편다는 비판까지 생겼다.

　루터교 측과 고백교회 측의 정치적 신학적 대립이 날카로와지고 교회가 소란해지자 이를 수습하기 위해 긴급회의들이 열렸다. 1950년 11월 17일에 스판다우(Spandau)에 모인 수습회의에서는 루터교회 측과 고백교회 측이 재무장론을 놓고 논쟁을 벌였고, 니묄러 목사와 하이네만 장관의 안을 주로 토의했다. 독일 교회(EKD)는 이 문제로 심각한 갈등과 내분의 위기를 겪게 된 것 같다. 양측의 대표들과 독일 교회(EKD) 이사회가 함께 모여 수습해 보려 했으나 좌·우 양측의 주장이 너무도 엇갈려 통일된 결론을 얻지 못했다. 그러나 스판다우 회의에 모인 교회 지도자들은 모두 이로 인해 교회가 갈라지는 데는 반대였으므로 절충안을 모색했다. 어려운 논쟁 끝에 만들어진 결의문은 우선 어떠한 의견 대립과 긴장에도 불구하고 독일 교회는 하나로 머물러야 한다는 원칙을 강조했다. 독일 재무장 문제에 관해서는 적어도 고백교회 측에서는 엣센 성명의 원칙이 재확인될 것을 기대했지만 그렇지 못했다. 독일 재무장이 정치적인 현실 문제가 된 상황에서는 교회는 더 이상 원칙의 고수에 머무를 수 없었던 것 같다. "재무장에 대해서 우리는 동의할 수 없다"고 한 엣센 선언에서 후퇴하여 "신앙 안에서 이 문제는 여러 가지로 해답 될 수 있다"로 결론을 맺었다. 즉 이런 정치적인 문제는 결국 정치적 상황에 따라 결정할 수 있는 재량이 있다고 여유를 준 것이다. 무장 반대의 원칙에서 상황에 따른 재량으로 바뀌게 되었다.

또한 니묄러 목사 등을 과격한 정치 행동을 한다고 비난하려고 했던 루터교 지도자 일부의 시도도 중도파들에 의해 제지를 당하고 외무국 총재직을 박탈하려고 했던 주장도 관철되지 못했다. 단지 재무장 반대의 원칙을 고수하려는 니묄러 목사와 하이네만 장관의 뜻은 높이 평가한다고 했으며 단지 아데나워 수상과 벌인 논쟁의 방식은 좀 유감스럽다고 표현하는 정도로 그쳤다. 결국 스판다우 회의의 결의문은 양측이 모두 불만스럽게 생각하는 가운데 중도적인 온건파들이 생각한 타협론이 통과된 것이었다고 할 수 있다.

그러나 루터교(VELKD) 측에서는 계속 불만이었으며 국가의 정치 문제에 대해서 교회가 지나치게 간섭하는 태도를 옳지 않다고 보는 편이었다. 그래서 1950년 12월 7일에 모인 루터 교회의 지도자 모임에서는 '교회와 정치' 문제에 관해 토의했고 그들의 입장을 밝히는 성명서에 "그리스도인은 두 개의 세계의 시민이다"고 주장했다. 이것은 루터의 두 개 왕국론(Zwei Reichenlehre)을 현실 정치에서 고수하겠다는 태도이다.

한국전쟁의 돌발로 안보 문제에 충격을 받자 서독의 교회는 2차 대전 후 의문의 여지 없이 채택했던 평화 원칙에 이견들이 노출되기 시작했다. 아데나워 행정부의 재무장 계획에 대한 찬·반 여론이 교회의 평화 통일 문제에 대한 태도에도 균열을 만들어 놓았다고 할 수 있다. 그러나 이것은 단지 안보 문제에 관한 의견 차이에서뿐 아니라 독일 교회와 신학이 가진 신앙적 신학적인 태도의 차이에서 근본적으로 나오는 것임을 점차 분명하게 볼 수 있게 된다.

스판다우의 수습 회의가 양측 모두의 불만으로 끝이 났지만, 루터교 측과 형제위원회 측의 견해 차이는 1951년 4월 1~5일에 함부르크 (Hamburg)에서 모인 독일 교회 총회(Synod)에서도 노골적으로 드러 났으며 논쟁은 더 신학적인 대립으로 격화되어 갔다. 개회 벽두 연설을 통해 의장인 디벨리우스 감독은 비교적 중립적 위치를 지켰으나, "한국전쟁의 돌발 사태로 서독의 안보에도 위협이 생겼다"고 상황 의식을 강조했으며, 교회가 정치인 문제에 지나치게 간여할 때 교회의 입장이 곤란해진다는 걱정을 했다. 그러면서 그는 고백교회 대표들과 사회민주당(SPD)의 대표들이 만난 것을 상기시키면서, 교회가 마치 야당과 연합 전선을 이루어 집권당인 기독교 민주당의 아데나워 정권을 붕괴시키려는 인상을 준다는 것은 있을 수 없는 교회의 정치라고 비판을 했다.

예상했던 대로 이 회의에서는 니묄러 목사 일파들의 재무장 반대 운동이 교회와 목사의 신분을 넘어선 지나친 정치 행동이 아니냐는 논의가 벌어졌다. 니묄러 목사의 대답은 간단했다.

나는 아주 긴박한 상황에서 신앙적인 결단으로 이렇게 행동했다. 나는 독일 민족이 재무장됨으로 인해 민족 전체가 파멸(Katastrophe)에 빠지게 되는 것을 염려하여 이를 막는 데 나서지 않을 수 없었다. 이런 긴급한 상황에서 목사가 어떤 직책의 한계를 넘었다는 것이 문제가 될 수 없다. 선한 사마리아 사람이 강도 만난 사람을 도울 때 자기 직책의 한계를 넘는 것이 아니냐고 물으면서 하지 않았다.[34]

---

[34] Johanna Vogel, *Kirche und Wiederbewaffnung*, 15.

니묄러를 지지하는 베스트팔렌 주 교회의 빌름(Ernst Wilm) 감독도 그를 옹호하며 "니묄러는 인간에 관한 뜨거운 관심과 염려에서 그렇게 한 것이다"라고 두둔했다.

그러나 니묄러를 비판하는 루터교회 측의 공격도 거세게 나왔다. 특히 니묄러의 행동이 지나치다고 공격한 사람은 독일 교회 아카데미 운동의 지도자인 밀러(Eberhard Müller) 박사였다. 밀러는,

내가 어떤 급행열차를 탔는데 기관사가 운전을 좀 잘 못하는 것 같아서 생각해 보니 그가 신호를 무시하고 달려가다간 어떤 위협이 올 것도 같아, 내가 기관사에게 가서 '당신이 잘 못하니 내가 운전 하겠소' 하고 대든다면, 나는 주관적으로 옳은 일을 한 것 같으나 객관적으로는 남의 직책을 허가 없이 침해한 것이 된다.

하고 예를 들면서,

고백교회의 형제단들이 주장하는 대로라면 교회는 인간에 관계되는 문제는 무엇에나 간여해야 한다. 이것은 엄연히 두 개의 왕국 이론을 위배하는 것이며, 교회는 국가와 구별할 수 없는 기구가 되고 만다.[35]

라고 했다.

니묄러와 밀러의 이 논쟁은 총회에서 커다란 신학 논쟁을 일으켰다. 교회가 정치적 책임을 진다는 의미가 한계가 무엇이냐, 신약성

---

[35] Hamburg 총회 1951년 회의록, 97.

서와 루터에서 논의되는 세상의 권세(Obrigkeit)에 그리스도인들이 복종하라는 말의 의미가 무엇인가, 교회가 어떠한 세상의 권세이든 지 거기에 복종하기만 한다면 교회는 정치적 사회적 책임을 어떻게 감당하란 말인가 등의 문제들이 많이 논의되었다. 여기서 신학자 이 반트(Iwand)는 두 개의 왕국론을 칼 바르트의 신학으로 해석하며,

> 두 개의 왕국은, 바르트 신학에 의하면, 영의 세계와 육의 세계를 가르는 이 론이 아니다. 신·구약 성서의 희망을 영적인 것으로만 이해해서는 안 된다. 이 세상이나 땅은 주의 것이 아닌가? 구약에서 '모든 피 흘리는 장비가 태워 질 것이요'라는 희망이 영적이거나 이상주의적으로만 생각되어서는 안 되고 이 세상과 하나님의 백성을 위해서 타당한 희망으로 생각해야 한다. 비록 두 개의 나라는 구별해야 하지만, 이 두 나라는 모두 하나님의 지배하에 있는 것 이지 전혀 별개라는 뜻은 아니다. 두 개의 왕국은 단지 상대적으로만 구별된 다.36)

라고 고백교회와 바르트 신학적 입장을 주장했다.

신학적인 논의 때문에 막상 문제가 된 독일 재무장에 대한 찬·반 문제는 이 총회에서 별로 토론되지 못했다. 니묄러 목사는 "독일 재 무장이 평화 유지에 기여한다고 볼 수 있는가"고 문제를 계속 던졌 지만 회의는 신학적인 문제로 맴돌고 말았다. 신학적인 문제라 하지 만, 평화나 통일을 어떻게 이룩할 것이냐는 신학적 문제라기보다는 교회가 이런 정치적인 문제들에 대해 어느 정도 발언해야 하느냐,

---

36) Hamburg 총회 1951년 회의록, 107.

어디까지가 신학적으로 정당화될 수 있는 교회의 참여냐 하는 문제가 주종을 이루었다. 독일의 교회와 신학이 항상 이런 때 되돌아가는 문제는 두 개의 왕국론이다. 과연 교회는 세상의 권세가 만들어 놓은 결정을 존중하고 따라야 할 것이냐, 아니면 신앙적 양심에 어긋날 때 이를 반대할 것이냐 하는 문제다. 그리고 이와 관련해서 자동적으로 발생하는 문제는 로마서 13장에 나오는 세상의 권세(Obrigkeit)를 하나님께로부터 온 권세로 보아야 하느냐, 아니면 그렇지 않을 수도 있느냐 하는 문제다.

결국 함부르크의 독일 교회 총회에서 루터와 바르트의 신학적 차이가 독일 재무장론을 두고도 서로 다른 정치적 입장을 만들어낸다는 점이 분명하게 드러났으며 어떤 합의점에 도달하기는 어려웠다. 니묄러의 반정부적인 재무장 반대론이 과연 그의 교회 직분을 넘어선 것이냐, 아니면 허용되는 행위냐 하는 데도 계속 의견이 갈라질 뿐 해결이 나지 않았다. 이런 경우 해결책은 결의문이나 합의 사항을 날카롭게 하지 않는 데 있다. 결국 구체적인 해답 없이 원칙적인 합의만 표시하는 데 그치고 말았다. 즉 교회는 1948년 아이제나하에서 채택된 평화 원칙을 고수하며 평화를 강조하기만 했다. 재무장론과 중립론 중 어느 것이 더 평화를 지키는 효과를 가지는 방법이냐 하는 데 대해서는 의견 차이가 드러나는 것으로 끝났다. 독일 교회는 이것 때문에 분열되고 싶지는 않았던 것 같다.

한국전쟁의 돌발로 소련과 공산주의 국가들의 침략 의욕이 드러나자 서독의 정치적 방향은 이미 1950년 가을에 서방 측과 결속 강화로 결정이 났다.[37] 그러나 이러한 아데나워와 미국의 정치적 합작과 게임은 단번에 드러나지 않고 서서히 나타났다. 서독의 안보를 위한 재무장과 유럽 공동 방위가 1950년대의 서독 정치의 핵심을 이루는 것이었다. 그러나 서독의 민주적인 의회 정치 제도 속에서 이런 정책을 밀고 나가는 것은 여간 어려운 일이 아니었다. 야당이 반대를 할 뿐 아니라 서독 국민의 여론도 서독의 서방 측 편입에 대해 비판과 반대가 많았기 때문이다. 일단 서독이 서방 측에 편입되어 재무장을 하고 군사적 연대 속으로 들어가게 되면 동쪽 공산 측도 동독을 포함해서 무장 강화를 하게 되고, 이것은 유럽의 분열과 군사적 대결 상황으로 몰고 가 전쟁을 다시 일으킬 수도 있다는 것이며 이로 인해 갈라진 동·서독의 국민과 나라는 영원히 재결합을 못 하게 되는 민족적 비극을 가져온다는 것이 그 핵심이다.

서독의 재무장과 서방측 편입에 반대하는 사람들은 대체로 유럽의 평화와 독일의 통일을 우선적인 원칙으로 생각하려는 사람들이었다. 물론 여기에도 의견들이 모두 같았던 것은 아니었다. 서방 측에 편입되지 않아야 통일의 가능성이 열려진 채 서독이 움직일 수 있는 여백이 있다고 믿는 사람도 있었고 이보다는 적극적으로 소련의 양해를 얻어 동·서독이 중립화하면서 통일을 해야 한다고 주장하는 사람도 있었다.[38] 이런 의견의 대립과 전쟁이나 분단에 대한 불안과 공포 가운데서 독일의 정계와 사회, 그리고 교회에서까지 심각한 토의들이 계속 일어났다. 특히 독일 교회는 동·서독의 분단 이후에도 하나의 통일된 조직으로 머물러 있었기 때문에 통일에 대한 열망과 센티멘트가 대단했다. 스스로를 분단되지 않은 유일한 조직으로 자처하면서 다른 어느 정당이나 사회보다도 열띠게 교회는 평

---

37) Ferenc A. Váli, *The Quest for a United Germany*, 26.

38) 같은 책, 27.

화와 통일에 대한 논의를 해 갔다고 볼 수 있다. 이러한 논의는 1951년 후반에 와서 더욱 열띠게 전개되었고 교회 안에서 각 파 간의 대립과 조직적 싸움도 더욱 첨예화하게 되었다.

특히 1951년, 52년에 독일 교회(EKD) 안에서 재무장론과 통일론이 심각하게 대립하여 전개된 데는 그만한 객관적인 이유가 있었다. 집권당인 기독교 민주당(CDU)의 지도자 아데나워 수상이 서방측과의 동맹 정책을 강하게 밀고 나가는 동안 제일 야당인 사회민주당(SPD)은 이것이 독일의 통일에 지장을 줄 뿐 아니라 장래의 통일 방향에 편견을 만들어 놓을 수 있다고 극력 반대했다. 그러나 사민당의 지도자 쿠르트 슈마허(Kurt Schumacher)는 어떤 방향으로 통일되어야 할 것인가에 대해서는 명백한 안을 내놓지 않았다. 중립화 안이 바람직하다고도 하지 않았고, 그렇다고 친동방적인 정책도 아니었다. 어쨌든 지금 당장 서방 측과 동맹부터 하는 것은 통일의 기회를 제거하는 것이라는 것이 그의 태도였다. 여기에 대해 아데나워는 서독(BRD)의 자유와 안보가 통일의 달성에 필수적인 전제가 된다고 역설했다. "서방 측과 그리고 유럽과 동맹을 맺지 않고서는 독일의 자유로운 통일을 향해서 한걸음도 나아갈 수 없을 것이다"[39]고 했다. 결국 통일보다 자유가 우선이라는 '선자유·후통일론'이었다. 자유민주당(FDP)은 당내 의견이 통일되지 못했지만, 기민당 정부에 참여했던 관계로 정부안을 지지하는 방향으로 나갔다.

이러한 상황에서 재무장론과 서방동맹안에 대한 거센 비판과 반대 운동은 오히려 정가(政街)의 밖인 원외에서 크게 일어났다. 여기

---

39) Konrad Adenauer, *Memories, 1945~1953* (Chicago, 1966), 431.

에는 의회에 들어가지 못한 여러 군소 정당과 정치 세력들도 있었는데 가령 신나치 당원들이라든가 공산당·보수당·평화운동가들과 같이 이념과 노선이 서로 다른 그룹들이 모두 서방동맹안이나 재무장론에 반대하고 나섰다. 여기에 비한다면 교회의 여론은 의견만 통일된다면 훨씬 더 강하게 서독의 정치에 영향을 줄 수 있는 세력이었다.

만약 이때 독일 교회가 단결해서 서독 재무장론에 반대하고 나섰다면 정부도 어떻게 할 수 없었을 것이며, 교회와 야당 세력이 결속해서 서독의 정치와 민족의 장래를 바꾸어 놓았을 수도 있었다. 그러나 교회는 하나의 정견을 가진 집단이 아니다. 그 안엔 언제나 여당과 야당이 동시에 있었다. 더구나 이때 독일 교회는 동·서독 양쪽의 교회를 통합해 가지고 있었기 때문에 양쪽 정부의 영향을 다 받을 수밖에 없는 입장에 놓여 있었다. 이러한 교회의 위치는 오히려 통일을 위해서는 적극적인 역할을 할 수 있는 유리한 것이기도 했다. 그러나 이러한 역할은 자체 내에서 확고한 견해와 방안을 가지고 있을 때에 조금이라도 수행할 수 있을 것이다. 상황이 그렇지 못했기에 교회 안의 다른 그룹들은 각기 따로 행동하며 정치적인 영향력을 주려고 모색했다. 어쨌든 이 시기에 교회의 통일 논의는 여당에게나 야당에게나, 서독 정부나 동독 정부에 모두 중요한 것으로 주목되었고 그만큼 정치적인 관심거리가 되었다고 할 수 있다.

여기서 정치적 의견을 확고하게 가지고 있었던 여러 교회 지도자들이 교회 안에서뿐 아니라 교회 밖에서 혹은 정치 무대에서까지 영향력을 발휘하게 되며 소위 정치 활동이라고 할 수 있는 것을 개인적으로 하게 된다. 이것은 재무장론을 지지하는 쪽에서나 중립화 통일론을 주장하는 쪽에서나 마찬가지였던 것 같다. 고백교회의 지도 자 니묄러나 정치인이지만 교회 기구의 중책을 맡기도 한 하이네만 은 교회 밖에 여러 원외 정당이나 정치 그룹들과 접촉을 하며 재무 장안에 반대 여론을 일으키려 했고, 그러한 과정에서 마침내는 '유럽 의 평화를 위한 긴급 동맹'(Notgemeinschaft für den Frieden Europas)을 함 께 창립하게 되었다. 이 동맹은 나중에 가서 '전독 국민의 당'(Gesamt-deutsche Volkspartei)으로 결합되었다.

일부 기독교의 재무장 반대 세력이나 운동을 야당이나 동독의 정 부가 이용해 보려고 했던 것은 물론 사실이다. 교회의 정치적 영향 력을 무시할 수 없는 상황에서 정치 세력이 이를 놓아둘 리가 없다. 이때 교회 감독을 지낸 디벨리우스(Dibelius)는 나중에 이때를 회고 하면서 동독(DDR) 측에서 여러 루트로 사람을 보내, 교회가 더 적극 적으로 아데나워의 재무장안에 대한 반대 운동을 일으켜야 한다는 종용을 받았다고 했다.[40] 동독은 이때 갑자기 통일을 강조하면서 서 독 국민에게 통일의 가능성을 보이며 센티멘트를 일으키려고 정략 적으로 노력했다. 이때 동독의 부르주와 정당인 기독교민주당이 그 대표 오토 누쉬케(Otto Nuschike)를 보내서 서독의 기민당 정치인들 과 만나 통일 문제를 의논하자고 갑자기 제의해 오기도 했다.[41] 1951년 초에는 동독의 의회인 인민 회의(Volkskammer)가 서독의회 (Bundestag)에다 동·서독이 동등한 자격으로 즉 동수로 공동 의회를 구성하자고 제안했다. 이에 대해 미 국무장관 애치슨(Dean Acheson)은

---

[40] Otto Dibelius, *Ein Christ ist immer im Dienst, Erlebnisse und Erfahrungen in einer Zeitenwende* (Stuttgart, 1961), 284.

[41] Ference A. Váli, 앞의 책, 31.

"동독이 자유 선거로 대표를 선출하지 않고 당에서 임명하는 의회 구성은 무의미하며 그것도 왜 1천 8백만 인구의 동독이 4천 7백만 인구의 서독과 같은 수의 대의원을 보내야 하는지 알 수 없다"고 일축해버렸다.[42] 소련 측과 동독은 그 후 통일안을 매력 있게 하기 위해 '자유 선거'를 주장하는 데까지 양보하기도 했다. 그러나 이는 서독의 여론을 분열시켜 재무장안을 막아 보려는 정치적 술책일 뿐이라고 생각한 서독과 서방 측은 이런 제안들을 전혀 받아들이거나 심각하게 고려하지 않았다.

그것이 비록 정략적인 것이었다 하더라도 동독 측에서 통일 논의를 적극적으로 밀고 나온 것은 동·서독 국민 속에 통일에 관한 희망과 분위기를 일으키는 데는 효과가 없지 않았다. 독일 교회에서도 통일과 재무장 문제를 놓고 양쪽 독일 정부와 접촉을 하게 되면서 교회의 영향력을 확대할 수 있는 기회를 얻었다. 특히 동독 정부는 통일에 대한 의지를 과시하기 위해서 교회의 여러 행사에 편의를 도모했다. 일시적이지만 동독의 기독교 활동에 여러 가지 제한들이 이 때에 완화되었다고 한다.[43] 특기할 만한 것은 1951년도 독일 교회 신도 대회(Kirchentag)가 동베를린에서 개최되었는데 이때 동독 정부가 특히 이 모임에 신경을 써 여행에 편의를 도모했기 때문에 양쪽 독일의 그리스도인들이 30만 명이나 모여 대집회의 성황을 이루게 되었다. 그래서 심지어 "정치에선 불가능한 게 기독교 모임에서는 가능했다"고 통일을 위한 이 연합 신도 대회의 의미를 과대평가하는

---

[42] New York Times, 1951년 2월 8일자 보도; in Oppen (ed.), *Documents on Germany Under Occupation 1945~54*, 534.

[43] Johanna Vogel, 앞의 책, S.161.

이들도 있었다.[44]

그러나 독일 교회는 이때 교회 기구로서 어떤 구체적인 역할을 하지는 못했다. 이때 독일 교회 이사회가 어떤 정치적인 역할을 해야 하며 양독 정부와 접촉해서 민족의 평화와 통일을 위한 일을 해야 한다는 의견들이 여러 곳에서 나왔지만 교회는 그런 의사도 없었고 태세도 되어있지 않았다. 디벨리우스 감독은 이때를 회상하면서 독일 교회(EKD) 이사회로서는 정치적 입장을 취하는 일을 거부했다고 했다. "교회는 정치적 기관에서 해야 할 일에 간섭해서는 안 된다"는 것이 그의 입장이었다.[45]

그러나 니묄러를 중심으로 한 고백교회의 형제 위원회(Bruderrat)는 계속해서 독일 교회(EKD) 이사회를 향해 독일 재무장론에 반대 의사를 표명할 것을 촉구했다. 이미 교회의 여러 결의문에서 비무장 평화 원칙을 천명하지 않았느냐는 것이다. 만약 독일 교회 개신교 연합회(EKD)가 재무장에 대해 반대 의사를 표명하지 않을 경우 다시금 고백교회 총회를 소집하겠다는 압력을 강경파 쪽에서 표시하기도 했다.

1951년 여름에 서독 의회가 재무장안을 결의할 것 같은 움직임이 있자 형제위원회는 9월 4-5일에 다름슈타트(Darmstadt)에서 긴급 회의를 열어 독일 교회 이사회 앞으로 공한을 보내기로 결의하였다. 이 공한에서는 ① 이사회가 바이센제(Weißensee)의 평화 선언문을 개체 교회의 예배 시간에 낭독하게 할 것, ② 재무장화의 경우 군복무 반대자들을 법적으로 보호할 준비를 할 것, ③ 병역 의무를 국민

---

44) Krichentag 1951년 보고에서 R. von Thadden의 논평.

45) Otto Dibelius, *Ein Christ ist immer im Dienst*, 284.

에게 일반화시킬 경우 특별 긴급 총회를 소집할 것, ④ 군인들의 결사체가 재기하는 것을 경고할 것 등을 주 내용으로 한 것이었다. 독일 교회 이사회는 ①항과 ②항은 받아들였으나 ③항의 총회 소집은 부결했다. 그러나 이때 재무장론이 정치적으로 결의되어 가는 시점에서, 교회로 하여금 평화 선언을 예배시 낭독케 한 것은 커다란 정치적 의미를 가졌다고 할 수 있다.

여기에 대해 루터파 쪽에서는 못마땅하게 생각했고, 교회의 평화 선언이 정치적으로 악용될 수 있다고 염려했다. 퀸네트(Künneth)라는 신학자는 '바이센제(Weißensee)의 평화 선언'에 대해 루터교 측의 성명서를 따로 내자고 그 초안을 만들기도 했다. 이것이 통과되지는 않았지만 교회 안에 아데나워 정책을 지지하는 세력들도 가만히 있지는 않았다. 특히 1951년 11월 5일에 밧 볼(Bad Boll) 아카데미 원장인 뮐러(Eberhard Müller)는 갑자기 쾨니히스빈터(Königswinter)에다 교회 지도자들과 아데나워 수상이 만나서 시국에 관한 이야기를 나누는 모임을 주선했다. 재무장과 통일 문제에 관해 교회 지도자들이 정부의 정책과 방안에 관한 정보를 얻기 위해 모인다고 모임의 명분을 세웠다. 그러나 모임에 초청된 교회 지도자들은 일방적인 것이었다. 즉 아데나워에 반대하는 하이네만이나 니뮐러 그리고 베스트 팔렌에 감독 빌름(Ernst Wilm) 같은 이는 초청되지 않았다. 그리고 정보 교환을 위해서 모인다던 것이 나중에 신문에 보도되기는 교회와 국가가 긴급한 시국의 문제를 놓고 공식적으로 만난 것처럼 되었고, 또 재무장안에 대해 교회 지도자들이 전적으로 동의했다고 뮐러(Müller)의 회견을 그대로 발표하였다.[46] 이러한 뮐러의 작전은 교회 안의 중도파들에게까지 좋지 않은 인상을 주었고 디벨리우스 감독은 교회의 중립적 원칙을 우파에서 파기했다고 화를 내게 되었다. 이 문제가 다시금 독일 교회(EKD) 이사회에서 거론되고 이사회는 1951년 12월 7일 회의에서 뮐러 박사에게 유감의 뜻을 표하는 편지를 보내기로 했다. 이제까지 뮐러는 좌파인 니묄러 측이 정치를 한다고 비난했는데 이를 통해 그 자신이 반대를 위한 정치를 노골적으로 한 것이 되었다. 고백교회 측에서도 뮐러의 행동을 정치적이라고 규정하고 비난하기 시작했다. 하이네만은 1951년 11월 23일자로 뮐러에게 편지를 보내 "쾨니히스빈터(Königswinter) 모임은 정치 행위다"라고 반박했다. 그러나 기왕에 정치적으로 나선 뮐러는 점차 더 적극적으로 나서 아데나워 정책을 지지하는 행동을 하게 되었다. 1952년 2월 중순에는 대중집회를 열어 "군복무와 기독교인의 양심"이란 제목으로 교회 지도자들의 강연회가 있었는데 이것도 뮐러가 뒤에서 계획해서 나온 것으로 나중에 밝혀졌다.[47]

　이제는 교회의 좌·우파가 모두 재무장 반대와 지지를 놓고 노골적인 대립과 적극적 활동을 보이게 되었다. 각지에서 찬·반 서명 운동이 일어나고 여기저기서 집회들이 열렸다. 이런 상황에서 1952년 10월 6-10일에 동독땅 엘빙거로데(Elbingerode)에서 독일 교회 총회(Synode)가 열리게 되었다. 특히 동독에서 열리게 되어 좌·우파의 격돌이 예상되었고 특히 니묄러 그룹이 통일과 재무장 반대 여론을 고조시키게 될 것으로 예상되었다. 총회의 안건은 물론 심각한 논쟁거리인 재무장론이었다. 니묄러 측에서는 총회의 주제를 '재무장'으로 하자고 하였다. 그러나 이사회에서는 '기독교인의 사회적인 책임'

46) Frankfurter Neue Presse, 51년 11월 13일자 보도.
47) Johanna Vogle, 앞의 책, 166.

이란 두리뭉실한 제목으로 만들었다. 날카로운 대립을 피하려는 의도에서였다. 역시 이 모임에서도 신학적인 논의가 주종을 이루었다. 발제 강연은 양쪽의 대변자들이 맡아서 했는데 루터파에서는 퀸네트(Künneth)가 나오고 고백교회의 바르트 신학파에서는 휫셔(Martin Fischer)가 나와 그들의 신학적 입장을 대변했다. 이들의 차이는 이미 이전에 언급된 바와 같다. 퀸네트(Künneth)는 전통적인 루터교의 입장을 되풀이하며 두 개의 왕국론을 주장하고, 기독교인의 사회적 책임은 하나님이 창조한 세상에서 하나님의 질서를 세우는 것이며, 하나님의 질서는 세상의 권세를 통해 대부분 세워지는데 대체로 합법적인 정부일 경우 기독교인은 여기에 비판적인 협력을 해야 한다고 주장했다. 권력이 아주 무법한 것일 경우에는 기독교인은 정치와 거리를 취하며 침묵으로 인내를 보여야 하며 그것을 위해서 기도해야 한다고 기조연설을 했다. 이 연설은 별로 당시의 정치적 역사적 문제와 상황은 거론하지 않았으며 구체적인 제시가 없었다. 재무장론을 지지한다는 것도 아니었다. 그러나 정치인들이 하는 것을 대체로 따르는 것이 기독교인의 도리라는 태도였다.

그러나 반대측의 휫셔(Fischer)는 교회의 사도적 직분과 사회적 감시의 책임을 강조하면서 구체적인 현안 문제로 들어갔다. 현재의 정치적 상황은 동쪽과 서쪽의 이데올로기 싸움이라는 것이다. 여기서 교회가 정부의 서방 측 동맹과 재무장을 지지하게 되면 교회는 일방적으로 서방 측 이데올로기의 편을 들고 동일시하게 되는 것이라고 날카롭게 지적했다. 이렇게 되면 동독에 있는 형제 교우들과 교회가 수난을 당하게 된다고 경고하기도 했다. 교회는 독일과 세계에서 이데올로기적 분열에 공헌해서는 안 된다는 것이 그의 기조 연설의 핵심이었다. 여기에 대해서는 물론 서독의 재무장이 과연 동독의 무장화를 촉발하며 교회 탄압을 가중시킬 것인가에 대해 찬·반 토론이 있었다. 동독의 무장화는 이미 기정사실이며 어차피 서독은 마샬 원조를 받았고 서방측과 유대를 강화할 수밖에 없지 않느냐는 현실론도 있었다. 토론의 진행은 결국 양쪽의 극단론을 배제하는 쪽으로 나아갔다. 서방측 정부 수뇌들이 동맹과 재무장을 결의할 경우 교회가 무조건 이를 반대한다는 것도 비현실적이라는 의견이 지배적이었다. 이 총회에는 교회 대표자들뿐 아니라 많은 정치인들과 국회의원들이 참고인으로 초청되어 발언했다. 특히 자민당(FDP) 의원인 플라이데러(Karl-Georg Pfleiderer)는 중도적인 입장을 취하며 독일 문제에 대한 4개 점령국이 회의를 계속하면서 서독이 유럽 방위 공동체에 속하면서도 나토(NATO)에 대해 독립성을 지키고 있으면, 그리고 동방 측과 불가침 조약을 맺어 소련이 위협을 느끼지 않고 또 자기에게 유리하다고 생각하면 독일의 통일에 동의할 수도 있을 것이라는 의견을 개진했다. 그래서 회의의 여론은 점차 서방측과 동맹을 반대하는 것이 아니라 이를 지연시키면서 독일 통일에 관한 4대 강국 회의를 촉구하자는 방향으로 나아갔다.

엘빙거로데(Elbingerode) 총회는 결국 '총회 성명서'와 '각 교회에 보내는 말씀'을 채택하고 '서독의 국회의원들에게 보내는 편지' 그리고 '4개 점령국 정부에 보내는 전문'을 만들어 통과시키고 폐회했다. 서독의 국회 의원들에게는 "독일의 동맹에 관한 조약을 심의할 때 민족적 양심을 가지고 할 것이며 전체 독일 민족을 생각하면서 결정해 달라"고 부탁했고 같은 내용의 서한을 동독의 '인민 회의' 대표들에게도 보내기로 했다. 4개 점령국 정부에 보내는 전문(電文)에는

"속한 시일 내에 회담을 열어 독일의 통일과 독일의 자유로운 관계 형성을 위해 길을 만들어 달라"고 요청했다. 성명서에는 '독일의 분단이 평화의 위협'이라는 바이센제(Weißensee)의 원칙을 재천명했지만, 재무장 문제에 관해서는 명확한 태도 표명을 하지 않았다. 단지 "동·서독 양쪽에서 추진되고 있는 재무장은 위험한 상황을 부각시켜 주고 있다"고 유연하게 표현했을 뿐이다. '유럽 방위 공동체'의 조약에 대해선 구체적 언급이 없이 "독일 통일이 다른 목표보다 우선적으로 추진되어야 한다"는 원칙만 강조한 성명서가 되었다.

재무장론에 대한 독일 교회의 태도는 엘빙거로데(Elbingerode) 총회에서 대체로 결정되었다고 볼 수 있다. 독일의 재결합과 통일의 원칙을 신앙 고백처럼 강조하면서 재무장론에 대해서는 정치적 중립을 지키는 쪽으로 나아갔다. 이러한 자세는 1954년 '유럽 방위 공동체'(EVG)의 조약이 비준될 때까지 그대로 지속된다. 독일의 재무장이란 것을 불가피한 운명으로 받아들이는 수동적 자세를 취했다고 볼 수 있다. 1953년이 되면서 동독의 상황은 통일과 평화라는 목표에서 볼 때 더욱 악화되었고 긴장이 격화된다. 1952년 말부터 동·서독경계선에 철조망을 높이 쌓게 되자 동독 거주민들이 대량으로 서독쪽에 피난하게 되었다. 동독 내에서 교회의 탄압이 심해지고 교회의 청소년 교육과 사회봉사 활동(Diakonie)이 크게 제한을 받게 되었다. 1953년 3월 5일엔 스탈린이 사망함으로써 소련의 독일 정책이 혹시 완화되지 않나 하는 기대를 일으키기도 했으나 그해 6월 17일 동베를린의 시민들이 자유를 외치며 데모를 하게 되자 소련은 탱크와 무력으로 반란을 진압했다. 이로써 서독의 반소·반공 감정은 더욱 커지게 되었고 통일에 대한 희망은 점점 비현실적으로 보여지게 되었다.

1953년 9월 6일에 있은 서독의 총선거는 아데나워 정부에게 대승리를 가져다줌으로써, 재무장안과 친서방 동맹 정책이 국민의 절대 지지를 받고 있음을 증명해 주었다. 선거전에서 야당인 사민당은 "서방측과의 동맹은 독일의 다른 쪽을 망각하는 행위"라고 주장했고 아데나워의 기민당은 "서방측과의 결속이 통일을 향한 중요한 발걸음이 된다"고 하며 "서쪽으로 가면, 동쪽으로도 가게 된다"고 지지를 호소했다.[48] 국민들은 모험을 원치 않았고 안전한 길을 택했다. 여기엔 소련에 대한 강한 불신이 작용을 했고, 미국의 강한 영향력도 반영되었다고 볼 수 있다. 서독의 선거를 겨냥해서 동독 정부는 교회 정책을 일부 완화했다. 53년 8월 12-16일에 함부르크(Hamburg)에서 열린 신도 대회(Krichentag)에는 동독에서도 수천 명의 교인들이 참석할 수 있었다. 다시금 독일의 통일 원칙이 고조되었으며 양독의 기독교인들이 모여 통일과 재결합의 의지를 국내외에 널리 과시했다. 그러나 양독의 기독교인들은 그들의 신앙 고백적인 원칙과 반대로 달리고 있는 현실 정치의 방향을 바꿀 수는 없었다.

1954년 1월 25일부터 2월 18일까지 베를린에서 4개 점령국 외상들의 회담이 열렸다. 독일교회개신교연합회(EKD)의 이름으로 4개국 외무 장관에 보내는 편지가 발송되었지만 그 내용은 새로운 것이 없었다. 즉 ① 통일이 없이는 유럽의 평화가 항상 위협을 받는다는 것, ② 압력과 공포가 없는 자유선거를 요구한다는 것, ③ 안보에 관한 건설적인 해결책을 마련하라는 것 등 독일 교회가 거듭 주장해 온

---

48) Ference A. Váli, 앞의 책, 33.

원칙을 다시금 확인하는 데 머물렀다. 이제 재무장론은 사실적으로 결정되었고 '유럽 방위 공동체안'은 확실시되었다. 교회는 이제 독일 의 재무장을 하나의 불가피한 현실로 받아들이게 된다.

3) 서독의 NATO 가입과 교회의 통일 논의

서독의 서방측 편입과 재무장을 가능케 하는 유럽 방위 공동체 (EVG) 안이 1952년 5월 27일에 파리에서 조인된 후 다른 모든 나라의 국회에서는 비준을 받았으나 1954년 8월 30일 불란서 국회에서 비준 동의안이 부결됨으로써 수포로 돌아가고 말았다. 2차 대전과 독일 군의 침략의 상처가 채 아물지 않은 불란서 국민들의 감정이 반영된 것이었다. 독일을 어떻게 믿고 무장을 시키며 불란서와 동등한 자격 으로 방위 공동체에 가입시키느냐 하는 것이다. 이 계획의 실패는 서방측 외교계를 당황하게 만들었고 서유럽의 방위 전략에 차질을 가져오게 했다. 누구보다도 곤란해진 사람은 서독 수상 아데나워였 다. 비판과 반대의 여론을 물리치고 친서방 결속만이 독일의 통일과 안보의 전제 조건이라고 역설하며, 그 대가로 서독의 주권을 점령국 으로부터 찾아내려던 아데나워의 정책이 무너진 것 같았다.[49] 서독 의 국민들은 이미 1953년 3월 19일에 국회가 비준했기 때문에 '유럽 방위 공동체' 가입을 기정사실로 알고 있다가 불란서의 반발로 백지 화되자 서독의 장래와 안보·통일 문제에 대하여 다시금 동요를 보 이게 되었다. 야당의 비판과 반대 여론이 다시 물 끓듯이 일어났다.

---

[49] Fankfurter Allgemeine Zeitung, 54년 9월 1일자 보도.

특히 이 안을 2년 반이나 추진해 오던 미국은 화가 나는 것을 참고 재빨리 다른 대안을 만들어냈다. 그것이 서독과 이태리를 나토(NATO)에 가입시키는 안이었다. 형식적으로는 영국의 제안으로 미국·영국·캐나다·불란서·독일(서독)·벨기에·네덜란드·룩셈부르그·이태리의 9개국 회의가 긴급히 1954년 9월 28일부터 10월 3일까지 런던에서 소집되었다. 이 회의는 나토의 모체인 서유럽 동맹(Western European Union)에 서독과 이태리를 정식 회원국으로 가입시킬 것을 결의했다. 많은 논란이 있었으나 기적적으로 합의되었다고 한다.[50] 불란서 측의 반발이 있었으나, 서방 측의 안보를 위한 결속이 필요하다고 미국·영국·서독 측이 역설함으로 끝내 동의하게 되었다. 그 대신 불란서의 걱정을 덜어주기 위해 서독의 재무장에다 몇 가지 제한을 붙이기로 했다. 즉 아데나워가 수락한 조건은 서독의 군대가 12개 사단을 넘지 않을 것과, 이 군대가 철저하게 초국가적인 지휘 체계 속에 편입될 것과, 핵무기나 화생방 무기 그리고 전함과 폭격기의 생산을 하지 않는다는 조건이었다. 이만큼 서독의 이웃 나라들은 독일의 군비화에 신경을 쓰고 있었다. 서독의 나토 가입 작업은 신속하게 진행되어 그 한 달도 못 된 1954년 10월 23일에 파리에서 9개국 대표가 다시 모여 여러 가지 조약과 합의서에 서명을 하게 되었다. 이를 통해 서독이 얻어낸 것은 서독의 주권을 서방 측 동맹국으로부터 인정받는 것이었다. 불란서 국회는 1954년 12울 30일에 비준했고, 서독은 1955년 2월 27일에 연방 의회에서 비준했다. 그래서 서독은 1955년 5월 6일에 정식으로 나토에 가입하게 되었다. 1950년

---

50) Ference A. Váil, 앞의 책, 35.

한국전쟁이 나면서부터 서독의 재무장과 서방 측 편입이 거론되어 오다가 만 5년 만에 나토 가입으로 결론을 맺게 되었다.

유럽 방위 공동체안이 백지화되자 승리감을 느꼈던 소련 측은, 서방측이 긴급 대안을 만들어 서독을 나토에 가입시키는 작업을 전격적으로 추진해 가자 크게 놀랐다. 서방 측의 군사 동맹을 어떻게 하든 저지시키려고 했던 소련은 서독이 나토에 가입하는 것을 여러 가지 유혹과 선전으로 막아 보려고 했다. 런던의 9개국 회의가 모임을 마치자 곧 소련은 1954년 10월 6일에 모로토프 외상의 이름으로 독일의 통일 문제와 유럽의 안보 체제 문제를 논의하는 회담을 갖자고 제의했다. 그러면서 1952년 3월 2일 스탈린이 만들어 보낸 메모를 토대로 하여 이야기해 보자는 구체적인 제안을 했다. 나토 가입 안이 서독 국회에서 한참 논의되던 1955년 1월 15일에는 소련이 전체 독일에 자유선거를 실시하여 통일을 이루도록 하자고 성명을 냈다. 소련의 다른 각료들은 간접적으로 "서독이 서방측과 군사 동맹 관계에 들어가지 않는다면 통일 문제가 해결될 수도 있다"는 시사를 했다. 물론 이와 같은 소련의 제안들은 서방측이 군사 동맹을 저지시키려는 전술이라고 생각되었고 이러한 선전이나 술책에 넘어가지 않는다는 태도가 강하게 있었기 때문에 파리 조약의 체결이나 비준에는 별 영향을 주지 못했다. 이 조약의 당사국들은 조약이 완전히 성립되기까지는 어떠한 협상도 소련 측과 하지 않겠다고 태도를 굳혔다.

그러나 서독 안의 야당과 아데나워 정책에 반대하는 사람들은 유럽 방위 공동체안이 실패로 돌아간 이 기회가 서독의 재무장을 막고 독일의 통일을 추진할 수 있는 철호의 기회라고 생각했다. 구스타프 하이네만(Gustav Heinemann)도 "이제까지의 독일 문제에 관한 정책을 재검토할 시기가 왔다"고 했다. 1854년 10월경부터 반대 운동의 물결이 다시 거세게 일기 시작했다. 1951, 52년에 일어났던 재무장에 대한 반대와 통일 추진 운동이 다시 득세한 것이다. 실로 1954년 말 55년 초에 독일에서는 통일을 외치며 갈구하는 시민운동이 대규모적으로 일어났고 아마 마지막으로 있었던 것 같다. 그들은 통일의 기회를 만들기 위해서는 서독의 나토 가입을 저지해야 한다는 생각을 가졌다. 그래서 반대 운동은 파리 조약을 거부하는 데로 모아졌다. 반대 운동의 주도 세력은 물론 전과 마찬가지로 야당과 군소정당 그리고 교회 세력의 일부였지만 이번에는 이들이 서로 연합 전선을 펴서 소위 '전독 운동'(Gesamtdeutsche Aktion)이라는 연합 운동을 펴갔다. 국민들의 반응도 꽤 고조되었다. 통일의 가능성을 충분히 탐색해 보지도 않고 쉽사리 서방측에 편입된다는 것은 결국 민족의 영구적인 분단이 아니냐 하는 센티멘트가 꽤 동조를 얻게 되었다.

이 운동에 독일 교회의 진보적인 세력이 적극적으로 가담하였다. 그리고 이번에는 야당과 정치인들과 합세해서 국민운동을 일으키는 방향으로 나아가서 통일을 위한 운동에 한 걸음 더 진전한 모습을 보여 주었다. 운동의 방법도 대중 집회를 통해서 국민의 여론을 형성하는 방법을 씀으로 효과가 컸고, 이것이 신문과 방송으로 보도되어 널리 파급되었다. 여러 가지 집회 가운데 절정을 이룬 것이 1955년 1월 29일 프랑크 푸르트의 파울 교회에서 모인 대중 집회였다. 파울 교회(Paulskirche)는 원래 교회당이었지만 정치적 집회 장소로 되어버린 역사적인 건물이다. 1848년에 시민 혁명이 일어났을 때, 독일의 첫 민주적인 의회가 이 파울 교회에서 열렸다. 그 후 수많은 시민운동의 집회가 여기서 열렸고 지금도 역사적인 모임이나 연설, 평화상 수상식 등이 이 건물에서 거행되고 있다. 파리 조약 체결을 반대하고 통일을 호소하는 이 대중 집회도 파울 교회에서 갖는 것이 뜻이 있었다. 주동자는 아데나워 정부의 장관직을 사퇴하고 나온 하이네만이었다. 그는 교회의 인물이기도 했지만 성직은 갖고 있지 않았으므로 이러한 국민운동에 나서도 별 문제가 없었다. 그가 사민당의 정치인 울렌하우어(Erich Ollenhauer)와 노동조합 지도자 게오르그 로이터(Georg Reuter)와 나란히 연단에 올랐다. 그러나 교회 측에서 크게 논란을 삼은 것은 이때 신학자 골비처(Helmut Golwitzer)가 연단에 올라 연설을 한 것이다.

파울 교회의 집회에 나선 연사들은 골비처 교수를 포함해서 독일의 재무장을 반대하는 데 핵심을 두지 않고 독일 민족의 문제에 관심을 돌리는 데 주목표를 두었다. 즉 독일의 통일 문제를 쉽게 포기하지 말고 이 기회에 다시 한번 소련 측과 협상에 들어가서 최선을 다해 보자는 주장이었다. 일단 파리 조약을 비준하고 나면 소련 측과 대화해 볼 기회는 영 사라지는 것이 아니겠느냐는 논리다. 골비처 교수의 연설도 같은 맥락과 내용을 갖고 있었다.

군사적인 블록 형성보다는 독일의 통일 문제가 우선적으로 추구되어야 할 문제다. 독일의 분단을 영구화하는 것보다는 차라리 파리 조약을 거부하고 유럽 정치에 혼선을 빚도록 하는 것이 낫다. 유럽 문제는 독일의 통일을 보류하고 해결할 수 있는 길이 없다. 서독이 재무장하고 나서도 통일이 추진될 수 있다고 생각하는 것은 망상이다. 왜냐하면 소련은 곧 그 대응책으로 동독(DDR)을 동구라파 군사 동맹 속으로 몰아넣을 것이 분명하기 때문이다. 소련 측에서도 공산주의적 팽창보다는 안보에 신경을 쓰고 있다. 서독이 군사 동맹에서 중립을 지켜야 독일이 자유로운 통일을 이룩해도 소련의 안보 요구에 장애가 되지 않을 수 있을 것이다. 그러므로 서방측 군사 동맹 속으로 편입되지 않는 것이 통일을 달성하는 것이다.[51]

골비처 교수의 파울 교회 연설은 진보적 기독교인들의 독일 통일에 관한 생각을 대변한 것으로 중요한 의미를 띠고 있었다. 그는 독일의 중립화 통일을 지지하면서, 중립화가 결국 공산주의 세력의 팽창을 의미한다고 믿는 반대자들을 공격했다. 이것은 서방측에서 가만히 있지 않을 것이기 때문에 그렇게 될 수가 없고 또 이를 막을 수 있는 중립화 보장의 계약을 서방측 나라들과도 맺으면 된다고 했다. 여기서 골비처 교수는 군사 동맹에서 중립을 지킨다는 것은 독일 민족 문제의 해결뿐만 아니라 세계적인 문제 해결의 시각에서도 바람직하다고 주장했다. 즉 "양대 블록권에 편입되는 것은 낡은 생각(gestriges Denken)이며, 앞으로 오게 되는 핵무기의 시대에는 세계가 양대 진영으로 분할되어 고착되는 것을 해소해야 하며 세력을 다원화해야 한다. 그래야 핵전쟁의 위험을 막고 군비 해체와 국제법의 실효화를 이룩할 수 있다"[52]고 평화 운동의 관점에서 독일의 나토 가입 반대를 정당화했다.

골비처 교수의 통일에 관한 주장은 또 다른 면에서 호소력을 갖고 있었다. 그는 민족주의적 근거에서가 아니라 이웃 사랑이라는 기독교적 윤리에서 동쪽에 있는 내 동포의 운명에 관심을 가져야 한다고

---

51) Joachim Beckmann (hrsg.), *Kirchliches Jahrbuch für die evangelische Kirche in Deutschland* (1955), 11-13.

52) 같은 책, 13.

호소했다. "독일의 분단을 견딜 수 없는 것으로 생각하는 이유는 민족주의 때문이 아니라 1천 8백만 독일인에 대한 인도적인 의무 때문이다. 그들에게 우리는 이웃이 되어야 한다"고 했다. 즉 독일이 영구히 분단될 경우 1천 8백만의 동포와 이웃이 소련화하는 것을 어떻게 보고 견딜 수 있겠느냐 하는 것이다. 통일 논의를 이런 방식으로 한 것은 군사 동맹의 반대가 소련 공산당의 사주를 받고 하는 행위라는 비난을 면하는 데도 효과가 있었다. 동독의 동포들을 볼셰비키 공산주의에 내맡기지 않으려면 우리도 서방측 동맹에 편입되지 않고 기다리며 통일을 모색해야 한다는 논리였다.

파울 교회의 집회는 비록 정치적인 성공을 거두지는 못했지만 냉전 시대의 동·서 대립과 긴장의 분위기 속에서 흑백 논리에 말려들지 않고 제삼의 길을 모색하는 운동을 국민적 차원에서 전개시켰다는 점에서 자못 의의가 컸다. 국민이 참여하는 민주 정치를 실습했다는 점에서도 정치 교육적인 성과가 있었다고 하겠다. 그러나 아데나워 행정부 쪽에서도 여론의 지지를 얻기 위해 열심히 선전 공세를 폈다.

스탈린이 죽은 뒤에도 소련의 침략 정책에는 변함이 없다. 유럽 방위 공동체 결성의 실패는 냉전의 마당에서 소련에게 큰 승리를 주는 것이며 그래서 안보상의 이유 때문에 파리 조약의 속한 체결이 불가피 했다.

라는 것이 아데나워의 입장이었다. 그는 나토 동맹국들이 독일의 자유로운 통일을 평화적 수단으로 달성하는 것을 기본적인 정책 목표로 삼고 있다고 말했다.

이와 같은 정책적인 대결과 논쟁이 진행되는 동안 독일 교회는 별로 내부적인 갈등을 겪지 않았다. 왜냐하면 문제의 범위가 이미 교회적이고 신학적인 논쟁의 테두리를 벗어나 있었기 때문이었다. 재무장론을 두고 교회 내부에서 열띠게 논쟁하던 1951~52년의 상황과는 분위기가 달랐다. 또 그때 발언을 많이 했던 니묄러(Martin Niemöller)나 모잘스키(Herbert Mochalski)나 뮐러(Eberhard Müller) 같은 이들이 이번에는 비교적 조용했다. 골비처는 파울 교회의 연설에서 신학자가 이렇게 정치적인 문제에 간여하게 된 것은 비상시국이기 때문이라고 했다. 사실 서독의 재무장이냐 통일이냐의 문제를 놓고 민족의 운명이 걸린 상황에서 교회 목사나 신학자가 발언을 한다고 해서 왜 정치 활동을 하느냐고 탓할 계제가 아니었다. 더구나 불란서 국회가 서독의 재무장을 거부한 상황에서 독일 국민으로서 혹은 종교인으로서 관심을 가질 필요가 없다고 생각할 수는 없었다. 더구나 일단 서방측 군사 동맹에 가입하면 동독이 동방측 군사 동맹에 가입하고 소련의 체제 속으로 편입되는 것이 명약관화한 사실이고 보니 이를 염려한다고 해서 왜 신학자나 목사의 한계를 넘느냐고 할 수는 없었다.

문제는 독일 교회(EKD)가 교회로서 이 시기에 어떤 태도를 취하느냐 하는 것이었다. 상황과 시국은 분명히 심각한 경지에 이르렀는데 파리 조약의 체결과 나토 가입이란 문제를 놓고 교회로서 구체적인 태도를 표명하기는 어려웠다. 이때 교회로서는 원칙상으로도 딜레마에 빠지게 된 것 같다. 통일이라는 원칙도 지켜야 하고 기독교적인 서방 세계의 가치관도 보호해야 하는 이중의 짐을 지고 있었다. 설사 아데나워 정책을 지지한다 하더라도 조약을 비준하기 전에 소련 측의 회담 제의에 응해서 통일의 가능성이라도 탐색해야 한다는 야당과 진보적 그리스도인들의 주장을 정면으로 거부할 수는 없었다. 교회로서도 전혀 무관심하게 지낼 수는 없어 독일 교회(EKD) 이사회의 결의로 1955년 1월 28일에 하노버에서 서독 내의 교회 대표자 회의가 소집되었다. 파리 조약문에 관해서, 통일과 재무장에 관해서 여러 가지 의견들이 개진되었으나 통일된 의견은 만들어지지 않았다. 다시 2월 2-3일에 독일 교회(EKD) 이사회와 교회 협의회가 함께 모여 현안 문제들을 검토하고 교회의 체면을 세울 만한 성명서를 만들어 발표하는 데 합의하게 되었다. 이것이 '독일 민족의 통일을 위하여'라는 성명서이다.[53]

독일 교회 이사회 의장(EKD Ratsvorsitzende) 디벨리우스 감독의 이름으로 발표된 이 1955년 2월 3일자 성명서는 당시의 독일 교회의 통일 문제에 대한 태도를 결론적으로 정리해 준 문서라고 할 수 있다. 그 평가가 긍정적이든 부정적이든 이 성명서는 바로 독일 교회의 현실을 그대로 반영한 것이라고 볼 수 있다. 극단적으로 대립된 교회 안의 두 세력의 의견을 대변하려고 했지만 결국은 보수적인 입장을 그 알맹이로 하고 있다고 볼 수 있다. 성명서는 원칙적으로 통일을 긍정하면서, 통일 문제와 관련된 현안인 파리 조약과 나토 가입 문제에 대해서는 교회로서 결정을 내리기 힘들다고 회피했다. 성명서는 서두에서 다음과 같이 밝히고 있다.

교회는 모든 독일인들과 함께 독일 민족의 통일을 간곡히 갈망한다. 통일을 위해서 교회가 기여할 수 있는 일은 무엇이든지 우리 교회는 하고자 한다. 우

---

[53] 자료편 참조.

리는 세계의 긴장과 민족 분단이 전쟁을 통해 극복될 수 있으리라 생각하는 그릇된 희망을 버리도록 경계하고자 한다. 그리스도의 교회는 평화를 위해 봉사해야 한다.

여기까지는 교회 안의 누구나 어떤 파든지 동의할 수 있는 원칙론이다. 그러나 문제는 그 후반부에 있었다.

우리 교회의 목소리가 현 국제 정치 상황의 심각성을 강조해서 지적한 바가 있다. 이를 통해 마치 우리 신교 교회가 파리 조약에 대해 어떤 특정한 태도를 표명하는 것이 교회의 본래적 과제에 속하는 일처럼 생각하는 듯한 잘못된 인상을 주기도 하였다. 그러나 우리가 확신하건데 이 문제에 대한 결단을 내리는 데 복음이 반드시 어떤 구속력을 갖는 대답을 준다고는 보지 않는다. 이러한 이유로 우리는 새삼스럽게 모든 목회자들에게 이 문제에 관한 공적인 발언을 삼가 줄 것을 권장한다.

이것은 통일 문제는 교회가 힘을 다해 노력해야 할 문제지만 나토 가입 문제는 복음 정신에서 볼 때 옳으냐 그르냐가 판단되지 않기 때문에 교회로서는 찬성도 발언도 할 수가 없고 정치가들의 책임있는 판단과 결단에 맡기겠다는 태도이다. 결국 목사들에게 왈가왈부하지 말라고 금하는 것은 정부의 결정을 조용히 지켜보며 따르자는 말이 된다. 이것은 중립적인 태도 같지만 당시의 독일 교회 안의 여론의 양극에서 보면 정부의 파리 조약 찬성안과 야당의 반대 안에서 볼 때, 찬성하며 지지하자는 쪽의 논리를 따른 것이라 볼 수 있다. 여기에도 정·교(政敎) 분리의 두 개 왕국론과 국가 권위를 신뢰하는 루터교의 전통적인 도그마가 결정적으로 작용을 한 것이라고 볼 수 있다. 파리 조약의 찬성이나 반대의 어느 것이 하나님의 뜻이냐 하는 것을 가려내기는 어려울 것이다. 그러나 이 성명서가 목사들이 가부간 공식적인 발언을 삼가 달라고 경고한 것은 결국 반대 운동에 나선 목사나 신학자들을 겨냥한 말이다. 왜냐하면 찬성하는 목사들은 이때 대세가 정부 방침대로 흘러가기 때문에 별 지지 발언을 할 필요가 없었고 또 그렇게 지지할 만한 명분 있는 논리도 없었다. 그들이 주장하는 논리는 그저 정치적 문제는 정치인들에게 맡기고 교회로서는 중립을 지키는 것이 좋다는 태도였다.

이러한 논리는 뮐러(Müller)나 퀸네트(Künneth) 등 루터파의 신학자들에게서 분명히 나타난 논리지만, 하노버의 이사회(1955년 2월 3일)를 전후해서 강하게 교회의 중립을 주장하고 그러면서 내용적으로는 서독의 서방 세계 편입을 긍정해버린 태도는 특별히 바이에른(Bayern) 주 교회의 부감독 샤베르트(Oberkirchenrat Schabert)에 의해서 두드러지게 드러났다. 그는 이사회 성명서를 각 교회에 알리면서 특별히 자기 개인 명의로 공개 편지를 써서 첨부했는데 여기서 그는 "성명서를 이해하는 데 도움을 주기 위해서 쓴다"고 하면서 재무장 문제에 관한 자기 생각을 길게 적었다. 이 문서는 당시의 보수적인 목사나 교회 지도자들의 의견을 대변하는 것으로 역사적인 문서가 되었으며, 교회의 태도를 결정하는 데도 크게 영향을 준 신학적 입장으로 참고해볼 만하다. 그는 이러한 공개서한(Rundschreiben)을 쓰는 이유가 재무장 문제로 인해 교회가 분열될 위기에 처해 있기 때문에 교회 분열을 막기 위해서요, 정치적인 문제 때문에 고민하는 신도들에게 목회적인 차원에서 권면하기 위해서라고 했다. 그러면서 핵심은 파리 조약과 같은 정치적인 문제는 책임을 진 정치인들이 각기 신앙적 양심에 따라 판단할 일이지 교회가 하나님의 뜻이나 신앙적 태도라는 명분으로 합리화 하거나 비난하거나 할 문제가 아니라는 것이다. 아래에 핵심적인 몇 구절을 인용해 본다.

어떤 정치적 결단을 하나님의 뜻이라고 직접적으로 주장하는 것은 하나님의 두 개의 왕국의 분리를 성실하게 믿지 않는 증거다. 로마시대에는 그 교회의 개념에 의해서 그리고 칼빈주의에서는 그리스도 정치적인 사회 윤리에 의해서 교회가 정치적인 문제의 결정에 직접 영향을 주는 것이 가능했지만, 우리의 신앙고백은 두 개의 왕국론이기 때문에 이런 가능성을 허락하지 않는다. … 재무장에 관한 문제에서는 각 개인의 양심적 결단이 촉구되는 바이지만 세상의 권세(Obrigkeit)가 하나님께서 주신 수단을 가지고 안팎에서 오는 위협을 막아내는 것은 당연한 권리다. 이 정당한 권리를 의문시하게 되면 이 때문에 혼란이 생기게 될 경우 그 책임을 져야만 한다. … 파리 조약의 문제는 교회 설교단에서 다룰 문제가 아니다. 기독교인들이 꼭 이렇게 태도를 취해야 한다는 결론은 주어지지 않는다. 각자가 양심에 따라 결정해야 할 정치적 문제를 신앙의 문제로 삼는다는 것은 교회의 통일성을 깨뜨리는 행위요, 죄악이다. … 우리는 이 세계의 질서에서 완전히 벗어나 있지 못하다. 현재와 같은 조건과 수단을 갖고 있는 국가도 하나님의 긴급 조치라고 할 수 있으며 그 권위를 하나님께로부터 받고 있다. 그리스도인들은 양심에 따라 결정해야 하지만 국가의 조치들을 거슬러서 그 권위까지 부인하면서 반대해서는 안된다.[54]

---

[54] "Rundschreiben des Evang-Luth, Kreisdekans in Müncchen an die Dekane, Pfarrer und Vikare des kirchenkreises München"(1955, Februar, AKK Hannover), 345.

이러한 보수 측의 입장이 독일 교회(EKD) 이사회의 성명서에 반영되었을 뿐 아니라 기조를 이루고 있다는 것은 두 개의 글을 자세히 비교하며 읽어 보면 분명하게 드러난다. 성명서는 민족의 통일이 참된 평화의 길이며 하나님의 뜻이라고 전제하면서 또한 통일을 위해서 도움이 된다면 교회는 무슨 일이건 해야 한다고 주장하면서도, 파리 조약 문제와 통일의 관계에 대해서는 면밀한 정세의 분석이 없이 정치적인 재량에 속하는 문제라고 교회의 관심사 밖으로 몰아내었다. 결국 베네딕트(H. J. Benedict)가 논평한 것처럼 "고백교회의 신앙 고백적인 인식을 몰아내고 루터교의 세상의 권세에 복종한다는 원칙이 다시금 지배하게 되었다."[55] 두 개의 왕국론은 루터교에서 두 왕국의 분리라는 원칙뿐 아니라 세상에서는 세상의 권세에 복종한다는 논리를 함께 가지고 있었다. 결국 정부의 정책에 신앙의 이름으로 반대하는 성직자나 교회 지도자들에 대해서는 제재를 가한다는 의미를 내포하고 있다. 이러한 교회의 입장을 보다 분명하게 하기 위해서 1955년 3월 11일에 에스펠캄프(Espel-Kamp)에서 모인 EKD 총회(Synod)에서 대중 집회를 갖고 2월 3일의 성명문을 다시 한번 재천명했다. "교회는 민족의 통일과 평화의 원칙을 지킨다"는 신앙 고백적 자세를 재확인하면서 "평화를 위협하는 독일의 분단을 종식케 해 달라"고 책임을 진 강대국에 호소했다. 그리고 동과 서에 있는 독일 교회의 신도들에 대해 골고루 목회적인 보살핌을 해주어야 할 사명이 있다고 인정했다. 그러나 구체적으로 통일의 길이 무엇이냐, 현실적으로 주어진 상황에서 통일에 가까이 가려면 어떤 길을

---

55) H.J. Benedict, "Politische Voten der Evangelischen Kirche," Vortrag in Bochum am 17/18 1969, 1.

선택해야 되는가 하는 문제에서는 뒷걸음질을 치고 만 것이 교회의 공식 태도였다고 할 수 있다. 여기에 교회의 정치적 책임과 역할의 한계가 있는 것 같다. 기독교 신자는 개별적으로 보다 한 걸음 더 나아갈 수 있는데, 교회는 구체적인 문제에서 의견이 갈라지기 때문에 하나의 답을 만들어 내지는 못하고 기도와 하나님의 은총을 비는 것으로 끝내고 만다. 분명히 신앙적 차원에서는 결론이 나지 않는 문제들이 있을 것이다. 가령 한국의 상황을 놓고 볼 때 통일이란 대원칙을 반대하는 사람은 없겠지만 남·북한 유엔 동시 가입이 통일을 위한 길이냐, 연방체가 더 타당한 길이냐 하는 문제를 놓고 교회가 신학적으로 기독교적 가부를 선택하기는 어려울 것이다. 그러나 이것은 정치적으로 계산돼야 할 문제니 정치인들에게 맡기고 교회는 정치인들이 결정하는 대로 따르기만 하는 것은 좀 잘못된 논리인 것 같다. 신앙적으로 판가름이 나지 않더라도 정치적으로 사회 과학적으로 계산하고 따져 보는 일을 기독교인이라고, 교회라고 하지 말아야 할 이유는 없다. 그 선택의 결과가 교회가 고백하는 통일이나 평화의 원칙에서 볼 때 결정적으로 부정적으로 될 가능성이 보일 때는 신앙의 이름을 걸고 여기에 반대할 수 있는 자유가 기독교인이나 성직자에게도 주어져야 한다고 생각된다. 니뮐러나 하이네만 그리고 골비처의 결단과 행동은 이런 맥락에서 설사 그 결과에 대한 예측이 나중에 가서 잘못된 것으로 나타났다 하더라도 기독교 윤리적으로 정당화되어야 하지 않을까 생각한다. 결국 교회가 통일이나 평화 정의와 같은 원칙에 대해 신앙적인 의무와 책임을 진다면, 구체적 현실의 문제들에 대해서도 정치적으로 계산하는(ermessen) 일까지 해야 할 책임이 있지 않는가 하는 생각이다.

독일의 재무장과 나토의 가입은 파리 조약으로 기정사실화했고 1955년 5월 5일을 기해 실현 단계에 들어갔다. 이미 전후 세계의 현실 정치적 골격이 된 이 유럽의 분단과 동·서독의 분단을 저지할 수 있는 힘이 없었다. 설사 독일 교회가 목소리를 합해 중립화 통일을 주장하고 서독의 서방 동맹을 반대했다 하더라도 과연 독일의 통일을 이룩할 수 있었을지, 아니면 적어도 동독과 동유럽의 군사 동맹(바르샤바 조약)을 저지할 수 있었을지는 알 수 없다. 1955년에 갑자기 소련이 오지리의 중립화 통일을 가능케 했지만, 이것은 서독의 나토 가입에 대한 반대 유혹을 해보려는 전략적 미끼였다는 주장도 있다. 그러나 독일에게 오지리처럼 중립화 통일을 허락지 않으리라는 것은 미국이나 소련의 국제 정치적 이해나 전략 개념으로 보아도 분명한 것 같다. 그러나 고백교회의 전통을 이어받는 독일 교회의 일부 진보적 지도자들이 과감하게 동·서 이데올로기의 분할 점령에 반기를 들고 군사 동맹과 영구 분단을 반대하며, 협상을 통한 통일을 우선적 목표로 삼고 교회 안과 사회 정치 속에서 노력했던 것은 커다란 윤리적 정치적 의미가 있는 것 같다. 이들의 강인한 주장과 행동이 있었기에 독일 교회의 성명서도 분단을 거부하며 통일을 외치는 원칙을 지키게 되었다고 할 수 있고, 교회의 통일 문제 인식을 그만큼 생동하게 지켜나갔다고 볼 수 있다. 교회의 사회적 책임이나 정치적 의식의 면에서도 이들이 준 자극과 영향은 지대한 것으로 평가되어야 할 것 같다. 더욱이 1960년대 이후에 독일 교회가 동·서독 관계, 동구라파와의 관계에서 새로운 화해와 접근의 길을 모색하며 독일의 동방 정책(Ostpolitik)에 선구적인 역할을 하게 된 것도 냉전 시대의 이데올로기나 블록 중심주의에서 벗어날 수 있었던 이들 선각자들의 정신과 고투의 흔적이 있었기에 가능했던 것이 아닌가 생각된다.

4. 분단의 심화와 교회의 통일성 문제

독일의 분단은 1955년에 와서 거의 영구화되는 것 같다. 이미 1945년 연합국들이 분할 점령했을 때 분단의 씨앗이 심어졌고, 48년 동·서독의 정부가 세워졌을 때 분단의 형체가 만들어졌다고 한다면 55년 서독이 나토에 가입하고 동독이 바르샤바 조약에 가입함으로써 분단은 객관적인 인정을 받고 체계화하게 된다고 할 수 있다. 독일의 분단은 결코 한 순간에 결정된 것이 아니라 10년을 거쳐서 진행된 과정이라고 생각된다. 물론 전후 동·서 양대 진영의 대립과 분열로 인해 독일의 분단은 불가피했으며 운명적이었다고 할 수 있겠지만 국민들이 보다 강한 통일의지를 갖고 현명하게 국제적인 바람들에 대처해 갔다면 적어도 영구 분단을 막을 수도 있었지 않았을까 하는 아쉬움을 느끼게 된다. 역사에서 '만약 이랬더라면 이렇지 않았을 텐데' 하는 가정법의 논리는 반드시 타당한 것은 아니지만 그래도 혹시 역사의 진행이 다르게 되었을 변수가 있지 않았을까 하는 여운이 남게 된다. 만약 동·서독 정부가 급조되지 않고 4개 점령 지역으로 나뉘어 통일 정부를 이룩할 때까지 그대로 버티었다면 어떻게 되었을까? 또한 나토나 바르샤바 조약 기구에 편입되지 않고 동·서독이 국제기구에 들어가지 않으면서 통일안을 모색했다면 어떻게 되었을까? 이러한 것은 역사적 가정이지만 교회의 일부 세력이 이러한 가정 위에서 통일과 평화의 원칙에 충실하려고 했던 흔적은 여러 모로 귀감이 될 만하다. 아직도 독일 안에서 통일 운동을 하고 있는 사람들은 1954년, 55년이 통일을 이룩할 수 있는 획기적인 기회였는데 찬스를 놓쳤다고 아쉬워한다.[56]

소련은 물론 동구라파 제국의 군사 동맹을 은밀히 추진하고 있었지만 서독이 나토에 가입하기까지는 동독을 가입시키지 않고 기다렸다. 1955년 서독의 나토 가입 직후에 동독은 바르샤바 조약 기구에 편입되고 말았다. 이로써 독일 분단의 객관화·체제화·국제화가 수행된 것이라 본다. 미국과 소련은 이미 사전 계획을 가지고 독일의 분할을 밀고 갔지만 서로 분단의 책임을 지지 않고 상대방에게 전가하기 위해서 여러 가지 게임을 했던 것으로 보인다. 파리 조약이 체결되고 서독의 나토 가입이 추진되는 동안 소련은 독일의 통일 문제를 논의하는 국제 회의를 열자고 제안했다. 여기엔 52년 스탈린 메모를 기초로 해서 자유 선거를 실시하는 것도 포함된다고 서방측에 매력적인 유혹을 했다. 1955년 2월 27일 동독의 산업 박람회에 참가한 소련의 상무장관 미코옌(Anastas Mikojen)은 "서독이 서방 측 동맹에 가입하지 않으면 통일 문제가 해결될 수도 있다"고 넌지시 추파를 던졌다. 그러나 서방측은 파리 조약이 완결되기까지 일체 응하지 않았다. 서독의 나토 가입이 실시되자 며칠 안 되어서 소련은 전격적으로 오지리 중립화 통일과 외군 철수 조약을 1955년 5월 15일에 통과시켰다. 오지리 식의 통일이 독일에도 가능하다는 제스처를 보이기 위해서였는지도 모른다.[57] 혹은 소련의 정책이 급격히 변할 수도 있다는

---

56) Wolfgang Venohr (hrsg.), *Die Deutsche Einheit kommt bestimmt* (Gustav Lübbe Verlag, 1982), 182.

유연성을 보이기 위해서 일 수도 있다. 어쨌든 동·서독의 재무장과 동·서 유럽의 군사 동맹으로 강대국들이 회의를 열지 않을 수 없었다.

서방측에서 먼저 제의해서 미·영·불·소가 제네바에서 회담을 갖게 되었다. 1955년 7월 18일부터 23일까지 먼저 4개국 정상이 만나고 다음 외무장관들이 구체적 토의를 하도록 합의했다. 미국의 아이젠하워(Eisenhower) 대통령·영국의 이든(Eden) 수상·불란서의 포레(Edgar Faure) 수상·소련의 불가닌(Bulganin) 수상이 만나서 독일의 분단 문제, 유럽 평화 문제, 군비 해소 문제, 동·서 관계개선 문제 등을 놓고 의견 교환을 했으나 이미 정책의 알맹이는 다 만들어진 뒤였으므로 회의는 형식적인 체면을 세우기 위한 쇼(show)에 불과했다. 여기서 서방측은 독일 통일 문제를 우선적으로 논의하자고 했고, 소련측은 군비 해소 문제를 우선적으로 논의하자고 맞섰다. 앞으로 잘 협력해 보자는 내용 없는 결의안만 만들고 헤어졌다. 소위 '제네바 정신'(Spirit of Geneva)이란 말이 이때 만들어졌지만 이것은 정신만 좋을 뿐 내용은 서로 다른 꿍꿍이속을 가진 것을 말한다. 독일 통일의 당위성, 군비 감축, 유럽과 세계의 평화, 이것은 '제네바 정신'이지만 실제 수행되는 정치는 정 반대 방향으로 나아가는 구두선(口頭禪)에 불과했다.

실제는 전혀 다르게 진행되었다. 제네바 회담이 열리기 얼마 전, 1955년 6월 7일에 파리에 주재한 소련 대사가 독일 대사관으로 한 장의 메모를 보냈다. 소련과 서독의 관계를 정상화하고 싶다는 의사와 함께 아데나워 수상을 모스크바로 초청하고 싶다는 제의였다. 서독

---

57) Ference A. Váli, 앞의 책, 38.

에서는 이것을 나토 가입 후 소련 측이 서독에 접근하려는 제스추어로 생각했다. 독일인 포로가 아직 소련에 수용되어 있기 때문에 이 문제 해결을 위해 서독 수상이 소련을 방문하는 것이 좋다고 생각했다. 그러나 소련의 계략은 다른 데 있었다. 서독과 소련이 외교 관계를 정상화함으로써 동독을 또한 인정하도록 하여 두 개의 독일이라는 것을 객관화시키자는 데 있었다. 제네바 회담이 끝난 뒤 아데나워 수상이 소련을 방문했다. 소련과 서독이 외교 관계를 맺기에 앞서 독일의 통일 문제와 독일 포로 문제가 해결되어야 한다고 주장했다. 그러나 소련의 불가닌은 아데나워 수상이 독일 민족 전체를 대변할 수 없다고 직선적으로 제동을 걸고 독일 포로들은 전쟁 범죄자들이라고 규정해버렸다. 결국 회담은 일방적으로 소련 측의 승리로 끝났고 통일 문제와 포로 문제의 아무런 해결 없이 서독과 소련이 외교 관계만 맺게 되었다. 아데나워의 비판가들은 이때 아데나워가 회담을 중단하고 귀국해버렸어야 한다고 비판했다. 아데나워가 귀구한 직후 소련은 동독의 수상 그로테볼(Grotewohl)을 초청해 훨씬 더 큰 영접을 베풀고 1955년 9월 29일자로 동독(Deutsche Demokratische Republik)과 소련이 정식으로 국교를 맺으며 완전한 주권과 외교권을 인정해 주었다. 결국 동·서독의 분단은 이제 외교적으로 완결된 것이다.

분단의 심화와 영구화로 인해 직접적으로 타격을 받게 된 것이 독일 교회였고 그 중에도 특히 개신교(EKD)였다. 왜냐하면 개신교 교회는 1945년 동·서독이 분할 점령된 뒤에도, 1948년 두 개의 정부가 수립된 뒤에도 갈라지지 않고 하나의 교회로 뭉쳐 있었기 때문이다. 동독이 공산화된 뒤에도 교회가 존속했을 뿐만 아니라 서독의 교회와 함께 하나의 교회로 머물러 있었던 것은 기적과 같은 일이다. 한국이 분단된 이후에 북쪽의 교회가 말살되고, 일부 목사들이 어용화되었던 것과는 너무나 대조적이다. 역시 1천 5백 년 이상의 독일 교회의 역사와 전통의 힘이 무시할 수 없게 작용한 때문이었던 것 같다. 더구나 소련이 점령한 동독(옛 프로이센) 지방은 전통적으로 개신교가 우세한 지역이었다. 독일 전체의 개신교도와 가톨릭교 신도의 분포 상황을 보면 바이마르공화국(1919~33) 때가 대체로 60% 대 39%였다. 이것이 2차 대전 후 서독에서는 50% 대 45%가 되었고, 동독에서는 80% 대 10%로 나타났다. 전통적으로도 가톨릭교회는 서독에 근거지를 두고 있었던 것이 드러난다. 동서독을 합쳐서 볼 때, 개신교 신도의 43%가 동독 지역에 거주하고 있었다.[58] 이러한 통계에서만 보아도 통일 문제에 개신 교회가 훨씬 적극적인 관심을 가지게 되리라는 것은 쉽게 이해될 수 있다.

결국 동·서독이 분할됨으로써 서독의 가톨릭교회는 10% 미만의 신도를 잃지만 개신교는 43%의 신도를 잃어버리게 된다. 그뿐만 아니라 서독의 가톨릭교회는 동독의 가톨릭과 아주 약한 유대 관계를 갖고 있을 뿐이었으나, 개신교는 동·서독 교회가 하나의 조직 속에 한 사람의 총회의장 아래 강하게 뭉쳐 있는 집단이었다. 이사회·총회·평신도 대회 등 전국적인 모임과 행사들이 훨씬 빈번하게 많았다. 이러한 역사적 사회적인 구조로 인해 가톨릭교회에서는 통일 문제가 심각히 논의되지 않았다. 이념적으로도 서방측 동맹 국가들에 더 가까이 있었다. 이러한 종교적 분포는 정치 판도에도 반영되는 것을 볼 수 있다. 서독의 집권당인 기독교민주당(CDU)과 기독교사

---

[58] *Zehn Jahre Bundesrepublik Deutschland, 1949~1959* (Wiesbaden: Federal Press and information Office, 1959), 658-662.

회당(CSU)은 주로 가톨릭교회를 배경으로 업고 있고 야당인 사회민주당(SPD)은 개신교의 세력을 업고 있다고 할 수 있다. 물론 기민당에도 개신교 정치인들이 적지 않게 있지만 1956년의 통계를 보면 기민당, 기사당의 정치지도자는 74%가 가톨릭 신자이고 26%만이 개신교 신자인 것을 보면 가톨릭이 지배적임을 알 수 있다. 역대 기민당수상들이 가톨릭이었던 것을 보면 짐작이 간다. 그러나 사민당에는 33%가 개신교이며 가톨릭은 거의 0%다.[59] 통일 문제에 관한 열의가 개신교와 사민당 쪽에 더 있었다는 것은 그 지리적 종교적 분포에서 쉽게 나타난다.

분단이 고정화되면 동쪽에 있는 그리스도 형제들이 더 고통을 겪게 되고 교회의 통일성이 깨어지게 된다는 고백교회 지도자들의 염려는 사실로 드러나고 말았다. 1955년 여름 이후 양독 관계는 점차 악화되었고, 상호 분단의 책임을 상대방에 전가하면서 선전 공세를 펴기 시작했다. 서독 측은 자유선거를 통해 통일을 하자고 인구수가 적은 동독이 받아들이기 어려운 제안을 계속 내놓았고 동독과 소련측은 군사 동맹부터 해제하고 동·서독이 같은 수의 의회를 선출해서 통일하든가, 연방제를 만들든가 하자고 서로 실현 가능성이 없는 줄 알면서 애드벌룬처럼 통일안을 띄우면서 형식적 토론만 거듭했다. 1955년 10월 27일부터 11월 16일까지 열린 제2차 제네바 회담도 아무런 결실을 맺지 못하고 끝났다. 그 이후로 소련 측은 일체 독일의 통일 문제에 관심을 보이지 않고 두 개의 영구 분단된 독일안을 밀고 나갔다. 서방 측이나 서독에서 통일 문제를 의논하자고 제안해도 소련

---

59) K.W. Deutsch and L.J. Edinger, *Germany Rejoins the Power* (Stanford: Stanford Univ. Press, 1959), 134-135.

은 이제 통일 문제는 동·서독 두 나라의 내적 문제라고 돌리면서 통일 문제를 거론하는 것도 회피했다. 서독은 할슈타인(Hallstein) 원칙이란 것을 만들어 서독(BRD) 정부만이 독일 전체를 대변할 수 있다고 하고 동독을 국가로 인정하지 않는 나라들하고만 국교 관계를 맺는 정책을 택했다. 이미 외교 관계를 맺은 소련만은 예외였다. 사실상 아데나워나 서독 정부는 통일을 먼 훗날의 소망으로만 기대할 뿐 정책상으로는 포기한 것이다.

분단이 이처럼 고정화되자 동독(DDR) 정부는 서서히 교회에 제동을 걸고 탄압하기 시작했다. 교회가 청소년들에게 일반적으로 실시하는 견신례(Konfirmation)를 견제하기 위해서 성년식(Jugendweihe)이란 것을 만들었다. 기독교가 국민 종교로서 국민 생활과 교육에 주고 있는 엄청난 영향력을 약화시켜보려는 술책이었다. 동독의 교회는 곧 여기에 반발하며 견신례를 성년식으로 대체해 보려는 정부에 맞서 청소년들에게 견신례를 포기하지 않도록 강조했다. 차츰 동독 정부가 청소년·학생들에게 성년식을 강요했고, 교회 청소년 활동과 대학생 교회를 탄압하기 시작했다. 그뿐만 아니라 교회 기관에서 일하는 직원들을 가끔 나토와 서방측의 스파이라고 해서 체포하곤 했다. 동독의 내무장관 마론(Karl Maron)은 1956년 2월 10일 교회 지도자들과 만났을 때 노골적으로 교회가 나토의 선전장으로 되어가고 있다고 비난했다. 마론은 교회 지도자들에게 문서화된 경고장을 이때 전달했는데, 여기서 교회와 국가의 관계를 근본적으로 재검토하지 않으면 안 되겠다고 주장했다. 이 경고장에는 여러 가지 교회에 대한 구체적 비난을 하고 있는데 "교회 집회가 나토의 선전에 이용되고 있다"는 둥, "교회가 전독성(全獨省: 서독의 정부 부처)으로부터 돈을 받아 냉전 무드를 조장하고 있다"는 둥 혹은 "동독의 국민들에게 구각에 충성하는 것을 방해한다"는 등의 비난 내용이 들어있었다.[60] 이 경고장은 나중에 언론에도 공개되었다.

독일 교회는 이 문제를 위해 동쪽 대회(Ostkonferenz)를 열고 구체적으로 논의하여 답변서를 만들었다. 이 답변서는 1956년 3월 3일자로 내무장관에게 보내어졌고 교회에 대한 국가의 여러 가지 제한 조치와 이에 따른 구체적인 어려움에 대해서 시정을 건의했다. 그러나 이 답변서는 일체 공개되지 않았고 그대로 묵살되고 말았다. 그래도 동독 정부의 교회 정책을 보면 냉전 시대의 험악한 분위기에 비해 볼 때 관대한 면이 없지 않아 있다.[61] 서독의 나토 가입에 대한 보복책으로 훨씬 더 냉혹하게 통제할 수도 있었을 텐데 제한은 가했지만 교회 지도자들의 동·서독 왕래를 완전히 막지는 않았다. 서독의 다른 단체 인사들은 공무로 동독에 올수 없었지만 교회 지도자들은 갈 수가 있었다. 역시 교회는 동독의 공산 국가로부터도 특혜를 받고 있었던 것 같다. 경고장에서 교회 지도자들이 동·서독을 왕래하며 나토의 스파이 역할을 하고 있다는 비난은 물론 별 근거가 없으며 교회에 위압감을 주기 위한 전략이었던 것 같다. 동·서독의 교회는 오히려 교회의 통일성을 깨지 않고 유지하기 위해 정치적인 문제에서 극히 조심했다. 서방측의 스파이 역할이란 말도 안 되는 짓이다. 교회의 진보 세력은 나토 가입을 반대하며 정부 정책에까지 반기를 들었었다. 아마 이런 세력과 요소가 서독의 교회 안에 있었기 때문에 동독 정부가 교회와의 관계를 완전히 끊지 않았는지도 모른다.

---

[60] *Kirchliches Jahrbuch 1956*, 153.

[61] Johanna Vogl, 앞의 책, 210.

내무장관 마론(Maron)의 경고장에는 교회의 친서방 행위를 경고하면서도 건설적인 제안도 있다. "교회가 동독의 법을 존중하고 정부에 대해 긍정적(positiv) 태도를 가지고, 정부의 평화 정책을 존중해야 국가와 교회 사이에 긍정적인 대화를 할 수 있는 기초가 생긴다"[62]고 은근히 교회가 동독 정부에 협력할 것을 종용하고 있다.

점차 가해지는 압력과 함께 동·서독 교회의 통일성을 유지하는 데 위기의식을 느끼게 되자 독일 교회(EKD)는 이 문제를 놓고 비상총회를 열게 되었다. 1956년 6월 27일에서 29일까지 베를린에서 모인 총회(Synod)는 '동과 서에서 복음의 공간'이란 주제를 내걸었다. 목표는 점차 활동 영역을 제한당하고 있는 동독의 교회를 지원하면서 동·서독 교회의 통일성(Einheit)을 지켜보자는 데 있었다. 이 총회는 동·서독 교회뿐 아니라 양쪽 정부와 국민들이 예리하게 주목하는 가운데 열렸다. 정치적으로 분단된 독일에 아직까지 남은 유일한 통일 조직인 개신교 교회(EKD)가 이제 동·서 냉전과 이데올로기의 갈등 속에서 통일체로 견디어 내느냐 마느냐의 중요한 갈림길에 있게 되었기 때문이다. 이 모임의 결의문을 보면 교회가 아직도 꽤 양쪽 정치 체제에서 독립되어 있는 기관이라는 느낌을 받을 수가 있다. 이 모임에서 동·서독 교회의 대표들은 정치적 체제와 법적 조건이 다르더라도 교회는 통일체로서 존속시켜야 하고, 교회는 양쪽의 정치와 이데올로기부터 거리를 두어야 한다고 절실히 느끼며 결의하게 된다. 특히 여기서 동독에서 온 교회 지도자들은 정부의 교회에 대한 압력은 서독의 나토 가입과 재무장으로 인해 강화되었다고

---

[62] *Kirchliches Jahrbuch 1956*, 154.

발언했다. 이것은 동독의 내무장관이 보낸 경고문에도 표시되어 있는 말이다. 토론의 방향은 "어떻게 이제라도 교회가 독일의 재무장과 군사적 대결을 저지시킬 것인가"에로 향해졌다. 군사 동맹과 재무장이 결정된 시점에서 남은 문제는 군복무의 의무화를 반대하는 데 있었다. 서독에서 병역 의무화가 도입되면 동독의 교회에 대한 탄압이 가중될 것이라는 것이다.

베를린의 교회 총회는 아주 시의에 적절한 문제를 잡게 되었다. 총회의 여론이 동독 교회의 보호와 독일 교회의 통일성을 유지하고, 더욱 심화되고 있는 분단의 상처를 막기 위해서는 일반 병역 의무화 (Allgemeine Wehrpflicht)를 반대해야 한다는 데 모아졌다. 서독에서 군복무가 일반화되면 동독에서도 비슷한 조치가 취해질 것이고 서로가 총칼로 대치하게 되면 동·서독 관계는 자연히 악화될 것이라는 예측에서였다. 이것은 교회 관계에도 분명히 부정적으로 작용할 것이기 때문이다. 군사화하더라도 원하는 사람만 군복무를 하는 모병제를 하게 되면 동족 간의 무력 대결에서 강제로 참여하지 않아도 되지 않느냐 하는 생각이다. 병역 의무화 문제와 함께 양심적으로 군복무를 할 수 없다는 자에게는 군복무를 면제하게 하는 병역 면제법에 관한 문제와 교회의 군(軍) 목회에 대한 문제도 함께 거론되었다.

일반 병역 의무제에 관해서는 이제까지 재무장이나 나토 가입을 반대했던 진보세력들에 의해서 다음과 같은 결의안이 제출되었다. 즉 "총회는 동독과 서독의 양 정부와 의회에 대하여 일반 병역 의무제를 도입하지 말 것과 민족 통일이 실현될 때까지 상호 군사력을 제한하는 데 합의할 것을 요청하기로 한다"는 안이었다. 이러한 안은 물론 보수 측인 루터교파에 의해서 강하게 비판되었다. 퀸네트

(Künneth) 목사 같은 이는 "이 안이 통과되면 교회 안에서 소련 측에게 빛나는 승리를 안겨주는 것이다"라고 했다. 결국 원안에서 많이 후퇴한 온건한 안이 만들어져 통과를 보게 되었는데 그것은

> 총회는 동독에서 3명, 서독에서 2명으로 구성된 5명의 위원회를 구성하여 다음과 같은 일을 하도록 위임한다.
> 1. 서독의 정부와 국회를 방문하여 일반 병역 의무제가 실시될 경우 동독의 상황에 일어날 대단히 걱정스러운 일들에 대하여 동독의 교회 대표자들이 언급한 것을 전달한다.
> 2. 동독의 정부를 방문해서 동독 국군이 강제 입영제를 실시하거나 강제 군사 교육을 실시하지 않도록 교회의 의사를 전달한다.

라는 것이었다. 이렇게 온건하게 안을 만들어 보수 측에서도 반대할 수 없도록 해놓고 표결에 붙이니 반대 2표, 기권 2표를 제하고는 전원 찬성하여 결의되었다. 물론 이런 결의안이 동·서독 정부나 국회에다 일반 병역제를 저지시킬 만큼 영향력을 갖지는 못하겠지만, 독일 교회가 분단의 심화를 막기 위해 이만큼 신경을 썼다는 것은 높이 살만한 것으로 보인다.

이 밖에도 베를린 총회는 '민족의 단일성'에 관한 결의문을 만들었는데 민족 통일과 평화의 원칙을 다시 한 번 강조하며 분단을 영구화하는 프로파간다나 협박·스파이 활동·파괴 공작들이 중지되어야 한다고 주장했다(부록 참조). 결의문은 갈라진 동·서독에서도 교회가 하나의 통일체임을 서두에 강조했다.[63]

하나의 독일 민족이지만 동쪽과 서쪽에 갈라져 사는 우리 그리스도인들은 독일 교회(EKD)라는 하나의 조직 속에 결합되어 있다. … 독일 교회 총회는 갈라져 있는 독일의 정치 질서가 단지 임시적인 것에 불과하다는 사실을 상기시키고자 한다. 우리는 이 질서가 임시적이라는 것을 강조하며 분단을 영구화하려는 어떠한 유혹도 경계하는 일을 멈추지 않을 것이다. … 우리는 통일을 달성하는 올바른 길이 무엇인가에 대하여 서로 다른 의견이 고착화될 때 우리들 자신 안에서 위험이 생긴다는 것을 알고 있다. 따라서 우리는 책임있는 정치인들과 그리스도인들에게 우리 자신과 다른 편 사람들에게 있는 고착적인 의견을 극복하여 새로운 길을 찾는 개방성을 유지할 수 있도록 최선을 다해 줄 것을 촉구하는 바이다.

이러한 결의문은 물론 정치적으로 도덕적인 호소력을 갖는 것밖엔 없지만 교회가 현실 정치에 대하여 도덕적인 기준과 규범을 준다는 것은 대단히 중요한 일인 것 같다.

어쨌든 정치적 상황과 흐름이 분단의 심화와 고정화로 나아가는 마당에서 교회가 많은 의견 대립과 자체 내의 갈등에도 불구하고 민족의 통일과 교회의 통일성의 원칙을 끝까지 지키며 주장했다는 것은 의미가 깊다. 이러한 것은 동·서독 안의 어떠한 조직이나 단체에서도 찾아볼 수 없는 일이며 교회의 윤리적 정신과 사회적 민족적 책임 의식이 살아있었음을 의미한다.

1957년 이후에 동독 교회나 독일 교회의 통일성 문제는 더 악화된다. 결국 서독에서는 일반 병역 의무제를 실시하게 되고, 교회는 병

---

63) Merzyn, *Kundgebungen*, 219f.

역 의무자들에 대한 목회적인 사명이 있다 해서 군목제도를 실시하게 된다. 디벨리우스 감독이 독일 교회(EKD) 이사회 의장의 자격으로 1957년 3월 서독 정부와 군목 파견에 관한 협약을 맺었을 때, 동독에서는 그를 '나토 감독'(Nato Bishop)이라고 비난했으며 그 후로 동베를린과 동독 땅에 출입하는 것을 금지했다. 1957년에 서독에서 열기로 했던 교회 평신도 대회는 동독 정부가 동독 교인들의 서독 방문을 허락지 않아 열리지 못하게 된다. 점차 서독 교회 지도자들의 동독 방문이 제한되고 동독 교회 지도자들의 서독 방문도 엄격히 통제되어 갔다. 동독 정부는 차츰 독일 교회(EKD)를 하나의 조직으로서 상대하지 않으려는 태도를 보였다. 교회와 국가의 관계에서 동독 정부는 동독 안의 각 주별 교회 대표자들과 직접 협의하려고 했다.[64] 의도적으로 독일 교회의 연합 기구 책임자들이 동독을 방문하는 것을 막았다. 베를린-브란덴부르크(Berlin-Brandenburg) 교구는 전통적으로 동·서 베를린시와 브란덴부르크 지역까지를 하나의 관할 구역으로 하고 있기 때문에 교구장(Bishop)은 자연히 동·서독 양쪽 지역의 교회와 교인들을 함께 관할하고 있었다. 디벨리우스의 후임으로 이 지역의 교구장이 된 샤프(Kurt Scharf) 감독도 동베를린의 장벽이 생기고부터는 동베를린이나 동독의 출입이 금지되었다. 1961년 8월 13일 이후에는 동·서독 양 교회의 지도자들이 함께 모이는 모임을 할 수가 없었다. 가톨릭교회 주교들도 이때 이후로는 서독에서 모이는 주교 회의에 참석하러 나올 수가 없었다. 교회의 통일성은 이런 상황에서 유지될 수 없었다.

---

[64] Ference A. Váli, 앞의 책, 125.

그러나 동·서독 교회는 서로 방문과 회의가 불가능해진 상황에서도 교회를 가르지 않았다. 동독 정부의 압력에도 불구하고 오랫동안 버티었다. 서로 편지 왕래밖에는 할 수 없었지만 그래도 교회의 단일성을 고수했다. 동독 정부는 은근히 동독만의 교회를 조직할 것을 종용했지만 강제로 교회를 분열시키지는 않았다. 1966년 독일 교회(EKD)의 이사회의장인 디벨리우스 감독이 86세로 은퇴했을 때 극적인 장면이 벌어졌다. 총회(Synod)에서 선출하게 되어 있는 새로운 의장을 동·서독 교회 총회원들이 함께 모여서 할 수가 없었다. 그래서 각기 동베를린과 서베를린에 따로 모여서 선거를 했다. 동독 정부의 압력에 굴하지 않고 동독의 대표들도 베를린-브란덴부르크 교구장인 샤프(Kurt Scharf) 감독에게 표를 몰아주어 그를 새 의장으로 선출하게 했다. 결국 1970년대 초에 와서 서독의 동방 정책(Ostpolitik)이 동독을 정식으로 인정하고 '한 민족 두 국가'(Eine Nation, Zwei Staaten)의 원칙 위에 상호 관계를 정상화하게 되자, 교회도 스스로 그 조직을 분리하게 되지만, 그때까지 교회는 고집스럽게 통일성(Einheit)의 원칙을 지켜갔다. 민족의 통일을 지키지 못한 교회가 교회의 통일이라도 지키자는 강한 의지가 그렇게 만들었다고 볼 수 있다. 그리고 히틀러의 독재 치하에서 교회가 선지자적인 사명을 충실히 다 감당하지 못했다는 반성과 죄의 고백 위에서 새 출발을 한 전후의 독일 교회가 그 역사적 과오를 거울로 삼아, 전후의 분단과 대립의 정치적 소용돌이 속에서 교회의 사명을 다해 보려는 각성과 노력을 했기 때문에 그만큼이라도 역사를 성실하게 살아갈 수 있었던 것 같다.

자료편: 통일 문제에 관한 독일 교회의 성명서들

1) 독일 교회 지도자 회의의 '교회의 사회적 책임'에 관한 선언문

1. 지난 12년간의 가공할 사건들은 독일 교회의 안과 밖의 많은 사람들에게 기독교적 삶의 질서의 원칙이 사회적·공적 생활 속에서 지켜지는 곳에서만 정치적 공동체가 악마로 변신할 위험에서 보호받을 수 있다는 사실을 깨우쳐 주었다. 이러한 인식에서 독일 교회는 지금까지보다 훨씬 강하게 사회생활, 특히 정치적 공동체의 일에 참여해야 할 무겁고도 중대한 과제를 가진다고 할 수 있다.

2. 교회의 사회 참여에 대한 요구가 밖에서 강하게 불어오면 올수록 그리고 교회의 목사가 사회활동에 참여하고 조언해 줄 것을 더욱 요청받으면 받을수록, 종교와 교회와 정치의 올바른 관계가 무엇인가 하는 문제가 더욱 시급한 질문이 된다. 이 문제는 지금까지 우리 교회가 불충분하게 다루었다. 이제부터는 매일같이 새롭게 정치적 영역에서 빚어지는 수천 가지의 삶의 문제에 관하여 이론적으로나 실천적으로 더 근원적으로 이 문제에 답변해야 할 필요가 있다.

3. 그러므로 새로이 구성되는 독일 교회(EKD) 이사회에는 하나의 상설 위원회가 구성될 필요가 있으며, 이 위원회는 경험이 있고 전문적인 평신도와 신학자와 교회 인사들이 밀접히 협력하여 이 문제를 근본적으로 밝히며 사회적·공적 생활에서 새로이 생겨나는 문제들에 관해 전체 교회나 지방 교회들의 지도자를 위해 평가와 조언을 해주고 교회의 입장과 태도를 만들어 주는 역할을 담당해야 한다.

4. 그 밖에도 지방 교회와 특히 대도시 교회에 평신도들의 연구 협의회가 조

직되어 사회적·공적 생활의 원칙적 및 실제적 일상 문제를 목사의 지도로 함께 연구하되 일차적으로 평신도들 스스로가 공적인 책임 의식을 가지고 사회적 문제를 다루어 나가는 협의회 등이 구성되는 것이 필요하다. 그 일반적 목표는 기독교적 양심을 가지고 책임 의식을 가지는 평신도들이 교회의 관심을 관청이나 정치 단체 속에서 대변할 수 있어야 하고, 그뿐만 아니라 공적 생활의 모든 영역에서 기독교적 삶의 질서를 보전시키기 위한 결의를 굳게 가지는 평신도들로 구성되는 모임이나 협의체를 가진다는 데 있다. 독일 교회는 이런 능력을 가진 신뢰할 만한 평신도들을 가능한 한 모든 정당과 관청에 두어야 하며 항상 서로 이해하고 협의하는 모임을 갖도록 해야 한다.

5. 이러한 목표가 잘 달성되면 목사가 직접 정치적 업무에 참여하지 않아도 될 수 있을 것이다. 목사의 조언과 협력이 실지로 불가피하게 요구되는 경우에는 목사는 적어도 양심을 가지고 이러한 일을 해낼 수 있을 것이다. 그러나 목사는 항상 자기 직책을 떠나서 일할 때 생길 수 있는 위험을 의식해야만 한다. "칼을 쓰는 자는 칼로 망한다"고 했다. 목사는 공적인 문제에 대하여 구체적으로 활동하는 일이 허용되지만, 결코 정당이나 단체가 하는 일상적 정치 투쟁에 간여해서는 안 된다.

6. 교회는 본질적으로 정당이 아니며, 모든 정치적 사회적 그룹들에 대해 같은 애정을 가지고 봉사한다. 교회는 어떤 정당의 목표나 전략적 방법과 일치할 수 없으며 공적인 발언이나 정치적 입장을 취하는 데 있어서도 정당적인 이해 관심에서 결정해서는 안 된다. 그러나 이 말은 기독교적인 원칙에 입각한 정당이 형성될 때 그것이 구체적인 정치적 상황에서 필요한 것일 때는 교회가 이를 환영할 수도 있음을 배제하지 않는다. 그러나 교회는 이러한 선의의 환영을 하면서 다른 정당의 기독교 인사들에 대해 편파성

을 갖는다는 의심을 받지 않도록 해야 하며 국민의 어떤 계층을 계급적으로 분리시키는 노력에 원조를 가해서는 안 될 것이다.

7. 이미 여러 곳에서 일어나고 있는 바와 같이 신교와 구교 사이의 정치적 대립을 제거하고, 세속주의에 대항하는 공동의 투쟁을 강조하며 양 교회의 정신적 정치적 접근을 도모하기 위하여 과거의 가톨릭 정당인 중앙당(Zentrumpartei)의 재건을 포기하도록 하려는 가톨릭 평신도와 지도자들의 노력을 우리는 지원하며, 그 대신 양 교회가 기독교적 연합의 기초 위에서 정치적으로 손잡고 갈 수 있는 길을 모색하는 일이 중요하다. 물론 여기서 주의할 것은 양자의 협동이 완전히 동등한 입장과 기초 위에 선 파트너의 관계에서 이루어져야 하는 것이다.

8. 특히 주목되는 중요한 일은 언론 보도에 기독교적 정신을 앙양시키는 일이다. 베를린에서의 실재 경험이 보여준 바와 같이 우리 국민은 증오와 기만 대신에 정의와 화해 · 엄격한 공정성을 사회생활 전반에 설파하는 새로운 언론에 대해 갈구하고 있음을 알아야 한다.

1945년 8월, Treysa에서

2) 슈투트가르트 죄 고백 선언

독일 교회 평의회(Rat der EKD)는 1945년 10월 18, 19일 슈투트가르트에서 모인 회의에서 세계 교회 협의회의 대표들이 참석한 것을 환영한다.

우리가 이 방문에 대하여 더욱 감사하게 생각하는 것은 우리가 우리 민족과 함께 고통의 공동체 속에 하나로 있을 뿐만 아니라, 또한 연대적 죄책감 속에 하나로 있다는 것을 알기 때문이다. 커다란 고통을 가슴에 안고 우리는 말한다. '우리로 인해서 수많은 민족과 국가들에게 무한한 슬픔이 야기되었다는 것을', 우리가 우리 교회 안에서 가끔 증언했던 사실을 이제 전 교회의 이름으로 표명하고자 한다. 물론 우리는 오랫동안 예수 그리스도의 이름으로 나치의 폭력 정부가 가졌던 가공할 힘과 정신에 대항해 투쟁하였다. 그러나 우리는 더 용감한 신앙 고백을 하지 못했고 더 진실되게 기도하지 못했으며, 더 즐겁게 믿음 속에 살지 못했고, 더욱 애타게 사랑하지 못했음을 스스로 고발하는 바이다.

이제 우리의 교회에는 새로운 시작이 이루어져야 할 것이다. 이제 교회는 성서에 입각하여 교회의 유일한 주인의 명령을 성심껏 따르며 비신앙적인 요소들을 척결하여 스스로의 질서를 이룩하는 데로 나아가야 할 것이다. 우리는 은혜와 자비의 하나님께서 우리의 교회를 도구로 삼아 그의 말씀을 전하고 우리 자신과 전 민족을 그의 뜻에 복종하게 하는 권능을 주실 것을 바란다.

이러한 새로운 시작을 이룸에 제하여, 에큐메니칼 공동체 속에 있는 다른 교회들과 유대 관계를 가질 수 있음은 우리를 더욱 기쁘게 한다.

우리는 교회의 공동적 봉사를 통해서 오늘에 새로이 등장하는 폭력과 복수의 정신을 세계의 모든 곳에서 제거하고 고통당하는 인류가 치유를 받을 수 있는 사랑과 평화의 정신이 세계를 지배할 수 있도록 하나님께서 도와주시기를 간구한다.

그래서 우리는 온 세계가 새로운 시작을 필요로 하는 이 시간에 기도한다.

"오소서, 창조의 영(靈)이여!"

1945년 10월 19일 Stuttgart에서

Th. Wurm	H.Ch. Asmussen	H. Meiser
H. Held	H. Lilje	H. Hahn
W. Niesel	R. Smend	G. Heinemann
O. Dibelius	M. Niemöller	

3) 형제위원회의 '우리 민족의 정치적 진로에 대한 선언' (일명 '다름슈타트 고백 선언')

1. 우리들은 세계가 그리스도 안에서 하나님과 화목하는 복음의 말씀을 전파받았다. 그러나 만약 우리가 우리 조상과 우리 자신의 죄를 사함받지 못하고, 선한 목자이신 예수 그리스도를 통해 우리가 독일인으로서 정치적 의지나 행동에서 저지른 못된 짓과 악한 길에서 돌아서지 않는다면, 우리는 이 말씀을 듣지 않고 받아들이지도 않으며, 실천하지 않는 것이 된다.

2. 우리는 독일이 세계를 구원할 수 있으리라는 독일적인 사명감의 꿈을 꾸기 시작했을 때부터 이미 잘못된 길을 걸었다. 이로써 우리는 정치 권력을 무제한으로 사용할 수 있는 길을 예비해 주었고 민족이라는 것을 하나님의 자리에 가져다 앉혔다. 우리가 국가의 존재를 내적으로는 강한 정부로서만 인식하고 외적으로는 군사적 힘으로서만 인식하기 시작한 데서 비극은 싹텄다. 그리하여 우리는 우리 독일인에게 부여된 재능을 가지고 전 인류의 공동적 과제를 달성하는 데 봉사하여야 할 그 임무를 망각하였다.

3. 우리는 또한 인간의 사회적 삶에 있어서 필요한 것으로 된 새로운 질서에 대해서 반대하는 '기독교적 전선'을 형성함으로써 잘못된 길을 걸었다. 교회가 낡은 것과 전통적인 것을 고수하고자 하는 보수 세력과 동맹을 맺음으로써 교회는 무거운 보복을 당했다. 우리는 인간의 공동생활이 변화를 요구할 때는 삶의 형태를 변화시키는 것이 허락될 뿐만 아니라 명령이기도 한 그리스도의 자유를 배반하였다. 우리는 혁명의 정당성을 부정했고, 절대 독재화의 과정을 감수했을 뿐 아니라 찬양까지 했다.

4. 우리는 악에 대해서 선의 투쟁을, 어둠에 대해서 빛의 투쟁을, 불의에 대한 정의의 싸움을 정치적 수단으로 해야 한다고 믿은 데서부터 잘못을 저

질렀다. 이로써 우리는 모든 사람에게 주시는 하나님의 자유로운 은사를 하나의 정치적·사회적·세계관적인 전선을 형성함을 통해서 왜곡했다. 그리고 이 세상의 자기 합리화 속에 맡겨 버렸다.

5. 우리는 맑스주의의 경제적 유물론이 이 세상에서의 인간의 삶과 공동생활을 위해 교회가 해야 할 사명과 약속을 다시 한 번 각성시켰어야 했음에도 불구하고 이를 간과함으로써 잘못된 길을 걸었다. 우리는 가난한 자와 빼앗긴 자들의 문제를 하나님 나라의 복음에 따라 그리스도인의 문제로 삼았어야 했는데 이를 게을리하였다.

6. 우리가 이를 인식하고 고백함으로써, 우리는 예수 그리스도의 교회인 우리가 하나님의 영광과 인간의 영원하고 시간적인 구원을 위해 더 새롭고 낫게 봉사해야 함을 깨닫게 된다. 기독교와 서양 문화라는 구호가 필요한 것이 아니라 예수 그리스도의 죽음과 부활의 힘으로 하나님께 돌아오고 이웃을 향해 돌아서는 것만이 우리 민족과 우리 민족 안에 있는 우리 그리스도인들에게 필요한 일이라는 것을 깨달아야 한다.

7. 우리는 다음과 같이 증거했고 오늘도 새롭게 증거하고자 한다: '예수 그리스도를 통해서 즐거운 해방이 우리에게 작용하여 이 신 없는 세계의 구속에서 벗어나 자유와 감사 가운데 신의 창조물에 대한 봉사를 하게 하신다.' 그래서 우리는 항상 이렇게 간구한다: '절망이 주인이 되지 않고 그리스도가 주인이 되게 해 주소서. 믿음이 없는 무관심을 떠나게 하시고 옛날이 더 좋았다는 꿈을 버리고 앞으로 전쟁이 올 것이라는 추측도 멈추게 하시고, 이 자유 안에서 그리고 크게 깨달음 안에서 우리 모두가 더 나은 독일 국가의 건설을 위해서 짊어져야 할 책임을 깨닫게 하여 주시고, 이 나라가 모든 민족 간의 평화와 화해·복지를 위해 봉사할 수 있게 하여 주시옵소서'라고.

1947년 8월 8일, Darmstadt

독일 교회 형제 위원회

4) 독일 민족 분열에 반대하고 참 평화를 위하는 독일 기독교 교회들의 성명

지난 수개월 동안 일어난 사태들은 우리 독일 민족에게 대단히 심각한 문제를 던졌다. 이미 지난 몇 해 동안 동·서 점령 지역 사이의 경계선은 독일 민족의 상처를 회복시키는 데 점차 큰 장애가 되어 왔다. 이제 우리는 독일이 영구적으로 경제적·사회적·정신적 모습이 서로 다른 여러 개의 부분으로 쪼개져버릴 위험에 직면하게 되었다. 이러한 상황이 우리들로 하여금 경고와 호소의 외침을 하지 않을 수 없게 만든다. 이것은 바로 평화의 문제이기 때문이다.

민족들이 항상 다시금 대결하고, 수백만의 전사자를 만드는 것은 하나님의 뜻에 대한 배반이다. 지난번 전쟁이 인류에 던져 준 헤아릴 수 없는 슬픔을 경험하고도 평화를 위해 할 수 있는 모든 것을 우리 교회가 하지 않는다면 우리 교회는 예수 그리스도의 교회가 아니다. 그러므로 우리는 우리 민족이 잘못된 권력 욕구를 거절하고 참된 평화의 양식을 갖도록 촉구하는 바이다. 우리는 또한 우리의 외양적인 장래에 대해 결정권을 가진 자들에게 촉구하고 호소한다. 평화가 있게 해 달라고!

평화는 민족들이 자기가 살고 있는 사회 관계가 정의롭고 건전하며 적어도 견디어낼 만한 것으로 느낄 수 있을 때에만 존재할 수 있다. 지구상의 어느 민족도 자기 땅에 외부 세력의 지시에 의해 제멋대로 경계선이 그어진다면 가만히 있을 수 없을 것이다. 어머니는 조국의 다른 편에 있는 아들을, 딸은 그 아버지를 만나려 한다. 같은 언어를 말하고 같은 역사와 문화를 가진 민족은 자기 민족끼리 자유롭게 교류해야 한다. 동과 서에서 같은 찬송가를 부르고, 같은 신앙고백과 예배 형식을 가진 우리 교회들은 수백 년 지녀온 종교 생활의 축복된 공동체를 유지하고자 한다. 이 공동체마저 조각이 난다면 부자연스럽게 강제를 당하고 있다는 쓰라린 감정을 억제할 수 없을 것이다. 고향을 잃은 피난민들의 고통과 수는 날로 늘어가고 커지고 있다. 평화 의식을 아무리 촉구하더라도 파괴된 공동체를 재건하려는 한 민족의 열망 앞에는 설득력을 잃게 될 것이다. 그렇게 해서 유럽은 조용해질 수 없고, 평화가 이루어지지 않는다. 강제 분단은 항상 비극적 결과를 가져 왔고 참 평화를 방해해 왔다는 것을 역사는 가르쳐 주고 있다. 세계가 이 교훈을 또다시 경험해야 한단 말인가?

우리는 또 한 가지 문제를 염려한다. 부자연스러운 분단 관계는 사람들의 윤리적 태도에도 해롭게 작용할 것이다. 상호 이질적인 경제 제도와 정치 구조 및 화폐와 환율의 이질성은 분할된 다른 쪽과의 연락을 유지하기 위해서 많은 범법 행위를 유발하게 될 것이다. 밀수와 암거래 등 불법 행위가 서글픈 결과로 생겨난다. 법에 대한 존중심은 사라질 것이다. 국민의 도덕심을 앙양시키려는 모든 노력은 수포로 돌아가게 된다. 이미 부자연스런 강요 하에서 독일 국민의 도덕적 수준은 계속 떨어져 가고 있다. 독일의 결정적 분단은 독일인의 솔직성과 진실성을 회복하려는 모든 노력을 불가능하게 만들 것이다. 참 평화는 유럽의 중심지에 자연스러운 생활 관계가 다시 회복될 때에만 가능하다. 동과 서는 경제적으로도 상호 불가결의 요소를 갖고 있다. 우리 민족의 자연적 역사적 공동체가 깨어지지 않고 유지되기를 우리는 평화를 위해서, 그리고 우리 민족의 도덕적 회복을 위해서 간구한다.

우리는 또한 독일 민족에게 각성을 촉구한다. 어떠한 일이 생기더라도 분노와 실망에 빠지지 말고, 부자유와 견디기 어려운 상황 속에서라도 의지를 가지고 성실히 일하며, 도덕적으로 단련하고, 진실된 평화 의식을 견지하여 당황과 현혹 속에 빠지지 말아야 할 것이다.

우리 민족의 장래는 하나님의 손에 달렸다. 이 손은 심판할 때에 엄격하시지만, 그를 경외하는 자에게는 은총을 베푸신다.

1948년 3월 10일 캇셀에서

독일개신교교회연합회(EKD): 주교 D. Wurm, O. Dibelius, Martin
Niemöller, Asmusen.

독일신교자유교회연합회: Paul Schmidt, Hugo Hartnack.

독일신교협의회(EGD): Ernst Pieper.

독일감리교총회: I. W. Ernst Sommer.

독일구가톨릭교회: Dr. W. Küppers.

독일메노나이트교회연합회: Ernst Crous.

5) 독일 교회 총회의 평화에 대한 선언

끔찍스런 전쟁이 끝난 지 3년이 넘도록 독일 민족은 평화를 갈망했지만 오늘까지 평화는 오지 않고 세계의 곳곳에서 오히려 전쟁과 피 흘림만 계속되고 있다. 평화가 없이는 민족의 삶이 재건될 수 없고, 인간의 도덕적 건전성이 추구될 수 없으며 인간의 삶을 하나님의 뜻에 따라 형성할 수 없다. 진실 된 양식을 가진 모든 사람들은 참 평화가 오고 평화를 머물게 하는 것이 무엇보다 시급한 과제임을 알고 있다.

독일 민족이 자유를 빼앗기고 외세의 힘 속에 얽매인 채로는 결코 평화가 오도록 하는 데 공헌할 수 없다. 우리는 적은 일이라도 하나님 앞에서의 책임이라고 생각하고 평화를 위해서 노력하고자 한다.

우리 기독교인들은 다음과 같이 천명해야 한다. 우리에게 완전한 평화는 주어지지 않았지만 타민족과의 전쟁 상태는 종식되었다. 우리는 어느 민족 누구이든지 원수로 대하지 말아야 하며 하나님 앞에서 함께 살아가야 할 형제자매로 생각해야 된다.

우리는 우리 민족 동포들에게 다른 민족에 대한 증오심과 적개심에서 벗어나자고 부탁드리며 함께 맹세하고자 한다. 우리는 아무도 국가 간의 적개심을 조장하여 전쟁을 위한 무력 행위를 도발하려는 프로파간다의 도구가 되어서는 안 되겠다.

특히 우리는 우리의 곤경이 새로운 전쟁을 통해 제거될 수 있으리라는 망상에 빠지지 않도록 우리 민족 성원 모두에게 경고하고자 한다. 폭력에는 축복이 임하지 않는다. 전쟁은 고통과 증오와 참혹과 황폐만을 심화시킬 뿐이다. 세계는 사랑을 필요로 하지 폭력을 필요로 하지 않으며, 평화가 필요하지 전쟁이 필요한 것이 아니다. 성서는 우리에게 말하였다. "조용히 있으며 희망을 갖는 자가 강해진다"고. 예수께서도 "온유한 자가 땅을 차지할 것이라. 화평케 하는 자가 하나님의 아들이라 칭함을 받으리라"고 말씀하셨다.

1948년 7월 13일 Eisenach에서

6) 독일의 정치적 분단에 즈음한 독일 교회 이사회 성명

서쪽에서 독일 연방 공화국(BRD)의 정부 수립과 동쪽에서 독일 민주 공화국(DDR)의 임시 정부 수립은 점령 세력 간의 불일치로 인한 독일의 두 쪽 분할을 더욱 분명하게 하였다.

동독과 서독의 기독교인들에게 같은 책임을 지고 있는 독일 교회(EKD)의 이

사회는 소속 교회들에게 이 어려운 민족 분열의 운명을 당해 심판과 은총으로 나타나시는 하나님의 인도하심을 구하도록 촉구한다.

우리를 지배하고 있는 세상 권세의 모든 결정에도 불구하고 우리는 한 민족으로 존속하며, 형제의 공동체 속에 함께 살며 형제의 관심 속에 함께 머무를 것이다. 서로를 위해 기도하기를 그치지 말며, 서로를 위한 희생적 사랑에 헌신하기를 멈추지 말자!

우리가 당하는 분열의 고난 속에 우리의 잘못에 대한 하나님의 심판이 있음을 또한 알아야 한다. 이 고난은 우리가 모두 하나님의 명령에 따름으로써만 극복할 수 있음도 알아야 한다. 하나님의 신성한 명령은 민족적 삶의 정의로운 질서에 기초가 되어야 한다. 그만이 우리들에게 정의와 진실의 의무를 지워 준다. 그는 국가 질서가 자유로운 양심의 결정을 무시하는 것을 용납하지 않으신다.

이제 정부의 책임을 짊어진 독일의 남녀 인사들은 하나님이 명시하시는 진리와 정의에 따라 행동할 것을 우리는 촉구하는 바이다. 우리는 독일 민족에게 국가 질서의 통일성을 속히 회복시켜 줄 것을 양쪽 독일 정부에게 모두 기대한다.

우리 민족의 남녀 동포들은 하나님 앞에서 책임을 지는 자유 가운데서 국가 질서에 충성할 것을 촉구하는 바이다. 하나님은 그의 명령 안에서 행하는 자를 떠나지 않을 것이다.

다스리는 자나 다스려지는 자, 우리 민족 모두에게 하나님의 용서하시고 새롭게 하시는 은총이 임하시길 빈다.

1949년 10월 12일

7) 독일 재무장에 대한 독일 교회의 성명

독일 교회 이사회는 엣센에서 모인 평신도 대회(Kirchentag) 기간 동안에 회의를 열어 다음과 같이 성명서를 발표하기로 결의했다.

I

예수 그리스도는 "나에게 하늘과 땅의 모든 권세가 주어졌다"고 하였다. 이 말씀은 예나 오늘이나 항상 타당한 말씀이다. 그는 그의 권세를 아무에게도 위임해 주지 않았다. 이른바 '빠져나오지 못할 상황'도 더 강대한 전투 부대도 그의 권세를 당할 수 없다. 그는 아직도 통치하고 계신다. 그러므로 우리는 오늘과 같은 심각하고 요란스런 때에도 안정과 위로를 얻고 있다. 불안은 불신앙이다. 그리고 전쟁의 위험을 오히려 가까이 가져온다. 그리스도의 말씀을 믿는 신뢰가 곧 참 평화의 힘이다.

II

극동에서의 사태는(한국전쟁 돌발 사태를 말함: 역자 주) 한 나라가 제멋대로의 경계선에 의해 분단되어 있을 때 무엇보다 평화가 위협을 당한다는 교훈을 우리에게 보여 주었다. 이 사태는 강대국들의 평화 공약이 과연 진실 된 것인지, 그들이 과연 강제적인 분단을 종식시킬 것인지, 독일의 분단마저 종식시킬 자세가 되어 있는지를 시험해볼 결정적인 계기가 될 것이다. 우리는 국제 연합이 속히 작용하여 사태의 해결에 실질적인 도움을 주어야 할 의무가 있다고 생각한다. 이것은 지연시켜서는 안 된다. 두 번 다시 "너무 늦었다"는 말이 나오도록 해서는 안 된다.

III

국가의 질서를 유지하기 위해서는 평화와 질서를 깨뜨리는 자들을 다스릴 수 있는 충분한 경찰력이 있어야 한다. 기독교인으로서 하나님 앞에 책임감을 느끼고 이러한 일에 종사하는 자들은 양심의 위로를 받아도 좋다고 생각한다. 그러나 독일의 재무장에다 같은 논리를 적용시킬 수는 없다. 이것은 서방 세계를 향해서도 동방 세계를 향해서도 그렇다. 교회는 중무장을 한 강대국들에게 엄청난 군비 경쟁을 종식하고 정치 문제를 해결하는 평화적인 방법을 강구하라고 거듭거듭 호소하는 것이 바른 의무라고 생각한다. 어떤 경우에도 기독교적 양심 때문에 무기를 잡는 일을 거부하는 자에게는 그 양심이 침해받지 않도록 자유를 보장해 주어야 한다.

IV

예수 그리스도의 교회는 평화를 위해서 있고 교회의 모든 지체는 평화가 유지되도록 노력해야 한다. 어떠한 강대국도 자기 국민이 평화를 지키려는 굳은 결의를 보인다면 감히 평화를 깨뜨리는 일을 하지 못할 것이다. 문제는 우리가 기만적인 선전에 현혹되지 말아야 한다. 우리와 우리의 자녀들을 증오심에로 몰아넣으려는 여하한 노력에도 굳게 거부해야 한다. 그래서 전쟁 공포증과 불안의 심리적 망상을 조장하는데 협력하지 말아야 한다.

이 모든 것은 특히 강제로 분단된 민족에게 더욱 타당한 교훈이다. 독일의 형제자매 여러분, 철의 장막을 넘어서 있는 동포들 상호 간에 서로 좋은 것만 이야기합시다! 서로를 신뢰하고 우리의 공동체를 함께 지킵시다! 독일인이 독일인을 겨냥하여 총을 쏘는 일은 생각할 수도 없는 일로 만듭시다!

그리스도인들이 진실로 평화를 추구하는 곳에 하나님께서 그의 축복을 거절하지 않으실 것입니다. 그에게 우리의 가슴과 손을 들어 기원합시다. 하나님께서 우리의 땅에 평화를 주시기를, 또한 압박을 당하고 있는 온 세상에 평화를 주시기를!

1950년 8월 27일

8) 독일 국회 의원들께 보내는 독일 교회 총회의 서한

독일 교회 총회는 1952년 10월 6일부터 11일까지 엘빙거로데에서 기독교인의 사회적 책임에 관하여 의론하였습니다. 총회는 국회의원들께서 오는 주간에 중대한 결정을 해야 함을 인지하고 있습니다. 독일 연방 공화국과 베를린과 독일 민주 공화국의 신교 교인들로 구성된 독일 교회 총회는 독일의 분단으로 인해 양쪽에 미치고 있는 막대한 고난을 잘 알고 있습니다. 총회는 또한 수많은 남녀 동포들과 젊은이들이 독일의 양쪽에 무장한 군대가 배치되고 군복무가 의무화될 때 당하게 될 정신적 고민을 충분히 내다보며 이해할 수 있습니다. 독일 교회 총회는 그리스도인들에게 부과된 명령인 평화가 독일 민족과 전 세계에 보장될 수 있을지 염려합니다.

국회의원 여러분에게 지워진 책임을 우리 교회가 덜어드릴 수는 없습니다. 그러나 총회는 여러 의원들께서 이제 전체 독일 민족의 장래를 내다보면서 생각해야 할 결정을 내리실 때 충분한 양심의 검토를 하신 뒤에 내려 주시기를 바라는 바입니다. 독일 교회는 이와 동시에 소속한 모든 교회들이 이 중대한 결정을 앞둔 여러분들을 위해 함께 기도할 것을 호소하였습니다.

1952년 10월 10일
독일 교회 총회 의장단
Heinenann, Braune, V. Dietze, Böhm, Jürges, Schmidt

9) 독일의 통일에 관해 4개 점령국 정부에 보낸 교회의 서한

독일 연방 공화국과 베를린 및 독일 민주 공화국에 살고 있는 4천만 신교 교인들이 속해 있는 독일 교회는 엘빙거로데에서 모인 총회에서 동·서 점령 지역의 경계선에 위치한 국민들의 삶이 점차 위협을 받고 있다는 보고를 심각한 염려로 받아드렸습니다. 이 삶의 위협은 이데올로기적 국제 정치적인 분쟁이 독일 땅 위에서 계속 날카로워지고 있다는 사실과 여기에서 나타나는 세계 평화의 위협에 기인하고 있습니다.

총회의 독일이 무조건 항복한 이래로 분단된 독일 땅에 살고 있는 수천만 인간들의 정치적·경제적·정신적 운명을 좌우하는 강대국들에게 독일의 통일을 위한 회담을 조속히 열어 독일 관계의 평화적인 해결책을 모색하여 주실 것을 간청하는 바입니다.

평화가 이루어지지 않고서는 국민 생활에 재건도 있을 수 없고 인간성의 도덕적 회복도 없으며, 인간의 공동체를 하나님의 뜻에 따라 형성할 수 있는 가능성도 없습니다. 분단의 경계선이 계속 존재하고 독일 민족을 영구히 분할시킬 조치들이 취해진다면 결국 서로 점점 적대화하고 도덕적 결속마저 해체해버리는 결과만이 남게 될 것입니다. 우리는 바로 인간을 위해서 이런 상태를 종식시켜 주실 것을 간청하는 바입니다.

1952년 10월 10일

독일교회 총회 의장단

Heinenann, Braune, V. Dietze, Böhm, Jürges, Schmidt

(이 서한은 Truman 미국 대통령, Churchill 영국 수상, Pinay 불란서 대통령, Stalin 소련 국무 위원장에게 보내어졌고, Adenauer 서독 수상, Grotewoht 동독 수상에게 참조를 위한 사본이 보내어졌다.)

10) 통일문제에 관한 4개국 외상회담에 보내는 독일교회의 성명

베를린에서 모인 독일 교회 이사회는 책임이 무거운 이 시간에 다음과 같이 4대국 외무장관들에게 성명을 보낸다.

1. 독일 교회는 독일 민족과의 결속감 속에 있으며, 동과 서로 나누어진 우리 민족이 독일의 통일을 어느 무엇보다 갈구하고 있음을 인식한다. 우리는 독일 문제가 해결되지 않고 존속하는 한, 유럽과 세계의 평화가 항상 위협을 당하리라는 것을 확신한다. 우리 독일 교회는 전 독일 민족과 함께 외무장관 여러분들께서 독일의 통일을 위한 노력을 우리 민족과 세계를 위해 결실을 맺는 성과가 이루어질 때까지 계속해 줄 것을 촉구한다.

2. 외무장관 여러분들은 여러 차례 계기가 있을 때마다 우리 민족의 통일을 위해서는 동·서독의 자유로운 선거가 불가결의 전제 조건이라고 밝힌 바 있다. 이것은 자유로운 정치적 의사 형성이 독일 민족의 문제 해결에 결정적인 의미를 가진다는 것을 인정하는 것이다. 그러므로 우선 자유선거를 실시하는 데 대한 의견의 차이들을 극복하려는 노력이 있어야 한다. 독일 교회는 외무장관 여러분께서 양심의 압박을 받지 않고 두려움 없이 진행되는 의사 표현이 이루어질 수 있도록 조치하여 주실 것을 부탁드린다.

3. 우리는 우리 민족의 통일이 이웃 민족들의 안보의 요구와 불가분의 관계에 놓여 있다는 것을 잘 의식하고 있다. 그러므로 더욱 우리는 외무장관 여러분들께 안보 문제에 관한 건설적인 해결책이 강구되어질 수 있도록 노력해 달라고 간곡히 부탁드린다. 모든 인류의 평화를 위해서는 이 문제에 있어서 상대방의 대응책에도 관심을 가지는 태세를 갖추어야 한다고 생각한다. 이미 속한 교회들에게 이 외무장관 회담이 성공하기를 기원하도록 호소한 바 있는 독일 교회는 다시 한 번 세계 평화가 이루어지는 방

향에서 민족의 운명이 결정되어지도록 하나님께 기도드린다.

1954년 2월 12일

11) 민족 통일에 대한 독일 교회 이사회의 결의문

교회는 오늘 이 순간에 분명한 공통의 사명을 갖고 있음을 인식한다. 교회는 모든 독일인들과 함께 독일 민족의 통일을 간곡히 갈망한다. 통일을 위해서 교회가 기여할 수 있는 일은 무엇이든지 우리 교회는 하고자 한다. 우리는 세계의 긴장과 우리 민족의 분단이 전쟁을 통해 극복될 수 있으리라 생각하는 그릇된 희망을 버리도록 경계하고자 한다. 그리스도의 교회는 평화를 위해 봉사해야 한다.

우리 교회의 목소리가 현 국제 정치 상황의 심각성을 강조해서 지적한 바 있다. 이를 통해 마치 우리 신교 교회가 파리 조약에 대해 어떤 특정한 태도를 표명하는 것이 교회의 본래적 과제에 속하는 일처럼 생각하는 듯한 잘못된 인상을 주기도 하였다. 그러나 우리가 확신하건대 이 문제에 대한 결단을 내리는 데 복음이 반드시 어떤 구속력을 갖는 대답을 준다고는 보지 않는다. 이러한 이유로 우리는 새삼스럽게 모든 목회자들에게 이 문제에 관한 공적인 발언을 삼가 줄 것을 권장한다. 여기서는 정치적 통찰과 정치적 책임만이 문제가 되고 있으며 이것은 하나님께 매인 양심의 공동적 신념에 따라 결단해야 할 문제이다.

교회는 복음 전파에 충성을 다하면 할수록 그만큼 잘 신도들의 정치적 책임 의식을 일깨우고 동시에 하나님에 대한 믿음을 강화하게 된다고 본다. 하나님만이 우리를 절망에서 보호해 주시며 평화를 얻게 하신다.

12) 동독의 교회 지도자 회의가 통일 문제에 관해 4개 점령국 외상에게 보낸 서한

교회는 항상 하나님께서 예수 그리스도 안에서 세상과 체결한 평화의 복음을 선포합니다. 교회는 이 사명을 지고 있으며 이 안에서 타민족들 간의 평화와 민족 상호간의 이해와 존중을 위해서 합당한 방법으로 노력하는 기관입니다. 교회는 오늘의 긴장 상황을 완화시키는 모든 진실 되고 솔직한 노력을 기도로써 응원할 것입니다. 그래서 우리는 강대국들이 서로들 간에 존재하는 반대 의견에도 불구하고 증오와 불신을 극복하고 민족과 인류가 함께 살 수 있는 방안을 모색한다는 사실에 대하여 환영하며 하나님께 감사를 드리는 바입니다.

우리는 독일 민족의 교회로서 특별히 우리 민족에게 복음을 전해야 할 임무를 띠고 있습니다. 우리는 우리 민족을 하나님의 평화 속에 불러들여야 합니다. 이 말은 정치적인 면에서 본다면 무력에 잘못 의지하는 것이 죄라는 것을 인식해야 함을 의미합니다. 그러나 우리는 또한 독일이 분단된 지난 10년간에 우리의 종교적 임무를 수행하는 일이 심각한 곤란을 겪었고, 우리가 갈망하던 민족의 대오각성이 극도로 위태롭게 된 오늘의 상황에 대해 침묵하고 있을 수만은 없다고 생각합니다.

우리는 여러분들과 함께 독일의 통일이 세계의 긴장을 해소하고 평화를 이룩하게 하는 데 중요한 공헌을 하는 것이라고 믿습니다. 교회의 지도자들인 우리가 여러분들께 이 문제 해결을 위해 생각할 수 있는 모든 것을 다 강구해보아 줍시사고 간청하는 것은 세계 평화에 대한 관심 때문만은 아닙니다. 그 다른 이유는 우리 민족 스스로의 자유로운 결정에서가 아니라 외부의 강요에 의해서 불가피하게 된 분단은 결국 수천만 우리 민족들에게 법에 대한 존중심을 떨어뜨리며 또한 국제 연합이 선포한 인권을 박탈당한다는 느낌을 갖게 하며, 마침내는 많은 독일인들의 정신적 지주를 잃게 된다는 심각한 결과 때문입니다.

전승국들은 그때 독일에게 무조건 항복을 요구하도록 결정했습니다. 이 결정과 함께 전승국들은 독일 민족 전체의 미래와 안전에 대하여 하나님 앞에 책임을 진 것이나 다름없습니다. 이 책임이 하나님 앞과 사람 앞에서 옳지 않은 오늘, 이 순간의 상황에 종지부를 찍어야 함을 명령한다고 생각합니다.

우리는 물론 독일의 재통일의 문제가 다른 민족들의 안보 문제와 직결되고 있다는 사실을 잘 알고 있습니다. 이 문제를 해결하기 위한 정치적 제안을 구체적으로 제기하는 것은 교회가 할 일이 아니라고 생각합니다. 그러나 우리는 아무리 훌륭한 안보 조약이라 하더라도 독일의 분단이 지속하는 한은 항상 위협을 당할 것이라는 사실을 지적하고자 합니다.

독일 국민 자신이 민족 통일을 위해 이바지해야 통일이 이루어질 수 있다고 하는 여론이나 의견에 대해서는 다음과 같이 답변하고 싶습니다. 독일 민족이 통일을 위해 할 수 있는 결정적인 공헌이 있다면 국민 전체의 자유로운 자결권을 얻는 것입니다. 이 공헌은 독일 민족에게 그 가능성이 주어질 때만 기대할 수 있는 일입니다. 이 가능성은 다음의 경우에서는 주어질 수 없습니다. 즉, (1) 독일의 한쪽 부분에서 이루어진 의무나 구속력이 전체 독일에도 절대적으로 통용되어야 한다고 주장할 때.

(2) 우리 조국의 어느 한쪽에 있는 특정한 정치적 사회적 현실이 민족 전체의

자유로운 선택에서는 배제되어야 한다고 주장할 때.

우리는 오늘의 심각한 이 상황에서 다음과 같이 간청하지 않는다면 우리의 책임을 다하지 못하는 것이라 생각합니다.

"우리 민족에게 통일될 독일에서 민족의 삶을 스스로 형성할 수 있는 권리를 돌려 주십시요!"라고.

1955년 10월 12일

독일 민주 공화국(DDR) 지역에 있는 신교 교회들을 대신하여

감독 디벨리우스

13) '민족의 단일성'에 관한 독일 교회의 결의문

하나의 독일 민족이지만 동쪽과 서쪽에 갈라져 사는 우리 그리스도인들은 독일 교회(EKD)라는 하나의 조직 속에 결합되어 있다. 우리는 동과 서에 있는 우리 교회의 이름으로 그리고 무관심해서든지, 조소를 당해서든지, 겁을 먹어서든지 침묵하고 있는 모든 사람들을 대신해서 우리 조국의 통일을 주장하며 나서고자 한다.

1. 독일 교회 총회는 갈라져 있는 독일의 정치 질서가 단지 임시적인 것에 불과하다는 사실을 상기하고자 한다. 우리는 이 질서의 임시성을 강조하는 것과 분단을 영구화하려는 어떠한 유혹도 경계할 것을 멈출 수 없다.

2. 우리는 독일 민족 전체가 국제법과 관련된 공약에 따라 그들 자신의 공동 국가 형태를 스스로 그리고 자유롭게 결정해야 하는 것이 조금도 양보할 수 없는 원칙이라고 생각한다. 자유선거는 필수적이며 모든 면에서 좋은 뜻만 있는 원칙이라고 생각한다. 자유선거는 필수적이며 모든 면에서 좋은 뜻만 있다면 가능한 것이라 믿는다. 이를 악용한다거나 기만하는 일들

은 민족의 공동체 안에서 공동의 노력을 통해 제거될 수 있을 것이다.

3. 우리는 크리스찬으로서 책임적 지위에 있는 인사들이 어려웠던 지난 몇 해 동안 여러 방면에서 얻어진 경험들을 조심스럽고 편견 없이 검토하여 통일된 독일의 정치 사회적 체제를 형성하는 데 충분히 참고할 것을 바란다.

4. 우리는 민족의 분열에도 불구하고 다른 민족들의 교회와 신도들과 연결되어 있음을 감사히 생각한다. 우리는 민족적으로 교회적으로 협착해지는 것을 방지하도록 모두 함께 노력하고자 한다. 그리고 이를 위해 에큐메니칼 교회로부터 끊임없는 도움이 있기를 바란다. 그리스도인의 세계 공동체의 한 지체로서 우리는 분단 때문에 동쪽과 서쪽의 이웃 민족들과의 관계가 단절되지 않도록 합심하여 노력하고자 한다.

5. 우리는 통일을 달성하는 올바른 길이 무엇인가에 대하여 서로 다른 의견들이 고착화될 때 우리들 자신 안에서 위험이 생긴다는 것을 알고 있다. 따라서 우리는 책임 있는 정치인들과 그리스도인들에게 우리 자신과 다른 편 사람들에게 있는 고착적인 의견을 극복하여 새로운 길을 찾는 개방성을 유지할 수 있도록 최선을 다해줄 것을 촉구하는 바이다.

역사의 주인이신 하나님은 우리로 하여금 변천해 가는 세계 현실 속에서 우리의 이웃들에 봉사하라고 명하신다.

a) 증오심과 기만정신에서 나오는 모든 프로파간다는 독일 문제 해결에 참여하고 있는 여러 나라 정부들 사이의 갈등과 우리 민족 내부의 의견 대립을 첨예화시키는 것으로 하루 빨리 중단되어야 한다.

b) 모든 협박이나 이웃에 대한 감시·비밀 파괴 공작·어떤 종류든지 스파이 활동과 사보타지 활동은 절대 금지되어야 한다.

c) 분단과 긴장 문제와 관련되어 구속되었거나 형을 받은 사람은 어떤 범죄적 폭력 행위를 하지 않은 이상은 사면을 받도록 해야 하며 진행 중인 재

판들도 중지해야 한다.

d) 독일 땅 안에서의 여행의 제한과 서신 교환의 제한이 전면적으로 해제되어야 한다.

e) 우리 교회의 모든 기관들이 장벽을 넘어 상호 협력하고 봉사적·선교적 활동을 원활히 할 수 있도록 보장되어야 한다.

1956년 6월 29일

참고문헌

Albertz, Heinrich u. Joachim Thomos, hrsg. *Christen in der Demokratie*. Wuppertal: Peter Hammer Verlag, 1978.

Aufgaben und Grenzen kirchlicher Äußerungen zu gesellschaftlichen Fragen, Eine Denktchrift der Kammer für soziale Ordnung der EKD. Gütersloh: Gütersloher Verlaghaus, 1970.

Boyens, Armin, "Die Kirchenpolitik der amerikanischen Besatzungsmacht in Deutschland von 1944 bis 1946," in: Georg Kretschmar u. Klaus Scholder, hrsg. *Kirchen in der Nachkriegszeit*, Arbeiten zur kirchlichen Zeitgeschichte, Bd 8. Göttingen, 1979.

Backer, John H. *The Decision to divide Germany, American Foreign Policy in Transition*. Durham, N.C.: Duke University Press, 1978.

Baring, Arnulf. *Außenpolitik in Adenauers Kanzlerdemokratie*. München dun Wien, 1969.

Bender, Peter. *Die Ostpolitik Willy Brandts oder Die Kunst des Selbstuerständlichen*. Rowohlt, Reinbeck bei Hamburg, 1972.

Brandt, Willy. *Plädoyer für die Zukunft*. Europäische Verlagsanstalt, Frankfurt a. M., 1972.

Brunner, Emil. *Die Kirche zwischen Ost und West*. Stuttgart: Evangelisches Verlagswerk, 1949.

Böhme, Wolfgang und Erwin Wilkens. *Möglichkeiten und Grenze politischer Wirksamkeit der Kirche, Wie konkret sollen kirchliche Denkschriften sein?* 1971.

Benedict, Hans-Jürgen. "Die Forderung der Wiedervereinigung in den öffentlichen Voten der EKD." in: *junge Kirche* 30 (1960).

_____. *Von Hiroshima bis Vietnam, Eindämmung spolitik der USA und ökumenische Friedenspolitik*. Darmstadt/Neuwied, 1973.

Bonhoeffer, Dietrich. *Widerstand und Ergebung*. München, 1964.

Conway, John S. *Die nationalsozialistixche Kirchenpolitik 1933~45, Ihre Ziele, Widersprüche und Fehlschläge*. München, 1969.

Dibelius, Otto. *Ein Christ ist immer im Dienst, Erlebnisse und Erfahrungen in einer Zeitwende*. Stuttgart, 1961.

Die Denkschriften der Evangelischen Kirche in Deutschland, Frieden Versöhnung und Menschenrechte. hrsg. v. der Kirchenkanzlei der EKD Bd 1,2,3. Gütersloh,

1978.

Erk, Wolfgang. hrsg. *Für ein politisches Gewissen der Kirche, Aus Reden und Schriften 1932 bis 1972 von Kurt Scharf.* J.F. Steinkopf Verlag, Stuttgart, 1972.

Fischer, Hans Gerhard. *Evangelische Kirche und Demokratie nach 1945, Ein Beitrag zum Problem der politischen Theologie.* Lübeck und Hamburg: Matthiesen Verlag, 1970).

Falkenroth, Arnold. hrsg. *Beiträge zum politischen Reden der Kirche.* Neukirchener Verlag des Erziehungsvereins, 1966.

Gollwitzer, Helmut, Die marxistische Religionskritik und der christliche Glaube(Tübingen, 1967).

Gollwitzer, Helmut. "Der Christ zwischen Ost und West." in: *Evangelische Theologie* NF, 10, 1950/51.

Horowitz, David. *Kalter Krieg, Hintergründe der U.S.-Auß-enpolitik von Jalta bis Vietnam,* Band 1, 2. Berlin, 1969.

Heinemann, Gustav. *Verfehlte Deutschlandpolitik.* Frankfurt a. M. 1966.

Heidtmann, Günther. hrsg. *Hat die Kirche geschwiegen? Das öffent liche Wort der evangel- ischen Kirche aus den Jahren 1945~64.* Berlin, 1964.

Heiseler, Bernt von. *Christ und Vaterland, Situationen der Kirchentag 1967.* Mürchen: Berstadt Verlag Wilhelm Gottlieb Korn, 1967.

Huber, Wolfgang. *Kirche und Öffentlichkeit.* Stuttgart, 1973.

_____. hrsg. *Kirche zwischen Krieg und Frieden.* Klett, 1976.

Studien zur Geschichte des deutschen Protestantismus. Stuttgart: Ernst Klett Verlag, 1976.

Jaspers, Karl. *Freiheit und Wiedervereinigung, Über Aufgaben deutscher Politik.* München: Piper Verlag, 1960.

Kirchliches Jahrbuch für die Evangelische Kirche in Deutschland 1945~48, 49~59. hrsg. v. Joachim Beckmann, Gütersloh.

Koch, Hans-Gerhard. *Staat und Kirche in der DDR, Zur Entwicklung ihrer Beziehungen 1945~74: Darstellungen Quellen, Übersichten.* Stuttgart: Verlag der Evang, 1975.

Koch, Thilo. *Fünf Jahre der Entscheidung, Deutschland nach dem Kriege 1945 is 1949.* Frankfurt a.M., 1969.

Kunst, Hermann. hrsg. *Protestantische Positionen in der deutschen Politik.* Frankfurt a.M.: Otto Lembeck Verlag, 1972.

Kupisch, Karl. *Kirchengeschichte V. 1815~1945.* Kohlhammer, 1975.

Merzyn, Friedrich. hrsg. Kundgebungen. *Worte und Erklärungen der Evangelischen Kirche in Deuschland.* Hannover.

Mikat, Paul. hrsg. *Kirche und Staat in der neueren Entwicklung.* Darmstadt, 1980.

Müller-Gangloff, Erich. *Vom gespaltenen zum doppelten Europa, Acht Thesen zur deutschen Ostpolitik zugleich eine Antwort auf die deutsche Frage.* Stuttgart: Radius Verlag, 1970.

Niemöller, Martin. *Reden 1945~52, 1955~57.* Darmstadt, 1958.

_____. *Reden, Predigten, Denkanstöße 1964~1976.* Köln: Pahl-Rugenstein Verlag, 1977.

Oppen, Beate Ruhm von. ed. *Documents on Germany under Occupation 1946~54.* London: Oxford University Press, 1955.

Picht, Georg. *Die Verantwortung des Geistes.* Stuttgart: Ernst Klett Verlag, 1976.

_____ u. Heinz Eduard Tödt. *Studien zur Friedensforschung,* Bd 1. Stuttgart: Ernst Klett Verlag, 1976).

Quist, Rolf. *Ostpolitik Vökerrecht und Grundgesetz.* Starnberg: Werner Raith Verlag, 1972.

Raab, Heribert. hrsg. *Kirche und Staat.* München: DTV, 1966.

Rogge, Joachim u. Helmut Zeddies. hrsg. *Kirchengemeinschaft und politische Ethik.* Berlin: Evangelische Verlagsanstalt, 1980.

Sharffenorth, Gerta. *Echo und Wirkung in Polen, Bilanz der Ostdenkschrift.* Hamburg, 1968.

Stone, I. F. *The hidden History of the Kordan War.* New York: Monthly Review Press, 1952.

Schubert, Klaus von. *Wiederbewaffnung und Wetintegration, Die innere Auseinandersetzng um die militarische und außenpolitische Orientierung der Bundesrepublik 1950~52,* Schriftenreihe der Viertel jahrshefte für Zeitgeschichte 20. Stuttgart, 1970.

Thielicke, Helmut. *Deutschland Demokratie oder Vaterland, Die Rade an die deutschen.* Tübingen, 1964.

Tönnies, Norbert. *Der Weg zu den Waffen, Die Geschichte der deutschen Wiederbewaffnung 1949~57.* Köln, 1957.

Vali, Ference A. *The quest for a United Germany.* Baltimore: The Johns Hopkins Press, 1967).

Venohr, Wolfgang. hrsg. *Die deutsche Einheit kommt bestimmt.* Gustav Lübbe Verlag, 1982.

Vogel, Johanna. *Kirche und Wiederbewaffnung, Die Haltung der Evangelischen Kirche in Deutschland in den Auseinandersetzungen um die Wiederbewaffnung der Bundesrepublik 1949~56.* Göttingen: Vandenhoeck & Ruprecht, 1978.

Wilkens, Erwin. "Die Einheit der EKD und dei politische Teilung Deutschlands. Volk, Nation und Vaterland in kirchenpolitischer Sicht." in: *Volk-Nation-Vaterland. Der deutsche Protestantismus und der Nationalismus,* hrsg. von H. Zillenssen. Gütersloh, 1970.

Wolf, Ernst. *Kirche im Widerstand.* München: Chr. Kaiser Verlag, 1965.

수록된 글의 출처

제1부 | 기독교 사회 발전의 신학과 실천

1. 정의로운 사회 발전과 교회의 책임 　　『하나님 나라와 생명 목회』(한국장로교출판사, 2007), 140-154.

2. 사회 봉사의 신학과 실천 과제 　　『사회봉사의 신학과 실천』(한울, 1992), 9-34.

3. 평화 운동의 신학과 역사적 전개 　　『기독교와 사회 이념』(한국신학연구소, 1986), 288-321.

4. 생명의 신학과 생명중심의 윤리 　　『생명의 신학과 윤리』(열린문화, 1997), 11-49.

제2부 | 한국 사회 발전과 교회의 과제

1. 경제 위기 극복을 위한 교회의 신앙각서 　　『신앙과 신학의 방향』(한국장로교출판사, 2003), 580-600.

2. 민주화 시대의 기독교 사회 발전 운동 　　『인간을 위한 사회 발전 운동』(개마서원, 1997), 34-68.

3. 분단 극복과 평화 구축을 위한 신학 교육 　　「한국신학논총」14(2015), 9-34.

4. 시민사회의 변혁운동과 기독교의 역할 　　시민사회의 형성과 기독교운동_수고(手稿)

제3부 | 기독교 신앙과 이데올로기 문제

1. 이데올로기 개념의 바른 이해 　　『기독교와 사회 이념』(한국신학연구소, 1986), 351-381.

2. 기독교와 이데올로기의 세 가지 관계 　　『기독교와 사회 이념』(한국신학연구소, 1986), 382-396.

3. 맑스주의와 기독교의 갈등과 대화 　　「씨알의 소리」 통권 98호(1989년 2월), 131-147. 『맑스 주의와 기독교 사상』(한울, 1991), 7-28.

4. 기독교와 회교도의 갈등과 화해 ― 인도네시아의 사례 연구 　　「국제이해 교육」12호(2004), 유네스코 아태 교육원, 20-47.

제4부 | 독재와 분단시대의 독일 교회

1. 나치 독재와 고백교회 운동(나치 하 독일 교회와 국가) 　　『국가권력과 기독교』(민중사, 1982), 255-286.

2. 동·서독 분단과 교회의 통일 논의(독일 교회와 통일 문제) 　　『분단현실과 통일운동』(민중사, 1984), 256-367.